2024—2025年
厦门市经济社会发展与预测
蓝皮书

主　编：潘少銮

副主编：吴文祥　陈艺萍　徐　隆

厦门市社会科学界联合会
厦门市社会科学院 编著

厦门大学出版社　国家一级出版社
XIAMEN UNIVERSITY PRESS　全国百佳图书出版单位

图书在版编目（CIP）数据

2024—2025年厦门市经济社会发展与预测蓝皮书 / 厦门市社会科学界联合会，厦门市社会科学院编著. -- 厦门：厦门大学出版社，2024.12. -- ISBN 978-7-5615-9646-3

Ⅰ. F127.573

中国国家版本馆CIP数据核字第20241DP960号

责任编辑　李峰伟
美术编辑　李嘉彬
技术编辑　朱　楷

出版发行　*厦门大学出版社*
社　　址　厦门市软件园二期望海路39号
邮政编码　361008
总　　机　0592-2181111　0592-2181406(传真)
营销中心　0592-2184458　0592-2181365
网　　址　http://www.xmupress.com
邮　　箱　xmup@xmupress.com
印　　刷　厦门集大印刷有限公司

开本　　720 mm×1 020 mm　1/16
印张　　25.25
插页　　2
字数　　470千字
版次　　2024年12月第1版
印次　　2024年12月第1次印刷
定价　　88.00元

本书如有印装质量问题请直接寄承印厂调换

编 辑 委 员 会

主　　　任：潘少銮
副 主 任：吴文祥　陈艺萍　徐　隆

编 辑 部

总策划：李友华
主　编：潘少銮
副主编：吴文祥　陈艺萍　徐　隆
编辑部主任：徐　隆
编辑部副主任：陈戈铮
经济篇、社会篇、区域篇策划编审：李友华
经济篇、社会篇、区域篇责任编审：郑亚伍　戴松若　朱冬亮
专题篇策划编审：李文溥　朱仁显
编　辑：陈戈铮

扫描上方二维码

获取本书电子书

前　言

2024年,在习近平新时代中国特色社会主义思想的指引下,厦门市坚决贯彻党中央、国务院决策部署,以及省委省政府和市委工作要求,秉持稳中求进的工作总基调,深度践行新发展理念,积极融入并服务新发展格局,全力推动经济社会高质量发展,在统筹发展与安全方面不断发力,致力于实现经济质与量的协同提升,为社会主义现代化建设持续添砖加瓦。厦门人民坚守使命,勇担改革开放重任,持续强化辐射带动效能,于新时代征程中续写新的辉煌篇章。值此关键节点,由厦门市社科联、市社科院精心组织编撰的《2024—2025年厦门市经济社会发展与预测蓝皮书》顺利付梓。

本书聚焦党委政府与公众关切的社会热点议题,分为"经济篇""社会篇""区域篇""专题篇",内容涉及2024年厦门市经济运转、社会建设、文化兴盛、生态优化等诸多领域。以精准、完备的经济社会发展数据作为分析预测基石,全方位、系统性地回溯总结2024年厦门经济社会发展实况,理性剖析并预测2025年乃至后续阶段厦门经济社会的发展趋向,精准洞察成绩与不足,深挖问题与矛盾根源,并有针对性地拟定应对策略与建议。本书在价值导向上彰显科学严谨性,选题紧扣现实需求,内容兼具深度与可读性,研究突出地方特质,切实成为厦门市社会科学界发挥智库关键效能、助力经济社会发展的有力支撑与生动实践。

持续编撰出版厦门市经济社会发展与预测蓝皮书,是厦门市社会科学界紧扣中心工作、服务发展大局的核心行动。厦门市社会科学界将笃定信念、务实奋进,勇立时代前沿、坚毅前行,全力为深化改革开放、驱动高质量发展、促进两岸深度融合、高标准打造高素质高颜值现代化国际化城市、率先达成社会主义现代化目标输送智力养分;切实将习近平总书记为厦门绘制的宏伟蓝图转化为现实盛景,为全面建设社会主义现代化国家、全方位推进中华民族伟大复兴贡献独有的厦门智慧与力量。

编著者

2024 年 12 月

目 录

经济篇

厦门市经济运行总体情况分析及建议 ………………………………… 3
厦门市财政投融资情况分析及预测 ……………………………………… 9
厦门市扩大开放发展情况分析及建议 …………………………………… 18
厦门市现代服务业发展情况分析及建议 ………………………………… 26
厦门市优化营商环境情况分析及建议 …………………………………… 32
厦门市推进金砖创新基地建设情况分析及建议 ………………………… 38
厦门市城市创新能力发展分析及建议 …………………………………… 45

社会篇

厦门市城乡居民收入情况分析及预测 …………………………………… 55
厦门市医疗卫生健康发展情况分析及建议 ……………………………… 62
厦门市教育发展情况分析及预测 ………………………………………… 70
厦门市人力资源发展情况分析及建议 …………………………………… 76
厦门市海洋生态发展情况分析及建议 …………………………………… 82
厦门市推进两岸融合发展示范区建设分析及建议 ……………………… 88
厦门市建设海丝中央法务区情况分析及建议 …………………………… 96
厦门市实施乡村振兴战略情况分析及建议 ……………………………… 105

区域篇

思明区经济社会运行情况分析及预测……………………………………… 117

湖里区经济社会运行情况分析及预测……………………………………… 124

集美区经济社会运行情况分析及预测……………………………………… 131

海沧区经济社会运行情况分析及预测……………………………………… 138

同安区经济社会运行情况分析及预测……………………………………… 145

翔安区经济社会运行情况分析及预测……………………………………… 152

厦门市推进跨岛发展战略情况分析及建议………………………………… 160

厦门市火炬高新区经济社会运行情况分析及预测………………………… 167

专题篇

专题一　厦门城市竞争力问题研究

经济全球化与厦门城市竞争力…………………………………………………… 176

厦漳泉区域融合与厦门城市竞争力研究………………………………………… 205

绿色金融与厦门市绿色竞争力…………………………………………………… 228

厦门市城市管理水平与城市竞争力……………………………………………… 254

专题二　健全厦门市多层次养老服务体系研究

导　言……………………………………………………………………………… 292

厦门市养老服务体系发展的制度供给…………………………………………… 295

厦门市社区居家养老服务的功能优化…………………………………………… 328

厦门市机构养老服务的高质量发展……………………………………………… 362

经济篇

厦门市经济运行总体情况分析及建议

2024年以来,厦门认真贯彻落实党的二十大和二十届三中全会精神,特别是习近平总书记在福建、厦门考察时的重要讲话精神,积极推进各项工作,全市经济平稳运行,结构持续优化,前三季度实现地区生产总值6031.66亿元,同比增长4.9%,新质生产力加快培育,新旧动能接续转换,民生保障稳步提升,高质量发展不断取得新的成效。

一、2024年经济运行情况

(一)经济运行总体平稳

前三季度呈现"高开、稳走"态势,一季度开局良好,国内生产总值(gross domestic product,GDP)同比增长5.6%,高于全年预期目标和全国水平。上半年承压前行,GDP同比增长4.9%,比一季度回落0.7个百分点。前三季度平稳运行,GDP同比增长4.9%,全市经济运行企稳态势得到巩固,其中,其他营利性服务业和工业仍是拉动经济增长的主要动力;交通运输业整体平稳增长,为全市经济增长作出贡献;批发零售、房地产等行业持续波动对全市经济增长带来一定影响。

(二)产业结构持续优化

先进制造业支撑作用进一步增强,规模以上(简称"规上")工业增加值同比增长8.4%,增速比上半年提高1.0个百分点,分别比全国、全省高2.6个百分点、1.5个百分点,呈现加快回升态势,超七成行业实现正增长。重点产业快速发展,新型显示、新能源、航空维修产值分别同比增长11.8%、14.4%、40.6%。现代服务业质效进一步提升,1—8月,规上高技术服务业营业收入同比增长35.2%,占全市规上服务业总量30.3%,比去年全年提高2.4个百分点。新兴服务业蓬勃发展,1—8月,互联网软件业、租赁商务服务业营业收入分别增长42.7%、30.3%。发展后劲进一步增强,投资结构加速调整,工业投资占全市固定资产投资比重24.7%,比去年同期提高3.8个百分点。全市制造业投资同比增长8.7%,其中,技改投资增长14.5%;新能安二期、士兰集宏8英寸碳化硅芯片、中能瑞新储能电池等重大产业项目开工建设,总投资额320亿元。

(三)科技创新引领持续增强

科技创新能力显著提升,今年8月,厦门在世界知识产权组织发布的全球百强"科技集群"排名中跃升至第72位,比上年提升8位。创新型企业蓬勃发展,前三季度,新增厦钨新能源、艾德生物、致善生物、优迅高速芯片4家国家级制造业单项冠军企业,新增18家国家级专精特新小巨人企业,数量均居全省第一。国家高新技术企业中,817家营业收入同比增长超过50%,441家企业同比增长超过100%。新业态新模式快速增长,限额以上单位网络零售额同比增长5.6%,占限额以上社零比重超四成;限额以上单位智能手机、新能源汽车和可穿戴智能设备分别同比增长45.8%、21.4%和9.6%。全市跨境电商出口额同比增长80.9%。

(四)民生保障不断增强

就业保持总体平稳。前三季度,全市城镇新增就业14.07万人,失业再就业3.47万人;兑现失业保险稳岗返还和稳就业奖励合计约7.9亿元,惠及24.3万家企业。公共服务水平持续提升,新增中小学幼儿园学位3万个,率先实现全域通过义务教育优质均衡和学前教育普及普惠省级评估,教育领域投资同比增长23.5%;川大华西厦门医院、复旦大学附属肿瘤医院全面运营,卫生和社会工作领域投资同比增长15.6%。社会保障体系更加完善,最低生活保障、特困人员保障、残疾人两项补贴等保障标准居全国前列,新增保障性住房1.1万套、保障性租赁住房入市1.2万套。生态环境质量全国领先,深化拓展习近平生态文明思想"厦门实践",生态文明指数居全国地级及以上城市之首,空气质量保持全国前列。

二、面临的问题与挑战

(一)全市经济仍处于结构调整的攻坚期,商贸、房地产等领域增长压力较大

受大宗商品价格持续波动等影响,前三季度批发零售业销售额同比下降7.5%。房地产市场仍处于调整中,商品房销售面积同比下降25.3%。

(二)消费需求仍显不足

前三季度,社会消费品零售总额同比增长2%,比上半年回落0.2个百分点。服务消费仍然较弱,餐饮业、住宿业分别增长6.3%、-9.7%,比上半年分别回落1.5个百分点、2个百分点,主要是居民消费观念趋于理性、保守,部分住宿餐饮类企业依靠降价维持业务量,出现"增量不增收"的现象。

(三)外贸领域依然承压

1—9月,全市进出口累计下降2.7%,其中,出口增长8.8%,分别高于全国、全省2.6个百分点、2.1个百分点,机电产品和跨境电商仍是出口增长的重要动力,分别增长11.4%和80.9%,合计拉动出口增长9.3个百分点;但进口下降13%,主要是能矿产品进口下降33.1%,拉低全市进口13.2个百分点。

三、2025年形势分析

从国际看,当前形势依然复杂严峻,延续低位复苏态势。2024年10月全球制造业采购经理指数(purchasing managers' index, PMI)为48.8%,连续7个月位于荣枯线以下。但多家国际机构认为,随着世界主要国家货币趋于宽松和通胀压力缓解,全球经济恢复向上的动能将逐渐积聚,有望迎来较为平稳的增长。国际货币基金组织等机构对2025年全球经济增速预测均在3%左右,与2024年预测的经济增速大致相当(见表1)。

表1　机构对2025年全球经济增长的预测

机构	2024年预测增速	2025年预测增速
国际货币基金组织	3.2%	3.2%
瑞银	3.2%	3.1%
世界银行	2.6%	2.7%
经济合作与发展组织	3.1%	3.2%

从国内看,2024年前三季度经济运行总体平稳、稳中有进,新质生产力加快培育,高质量发展扎实推进,尤其是随着存量政策和增量政策协同发力,市场预期逐步改善,发展活力不断增强,主要指标回升好转,推动经济向上向好的积极因素明显增多。摩根士丹利等机构对2025年全国经济增速预测在4.5%左右(见表2)。

表2　机构对2025年中国经济增长的预测

机构	2025年预测增速
摩根士丹利	4.5%
国际货币基金组织	4.5%
瑞银	4.5%
高盛	4.7%
世界银行	4.1%
亚洲开发银行	4.5%

从全市看，2025年经济运行仍面临外部需求不足等问题，但是经济发展的基础和质量较好，推动经济运行回升向好的有利因素不断增多。一是习近平总书记在福建、厦门考察时的重要讲话精神再次为厦门发展指引航向、擘画蓝图。二是政策红利持续释放。随着国家一系列增量政策效应逐渐显现，以及全市加快兑现新一轮综合性稳增长政策、优化房地产政策和优化要素资源配置等政策，预计将为全市经济增长形成较好的政策支撑。三是高质量发展内生动力持续增强，现代化产业体系培育、综合改革试点工作和科技创新引领工程等效果正在显现，新兴产业加速发展，经济发展的新动能正不断显现。

四、下阶段工作措施和建议

全面学习贯彻落实习近平总书记在福建、厦门考察时的重要讲话精神，切实把思想和行动统一到习近平总书记重要讲话和党中央关于经济工作的决策部署上来，坚持应急和谋远相结合，推动经济实现质的有效提升和量的合理增长。

一是着力稳住经济回升向好势头，推动实现高质量发展。①强化宏观协调。不断提升统筹经济运行的能力，抓好稳增长政策兑现落实和预研储备，为经济增长提供政策红利。②强化工业支撑作用。加强企业跟踪服务，支持增势较好企业多接订单多生产，加大对生产经营困难企业的跟踪帮扶力度。强化对规模以下（简称"规下"）工业的服务，及时协调解决企业生产经营中碰到的问题，支持龙头企业与本地中小企业配套，带动上下游发展。③推动建筑业延续回升态势。加大力度招引高资质等级的建筑业企业，促进全市建筑企业施工能力和技术水平的提升。④力促服务业整体回升向好。做好其他营利性服务业企业服务，加快招引一批有潜力的优质企业，促进行业可持续发展。支持批发零售业龙头国企转型发展，持续做大业务规模；加大腰部企业培育力度，推动一批优质供应链项目落地。引导金融机构加大对实体经济的支持力度，推动金融行业结构持续优化。

二是着力稳投资促消费，全力扩大内需。①全力稳定投资大盘。强化落实投资协调推进机制，抓紧抓实在建和拟开工项目投资进度，加快在建项目建设，推动总投资亿元以上拟开工项目提早或如期开工建设。挖掘投资新增长点，积极挖掘融资租赁和设备投资潜力，支持工业企业加快设备购置进度，推动金融、教育、医疗等领域将设备采购和提升改造类投资集中纳统。优化投资结构，持续提升产业投资在全市总投资中的规模占比，立足全市现有产业布局，吸引更多适合全市的招商和增资扩产项目落地。加大向上争取资金力度，积极开展项目策划和储备工作，积极争取更多政策资金；按照中央预算内投资、超长期国债、地方政府专项债等上级资金支持领域，将符合投向的在建项目和列入预算的拟建项目纳入"向上争取资金项目清单"滚动管理,确保"能争取的资金不遗漏"。②持续提振消费需求。促进汽车、家电、家居等消费增长,积极为群众办理报废注销机动车、购买新车注册登记、二手车交易等事项提供便利。扩大服务消费规模,落实国家促进服务消费高质量发展指导意见;用好过境144小时免签政策,提升支付便利化水平,吸引境外游客来厦消费;进一步促进养老、育幼、教育、医疗等服务消费提质扩容,吸引境内外高水平大学来厦开展中外合作办学。

三是着力发展新质生产力,加快新旧动能转换。①深入实施科技创新引领工程。加快把城市发展动能转换到科技创新上来,争创国家区域科技创新中心,强化企业科技创新主体地位,推进重大创新平台建设,推动嘉庚、翔安等省创新实验室优化研发布局、加速成果转化。②推动支柱产业和传统产业转型升级。大力推进新型工业化,深入实施先进制造业倍增计划,促进重点产业转型发展和优化升级。巩固电子信息、机械装备等支柱产业集群优势,推动传统优势产业智改数转。③加快培育壮大新兴产业和未来产业。深化细化"4+4+6"现代化产业体系细分领域研究,大力发展战略性新兴产业和未来产业,打造一批高质高新重点产业链。④持续加强招商引资工作。坚持精准招商,紧紧围绕"4+4+6"现代化产业体系,聚焦先进制造业、现代服务业和总部经济,突出产业链补链、强链、延链,主动策划对接一批带动性强的重大产业项目和重点龙头企业,提升产业整体竞争力。

四是着力贯彻落实改革新部署,增强经济社会发展动力活力。①纵深推进综合改革试点。以综合改革试点引领全面深化改革,发挥经济体制改革牵引作用,加快塑造以制度创新为核心的城市发展竞争力,更好地为全国探索新路,为厦门赢得先机。②落实"两个毫不动摇"。注重以小切口落细政策,保证各种所有制经济同等受到法律保护,促进各种所有制经济优势互补、共同发展。激发民营经济活力,推进优化民营经济发展环境综合改革,依法保护民营企业产权和企业家权益,推进全链条知识产权司法保护。③持续优化营商环境。打造国际化营商环境引领区,提升营商环境国际化水平。提升政务服务便利水平,深入推进"高效办成一件事"改革,提升经营主体对营商环境感知度和获得感。持续推进社会信用体系建设,充分发挥信用赋能服务经济发展、民生保障和社会治理的作用。

五是着力促进内外联通,加快打造新发展格局节点城市。①加快建设国际性综合交通枢纽。建设综合型现代流通战略支点城市,服务融入全国骨干流通走廊建设,深入实施厦福泉国家综合货运枢纽补链强链工程,高水平建设港口型和空港型国家物流枢纽,积极落实有效降低全社会物流成本工作。②持续加强区域协作。以厦漳泉都市圈建设引领闽西南协同发展,推动《厦漳泉都市圈发展规划》落地落实;发挥厦门在人才、科技、金融、营商环境等方面的禀赋优势,吸引漳州、泉州、三明、龙岩等地区来厦设立"科创飞地"、研发运营总部。积极对接长三角一体化、粤港澳大湾区建设等国家区域重大战略,加强与中西部地区的战略衔接,打造以厦门为枢纽、辐射全国的供应链网络。提升对口支援和东西部协作成效。③深入推进对外开放平台建设。加快打造海上合作战略支点,推进"丝路海运"港航贸一体化发展。推进金砖创新基地建设,统筹推进中国—金砖国家新时代科创孵化园等项目建设。

六是着力改善民生,持续提升人民生活水平。①全力稳就业促增收。抓好高校毕业生、零就业家庭、大龄农民工等重点群体就业工作,加大青年就业见习岗位募集力度。加强职业技能培训,深入实施企业新型学徒制等企校合作项目。多渠道促进居民增收。②提升公共服务水平。推动教育提质升级,推动翔云实验学校、集美中学新校区等建成投用。推进国家区域医疗中心建设,新建一批社区卫生服务中心和服务站。抓好"一老一小"工作,多渠道增加托育服务供给,鼓励支持建设老年助餐、老年大学、老年康复、婴幼儿照护等综合服务设施。③持续完善社会保障体系。落实养老、医疗保险政策,稳妥有序推进渐进式延迟法定退休年龄改革。做好重点群体帮扶救助工作,研究出台加强政府救助与慈善帮扶有效衔接的政策措施。

厦门市发展和改革委员会　姜　瑞　叶金阳

厦门市财政投融资情况分析及预测

2024年是新中国成立75周年,是实施"十四五"规划的关键一年,更是贯彻落实党的二十届三中全会精神,进一步全面深化改革、推进中国式现代化的奠基之年。在以中国式现代化全面推进强国建设、民族复兴伟业的关键时期,厦门市继续深化财政投融资体制改革,充分统筹上级补助、国债、地方债、社会资本等筹资渠道,持续升级现有政策性、开发性金融工具,着力打造"财政政策＋金融工具"3.0版,成功巩固和增强了经济回升向好态势。但与此同时也存在财政收支平衡压力增大、社会贷款需求增速放缓等挑战与问题。今后的工作重点包括进一步探索财政投融资空间、提升投资效能、强化财政投融资体制改革中的统筹协调等方面。

一、厦门市财政投融资运行总体情况分析

厦门市充分重视财政投融资在推动经济高质量发展中的重要作用,坚持改革创新、坚持聚焦关键、坚持精准实施,在2023年"财政政策＋金融工具"升级版的基础之上着力打造"财政政策＋金融工具"3.0版。总体上,厦门市2023年与2024年前三季度的财政投融资工作情况主要有以下几个方面。

(一)财政融资多元化建设成效进一步显现

一是继续争取中央支持。2023年,厦门市获批新增债券额度353亿元,同比增幅高出全国7个百分点;2024年前三季度财政部累计下达厦门市新增地方政府债券额度393亿元(一般债券19亿元,专项债券374亿元),比2023年增长11.3%(见图1)。

二是盘活存量资产政策见效。继2023年创新提出竞配建房和安置型商品房市场化处置方案等盘活存量资产的相关政策后,2024年准备筹建盘活存量基金,支持企业通过市场化方式,收购产业园、低效闲置产业用地、房企存量土地等资产资源,并鼓励民间投资项目参与基础设施领域不动产投资信托基金(Real Estate Investment Trusts,REITs)试点,支持民间投资参与盘活国有存量资产、城中村和城镇老旧小区改造。

三是社会资本引入能力增强。厦门市鼓励民营企业参与社会经济建设,

	2022年	2023年	2024年前三季度
新增债券限额/亿元	325	353	393
新增专项债券限额/亿元	302	334	374

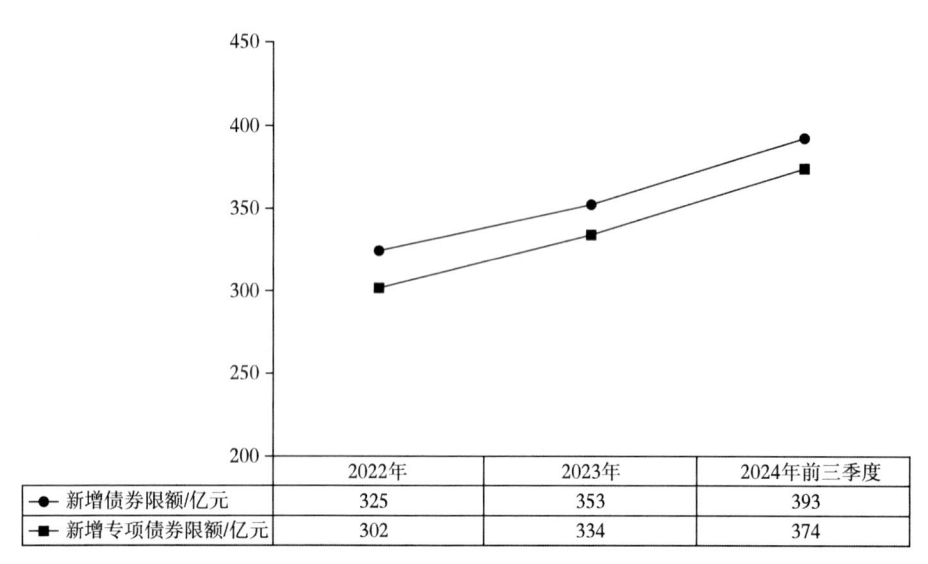

图1 2022年—2024年第三季度厦门市新增债券限额情况

积极推动政府和社会资本合作新机制落地实施。2024年发布多项政策积极引导民间投资融入全市发展战略，梳理吸引民间资本项目清单，支持国有企业、财政资金与社会资本合作，如与厦门市溥泉资本合作设立60亿元的宁德时代溥泉碳中和基金，通过引入社会资本进一步拓展财政投融资政策体系。

（二）重点项目建设与保障能力进一步增强

厦门市严格落实财政承受能力评估机制，对总投资超过1亿元的政府投资项目，按规定开展财政承受能力评估，做好投融资方案评审并落实资金来源；针对性开展项目绩效管理，着力提高地方政府专项债项目质量，切实发挥专项债资金效益，推动项目投资落地见效；进一步扩大城市建设投资基金规模，将城市建设投资基金的投向重点扩大到综合开发项目和产业园区载体项目，多渠道筹集资金，提升综合开发质效。

2023年全年507个省、市重点项目实际完成投资2255.7亿元，完成年度计划153.7%，其中，130个省重点项目计划投资820.7亿元，实际完成投资946.1亿元，完成年度投资计划的115.3%。重点项目投资完成额连续3年突破2000亿元，有力促进了有效投资的稳定增长和经济社会发展。

2024年，厦门市重点项目540个，总投资11410.29亿元，年度计划投资1351.31亿元。省重点项目131个，总投资7487亿元，年度计划投资883.4亿元，1—9月已完成投资724.4亿元，完成年度计划投资的82%，超序时进度推进。从具体分类情况看，省重点产业项目70个，年度计划投资299.5亿元，1—9月实际完成投资282.2亿元，完成年度计划投资的94.22%；省重点基础设施项目 51 个,年度计划投资 564.4 亿元,1—9 月实际完成投资 426.1 亿元,完成年度计划投资的 75.50%;省重点社会事业项目 10 个,年度计划投资 19.5 亿元,1—9 月实际完成投资 16.14 亿元,完成年度计划投资的 82.77%(见图 2)。

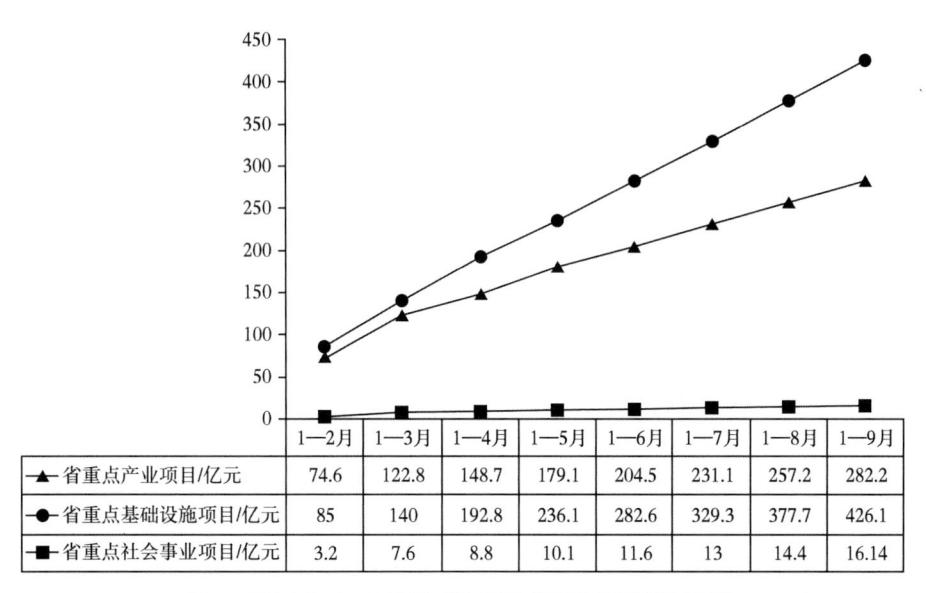

	1—2月	1—3月	1—4月	1—5月	1—6月	1—7月	1—8月	1—9月
省重点产业项目/亿元	74.6	122.8	148.7	179.1	204.5	231.1	257.2	282.2
省重点基础设施项目/亿元	85	140	192.8	236.1	282.6	329.3	377.7	426.1
省重点社会事业项目/亿元	3.2	7.6	8.8	10.1	11.6	13	14.4	16.14

图 2　2024 年 1—9 月厦门市省重点项目累计投资情况

(三)财政金融工具进一步优化升级

2022 年以来,厦门市根据不同企业的特点和需求,分类设计财政政策与银行贷款、基金、保险等金融工具的组合,撬动金融资金共同支持企业发展。

2024 年,厦门市继续深化财政投融资体制改革,聚焦产业转型、数字化建设、存量资产盘活、资源要素配置优化等方面,着力打造"财政政策+金融工具"3.0 版,为推动厦门经济高质量发展发挥更强的支撑和拉动作用。

一是进一步拓展政府投资基金体系。在原有的参投基金规模超 4900 亿元的政府投资基金体系基础上,新设多项基金赋能产业发展。结合金融资产投资公司(Asset Investment Company,AIC)股权投资试点城市优势,推动设立金融资产投资基金;推动设立科创风投基金,按照"更早更小、风险容忍"的原则,推动投资阶段前移;推动设立海洋高新产业发展基金,以基金为纽带,建立产、学、研合作机制,跟投引进优质项目;设立金砖科创基金,央地联动加速厦门金砖基地建设。

二是进一步扩大企业融资支持政策。技术创新基金总规模从 300 亿元扩大到 500 亿元,并进一步扩大贷款支持范围、提升贷款额度;增信基金总规模从 300 亿元扩大到 400 亿元,新设增信基金科创子基金,对科技型中小企业提供最高 2000 万元的融资支持；供应链协作基金总规模从 50 亿元扩大到 100 亿元（见图 3）。整合打造"厦研保"，针对企业研发创新过程中的风险，支持保险公司向企业提供普惠性和标准化的研发保险组合，并给予一定比例的保费补贴。

	2022年	2023年	2024年
●— 增信基金/亿元	200	300	400
■-- 技术创新基金/亿元	100	300	500
▲— 供应链协作基金/亿元		50	100

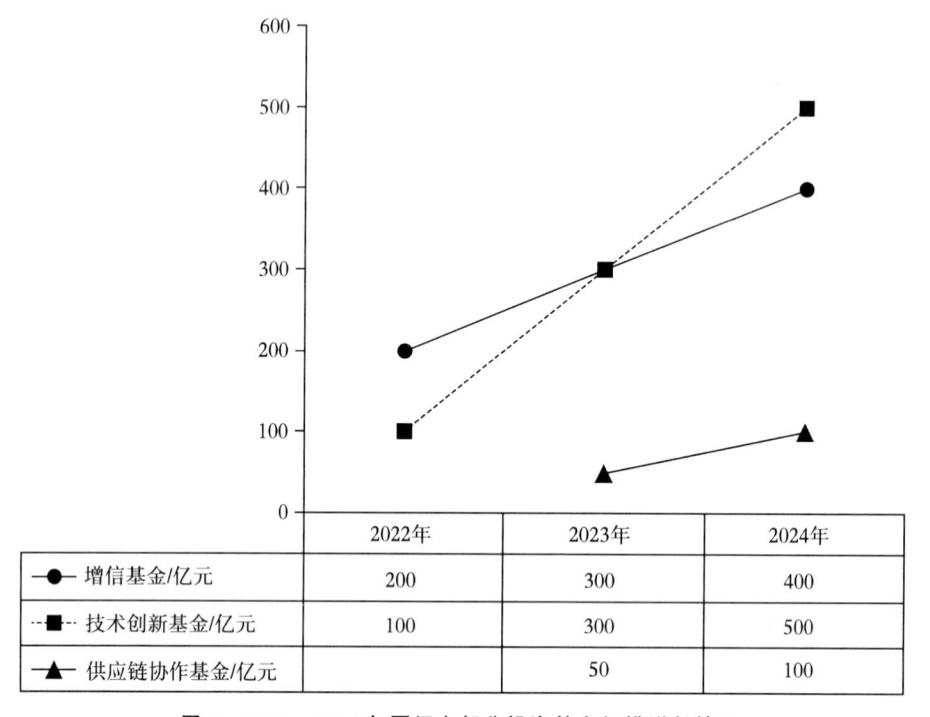

图 3　2022—2024 年厦门市部分投资基金规模增长情况

三是进一步提升财政投融资服务效率。鼓励合作金融机构推出线上产品，如线上增信快贷、增信税 e 融等，为企业提供线上贷款服务。优化惠企政策线上公开与申请平台，如"免申即享"平台，截至 2024 年 9 月，平台累计上线政策 482 个，其中，竞争评审类 11 个，资金补助类 264 个，认定奖励类 207 个，累计完成兑现政策 469 个。优化服务模式，通过设立专岗对接、统筹咨询、一对一服务的模式，实现高效对接、快速受理。以厦门市企业应急还贷服务为例，近 3 年应急还贷的单笔平均审批放款时长从 3 天缩短至 2 天，平均用款时长从约 4 天缩短至 3 天，有效提升了资金周转率。2024 年前三季度，已高效兑现惠企资金超 110 亿元。

二、厦门市财政投融资运行问题与挑战分析

(一)财政收支平衡压力扩大,政策实施面临可持续性问题

一是房地产行业持续下行带来相关收入尤其是政府性基金收入下跌。2024年1—9月,厦门市全市政府性基金收入190.9亿元,完成预算的31.8%,同比下降50.4%,其中,国有土地使用权出让收入182.6亿元,同比下降51.4%。二是地方债务还本付息压力增加。一方面,新增债务规模增速较快,2024年前三季度已发行330.08亿元新增地方债券,其中,一般债券19亿元,专项债券311.08亿元;另一方面,债券还本付息压力有所上升,2024年1—9月,债券累计还本128.4亿元,付息58.1亿元(见图4)。

	2022年	2023年	2024年前三季度
▲ 债券还本/亿元	58	83	128.4
◆ 债券付息/亿元	52	68	58.1

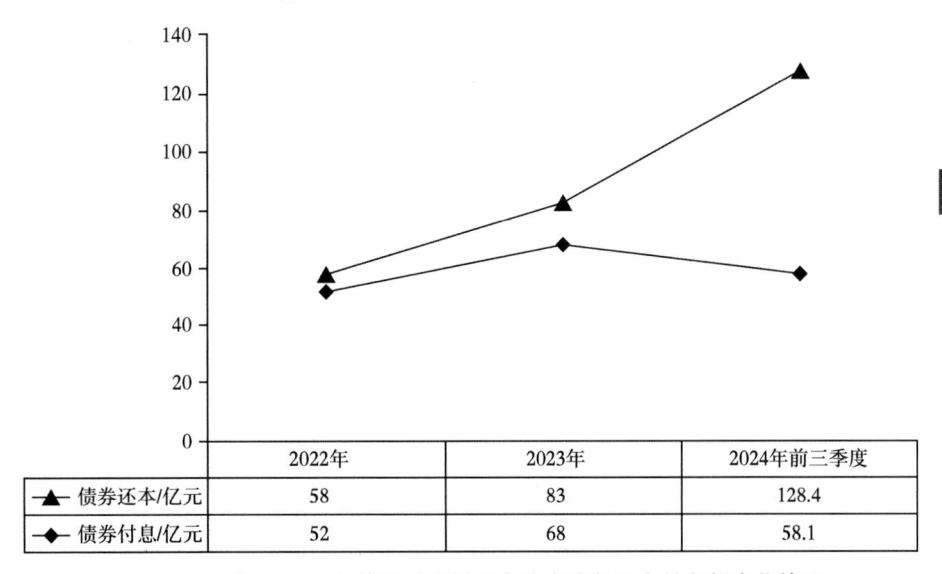

图4　2022年—2024年第三季度厦门市政府债务还本付息额变化情况

(二)金融贷款增速总体放缓,投融资空间有所压缩

由于经济结构调整、房地产行业持续遇冷、外需疲软等,厦门市2024年前三季度全市金融贷款增速总体放缓,相对压缩了财政投融资的增长空间。截至2024年9月,厦门市本外币贷款余额19150.47亿元,同比增长3.1%,比上年同期增长率低5.8个百分点,增速放缓趋势明显,其中,住户贷款余额7120.79亿元,同比增长0.2%,比上年同期低5.9个百分点,企(事)业单位贷款同比增长4.4%,比上年同期低8.1个百分点,住户贷款与企(事)业单位贷款增速下降态势明显;外币贷款余额96.75亿美元,同比下降9.9%(见图5)。

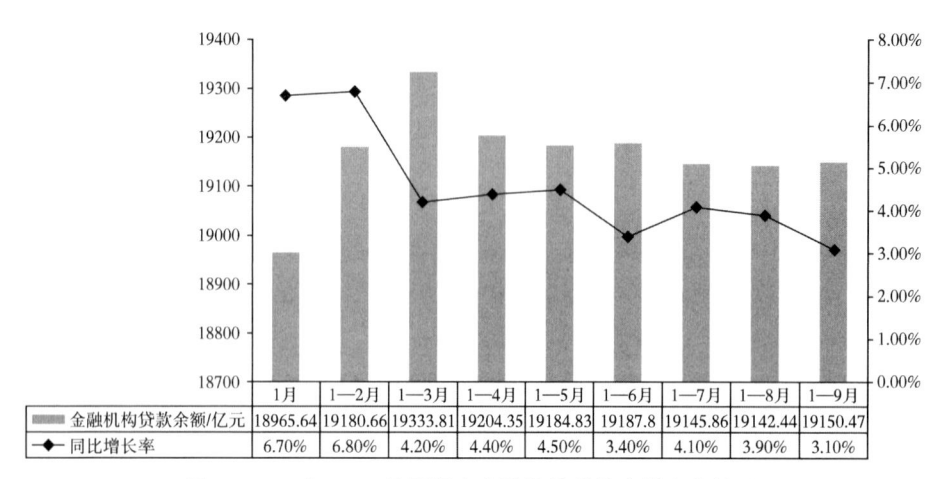

	1月	1—2月	1—3月	1—4月	1—5月	1—6月	1—7月	1—8月	1—9月
金融机构贷款余额/亿元	18965.64	19180.66	19333.81	19204.35	19184.83	19187.8	19145.86	19142.44	19150.47
同比增长率	6.70%	6.80%	4.20%	4.40%	4.50%	3.40%	4.10%	3.90%	3.10%

图5 2024年1—9月厦门市金融机构贷款余额变化情况

（三）产业项目投资增速快，公共领域投资增长较少

厦门市政府投资配置基本以公共领域为主，但是近年来，政府产业投资项目数量快速增加，投资额占比也迅速上升。厦门市重点产业项目从2022年的123个增加到2024年的231个，3年间增加了108个产业项目，而社会事业项目仅增加23个，城乡基础设施项目数量没有增加，产业项目年度计划投资额占总年度计划投资额比例也从26.91%增长到43.34%。这一方面体现了厦门市积极推进产业转型与相关产业扶持政策的建设成效，另一方面也相对抑制了社会事业项目与城乡基础设施项目投资的增长。

三、厦门市财政投融资形势预测与展望

从财政融资形势上看，近年来，中央对厦门市支持力度不断加大，政府债券新增限额数量持续增长，2023年与2024年增长率均超过10%。同时，我国增加10万亿元地方化债资源，其中，增加6万亿元地方政府债务限额。债务融资面临良好形势，预计2025年度新增地方债务限额将以15%左右的增速增加，将为化解债务、实施积极的财政政策提供重要的资金基础。另外，在降低首付比、下调房贷利率、取消限售等一连串新政出台后，厦门市房地产市场2024年10月表现较好，新房成交量、二手房成交量与成交均价均有所上涨。房地产市场回暖也将带动相关税收收入与土地出让收入增长，缓解未来财政收支压力。同时，厦门市政府信用良好，持有的大批资源资产在一系列盘活存量资产政策加持下可以进一步盘活，财政融资也将更加多元有效。

从重点项目投资形势上看，厦门市2024年10—12月预计发行132.92亿

元新增专项债券,将为本年度重点项目建设与有效投资增长提供资金保障。但由于财政收入增速放缓、债券还本付息压力增大等因素影响,预计本年度重点项目投资超额完成度不会高于2023年。同时,2024年一系列国际盛会于厦门召开,大量中外企业集团汇聚厦门,并与厦门市签署投资项目协议,2025年重点建设项目数量尤其是产业建设项目数量将继续增加。

从产业建设和科技创新上看,2024年前三季度有效投资持续扩大,占全市投资的53.5%;全市有效发明专利拥有量同比增长20%,新增18家国家级专精特新小巨人企业,数量均居全省第一。厦门市新获批新型技术改造和现代商贸流通体系竞争性评审试点,以及平板显示进口分期纳税等政策,将进一步助力产业升级和人才集聚。同时,2024年10月25日召开的"财政政策+金融工具"3.0版政策发布会暨企业对接会充分向社会展示了厦门市财政投融资体制相关内容与优势,政策影响力将进一步扩大。展望2024年第四季度与2025年,在现有政策持续升级与新成立的多项投资基金的支持下,有效投资数额将进一步上升,有效专利数量、创新企业数量也将进一步增加。可以预见,厦门市的产业转型升级进程将继续加速,科技创新引领地位也将继续维持。

四、优化厦门市财政投融资的对策与建议

(一)探索财政投融资新空间

面临财政收支压力与地区金融贷款余额增速放缓的困境,财政投融资体制的进一步优化需要从探索财政投融资空间开始。一是探索需求空间,即当前是否有更多的企业与项目需要财政投融资。二是探索能力空间,即在当前的经济和财政状况下,是否具有扩大财政投融资的能力。

1. 对财政投融资需求空间的探索

第一,形成合理预期。一是根据就业和劳动力利用、资源和产能利用、经济发展水平等状况,综合判断经济潜在增长水平。二是根据经济增长的潜力,经济运行状况以及中央、省以及本市确定的发展目标,结合消费、出口等指标的增速预测,确定合理的投资力度和规模。三是根据产业投资、房地产市场投资和民营投资等状况,大致确定基础设施投资、产业建设投资、科技创新投资等相关领域财政投融资的方向和规模。

第二,厘清政府与市场的投资边界。一是坚持主动贴近市场。优化"精准滴灌"措施,坚持主动了解企业需求,进一步将需要财政投融资助力的企业分类分型,并实行差异化的投融资方式,从而提升财政投融资的精准程度。二是进一步明确政府投资范围。在总结财政投融资实践的基础上,逐步分类别、分

行业建立和完善政府投资项目清单、目录,以及管理制度、指导性规范,找准服务的边界。三是健全政府投资有效带动社会投资体制机制。在尊重市场规律的基础上,为市场提供良性的制度供给和高效的公共服务,从而创造优质的外部环境,降低制度性交易成本,发挥市场投资的主体作用。

2. 对财政投融资能力空间的探索

第一,合理评估当前财政收支情况与债务风险。需要注意到,财政投融资规模的增长和支持范围的扩张需要合理评估且充分考虑当前的财政收支形势与债务风险,增强财政投融资相关政策的可持续性。一是建立健全全口径债务监测监管体系。继续严格执行地方政府债务限额管理和预算管理制度,完善债务常态化风险评估预警机制,并引入专项债务资金使用绩效评估,加强专项债自求平衡管理。二是建立健全防范化解隐性债务风险长效机制。坚决遏制隐性债务增量,同时积极争取专项债化解隐性债务压力,并在政策范围内优化市区政府融资方式。

第二,提升财政投融资的质量与效率。一是优化投资方向。要围绕新质生产力和产业转型升级,选择合理的投资方向和方式,建设地方支柱产业。二是强调花钱问效。强化绩效管理与项目实施情况监督,持续提高服务效率与优化监督体系,推动投融资项目平稳落地并提升财政资金使用效益。三是增强政府投资信息透明度。广泛接受社会监督,提高投资绩效,防止对民间投资形成挤出效应,提高全社会资源配置效率。

(二)强化财政投融资体制改革中的统筹协调

在一系列改革措施的推动下,厦门市财政投融资体制已经处于一个较高水平。当前的主要任务一方面是进一步探索财政投融资空间,另一方面是强化财政投融资体制深化改革中的统筹协调,贯彻系统集成思维,形成综合性改革范式,进一步提升体制运行效率。

强化各层级、各部门、各地区之间的统筹协调,提升体制运行效率。一是强化厦门市政府各部门和区政府各部门之间的协同配合,推动重点项目的落地与对企业帮扶见效,同时强化信息共享,形成财政投融资资金使用的实时反馈机制。二是加强财政部门、工业化与信息部门、商务部门、地方金融管理局和地方人民银行等部门之间的协调沟通,提升财政投融资的统筹协调能力,并加强财税政策与金融政策、产业政策等的协同配合,充分发挥一揽子政策的综合性效力。

强化财政投融资各资金项目之间的统筹协调,发挥投融资规模效应。坚持"全面+重点"的投融资建设理念,将财政部门的资金与政策性银行、政府性融资担保机构等具有政府投融资性质的资金一并纳入投融资体系,进行统一管理。一方面通过建设广义财政投融资体系,充分发挥财政投融资资金的规模效应,形成财政投融资建设合力;另一方面强调财政投融资的精准性,加强资金的重点突破能力,并及时将发展良好的基金项目的有关改进方案及时应用于其他项目,强化体制改革过程中的统筹协调与系统推进。

厦门大学经济学院财政系　谢贞发　彭　鑫

厦门市扩大开放发展情况分析及建议[①]

一、厦门市扩大开放发展的总体状况分析

(一)2023年厦门扩大开放发展回顾

2023年厦门实现外贸总值9470.44亿元,比上年增长2.7%,其中,对"一带一路"共建国家进出口4607.90亿元,增长1.4%;对金砖4国进出口1092.50亿元,增长14.4%;对RCEP(区域全面经济伙伴关系协定)国家进出口3156.10亿元,与上年持平。跨境电商进出口总值236.70亿元,增长65.0%。民营企业进出口总值4316.18亿元,比上年增长16.4%,其中,出口2630.72亿元,增长8.2%,进口1685.46亿元,增长31.8%;外资企业进出口总值1974.16亿元,下降12.5%,其中,出口1196.35亿元,下降19.3%,进口777.80亿元,增长0.7%。一般贸易进出口总值7075.96亿元,比上年增长4.8%,其中,出口2878.02亿元,下降3.9%,进口4197.93亿元,增长11.8%。2023年厦门实现出口总额4474.48亿元,下降3.9%,其中锂电池、电动载人汽车、太阳能电池"新三样"出口454.90亿元,增长1.7倍;2023年实现进口总额4995.95亿元,增长9.4%。

在利用外资方面,2023年厦门新设外商投资企业1682个,合同外资40.65亿美元,实际使用外资19.74亿美元。全年设立千万美元以上外资企业73个,合同外资35.38亿美元,其中,新设外资企业51个,合同外资21.22亿美元;增资外资企业22个,合同外资14.16亿美元。至2023年末,累计共有64个《财富》世界500强公司在厦投资115家外资企业。

(二)2024年1—9月厦门对外贸易发展基本情况分析

1.外贸总额下降速度趋缓,应对外部冲击的能力不断提升

据厦门海关统计,2024年1—9月,厦门市外贸进出口总值6951.3亿元,下降2.7%,但降幅呈逐渐收窄的趋势。从外贸方式来看,1—9月,厦门市以

[①] 本文数据如未特别说明,均来源于厦门市统计局、厦门市商务局和国家统计局。

一般贸易方式进出口总值5095.4亿元,下降4.5%,占厦门市外贸进出口总值的73.3%,而以加工贸易方式进出口总值870.6亿元,增长14.2%,占12.5%。加工贸易是连接国内国际双循环的重要方式,在国际产业链供应链的合作中处于枢纽地位。这说明厦门加工贸易企业在应对外部环境的不确定性方面能力提升明显,也切实体现了国内国际双循环的国家战略的实施效果。从地区结构来看,1—9月,厦门市对东盟、美国、欧盟进出口总值分别为1258.5亿元、1034.2亿元、927.4亿元,分别下降0.6%、增长16.8%、下降5.3%,三者合计占厦门市外贸总值的46.3%。同期,对墨西哥、中国香港地区进出口分别增长28.1%、17.6%。这都显示出厦门外贸结构在不断优化。同时,加快转变外贸发展方式,不断开拓多元化国际市场,从发展趋势来看,第四季度厦门外贸进出口额有望实现增长。

2. 出口增速呈波动上升趋势,出口商品结构不断优化

据厦门海关统计,2024年前三季度,厦门出口额3672.6亿元,同比上升8.8%,增速呈波动上升趋势,且与2023年同期的出口增速变化趋势刚好相反(见图1)。从2024年5月份开始,厦门的单月出口同比增速逐月提高,扭转了前4个月的颓势。厦门前三季度出口增速高于全国、全省2.6个百分点、2.1个百分点,比上半年提高4.5个百分点。而之所以呈现与2023年同期的出口刚好相反的变化趋势,一方面是因为2023年的基数偏低,有利于数据的改善;另一方面,即更重要的是因为厦门出口企业有效克服了外部环境严峻复杂、外需不振等因素带来的巨大考验。从出口商品结构来看,机电产品,尤其

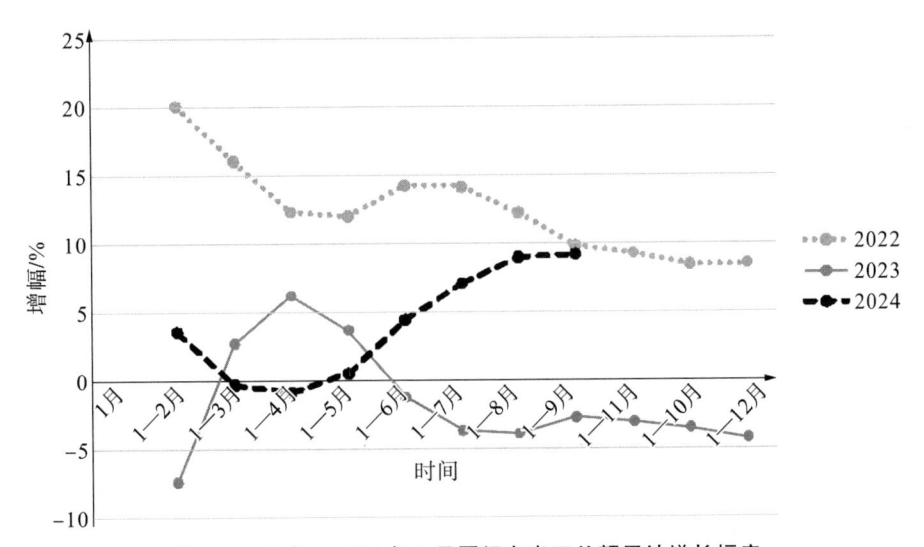

图1 2022年—2024年9月厦门市出口总额累计增长幅度

是高技术产品出口增长明显。1—9月,厦门市出口机电产品1867亿元,增长11.4%,占同期厦门市出口总值的50.8%,其中,自动数据处理设备及其零部件、平板显示模组出口分别为137.2亿元、124.3亿元,分别增长19%、25%,船舶、集装箱出口分别为52.9亿元、7.1亿元,分别增长1.4倍、2.1倍。这说明厦门出口商品结构不断改善,出口商品的技术含量也不断提升。

3. 进口明显下降,能矿产品进口成为主要影响品类

据厦门海关统计,2024年1—9月,厦门市进口总值3278.7亿元,同比下降13%,且下降的速度略呈增加的趋势(见图2)。出现这种趋势的主要原因在于,从2020—2023年,厦门市进口额仅在2022年小幅增长,其余3年的增速都比较高,导致2023年的基数偏大。从进口商品结构来看,1—9月,厦门市进口铁矿砂372.2亿元,下降8.8%;进口煤炭315.8亿元,下降41%;进口铜矿砂150.1亿元,下降21.6%;进口原油30.5亿元,下降84%,合计占同期厦门市进口总值的26.5%。1—9月,厦门市进口大麦、高粱分别为72亿元、59.7亿元,增长86.1%、2.2倍;而1—8月,进口机电产品673.4亿元,增长14.6%,占进口总值的23%,其中,平板显示模组、半导体制造设备分别增长39.2%、2.5倍。这说明厦门市商品进口额的下降主要来源于能矿产品进口,而农产品和机电产品进口的增长在一定程度上缓解了这种下降趋势。

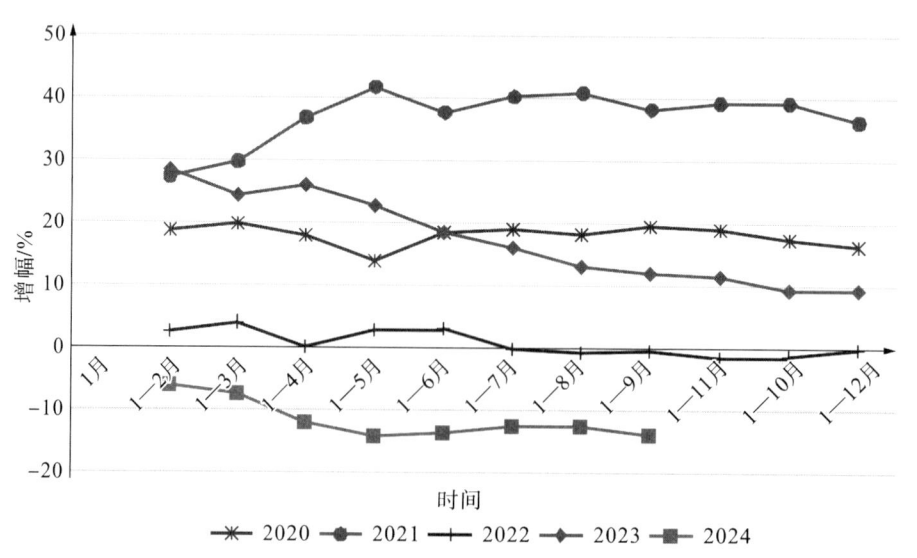

图2 2020年—2024年9月厦门市进口总额累计增长幅度

二、厦门市扩大开放发展的制约因素和存在的问题分析

(一)地缘政治局势对外部环境的影响将持续

根据2024年9月世界贸易组织(World Trade Organization,WTO)发布的《全球贸易展望与统计》的预测,全球贸易面临的风险众多,且明显具有持续性。这些风险包括不断扩大的地区冲突、货币政策分化导致的金融波动,以及因地缘政治考虑而分裂的供应链。中东地区冲突的升级可能对全球和地区贸易流动产生负面影响,特别是对任何直接参与的国家。其他地区也会感受到这种影响,包括通过进一步扰乱航运和因风险溢价提高而上升的能源价格。迄今为止,红海危机的破坏性影响已经得到控制,但在更广泛的冲突中,其他路线可能会受到影响。鉴于该地区在石油生产中的重要作用,能源供应中断的风险也会增加。更高的能源价格将抑制进口经济体的经济增长,并间接对贸易产生影响。自乌克兰战争爆发以来,贸易流动中分裂的迹象日益增加,出口和进口沿着地缘政治线重新定位。WTO的估计显示,持有类似政治观点的经济体之间的贸易(基于联合国大会的投票模式,标记为东方和西方的两大集团)比这些集团内部的贸易增长慢了4%。这种日渐割裂的外部环境对全球贸易的破坏性愈发明显。

(二)各国宏观经济政策的持续性和稳定性并不乐观

根据国际货币基金组织(International Monetary Fund,IMF)2024年10月发布的《世界经济展望》的分析,预计2024年和2025年全球增长将保持稳定,但并不令人满意。随着通货紧缩的持续,平稳着陆指日可待。然而,风险依然有不断增大的趋势:地缘政治紧张局势可能爆发;金融市场波动的突然爆发可能会收紧金融状况;保护主义抬头和持续的地缘经济碎片化也可能产生全球溢出效应;而通货紧缩过程的中断可能会阻止各国央行放松货币政策,从而给财政政策和金融稳定带来挑战。尤其是,新当选的政府(大约一半的世界人口已经或将在2024年进行投票)可能会引起贸易和财政政策的重大转变。而地缘政治裂痕的进一步加剧可能会对贸易、投资和技术的自由流动产生影响。这可能会影响长期增长,威胁供应链的韧性,并为中央银行的政策制定带来权衡方面的挑战。

(三)国际贸易投资领域结构性变化的负面影响挥之不去

国际经贸规则的调整仍将持续。各方对WTO改革缺乏共识,美墨加贸易协定、欧盟零关税协议、"印太经济框架"等区域性贸易框架并起,新的区域性贸易协定仍在酝酿,地区贸易安排增多,深刻影响中长期世界经济版图。墨西哥、东盟国家积极承接产业转移和欧美订单,在世界贸易中的中转连接作用

有所增强。此外，贸易保护主义日益抬头，根据IMF统计，全球货物、服务贸易、投资领域限制从2009年超300起激增至2023年的近3000起。美欧推动"友岸外包"和"去风险化"，相继对华新能源产品加征关税，中美、中欧相互进出口份额减少。德国基尔世界经济研究所研究显示，按欧盟对从中国进口的电动车平均加征20%关税计算，中国对欧汽车出口量将减少四分之一，约为40亿美元，欧盟消费者也将为电动车支付更高价格[1]。

（四）跨境电商等外贸新业态在发展过程中面临诸多挑战

虽然2024年1—9月厦门跨境电商出口额同比增长80.9%，且2021—2023年连续3年保持50%以上的增速，但厦门的跨境电商企业也存在收款难、新兴市场外汇管制等问题。由于传统金融机构缺乏一套有针对性的B2B电商交易系统，很难便捷、高效、低成本地履行反洗钱风控义务，叠加近年来外贸订单小型化、碎片化的趋势，进一步增加了其反洗钱风控成本。此外，在厦门中小微外贸企业拓展新兴市场如非洲、拉美、东南亚的过程中，由于上述地区部分区域存在外汇管制、美元短缺等问题，买家甚至会通过非正规汇兑机构代付或者黑市交易，外贸企业的银行卡被冻结的情况并不鲜见。

三、厦门扩大开放的发展环境与预测

（一）有利的因素

首先，2024年10月22日至24日，金砖国家领导人第十六次会晤在俄罗斯喀山举行。领导人会晤期间，习近平主席宣布中方将建立金砖国家特殊经济区中国合作中心。该中心将通过产业对接、政策研究、经验交流、能力建设等方式，加强金砖成员特殊经济区之间的联系，从而进一步提升金砖国家在经贸领域的务实合作水平。

其次，2024年7月，商务部、中国人民银行、金融监管总局、国家外汇局联合印发《关于加强商务和金融协同 更大力度支持跨境贸易和投资高质量发展的意见》（以下简称《意见》）。《意见》重点提出5方面政策措施：一是推动外贸质升量稳，优化外贸综合金融服务；二是促进外资稳量提质，加强外资金融服务保障；三是深化"一带一路"经贸合作和对外投资合作，完善多元化投融资服务；四是便利跨境贸易和投资发展，优化支付结算环境；五是做好跨境贸易、投资与金融风险防控。

最后，2024年前三季度厦门经济运行总体保持稳定，结构调整持续优化，发展态势稳定向好，高质量发展扎实推进。全市规模以上工业增加值比2023年同期增长8.4%，规模以上工业销售产值长6.6%，产销率95.88%，比上半年提高1.62个百分点，尤其是出口交货值增长8.3%。而在全市1292家有出口业务的企业中,出口额增长的企业806家,占62.4%,扭转了2023年同期出口交货值下降的企业占比高达六成的不利局面。

(二)不利的方面

短期来看,最大的不利因素是2024年第三季度厦门的GDP出现了负增长(与2023年同期相比,减少了9.63亿元),表明经济增长出现了明显的放缓迹象。而经济增长的这种趋势将对厦门利用外资和进口规模的扩大产生不利影响。长期来看,厦门以及中国所有的出口企业都将面临来自美国和欧盟等国家和组织的持续不断的贸易壁垒的影响,如2024年6月欧盟对中国出口的电动汽车加征关税,10月美国财政部发布了对华投资审查的最终规则,限制美国企业和个人在半导体、人工智能和量子领域向中国投资,等等。

总体上,2025年厦门对外经贸发展的前景不乐观。预计2025年厦门进出口总额增长2%左右,出口预计增长4%左右,增速有所下降,进口预计继续下降,但降幅将减小。在吸引外资方面,2023年中国实际使用外资1632.5亿美元,同比下降13.7%,而2024年1—9月,中国实际使用外资金额6406亿元人民币,同比下降30.4%;而2023年厦门的实际利用外资规模为19.74亿美元,较2022年的22.12亿美元,也出现了下滑的态势,降幅为10.8%。虽然2024年1—9月厦门实际利用外资的月度和季度数据都没有公布,但预计2024年和2025年厦门实际利用外资规模将延续下降态势,降幅将分别为15%和8%左右。

四、促进厦门扩大开放发展的对策和建议

2024年10月12日,厦门市人民政府办公厅发布了《厦门市进一步巩固经济回升向好基础 加快发展动能转换的若干措施》(以下简称《措施》)。在推动外贸高质量发展和吸引外资方面,该《措施》提出了许多新思路和新举措。针对国内外环境的诸多变化和厦门对外经贸领域存在的不足,在落实现有政策措施的基础上,将重点放在促进外贸新业态和外资新模式发展方面,应做好以下4个方面的工作。

(一)大力拓展跨境电商出口,积极推进海外仓建设

厦门应持续深化市场采购与外贸综合服务、跨境电商融合发展,探索"跨境电商+海外仓""跨境电商+产业集群"等新模式,打造一批具有竞争力的内外贸一体化区域品牌。加强专业人才培育,鼓励中高等院校加快设置相关专业,加强相关领域的校地合作、校企合作,积极培养和引进符合外贸新业态新模式发展需要的管理人才和高素质技术技能人才。

同时,应推进新型外贸基础设施建设。建设外贸企业数字化营销国际互

联网专用通道,打造与跨境电商等新业态新模式相适应的公海铁空立体式物流通道,开辟更多跨境电商专线。鼓励跨境电商海外仓企业入驻商贸物流型境外经贸合作区,用好合作区电信、网络、物流等配套设施与服务。支持跨境电商综合试验区加强与各类境外经贸合作区、港口等合作,探索创新国内外产业协同联动的经验做法。

此外,还应畅通跨境电商企业融资渠道。鼓励金融机构探索优化服务模式,为具有真实贸易背景的跨境电商企业提供金融支持。鼓励优化出口信用保险承保模式,为跨境电商国内采购提供保险保障。推动头部跨境电商企业加强信息共享,鼓励金融机构充分利用企业相关信息,依法依规开展供应链金融服务,更好赋能上下游产业链发展。

(二)利用自贸试验区平台,创新发展离岸贸易和保税维修

借助中国(福建)自由贸易试验区厦门片区的政策优势,发挥自贸试验区利用两个市场、两种资源的枢纽作用,厦门外贸企业可以更加便捷地开展离岸贸易业务。在此基础上,厦门应着力优化离岸贸易相关的金融账户体系,支持离岸金融业务的发展。一方面,持续优化完善自由贸易账户支持离岸业务的相关服务功能,重点探索纳入 OSA(offshore account,离岸账户)、NRA(non-resident account,境外非居民账户)等账户的功能。另一方面,做好与国内(非自贸区)企业、机构等使用 NRA 等非自由贸易账户时的业务对接。同时,应进一步优化离岸贸易真实性监管。以大数据为支撑,整合境外海关报关数据、国际海运数据、港口装卸数据,为商业银行提供企业离岸转手买卖业务的验证服务,并探索运用区块链、监管科技等科技手段提高审核效率。

2024 年 10 月,贝莱胜电子(厦门)有限公司正式获批开展"全球保税维修业务"试点,厦门也成为全国首批自贸片区内企业获批开展"全球保税维修业务"的城市。为进一步拓展这项新业务,厦门应着力通过科技赋能实现对保税维修项下进口商品的全周期数字化管理,确保智能化、可视化、全流程溯源的保税维修监管在线系统发挥服务和监管的作用。同时,鼓励企业与海关平台数据对接建设,提升企业申报核销保税货物和维修物料效率,并推动建设和完善多部门全流程协同监管平台,促进信息共享,提升监管效率,推动保税维修模式不断完善。此外,还可以探索打造保税维修产业集聚区,推动全市保税维修要素从分散转向高效聚合,通过集聚集成集约发挥保税维修在产业链条上更大的价值。

(三)创新引进外资形式,更大力度吸引外资

深入实施合格境外有限合伙人(qualified foreign limited partner,QFLP)境内投资试点,推动在厦门自贸区落地的厦门自贸国际基金港进一步拓展业

务,同时,支持符合条件的基金管理企业发起设立由境外合伙人参与、以非公开方式募集并在境内开展投资活动的私募投资基金。鼓励外国投资者通过并购、跨境人民币出资、股权出资、分配利润再投资等方式在厦门投资。同时,加快落实制造业领域外资准入限制措施"清零"、服务业扩大开放等改革举措,鼓励引导外商投资以先进制造业为主体的产业集群培育和建设,在高端装备制造、新一代信息技术、新材料等关键领域进一步延链补链强链。支持全球知名制造业龙头企业将总部基地、研发设计、生产制造等关键环节落地厦门。

(四) 推动重点领域高水平对外开放,提高利用外资的质量和招商引资效率

推进制度创新,对标高标准国际贸易和投资通行规则,建设高水平的市场规则体系。深入实施准入前国民待遇加负面清单管理制度,探索放宽外资准入限制,积极招引新开放领域项目,落地一批高质量项目。同时,鼓励各区探索对外商投资促进部门和团队的非公务员、非事业编制岗位实行更加有效灵活的用人机制和薪酬制度,通过跨区跨部门调剂等方式,加强外商投资促进人员配备,加快建立多元化外商投资促进工作体系,推动形成政府、引资机构、商协会、中介机构、产业链龙头企业等多方参与,灵活高效的外商投资促进协调联动机制。

参考文献

[1]国家发展改革委政策研究室,金贤东,林楠,等.世界经济延续低位复苏态势 不稳定不确定因素需高度关注——上半年世界经济形势分析与下一步展望[J].宏观经济管理,2024(8):15-18.

集美大学财经学院　马明申

厦门市现代服务业发展情况分析及建议

现代服务业显著特点主要表现为技术先进、智力密集、高效便捷及高度市场化,规模增长的基础上注重结构合理性和高效益发展[1]。《厦门市"十四五"现代服务业发展规划》依据厦门市当前现代服务业的发展现状,提出了构建特色现代服务业产业体系,重点发展商贸物流、金融服务、软件信息和科技服务、文旅创意四大服务业领域。

一、厦门市现代服务业发展总体情况

(一)2023年现代服务业发展情况回顾

商贸物流方面:交通运输、仓储及邮政业增加值408.04亿元,相较于2022年增长13.0%。旅客运输量1.05亿人次,增长95.0%;旅客周转量506.39亿人公里,增长1.1倍。货物运输量4.34亿吨,增长0.7%;货物周转量3408.15亿吨公里,增长7.0%。厦门港生产性泊位188个(含漳州),较去年增加4个,其中,泊位万吨级以上80个;全年港口货物吞吐量2.20亿吨,增长0.4%;港口集装箱吞吐量1255.37万标箱,增长1.0%。2023年冬春航季计划开通运营城市航线152条,其中,国际航线增加14条,至年末为27条。空港旅客吞吐量2410.41万人次,比上年增长1.4倍,其中,国际及地区航线旅客吞吐量252.20万人次,增长4.2倍;空港货邮吞吐量31.44万吨,增长20.0%。全市接待国内外游客10987.01万人次,比上年增长67.3%;旅游总收入1567.31亿元,增长83.3%。

会展经济方面:全年举办各类展览活动152场,增长34.5%,展览总面积226.15万平方米,增长68.2%。举办50人以上的商业性会议4383场,比去年增长1.1倍,参会总人数81.01万人,增长1.6倍。会展经济总体效益287.38亿元,增长85.4%。

科技服务与金融市场方面:截至2023年末,厦门市社会研发投入强度达到3.3%,拥有高新技术企业4220家,技术先进型服务企业62家,省级科技小巨人企业655家,市级科技企业孵化器54家(含国家级10家)。国家、省、市级重点实验室达231家,工程技术研究中心128家,企业技术中心285家,省、市级新型研发机构69家,有效发明专利拥有量增长19.4%,技术合同交易额增长29.3%。金融市场方面中外资金融机构本外币各项存款余额16724.71亿元,比上年末增长3.5%;中资金融机构人民币各项存款余额15732.57亿元,增长3.4%,其中,住户存款余额5949.10亿元,增长14.7%,非金融企业存款余额6292.40亿元,增长3.0%。

(二)2024年1—9月现代服务业发展基本情况

厦门市计划深入实施五大工程,为现代服务业发展注入新动能,提出促进服务业高质量发展的五大工程,主抓市场主体壮大工程、空间布局优化工程、数字赋能提升工程、人才发展引领工程、深化服务业改革开放工程。2024年全市前三季度实现地区生产总值(GDP)6031.66亿元,增长4.9%,其中,第三产业增加值3942.23亿元,增长4.1%,全市服务业增加值同比增长4.1%。

(1)交通枢纽方面:厦门市积极推进国家综合货运枢纽补链强链工作,共有28个项目入选国家综合货运枢纽补链强链重点建设清单,总投资超过206亿元。截至目前累计完成投资超68.5亿元,更新设备115套,新增枢纽面积近50万平方米,厦门空港型国家物流枢纽成功入选2024年度国家物流枢纽建设名单。

(2)自由贸易区发展方面:2024年10月16日,习近平总书记在厦门考察自由贸易试验区厦门片区中强调,"福建和厦门要适应形势发展,稳步推进制度型开放,对接国际高标准深耕细作,多出一些制度性、政策性成果,为扩大高水平对外开放再立新功"。截至2024年9月底,厦门自贸片区一般公共预算总收入541824万元,完成年初预算的63%。区级一般公共预算收入83946万元,完成年初预算的64.1%。全区一般公共预算支出101783万元,完成年初预算的47.6%。此外,厦门自贸片区管委会提报的《厦门市创新关地协同集成化改革 提升跨境贸易便利化水平》成功入选中国十大优化营商环境创新实践案例,成为福建省唯一一个入选案例。

(3)科技、金融运行方面:2024年厦门市科技创新实力提升、科技集群排名上升,在《2024年全球创新指数》百强"科技集群"中跃升至第72位。近年来市政府高度重视科技发展,出台多项政策促进科技创新,营造有利于产业发展的创新生态环境,科学城Ⅰ号孵化器新增入驻20多个项目,累计入驻"高研值"项目85个,核心园区累计注册各类企业超过1600家等;金融业稳中向好,实现绿色金融、普惠金融。厦门市前三季度金融业增加值增长1.9%,6月末,厦门市本外币存款余额17226.07亿元,同比下降2.5%,比上年同期低9.1个百分点;本外币贷款余额19187.81亿元,同比增长3.5%,比上年同期低5个百分点。同时,兴业银行厦门分行成功落地厦门市首笔"产品碳足迹挂钩贷款",探索"科技创新"与"绿色低碳"协同发展新路径。

(4)文旅融合,推动经济发展:第二十四届中国国际投资贸易洽谈会吸引了 120 个国家和地区、18 个国际组织、1000 多个境内外政府机构及工商企业团组,近 8 万名客商参展参会,最终达成了 688 个项目合作协议,计划总投资额达 4889.2 亿元。同时厦门市上半年共举办展览 77 场,同比增长 30.5%,展览面积 112.3 万平方米,同比增长 40%,创历史最高;厦门市文旅方面积极创新,将文化与旅游融合,形成以文塑旅、以旅彰文的特色,2024 年 1—9 月,厦门市共接待国内外游客 9192.95 万人次,同比增长 15.64%,实现旅游总收入 1314.66 亿元人民币,同比增长 20.79%。

二、厦门市现代服务业发展面临的问题与挑战

(一)全球外贸市场不确定因素增多,商贸领域经济发展受挫

2024 年 1—8 月,厦门市外贸进出口 6166.3 亿元人民币,同比下降 2.2%,其中,进口 2924.7 亿元,下降 11.9%,出口 3241.6 亿元,增长 8.6%。厦门市发展改革委指出受国内外价格倒挂、进口持续下滑影响,进口能矿产品 893.7 亿元,下降 34.2%;进口粮食 193.8 亿元,增速超过 20%。全球贸易环境的不稳定和国内政策调整,加上厦门市外贸结构中能源、矿产、粮食等大宗商品占比超五成,导致商贸领域经济发展减速。

(二)数字赋能产业升级,市内各区发展不平衡

《2024 年数字厦门工作要点》指出,要壮大人工智能产业,开展"人工智能+"专项行动,鼓励支持优势企业持续研发垂直应用,打造厦门行业大模型产业集群。大力拓展智慧交通、智慧医疗等优势和特色应用场景,推动更多产业化应用落地。在数字经济促进现代服务业发展方面,厦门自贸片区与思明区成为产业发展的领头兵。例如,厦门数字口岸平台上线,实现了海关、码头、堆场等 40 多个外部单位数据的打通,其业务覆盖了海运、空运等多个领域,提供了 211 项应用服务,显著提升了作业效率和精准率;思明区作为厦门市数字经济的主阵地,积极推动"人工智能+"赋能行业。通过制定相关政策和发展方案,投入大量扶持资金,促进了人工智能与实体经济的深度融合。根据刘家旗等的研究结论,地区距离适中时,数字经济发展的差异化可促进地区经济高质量发展提升的潜力[2],岛外各区域奋起直追,为推动城市经济整体发展添砖添瓦。例如,翔安创新实验室、海洋三所翔安基地建成启用,科学城Ⅱ号孵化器进驻 17 家科创企业等,但厦门市各区域数字赋能产业升级不平衡问题突出,大中型互联网高科技企业相对较少,岛外数字经济产业发展较弱,要想实现各区域均衡发展仍需努力。

(三)内陆地区对外开放程度扩大,青年人才留厦吸引能力减弱

"功以才成,业由才广",经济高质量发展离不开人才的支撑,厦门市政府为招才纳贤采取多项优惠措施。例如,厦门市人才服务中心围绕高校毕业生人才引进工作关键环节,主动延伸服务链条,针对毕业生,推出"秋招岗位大上新"等多项主题直播,同时厦门市人才服务中心联合各区人社局举办"2024暑期闽籍学生厦门参访活动",引导学生全方位了解厦门引才育才政策,在就业择业市场上抢占引才先机。

厦门市生活成本相对较高、购房压力大,加上内陆地区对外开放程度逐渐扩大,各大城市纷纷上演人才争夺战,出台一系列优惠政策等多项原因使得厦门市不可避免地遭遇边际效应递减状况,进而对青年人才吸引能力减弱。《厦门大学2022届毕业生就业质量年度报告》显示,2022届毕业生中福建省生源最多,占毕业生总数的比例为31.0%,但只有28.5%的本科生留在厦门,研究生为22.6%。华东师范大学城市发展研究院院长曾刚表示近年来由于厦门市人口增速下降及中央对厦门市特殊支持政策力度减弱,厦门在体制机制改革力度上呈现减小趋势,相较于其他重要城市,厦门的人口政策在创新性、示范性和引领性方面减弱,使得厦门市在争夺人才高地的竞争中处于不利地位。

三、厦门市现代服务业发展预测与展望

居民消费水平升级、企业生产需求增加、科学技术创新及政策支持促使现代服务业不断进行变革,虽然厦门市现代服务业发展面临一些挑战,但整体处于稳中向好趋势。厦门市政府高度重视现代流通体系建设,结合当地地域特色,构建新发展格局节点城市,且取得了显著的成效。国家发展改革委等部委《关于布局建设现代流通战略支点城市的通知》,将102个城市纳入现代流通战略支点城市布局建设名单,其中厦门被列为综合型城市,此外厦门还入选了2024年现代商贸流通体系试点城市。为加快建设现代商贸流通城市,厦门市商务局全方位多角度发力,如建设生活必需品流通保供体系、加快培育现代流通骨干企业、完善农村商贸流通体系等工作。预计现代商贸流通产业体系将更加完善,商贸市场将呈现出一片欣欣向荣的景象。

2024年厦门市商务局商务工作会议聚焦构建现代化产业体系重点,推动招商引资、供应链、会展业与实体产业融合发展;围绕"4+4+6"现代化产业体系,精准推进产业链招商,促进产业链供应链协同发展,实施"会展+"战略,助力产业转型升级。预计2025年,文化产业营业收入达到2500亿元以上,旅游收入达到2000亿元以上。

厦门市科技创新能力不断提升,数字经济注入现代服务业,厦门市发展改

革委报道国内首个面向储能产业的智慧储能大型科研基础设施落地厦门；斩获7项国家科学技术奖励，获奖总数创历年新高。2024年上半年高技术制造业增加值占规模以上工业增加值比重42.7%，比2023年全年提高2.5个百分点；970家国家高新技术企业营业收入同比增长超50%，其中551家企业同比增长超100%。预计2025年培育3个中小企业特色产业集群及6个"链式"中小企业转型模式，加快消费升级，网络零售额突破2500亿元。

四、厦门市现代服务业发展对策与建议

2024年《中共中央关于进一步全面深化改革、推进中国式现代化的决定》（以下简称《决定》）对完善现代服务业体制作出了重要部署，具体表现在推进服务业扩大开放综合试点示范，优化区域开放布局，健全促进实体经济和数字经济深度融合制度等。服务业市场准入政策的放宽，有助于提高供给水平，能够激发经营主动性，推进多元化的服务消费体系升级，进而助力经济高质量发展。综合多项利好政策，为推进厦门市现代服务业高质量发展，建议如下。

（一）放宽市场准入，促进区域发展一体化

党的二十届三中全会《决定》指出，"完善市场准入制度，优化新业态新领域市场准入环境""深入破除市场准入壁垒"。加大招商引资力度，适当放宽市场准入，破除市场准入隐性壁垒，学习海南、深圳、横琴粤澳深度合作区、广州南沙等地区成功案例，根据厦门市本土特点完善医疗、文化、教育等领域，为新兴行业领域如人工智能、海洋渔业等市场开辟准入特别措施，营造一流的市场环境，促使重点领域创新成果得以应用。

（二）完善农村商贸流通体系，推进城乡融合发展

2024年厦门入选现代商贸流通试点名单，我们应抓紧这次机遇，了解农村居民消费现状及结构特点，完善农村商贸物流建设，增加配送网点，缩短配送时效。交通运输是商贸物流发展的基础环节和重要载体，构建便捷通畅的交通枢纽是发展经济的基础，结合新农村经济特点，即基础设施完善、产业兴旺、生态宜居、乡风文明、治理有效、生活富裕，大力发展农产品零售市场，扩大向外输出，增加农民收入，缩小城乡经济差距。

（三）文化和旅游深度融合发展，多元拓展新兴业态

2024年初厦门市印发文旅经济高质量发展三年行动方案，将2024年定为"旅游品质年"，大力实施文、旅、商、体融合计划，做好"演艺+旅游""音乐+旅游""会展+旅游"等深度融合，多元拓展新兴业态。面对后疫情时代经济复苏，加快会展国际名城建设，拉动经济增长，同时借助会展经济的特点，即人流、物流、资金流、信息流，提升城市形象和国际知名度；结合厦门"海在城中，

城在海上"的特点,加强文旅全方位的深度融合,将"文旅+"应用到各方面,打造消费新模式,促进经济发展。

(四)助力中小型企业转型,用数字技术赋能产业升级

中小型企业规模小,疫情期间损失巨大,实现企业数字化转型将面临认知不足、资金技术限制、技术障碍等多项挑战;企业转型还会受市场经济环境的不确定性、政府政策支持度、产学研合作能力、营商环境等多重因素影响[3]。营造优质的数字化环境,应由政府牵头整合各方资源,发挥龙头企业及转型成功企业带头作用,推动企业协同发展;中小型企业应鼓励员工积极进行创新,引入专业技术顾问,加强人才培养,提升数字化转型意识和技能。

参考文献

[1]项圆心,李浩,王雪梅.数字普惠金融与现代服务业高质量发展——基于服务消费视角的研究[J].统计与决策,2024,40(5):138-143.

[2]刘家旗,周桂芝,茹少峰.我国区域数字经济发展不平衡性对经济高质量发展的影响[J].统计与决策,2022,38(16):108-112.

[3]陈娟.新发展格局下中小企业数字化转型研究——以淮安市为例[J].全国流通经济,2024(18):104-107.

厦门华厦学院商务与管理学院　杨　颖

厦门市优化营商环境情况分析及建议

在当前经济形势下,营商环境的改善对于企业发展至关重要。厦门市以习近平新时代中国特色社会主义思想为指导,全面贯彻落实党的二十大和二十届二中、三中全会精神,抢抓党中央赋予厦门实施综合改革试点机遇,按照党中央、国务院关于打造市场化、法治化、国际化营商环境的决策部署和省委省政府工作要求,以刀刃向内、自我革新的气魄,扎实推进打造国际一流营商环境建设各项工作。

一、厦门市优化营商环境情况分析

自2015年,厦门市率先对标世界银行营商环境评估体系(Doing Business,DB)启动营商环境改革,至今经历了7次迭代升级,具体如图1所示。

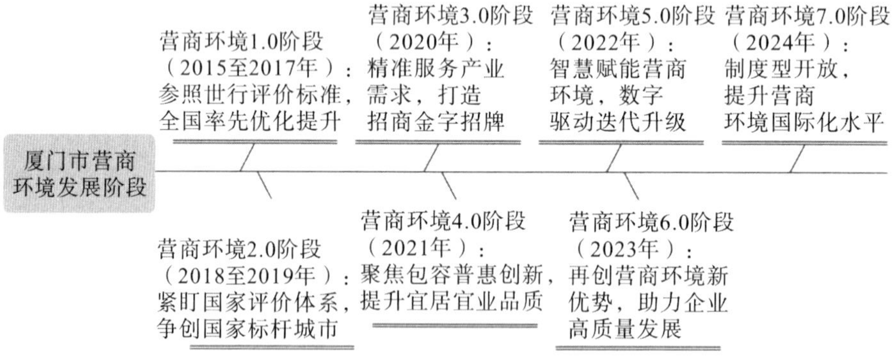

厦门市营商环境发展阶段:

- 营商环境1.0阶段(2015至2017年):参照世行评价标准,全国率先优化提升
- 营商环境2.0阶段(2018至2019年):紧盯国家评价体系,争创国家标杆城市
- 营商环境3.0阶段(2020年):精准服务产业需求,打造招商金字招牌
- 营商环境4.0阶段(2021年):聚焦包容普惠创新,提升宜居宜业品质
- 营商环境5.0阶段(2022年):智慧赋能营商环境,数字驱动迭代升级
- 营商环境6.0阶段(2023年):再创营商环境新优势,助力企业高质量发展
- 营商环境7.0阶段(2024年):制度型开放,提升营商环境国际化水平

图1 厦门市营商环境发展阶段

(一)发展概括

1.市场化建设

一是严格落实市场准入负面清单制度,对于清单之外的经营主体经营活动,全面实行"非禁即入",鼓励企业群众通过市场准入门户网站主动反馈市场准入隐性壁垒信息,及时破除市场准入隐性壁垒;二是实施承诺即准营改革,在全省率先推行市场准营承诺即入制改革,经营主体只需作出书面声明及承诺,免

于提交相关申请材料,即可当场获证;三是率先搭建"集成式办税云枢纽",把税费咨询、诉求响应、远程帮办等服务进行归集,实现"一口收办",同时在管理科所等地布设远程帮办设备;四是建立"一码关联"自然资源全生命周期管理模式,运用自然资源码作为宗地的空间身份证,关联土地全生命周期信息,实现各项审批结果等材料"一键共享",支撑交地即交证、交房即交证、竣工即交证高效办理。

2.法治化建设

一是积极推进海丝法务区建设,包括完善法商融合服务体系,搭建涉台法律服务新矩阵,落地运行全国首个反垄断审查合规辅导中心,打造涉外法治人才培育基地等。二是开展执行联动解决执行难点痛点,出台服务保障民营经济发展壮大18项举措,深化与执行联动单位协作机制建设,升级完善对不动产、车辆、股权等财产网络查控功能,实现公积金查控、限制出入境全流程线上办理。三是健全庭外重组与庭内重整衔接机制,出台企业破产案件预重整工作指引,积极适用破产重整、和解程序拯救危困企业。四是强化知识产权"三类重点"司法保护力度,聚焦科技创新精准化保护,率先出台适用惩罚性赔偿工作指引;聚焦公平竞争多维度保护,针对商业秘密保护薄弱环节,适当运用举证责任转移,切实减轻权利人举证负担等;聚焦文化创新立体化保护,率先适用著作权法保护网站网页的内容编排。

3.国际化建设

一是持续提升营商环境国际化水平,按照省委"打造一流营商环境促进高质量发展研究"的相关要求,厦门市印发实施《厦门市提升营商环境国际化水平实施方案(2024—2026年)》;二是深化"智慧口岸"建设,整合口岸信息化项目和数据资源,上线厦门数字口岸平台,实现实时监管和数据分析共享,推出船舶登临检查可视化管理、查验免预约等211项功能;三是创新涉外审判工作机制,成立全省首个"海丝跨境知识产权服务中心",建设自贸区公共法律服务协同创新基地、金砖司法服务中心、侨胞司法权益保护工作站,探索"专家+法官"服务模式,为企业提供全方位涉外司法服务;四是促进货物流动无感通关,福建、广东、香港三地深入合作,创新实施闽粤港"跨境一锁"快速通关模式,实现厦门与香港之间的进出口货物不换箱、不换锁,自动快速验放。

4.便利化建设

一是推进政务服务"高效办成一件事",完成第一批13个国家重点"一件事"落地落实;二是提升惠企政策"免申即享"服务,搭建厦门惠企政策"免申即享"平台,通过推动市场监管、税务、统计、财政、社保、信用等跨部门数据共享,为企业实现三大便捷——政策兑现"足不出户"、材料准备"系统代劳"、扶持资金"自动兑付";三是提升智能化水平,包括上线港澳台居民居住证线上实名认证服务，上线"e鹭办"掌上服务平台，推进电子营业执照"一照通查"，上线运行厦门市资产资源交易系统，率先实现公共资源交易全领域全流程电子化等；四是推进政务服务事项集中办理，强化中心"一站式"服务功能，推动57个部门2204个事项进驻市政务服务中心，进驻率达97.5%。

（二）改革成效

在持续的改革推进下，厦门市营商环境成效显著，连续3年在国家发展改革委营商环境评价中位居前列，18个指标全部获评"全国标杆"，在福建省营商环境监测督导中连续5年排名第一。截至10月31日，厦门市经营主体93.93万户，每千人拥有经营主体数量位居全国前列。

厦门市多项创新举措获国家和省里推广。《厦门市创新关地协同集成化改革 提升跨境贸易便利化水平》入选中国十大优化营商环境创新实践案例，是福建省唯一入选案例；《建立知识产权多元解纷机制为发展新质生产力蓄势赋能》和《以"信用+"创新实践赋能经济社会高质量发展》两个案例入选全国优化营商环境情况交流；《湖里区企服办全力打造一站式全闭环企业服务平台》等7项改革入选全省营商环境典型案例。

"营商环境好不好，企业说了算。"为全面准确获知全市营商环境各领域创新举措的满意度，经单位推选、企业投票、专家评选等流程，从经营主体对政策举措的获得感、举措的创新性和在全国的影响力等维度，综合评定出2024年度市级"十佳"营商环境创新举措和各区"十佳"营商环境创新举措。

二、厦门市优化营商环境存在的问题

厦门营商环境改革虽处于全国领先水平，但仍存在一些问题，主要表现在对标营商环境成熟度评估体系还有一定距离、服务实体经济方面尚有短板、制度性交易成本还有进一步降低空间。具体如下所述。

（一）对标营商环境成熟度评估体系还有一定距离

一是监管框架、公共服务和办事效率三大支柱的平衡发展。经过多年对标DB，厦门市在"办事效率"方面具有较大发展，但在B-ready体系中的监管框架（法规质量）和公共服务（数字化服务、透明度、服务质量等）支柱方面还不完善。二是数字技术应用、环境可持续和性别平等3个关键主题的关注。厦门在数字技术应用方面，横向与纵向信息互通共享不够、平台建设滞后，制约着数字技术在政务服务中的应用。三是经营主体满意度有待提升。调查发现厦门经营主体感受往往与政府政策存在"温差"，尤其在小微企业融资、市场竞争公平等方面，如何提升企业与专家对营商环境成熟度的评价与感知，提升政策获得感是一大挑战，也是未来工作的重点方向。

(二)服务实体经济方面尚存短板

目前来看,厦门营商环境虽然经历7次迭代,但在服务产业转型升级、新质生产力培育等方面仍存在不足,主要表现为:一方面政策集成效应未能充分显现,各部门推出的系列政策举措缺乏有效整合,政策集成度不高,难以打出最大效果的"组合拳",厦门暂未拥有万亿级产业集群;另一方面各类所有制企业发展不均衡,2023年厦门民营经济增加值占GDP比重47.7%,低于全国(61.1%)和福建全省(70%)平均水平。可见,营商环境在促进各类所有制企业均衡发展方面还存在不足。

(三)制度性交易成本还有进一步降低空间

厦门在降低制度性交易成本方面还有以下优化空间:一是市场准入方面矛盾仍较突出。经营主体反映在政府采购、工程招标投标、政府投资项目运营、重点产业链项目、重大科技攻关等领域存在不公。二是经营主体权益保护还不充分。打击商标恶意注册、仿冒混淆等违法行为力度与企业期待还有差距,知识产权维权难问题还不同程度存在;个别执法部门存在"重复检查、多头执法""重审批轻监管、以罚代管、只罚不管"等问题,针对涉企执法的投诉申诉渠道相对较少。三是经营主体政策预期还不稳定。企业反映部分政策协同性、连续性有待提高,惠企政策兑现不及时、打折扣,企业账款拖欠问题多发。

三、优化营商环境预测分析

未来厦门营商环境的优化发展将受到以下重要因素影响,形成一些新的改革方向与举措。

(一)党的二十届三中全会对营商环境建设提出新要求

党的二十届三中全会提出,"要保证各种所有制经济依法平等使用生产要素、公平参与市场竞争、同等受到法律保护,促进各种所有制经济优势互补、共同发展完善市场准入制度""建设更高水平开放型经济新体制"。这对市场准入、市场竞争等方面提出更高的要求,如何通过营商环境的优化,助力实体经济的发展也成为未来营商环境优化的方向。

(二)世界银行B-ready评估体系新挑战

2024年,世界银行首次发布了《营商环境成熟度报告》,深刻影响中国特色营商环境评估体系,对全国各省市营商环境优化提出新的挑战,如三大支柱的平衡、三大主题的关注、企业调查体系等。全国多座城市已对标B-ready体系开展营商环境优化工作,如上海作为参评城市,对标B-ready体系已完成对

《上海市优化营商环境条例》的修订，增加了16条内容，如劳动就业权利保护、国际贸易规则咨询等。

四、优化建议

综上所述，厦门市未来应落实党的二十届三中全会精神，以促进实体经济发展目标，以降低交易性成本为导向，以营商环境成熟度评估体系为抓手，综合考虑所面临的挑战与现存问题，在以下方面推进营商环境优化。

（一）对标营商环境成熟度评估体系

一是大力推进数字技术应用。加快推动建设市营商环境数字化监测督导平台，推进实现市对部门、市对区营商环境工作一体化、数字化、常态化监测督导和管理；加强全市各部门系统集成、信息共享和业务协同，强化省市协同，深化厦门一体化政务服务平台建设，优化平台能力，助力数据赋能提升政务服务能力；充分发挥厦门特色创新优势，完善"闽政通"厦门频道建设，推动我市高频服务事项同质同源入驻"闽政通"，提升移动端办事体验。

二是关注环境可持续。构筑绿色金融体系，积极申创国家绿色金融改革创新试验区，构建"标准＋平台＋政策"的绿色金融支持体系，打造海洋碳汇服务平台及农业碳汇服务平台；推进环境准入集成改革，创新实施"一站式"审批服务，合并环评、入河入海排污口设置、排污权、排污许可等审批事项，在全国率先实行环评审批告知承诺制等。

三是持续提升经营主体满意度。针对企业在全省营商环境经营主体满意度调查中反映的有关问题，推动各有关单位积极整改，将各区、各部门经营主体满意度调查工作纳入年底营商环境绩效考核中；完善营商环境体验官市区联动机制，及时响应、解决市场主体诉求；更好发挥营商环境监督联系点作用，推动解决或解答"联系点"反映问题，实实在在增强企业获得感。

（二）进一步降低制度性交易成本

一是降低企业政策获取成本。"开门办营商"，在政策制定时，通过商会、协会、网络等广泛征集意见，收集企业问题与建议，吸收到政府政策之中；立足"社会看得懂、企业有感受"，只纳入社会和企业各界关心的任务事项，政府部门内部的工作则不纳入，但纳入部门责任分工表中；强化涉企政策统一发布，及时向"一网通办"归集，鼓励在各级政府服务大厅等设立惠企政策综合窗口，统一受理咨询和办理，保证政策延续，设置政策缓冲期。

二是降低企业合规成本。提高监管执法效能，健全权责清晰、分工明确、运行顺畅的监管体系，推动综合执法能力提质增效；推广应用信用监管制度，建立健全信用承诺制度，建立企业信用状况综合评价体系；建立依法实施免罚与加强法治教育同步推进机制,依法依规推行"首违不罚""轻微免罚";细化企业营商风险与合规指引,指导企业日常经营中的各类合规。

三是降低企业办事成本。开展招投标和政府采购专项整治行动,清除隐性壁垒,取缔各类备选库、名录库、资格库,禁止以所有制为由实施排除;扩大惠企政策的"免申即享、即申即享"的覆盖范围;积极通过财政补贴推进企业数字化转型、绿色转型;推动政务诚信标准化建设,探索制定政务诚信地方标准,为各级政府诚信建设提供指引。

(三)服务实体经济健康发展

一是优化融资结构。深入挖掘公共数据价值,将政务数据引入银行信贷产品的风控模型和客户筛选模型,通过隐私计算技术实现"原始数据不出域,可用不可见";对金融支持企业实施名单制管理,帮助符合产业政策、发展前景和信用良好但暂时有困难的企业融资发展;为科技型中小微企业贷款等提供风险补偿和增信支持。

二是培育创新动能。探索耐心资本的发展模式及实施路径,推动政府资金的引导、激励和拉动作用;支持企业参与产业功能区建设和产业生态圈创新生态链构建,助力深化产业链垂直整合和产业发展协同联动;主动对接国家、厦门市重大战略规划,实施产业人才攻坚行动,编制重点产业引才图谱。

三是打造产业营商环境。各区结合自身主导产业与基础,围绕企业全生命周期的市场准入、融资支持、市场监管等,聚焦产业发展在营商环境方面的"痛点""堵点",靶向施治,营造产业友好型、企业友好型、企业家友好型、科学家友好型营商环境。

(四)持续优化法治保障

一是完善营商环境法规制度体系,完成《厦门经济特区优化营商环境条例》修订工作,推进重点领域、新兴领域立法,加强社会信用、科学技术进步、投标采购等重点领域法律法规的制定、修订工作;二是强化涉企行政规范性文件合法性审查,起草涉及企业等经营主体经济活动的地方性法规、规章、规范性文件及具体政策措施应当进行公平竞争审查,并规定相关投诉举报及处理工作,减少政府对市场资源的直接配置和干预;三是提升行政执法规范性、精准性以及可预期性,厘清执法事权边界,分类明确市、区两级执法事项清单,组织实施行政执法典型案例和指导案例,推出"教科书式执法"样本。

集美大学工商管理学院
厦门市营商环境研究中心　　卢小静　汤　韵　李雅宁
厦门市发展和改革委员会　　闫智君　沈梦欣

厦门市推进金砖创新基地建设情况分析及建议

一、总体情况分析

为深入贯彻落实习近平总书记关于金砖国家新工业革命伙伴关系和金砖创新基地建设的重要批示精神,2024年以来,金砖创新基地加强统筹协调,创新工作思路,聚焦政策协调、人才培养、项目开发三大重点任务,发布2024年重点任务清单62项,新启动6项课题研究;开展17场线上线下人才培训及4场金砖政策讲堂,覆盖76个国家超700万人次;新签约14个金砖合作项目、总投资超20亿元;成功举办金砖国家新工业革命伙伴关系论坛等国际交流活动。《金砖国家领导人第十六次会晤喀山宣言》高度赞赏了金砖创新基地所做工作,这是金砖国家领导人会晤宣言中首次明确肯定金砖创新基地工作成果。金砖创新基地相关工作成效写入《第八届金砖国家工业部长会议联合宣言》。在各方共同努力下,金砖创新基地正加快成为金砖及"金砖+"合作交流的重要桥梁和纽带。

(一)推进金砖创新基地制度创新,夯实发展根基

1.深化部省市共建机制

金砖创新基地理事会第五次会议实现理事会领导层级提级运行,全面提升基地资源链接整合能力,建立更加高效、协同、顺畅的部省市合作机制。

2.纵深推进综合改革

完成"加快建设金砖创新基地"综改试点任务。厦门国际贸易"单一窗口"金砖国家服务专区上线运行,作为国内首个面向金砖国家经贸领域的公共服务平台,为企业提供包括通关、物流、资讯和金砖特色专栏的"一站式"服务。

3.强化实体机构建设

开展《厦门经济特区金砖创新中心条例(草案)》立法,推动金砖创新中心建设成为全省首家法定机构。

(二)深化新工业革命领域交流互认,扩大制度型开放

1.加强联合课题研究,当好产业政策"孵化器"

联合智库开展《金砖国家人工智能发展与合作展望》等 6 项课题研究,推出《中国与金砖新成员国产业合作报告》等成果。举办 4 场金砖政策讲堂,推出 3 期金砖研究专报和 14 期《金砖观察》。深化与俄罗斯联邦政府财政金融大学、斯科尔科沃科学技术研究院、南非德班理工大学等国际智库交流合作。

2.推动标准互认互通,赋能国际经贸高效对接

联动俄罗斯、巴西等 15 个国家共同发布新型工业化国际合作倡议,拓展"金砖优品码"场景应用,为 100 多个金砖及"金砖+"企业 2000 多个产品赋码。

3.推进智库国际化,拓展全球南方智库网络

金砖创新中心加入"全球南方"智库合作联盟,与"全球南方"国家智库和专家建立联系渠道。与南非金山大学、约翰内斯堡大学和人文社会科学委员会达成初步战略合作意向,探讨在联合研究、人才培训、科创孵化等领域开展合作。

(三)聚焦热点领域开展人才培训,践行全球发展倡议

1.打造热点领域课程,提升培训实效

深入落实习近平主席提出的《全球人工智能治理倡议》和第 78 届联合国大会中国主提的加强人工智能能力建设国际合作决议,举办"金砖国家人工智能技术与治理卓越人才研修班"线下培训,吸引来自俄罗斯、巴西、埃及等 16 个国家 30 名学员参训。落实全球发展倡议,举办全球发展促进中心网络成员研修班(司处级)、全球发展促进中心网络成员研讨班(部级)、新型工业化与新质生产力研讨班(部级)3 场线下培训,参训学员 90 人。组织学员与华为、科大讯飞、国投智能等国内头部企业交流,提升培训实效。

2.锚定新工业领域精准引才,强化以赛促训

2024 年金砖国家工业创新大赛首次在巴西、俄罗斯等金砖国家开辟国别赛区,在人工智能、智能制造等 5 个赛道征集参赛项目 1357 个,超 30% 获奖项目来自金砖及"金砖+",有落地金砖创新基地意愿的项目达 18 个,对外发布《2024 金砖国家工业创新大赛优秀项目集》。

(四)搭建项目交流合作平台,推动"智改数转"

1.加快平台载体建设,构建合作项目库

加快推进金砖科创孵化园建设,研究出台扶持政策,落地首期规模 20 亿

元的金砖科创基金,投资新能源、新材料、人工智能等领域。启动通用技术金砖创新基地总部区项目建设,总投资约55亿元,打造金砖国家新工业革命产业创新引领示范平台。结合厦门市"4+4+6"产业发展与布局,形成32个标志性强、发展前景好的金砖示范项目,通过集中授牌、政策资金支持、业务国际化拓展等方式,提升创新发展服务能力。

2. 推动制造业"智改数转",输出标准方案

结合厦门市开展国家中小企业数字化转型和新型技改试点城市建设,推动科华数据、金牌橱柜、石头城等企业数字化转型标准、软件和解决方案输出金砖国家。推动巨龙信息、睿云联、计讯物联等企业与阿联酋、巴西等国家企业合作,提供数字城市、智能设备、物联网行业解决方案。

(五)推动产业链供应链畅通运行,深化国际交流合作

1. 营造便利环境,促进经贸往来

2024年1—10月,厦门市与金砖国家进出口总额869.16亿元人民币。国内首条金砖城市跨境电商空运专线"中国厦门—巴西圣保罗"航线,2024年以来出口包裹数突破1000万件。巴西皮奥伊州战略投资促进局在厦设立代表处,是首个金砖国家地方政府批准在厦设立的外国企业常驻代表机构。

2. 打通合作渠道,助力企业"走出去"

组团及随团出访俄罗斯、巴西、南非、阿联酋、埃塞俄比亚等国家,积极推介金砖创新基地,推动12家跨国公司和相关机构与厦门有关部门和企业签订大宗商品供应链、矿石贸易、生物医药与健康等领域合作协议。与俄罗斯喀山结为友城,与巴西福塔莱萨、南非德班等友城开展医疗卫生、生态文明等领域的交流与培训。

3. 强化机制建设,搭建金砖合作网络

积极参与金砖国家主席国俄罗斯主办的第八届金砖国家工业部长会、伙伴关系咨询组会、俄罗斯高科技工业产品展览会、第十六届金砖国家学术论坛等金砖合作框架下机制性会议及配套活动。与新开发银行建立高效沟通机制,探讨在科技创新等领域开发合作项目。参与联合国工业发展组织全球工业与制造业人工智能联盟,探讨人工智能、数字经济领域合作。

二、存在问题

建设金砖创新基地是一项开创性、国际性的重要任务,在百年未有之大变局加速演进的时代背景下,政策协调、人才培养、项目开发三大重点任务均面临着多方面挑战。

（一）政策协调国际化水平进展较为缓慢

一是标准互认工作面临诸多障碍。金砖各国在产业发展状况、产品认证标准制定等方面存在较大差异，难以搭建起高效、顺畅的标准对接通道，对形成标准互认共识、优化资源高效配置形成较大阻碍。二是智库合作存在短板。当前智库合作国际化推进较为缓慢，智库合作方式单一，研究成果发布渠道相对狭窄，智库合作成果对金砖创新基地建设的引领与支撑作用有待加强。

（二）人才培养丰富性和实效性仍显不足

一是培训课题与内容设置针对性不足。金砖各国在工业进程中所处阶段参差不齐，当前培训课程设置难以精准契合"伙伴国"的实际诉求，课程内容缺乏对不同国家特定需求的关照，影响人才培养的实际成效和预期目标。二是需要进一步提升培训实效。目前部分培训课程与产业对接还不够紧密，促成的合作项目还偏少，应进一步做好培训"后半篇"文章。

（三）项目合作成效和平台服务能力有待提升

一是项目落地的数量和质量有待提高。通过搭建项目对接平台引进的项目数量和质量以及新工业革命领域示范项目影响力均有待提升，具有一定规模的重大项目、创新项目和科技成果落地速度较慢。二是赋能平台的项目服务成效有待加强。目前金砖创新基地已搭建多个新工业革命领域赋能平台，但线上线下融合仍然不足，商业模式尚未成熟，金砖各国用户体验参差不齐，平台国际化服务能力仍需加强。

三、预测与展望

习近平主席在金砖国家领导人第十六次会晤中提出要努力建设"和平金砖、创新金砖、绿色金砖、公正金砖、人文金砖"，这为金砖创新基地下一步工作提供了根本遵循。2025年是金砖创新基地成立五周年，基地将主动把握金砖扩员机遇，聚焦三大重点任务，持续拓展与金砖新成员国及伙伴国在智库交流、人才培训、项目孵化等方面的合作，为深化金砖和"全球南方"国家合作提供更多公共产品，凝聚更多金砖合作力量，形成更多务实合作成果。

未来，金砖创新基地将持续聚焦三大重点任务，努力建设成为推动金砖和"金砖+"务实合作的国际性战略平台。在政策协调方面，进一步整合官方智库、高校、科研机构、企业性质研究院、民间智库等智慧力量，形成金砖创新基地的智库力量，联合开展金砖国家重大共性问题研究与产业研究。在人才培养方面，着眼于信息时代对数字人才、智能人才的需求，打造人才库，为金砖各国提供技能提升和再培训的合作机会。在项目开发方面，把握新工业革命前沿趋势,围绕智能制造、工业互联网、工业设计、绿色工业等领域,联合实施一批新工业革命示范项目,进一步开展数字化、智能化、绿色化等领域交流合作。

四、对策与建议

2025年,金砖创新基地将深入贯彻落实党的二十大及二十届二中、三中全会精神和习近平总书记来闽来厦考察时的重要讲话精神,聚焦三大重点任务,强化使命担当,当好金砖及"金砖+"合作的平台搭建者、资源链接者、方案提供者。围绕举办高规格活动、发布政策成果、推出品牌培训、打造公共产品、宣传基地成效等方面,全力做好金砖创新基地成立五周年成果设计及活动策划,力争为金砖国家领导人会晤、金砖国家工业部长会议等机制性会议贡献更多亮点成果。

(一)完善金砖创新基地运行机制

1.部省市联动共促高质量发展

持续深化部省市共建机制,利用好理事会、战略咨询委员会等机制,高质量编制金砖创新基地建设规划,推动金砖创新基地建设行稳致远。

2.推进实体机构国际化进程

完成《厦门经济特区金砖创新中心条例》立法,注册成立福建省首个法定机构,采用市场化用人机制和薪酬体系,面向国(境)内外招聘专业化、国际化人才,助力基地开展国际交流合作,推动机构高水平、规范化、高效率、国际化运作。

(二)高水平推动政策协调合作

1.聚焦"新工业革命"核心,加强产业研究

深入开展金砖及"金砖+"产业领域研究,聚焦金砖扩员、新型工业化等领域推出《金砖国家新工业革命伙伴关系创新发展报告(2025)》《金砖国家新能源发展及合作前景》等一批高质量研究成果,打造政策研究领域品牌报告。

2.强化"伙伴关系"根基,深化智库合作

充分发挥"全球南方"智库合作联盟作用,促成新增俄罗斯、南非、阿联酋等智库合作联盟国际成员2~3家。推动吸纳沙特、阿联酋、埃塞俄比亚等新成员国专家学者加入战咨委,加强与金砖国家智库交流合作,深化国际产学研合作,营造良好的开放合作生态。

3.突出"创新"这一关键,探索标准互认

制定发布金砖优品码国际化标准,建设金砖优品码全球贸易流通服务专区服务平台、线上线下选品中心。推动建立金砖国家新工业革命领域绿色低碳标准化会议机制,在该机制下探索成立"金砖创新基地太阳能光伏能源系统标准研究工作组",促进金砖国家光伏领域标准和检测互认,形成一批标准创设成果。

(三)高标准促进人才培养合作

1.打造和发布人才培养课程体系资源库

聚焦新工业革命主题及金砖国家发展需求,系统梳理企业、高校、科研院所等资源,以提供现场教学、典型场景观摩、技术平台展示为支撑,打造人才培养精品课程体系,发布课程资源库,增强人才培养针对性和实效性。

2.持续开展热点领域人才培训

落实习近平主席在第十六次金砖国家领导人会晤时重要讲话精神,以绿色发展、新质生产力为主题策划举办2场线下培训。围绕全球发展倡议重点领域,依托国家国际发展合作署全球发展促进中心创新培训基地,举办或承办2~3场线下培训。

3.做好人才培训"后半篇"文章

针对重点国别、重点机构、重点人员,组织参训外方学员加强与国内企业对接交流,以培训促进人才交流、技术合作、产业对接,助力企业拓展海外业务。

(四)高质量推动项目开发合作

1.在推进产业合作深度上持续发力

推进建设中国—金砖国家合作项目展示交流中心,汇聚国内新工业革命领域与金砖国家产业合作资源,集中展示国内领先企业优秀产品、解决方案、应用案例等新型工业化发展成就,打造企业、项目合作双向交流对接平台,面向金砖国家和"全球南方"国家加强"走出去"和"引进来"。

2.在提升科创协作水平上持续发力

用好金砖科创孵化园等高能级平台,出台支持政策,助力设立技术转移机构、新型研发机构、创新合作实验等,引进金砖科创人才,开展科技成果转移转化服务,建立科技出海服务机制,促进协同合作。

3.在引入金砖优质项目上持续发力

办好2025年金砖国家工业创新大赛,发布"金砖国家工业创新合作项目

库",发掘优质创新项目。举办"苏颂杯未来产业技术创新赛金砖专场"赛事,引导优质资本投资赋能未来产业发展,面向金砖国家遴选一批优质项目落地厦门。

厦门市金砖办　　黄　英　李　健　洪　阳　张珮云　杨　顺
　　　　　　　　郭轶若　唐玲玲　林桑桑　施星雨

厦门市城市创新能力发展分析及建议

创新是引领发展的第一动力，是建设现代化经济体系的战略支撑。党的二十届三中全会明确提出要深入实施科教兴国战略、人才强国战略、创新驱动发展战略，并统筹推进教育、科技、人才体制机制的一体改革，旨在健全新型举国体制，提升国家创新体系的整体效能，进一步增强我国的科技创新能力。在国家战略指导下，厦门市认真学习贯彻党的二十届三中全会精神，落实习近平总书记在福建、厦门考察时的重要讲话精神，以科技创新和产业创新深度融合推动高质量发展，更好地为中国式现代化探索试验、探路先行。

一、总体情况分析

2023年，厦门市深入实施科技创新引领工程，提升企业技术创新能力，增强科技集群综合竞争力，提高科技创新引领现代化产业体系建设水平，全市科技创新能力得到进一步提升，全社会科学研究与试验发展（research and development，R&D）经费投入270.71亿元，研发投入强度提升到3.36%，比全国、全省分别高出0.71个百分点、1.2个百分点，在世界知识产权组织发布的全球百强"科技集群"排名中跃升至第72位。每万人高价值发明专利拥有量25.2件，位列全省第一。"群鹭兴厦"人才工程深入实施，新增中国科学院、工程院院士3名，引进国际化人才3380人，吸引近8万高校毕业生来厦就业。企业梯度培育成效显著，净增国家高新技术企业超600家、国家级专精特新小巨人企业22家、中国制造"隐形冠军"企业21家。

2024年前三季度，厦门市坚持以科技创新引领现代化产业体系建设，大力推进新型工业化，加快形成新质生产力，夯实高质量发展根基。持续强化企业科技创新主体地位，推动产学研深度融合，加快制造业高端化、智能化、绿色化转型，培育先进制造业集群；促进战略性新兴产业融合集群发展，抢占未来产业新赛道。

（一）科技创新实力全面提升

厦门市通过出台《关于深入实施科技创新引领工程 争创国家区域科技创新中心的若干措施》，系统性地规划了四大核心策略，共计16项具体措施，旨在全面提升企业技术创新能力,强化科技集群的综合竞争力,并加速科技创新对现代化产业体系的引领作用。策略聚焦于增强区域创新策源能力、巩固企业作为科技创新主体的地位、构建"财政政策＋金融工具"的复合支持体系,以及优化产业创新生态环境。在强化企业主体地位方面,措施鼓励企业增加研发投入,积极建设技术中心、重点实验室等内部研发机构,并促进与高校、院所及省级创新实验室的深度合作,通过订单式定向研发模式,加强产学研融合。同时,支持科技领军企业组建创新联合体,并设立"厦门专项"研发资金,举办"苏颂杯"未来产业技术创新赛,以赛事和活动为纽带,深化企业与科研机构的长期合作。在科研平台建设方面,厦门市政府加速推进厦门科学城建设,重点扶持嘉庚创新实验室、翔安创新实验室等高水平产学研平台,并规划福建海洋创新实验室及智慧储能等大型科研基础设施。同时,积极吸引金砖国家及国际知名技术转移机构落户,促进科技成果的高效转化。在资金筹措机制方面,采用专项债、基金、国企投资及社会资本多元化投入,确保大型科研基础设施建设的资金充足,并建立社会资本参与运营的长效机制。为确保政策的有效实施,厦门市政府还强化了组织和机制保障,完善厦门市委科技委员会的工作机制,统筹调配全市财政科技资金与创新政策,确保各项措施精准落地,为厦门市科技创新和经济社会发展注入强劲动力。

(二)未来产业培育蓬勃发展

厦门市聚焦未来产业的培育与发展,通过强化前沿基础研究与关键核心技术的攻关,着力营造有利于产业发展的创新生态,旨在将未来产业塑造为驱动新质生产力增长的核心引擎。厦门市率先构建旨在实现产业动能持续增强与梯次发展的"4＋4＋6"现代化产业体系,致力于做优做强电子信息、机械装备、商贸物流、金融服务四大支柱产业集群,这些集群构成了城市经济发展的坚实基础。同时,积极培育壮大生物医药、新材料、新能源、文旅创意4个战略性新兴产业,为产业结构升级注入新的活力。在此基础上,厦门市前瞻性地布局了第三代半导体、氢能与储能等6个未来产业,以期在科技前沿领域占据先机。2023年,四大支柱产业集群的总规模已突破2万亿元大关,其中,电子信息与机械装备两大集群合计占规模以上工业总产值的比重高达61.8%。战略性新兴产业增加值占规模以上工业增加值的比重达到46.6%,显示出强劲的增长势头,特别是新能源产业产值同比增长32.5%。未来产业亦呈现出加速产业化的良好态势,厦门市已拥有176家未来产业骨干企业,全面布局于新一代人工智能、化合物半导体、新型显示、新型储能、创新药械5个未来风口产业,为厦门市的经济结构调整与发展动能转换提供了有力支撑。

(三)企业创新主体地位强化

厦门市通过实施一系列创新引领工程,强化企业创新主体地位,构建科技创新支持体系,有效激发企业创新活力,显著提升全市的科技创新能力。出台《厦门市市场主体培育工程实施方案(2023—2026年)》,明确了市场主体总量、质量,创新活力的发展目标,并按照"育精、育新、培优、培强"的原则,聚焦特色优势企业、未来赛道企业、集群链主企业、龙头骨干企业和个体工商户,提出实施专精特新企业梯次培育,支持"瞪羚"企业发展,培育制造业单项冠军,壮大高新技术企业群体等一系列任务和措施,旨在通过分类培育、分层培育,全面提升企业创新能力和市场竞争力。《关于深入实施科技创新引领工程 争创国家区域科技创新中心的若干措施》则强调加快引育顶尖人才团队和新型研发机构,支持企业与高校院所合作开展订单式定向研发,推动前沿性、颠覆性技术和成果在厦门转化,以进一步提升企业技术创新能力。厦门市的科技创新主体显著壮大,创新能力大幅提升。"创新型中小企业—专精特新中小企业—专精特新小巨人企业—制造业单项冠军"的梯度培育体系建设成效显著,新增国家级专精特新小巨人企业22家,中国制造"隐形冠军"21家,海辰储能成为福建省首家独角兽企业,4家厦企入围全球新能源企业500强。

(四)高能级创新平台注入动力

厦门市加速推进高能级创新平台建设,聚焦关键核心技术展开攻关,旨在深化产学研用一体化融合,加速科技成果向现实生产力转化。在此过程中,嘉庚创新实验室与翔安创新实验室等科研机构发挥着关键作用,不断优化研发布局,加快成果转化步伐。厦门市还积极策划并推进福建海洋创新实验室、智慧储能等大型科研基础设施建设,对符合条件的各类创新主体争创国家级科技创新平台给予高额奖励及运营经费支持,进一步激发创新活力,为科技创新提供强有力的支撑。嘉庚创新实验室与翔安创新实验室在新能源、新材料、生物医药等领域取得了显著成就。嘉庚创新实验室不仅建成了全球首条23.5英寸Micro-LED激光巨量转移示范线,其百千瓦级PEM(proton exchange membrane,质子交换膜)电解水制氢装备还成功入选国家首台(套)重大技术装备清单。翔安创新实验室则获批建设传染病疫苗研发全国重点实验室,并成功引进6家新型研发机构,进一步推动了创新链与产业链的深度融合,为厦门市的科技创新与产业发展注入了新的动力。

(五)厦门科学城建设逐步完善

2023年,厦门科学城管委会组建完成,运营管理机制得以完善,厦门科学城建设进入全面加速阶段。科学城的创新引擎功能显著增强,实现了从"搭框架"向"强功能"的转变。为促进研发与产业的深度融合,构建了"科学城研发孵化—产业联动区转化加速"的产业联动机制,有效推动研发资源向科学城集聚,为火炬高新区、厦门海洋高新区、厦门生物医药港等区域的高质量发展提供强大动力。厦门科学城积极引进中关村大学科技园联盟成果转化基地,成功牵引北京大学、清华大学等20余所"双一流"高校的科技成果来厦转化。项目储备库已累积"高研值"项目300余个,其中,超过80个项目顺利落地。为进一步完善科技创新生态,厦门科学城搭建了"新型研发机构＋概念验证中心＋小试中试平台＋孵化器＋未来产业园＋创新飞地"的产业育成孵化服务体系,这一体系已成为培育新质生产力的"超级孵化器"。Ⅰ号孵化器已累计引进中关村大学科技园联盟成果转化基地、摩方同创精密技术研究院等90余家机构和企业,注册资金总额超过7.4亿元。而Ⅱ号孵化器也新引入了嘉膜科技、上海张江高校协同创新研究院、哈尔滨工程大学技术转移中心等16家科技型企业和机构,为科学城的持续发展注入了新的活力与动能。

二、问题与挑战

(一) 国际科创环境日趋复杂

当前,世界范围内的逆全球化浪潮与地区主义交织发展,加剧了全球产业链、供应链的脆弱性和不稳定性。逆全球化浪潮加剧了全球产业链的脆弱性,各国为了保障自身供应链的安全与稳定,纷纷推动产业链本土化,导致全球供应链出现碎片化倾向。这种供应链的重构不仅增加了企业的运营成本,也降低了创新资源的全球流动性,不利于国际创新合作的深入开展。全球科技领域非传统安全挑战频发,一些国家过度扩展"安全"概念,在科技创新、市场准入和供应链方面采取各种收紧、限制措施。这种泛安全化的趋势迫使其他国家采取相应措施维护自身安全,导致国家间围绕安全而非科技创新的竞争升级和扩散,严重阻碍了国际创新合作。由于全球供应链的脆弱性和不稳定性,厦门在获取外部创新资源方面将面临更大的挑战,原材料、核心零部件和先进技术的进口可能受到更多限制和阻碍,影响厦门企业的创新活动和生产效率。技术脱钩风险加剧将导致国际创新合作机会减少,难以与国际领先企业、研究机构和高校开展深度合作,获取前沿科技知识和创新成果。

(二) 区域协同创新能力亟待提升

当前我国区域协同创新发展呈现出蓬勃发展的态势。根据《中国区域创新能力评价报告2024》显示,广东、江苏、北京等地持续保持领先地位,成为区域协同创新的"火车头",福建省则处于中游水平。长三角、珠三角、京津冀等城市群通过优化资源配置、促进产业协同发展,带动了周边地区的经济增长和技术进步。相较而言,闽南城市群经济总量、产业结构、人才储备等方面同前述城市群存在较大差距,并且区域协同创新机制尚不完善,创新资源在区域内的流动和配置效率不高,区域竞争能力较弱。

(三)高能级创新平台仍待壮大

厦门大力推进全面创新,在培育壮大生物医药、新材料、新能源等产业方面取得突出成果,但同时还存在基础研究水平和原始创新能力不足、高能级创新平台不够的短板。厦门仅有厦门大学一所"双一流"大学,其余现有高校院所实力还不强,特别是能承载高端创新资源、能带动产业发展的国家级科研院校、高能级创新平台、"国字号"重大科技创新设施较少,新引进的一批高能级院所尚在建设培育阶段,对海内外高端创新要素的吸引力还不够强,创新的集聚效应还不明显。

(四)创新要素聚集水平不足

与先进城市相比,厦门在创新的资源要素汇聚程度、对现代化产业的支撑力度等方面还存在差距,科技创新与产业创新的深度融合还存在堵点和卡点,创新链与产业链匹配度不够,创新资源未实现充分共享,技术供给与需求存在脱节。在高层次人才和创新团队的引进和培养方面,虽然厦门出台了一系列人才政策,但在吸引和留住顶尖人才方面仍面临挑战。以厦门大学毕业生就业数据为例,2021—2023年,厦门大学毕业生共计2.8万余人,其中,留在厦门的仅占24.1%,更多的毕业生流向了福建其他城市以及省外的深圳、浙江、上海等地。

三、预测与展望

(一)国际科技竞争趋势

当前人工智能、云计算、大数据、物联网等前沿技术成为国际科技竞争的核心领域。随着技术的不断进步和应用场景的不断拓展,科技创新产业的规模将持续扩大,并推动产业融合加速,通过跨界合作与创新,推动产业升级和经济发展。例如,通过信创与人工智能技术的融合,赋能整个制造业的发展。另外,国际科技竞争还将推动全球科技合作与交流,共同应对全球性挑战和推动全球科技创新的发展。

(二)国家科技战略重点方向

当前新一轮科技革命与产业变革正蓬勃兴起,全球科技创新展现新态势、新特征。我国亟须紧抓时代机遇,深入践行创新驱动发展战略,开拓发展新领域,持续塑造发展新动能与优势。一方面要完善科技创新体系,强化党中央对科技工作的统一领导,健全新型举国体制,增强国家战略科技力量,并优化创新资源配置。明确国家科研机构、高水平研究型大学及科技领军企业的定位与布局,构建国家实验室体系,统筹推进国际与区域科技创新中心建设,加强科技基础能力,提升科技战略咨询水平,全面提高国家创新体系效能。扩大国际科技交流,打造具有全球竞争力的开放创新生态。另一方面,加速实施创新驱动发展战略。以国家战略需求为导向,集中力量攻克原创性、引领性科技难题,坚决夺取关键核心技术胜利。加强基础研究,鼓励原创与自由探索,提高科技投入效能,改革财政科技经费分配机制,激发创新活力。深化产学研用融合,提升企业主导地位,强化目标导向,促进科技成果转化与产业化,推动创新链、产业链、资金链、人才链的深度融合。

(三)厦门科技创新发展预测

厦门市深入贯彻党的二十大精神,响应党中央关于强化企业科技创新主体地位、加速推进新型工业化的战略部署以及省委的具体工作要求。坚持科技创新引领,争创国家区域科技创新中心,着力培育发展新动能。深入实施科技创新引领工程,强化企业作为科技创新主体的地位。支持企业建设重点实验室、研发中心等多元创新平台,并推动形成创新联合体,促进产学研用深度融合,涵盖高等院校、研发机构及大中小企业。实施先进制造业倍增计划,培育更多国家级专精特新"小巨人"、制造业单项冠军及独角兽企业。组建产业联盟,强化产业链上下游的高效协同发展,切实提升产业链供应链的韧性和安全水平。聚焦新能源产业链式发展,持续壮大新型功能材料等优势产业,打造具有国际竞争力的新能源、新材料产业集群。在人才建设方面,升级"群鹭兴厦"人才工程,致力于建设新时代人才强市,为高素质技能人才提供更为畅通的成长通道。

四、对策与建议

(一)提升创新要素聚集水平

强化科技创新资源支持,大力扶持企业建设重点实验室、研发中心等核心创新平台,并推动其与高等院校、科研院所及上下游企业紧密合作,共建创新联合体。完善科技创新资源的共建共享机制,确保企业能够高效利用科技基础设施。探索实施科研物资跨境便利流动政策,确保先进制造业所需的进口科研及实验室物资能够快速通关,助力研发进程。加强人才队伍建设,持续优化"群鹭兴厦""双百计划"等市级人才计划,并加大国际化引才力度,积极争取国家级高水平人才平台的落户。深化人才体制机制改革,为外国专业人才提供更加便利的执业和永居环境,吸引全球高端人才汇聚厦门。关注青年科技人才的发展,建立与之相适应的城市公共服务空间和设施,同时在重大科技任务、关键核心技术攻关等方面给予更多倾斜。构建完整产业生态,建立健全产业协同发展机制,充分发挥链主企业的创新引领作用,并加强生产性服务业的配套功能。通过建设共享型创新平台,推进产学研协同创新,形成"链主在厦门,链属在周边"的跨区域产业生态圈。加速发展战略性新兴产业和未来产业,不断催生新质生产力,为厦门的持续发展注入强劲动力。

(二)优化未来产业培育体系

结合厦门市产业基础和资源禀赋,优化未来产业发展规划,明确重点发展的产业领域和方向,如第三代半导体、前沿战略材料、氢能等新兴产业,为产业培育提供科学指导,确保产业发展路径清晰且具有前瞻性。优化产业布局,根据产业规划,引导产业集聚发展,通过建设产业园区、孵化器等方式,形成具有核心竞争力的产业集群,促进产业链上下游企业协同发展,提升整体竞争力。加大创新投入,提升创新能力,增加财政科技投入,加大对未来产业科技创新的支持力度,提高财政科技投入占 GDP 的比重,确保产业创新有充足的资金保障。鼓励企业加大研发投入,通过税收减免、资金补助等激励措施,引导企业增加在技术研发、产品创新等方面的投入,提升自主创新能力。促进科技成果转化,加速产业化进程,建立健全科技成果转化机制,完善科技成果评估、交易、转化等环节的政策措施,降低转化门槛,提高转化效率。搭建产学研用合作平台,促进高校、科研院所、企业和用户之间的紧密合作,形成协同创新合力,加速科技成果从实验室走向市场,推动产业快速发展。

(三)完善厦门科学城建设

加大高能级创新平台引进力度,制订明确计划、加强与国内外顶尖机构的沟通、提供优惠政策支持和建立长效合作机制,确保高效引进并深度合作,提升创新策源能力。完善公共配套设施,加快交通、教育、医疗和商业设施建设,构建便捷高效的城市服务体系,满足居民和从业人员多元化需求。提升科技成果转化效率,设立专项基金、建立评估体系、搭建产学研用合作平台,并加强知识产权保护,加速科技成果市场化进程。强化人才队伍建设,优化人才引进政策、加强本土人才培养、建立激励机制和优化服务环境,为科学城发展提供坚实的人才保障。加强区域协同合作,建立协同发展机制,深化产业协作,共享创新资源,并加强生态环境协同治理,推动科学城与周边区域形成优势互补、协同发展的良好格局,共同打造宜居宜业、创新活力强的科学城。

(四)增强区域协同创新水平

加强与国际顶尖科研机构的合作,共同开展技术研发、数据共享和成果应用,加快构建国际协同创新合作网络,提升厦门科学城影响力。支持建设国际联合实验室和外资研发中心。鼓励国内外知名高校、科研院所和企业来厦设立国际联合实验室和外资研发中心,引进国际先进技术和管理经验,促进科技成果的本地化和产业化。同时,提供土地、税收、资金等优惠政策支持,降低运营成本,增强创新活力。加强与京津冀、长三角、粤港澳大湾区等国内重点区域的合作,通过举办科技论坛、产业对接会等活动,推动科技创新与产业升级的深度融合。同时,与共建"一带一路"合作伙伴开展多层次、宽领域的合作,布局建设"创新飞地"或海外协同创新中心,促进技术、人才、资金等创新要素的跨境流动和优化配置。提升与港澳地区的合作水平。深化与港澳地区高校院所、科技领军企业、科技服务机构的合作,支持其在厦建设新型研发机构、共性技术研发平台和孵化基地。通过政策引导和市场机制,推动双方在科技创新、人才培养、成果转化等方面的深度合作,共同打造具有国际竞争力的创新集群。

华侨大学工商管理学院　林春培　杨　帆　沈灵鸿　李　京

社会篇

厦门市城乡居民收入情况分析及预测

今年以来,厦门市深入贯彻落实党的二十届三中全会精神,深化拓展"深学争优、敢为争先、实干争效"行动,坚持稳中求进工作总基调,经济运行总体保持平稳,城乡居民就业增收形势稳定,民生保障有力,居民收入保持平稳增长。

一、厦门城乡居民收入情况

(一)2023年厦门城乡居民收入情况回顾

2023年,厦门积极应对复杂严峻的外部环境,经济持续恢复向好,社会民生得到良好保障,厦门居民收支保持平稳增长,收入水平居全国前列、全省首位。抽样调查资料显示,2023年厦门全体居民人均可支配收入71062元,比全国平均水平高39218元,比全省平均水平高25636元,增长4.5%,增幅分别比全国和全省平均水平低1.8个百分点和0.9个百分点。其中,城镇居民人均可支配收入72880元,比全国平均水平高21059元,比全省平均水平高16727元,增长3.4%,增幅分别比全国和全省平均水平低1.7个百分点和0.9个百分点。农村居民人均可支配收入34206元,比全国平均水平高12515元,比全省平均水平高7484元,增长5.8%,增幅分别比全国和全省平均水平低1.9个百分点和1.1个百分点。

(二)2024年前三季度厦门城乡居民收入情况分析

抽样调查资料显示,2024年前三季度厦门全体居民人均可支配收入58509元,比上年同期增长4.3%,扣除物价因素,实际增长4.0%。从收入结构上看,前三季度厦门全体居民人均工资性收入41998元,增长5.5%;人均经营净收入4516元,增长1.3%;人均财产净收入7830元,增长1.0%;人均转移净收入4166元,增长1.3%。从分区情况来看,2024年前三季度各区全体居民人均可支配收入分别为思明区70937元,增长4.7%;海沧区55718元,增长4.5%;湖里区57643元,增长3.7%;集美区56670元,增长4.7%;同安区45961元,增长4.2%;翔安区38453元,增长4.6%。除湖里区增速略低外,其他各区居民人均可支配收入增长差异不大。

按常住地分,2024年前三季度厦门城镇居民人均可支配收入59615元,增长4.3%,扣除物价因素,实际增长4.0%。其中,思明区70937元,增长4.7%;海沧区55718元,增长4.5%;湖里区57643元,增长3.7%;集美区56705元,增长5.3%;同安区50821元,增长4.0%;翔安区44945元,增长3.3%。

2024年前三季度厦门农村居民人均可支配收入30121元,增长6.3%,扣除物价因素,实际增长6.0%。其中,集美区35989元,增长6.6%;同安区28230元,增长5.6%;翔安区27072元,增长6.6%。农村居民收入增长速度明显高于城镇居民。

二、前三季度厦门城乡居民收入主要特征分析

(一)收入水平位居全国全省前列,增速有所放缓

从收入水平看,2024年前三季度厦门全体居民人均可支配收入58509元,比全国高出27568元,比全省高出21243元。其中,城镇居民人均可支配收入59615元,比全国高出18432元,比全省高出13122元;增长4.3%,增幅比全国、全省均低0.2个百分点。农村居民人均可支配收入30121元,比全国高出13381元,比全省高出9124元;增长6.3%,增幅分别比全国和全省低0.3个百分点和0.5个百分点。

从累计增速来看,一季度、上半年及前三季度厦门全体居民人均可支配收入增幅分别为5.7%、4.7%及4.3%,增速逐渐放缓。其中,一季度、上半年及前三季度厦门城镇居民人均可支配收入增速分别为4.9%、4.6%及4.3%,农村居民人均可支配收入增速分别为7.6%、6.6%及6.3%。

(二)4项收入稳步增长,工资性收入是主要支撑

从收入构成来看,2024年前三季度厦门居民人均可支配收入的4项收入来源稳步齐增,共同推动城乡居民收入提升(具体见表1)。其中,工资性收入仍然是居民增收的主要支撑,全体居民人均工资性收入41998元,增长5.5%,所占比重为71.8%;消费市场持续恢复,推动居民经营性收入增长,全体居民人均经营净收入4516元,增长1.3%;受益于房租、利息以及红利收入的增长,全体居民人均财产净收入7830元,增长1.0%,所占比重为13.4%。

表1 2024年前三季度厦门居民收入构成情况

指标	全体居民 收入/元	全体居民 增幅/%	全体居民 占比/%	城镇居民 收入/元	城镇居民 增幅/%	城镇居民 占比/%	农村居民 收入/元	农村居民 增幅/%	农村居民 占比/%
可支配收入	58510	4.3	—	59615	4.3	—	30121	6.3	—
(一)工资性收入	41998	5.5	71.8	42889	5.5	71.9	19123	7.3	63.5

续表

指标	全体居民 收入/元	全体居民 增幅/%	全体居民 占比/%	城镇居民 收入/元	城镇居民 增幅/%	城镇居民 占比/%	农村居民 收入/元	农村居民 增幅/%	农村居民 占比/%
(二)经营净收入	4516	1.3	7.7	4422	1.0	7.4	6909	6.3	22.9
(三)财产净收入	7830	1.0	13.4	8079	1.0	13.6	1439	1.4	4.8
(四)转移净收入	4166	1.3	7.1	4225	1.3	7.1	2650	2.0	8.8

(三)农民收入保持增长优势,城乡收入差距比持续缩小

近年来,随着厦门跨岛发展战略的纵深推进和乡村振兴战略的有力实施,农民收入保持增长优势,城乡居民收入相对差距逐渐缩小。2018—2023年期间,厦门农村居民人均可支配收入从22410元增长至34206元,累计增长52.6%,年均递增8.8%,年均增长率比城镇高出2.8个百分点,城乡人均可支配收入比从2018年的2.43∶1逐年下降至2.13∶1(以农村居民收入为1)。2024年以来,厦门农村居民人均可支配收入继续保持增长优势,一季度增长7.6%、上半年增长6.6%及前三季度增长6.3%,增幅分别比城镇高出2.7个百分点、2.0个百分点及2.0个百分点。

三、厦门城乡居民收入增长主要支撑因素分析

(一)就业形势平稳,拉动工资收入持续增长

工资性收入是厦门居民收入的主要来源,也是拉动居民收入增长的主要力量。分城乡来看,2024年前三季度,城镇居民人均工资性收入42889元,增长5.5%,占比71.9%,对收入增长的贡献率为92.6%,拉动城镇居民收入增长3.9个百分点;农村居民人均工资性收入19123元,增长7.3%,占比63.5%,对收入增长的贡献率为73.1%,拉动农村居民收入增长4.6个百分点。工资性收入增长的支撑因素有:

(1)政策性因素推动社会工资性水平持续提升。2023年12月,厦门人社局发布厦门市企业工资增长指导线,企业工资指导线基准线由6.5%增长为7.0%,企业工资指导线下线为3.0%。同时,2023年厦门城镇非私营单位就业人员年人均工资123081元,比上年增长1.2%。其中,在岗职工(含劳务派遣)年平均工资126571元,增长1.7%,持续提升的社会工资水平推动居民工资性收入稳步增长。

(2)社会就业形势总体平稳。2024年厦门市政府持续落实稳预期、稳增长、稳就业各项举措,全方位就业服务持续发力,全市就业形势保持总体稳定。

厦门人社局数据显示,2024年前三季度,全市登记用工企业26.45万家,同比增长4.1%,城镇新增就业人数14.07万人,比上半年增加6.22万人;失业人员再就业3.47万人,比上半年增加1.96万人。

(二)营商环境持续优化,助力经营净收入稳步增长

居民经营性收入的稳步增长,为厦门居民增收增添活力。分城乡来看,2024年前三季度,城镇居民人均经营净收入4422元,增长1.0%;农村居民人均经营净收入6909元,增长6.3%。经营净收入增长的支撑因素有:

(1)经济回升势头较好。2024年1—9月,厦门市2163家规模以上服务业企业实现营业收入3074.82亿元,增长23.3%,高于全省11.7个百分点;厦门市社会消费品零售总额实现2125.23亿元,增长2.0%,其中,商品零售额1837.48亿元,增长1.4%,餐饮收入287.74亿元,增长5.5%。

(2)文旅经济复苏。厦门市文旅局数据显示,2024年上半年,厦门文旅经济继续保持强劲势头,全市接待旅游总人数5645万人次,同比增长17%;实现旅游总收入820亿元,同比增长23%;全市旅游总收入、入境旅游人数及人均旅游花费等5项指标均位列全省第一。文旅消费市场的火热,直接带动了居民在交通、餐饮、住宿和批零等方面的经营性收入增长。

(三)社会民生保障有力,转移净收入保持稳定增长

厦门社会民生保障水平保持全国领先,居民收入再分配格局持续优化调整,居民转移净收入得到平稳提升。分城乡来看,2024年前三季度,城镇居民人均转移净收入4225元,增长1.3%;农村居民人均转移净收入2650元,增长2.0%。居民转移净收入增长的支撑因素有:

(1)城乡居民养老金标准稳步提高。2024年1月1日起全市提高退休人员基本养老金水平,总体调整水平为2023年退休人员月人均基本养老金的3%,惠及全市45.4万名退休人员。户籍满5年的城乡居民养老保险待遇领取人员,基础养老金标准调增至每人每月370元;户籍不满5年的待遇领取人员,基础养老金标准调增至每人每月160元。

(2)困难群众救助标准持续提高。厦门城乡低保标准持续提高,2023年7月1日起,最低生活保障标准提高到每人每月1120元。继续提高困难群众基本生活保障标准,特困人员、孤儿基本生活费同步提高到1680元、2800元。日益完善的社会保障体系对居民稳定增收起到兜底作用。

四、厦门城乡居民收入增长面临的主要挑战

(一)经济形势制约居民收入增长

稳健运行的地区经济是居民持续增收的坚实基础。在复杂多变的国内外经

济形势下，2024年前三季度厦门经济保持稳定增长态势，实现GDP 6031.66亿元，增长4.9%，与上半年持平。但国内有效需求不足，房地产市场低迷，企业生产经营压力较大，地区经济增长仍承受一定压力。宏观经济运行形势必将传导至居民收入的各方面，长期来看，厦门城乡居民增收的外部环境并不宽松。

（二）部分行业不景气影响居民就业增收

房地产业、建筑业等部分劳动密集型行业不景气，用工需求下降对居民工资性收入增长造成影响。2024年1—8月，全市房地产开发投资下降21.3%，降幅比1—7月扩大4.1个百分点。房地产新建、在建项目数量减少，新开工面积下降，直接影响房地产业、建筑业从业人员就业增收，同时也造成建材、装潢等上下游行业订单减少，用工需求缩减，影响相关行业人员就业。

（三）转移性红利增速放缓

近几年退休人员养老金增速有所放缓。如2023年，全市退休人员基本养老金上调幅度为3.8%，2024年上调幅度下降至3.0%；城乡居民低保标准同样出现增速放缓现象，如2022年，厦门市低保标准由每人每月850元提高到1005元，增长18.2%，2023年由每人每月1005元提高到1120元，增长11.4%。养老金、离退休金是居民转移性收入的重要来源，未来城乡居民转移净收入的持续较快增长将面临较大压力。

（四）城乡收入绝对差距影响居民收入整体提升

城乡收入绝对差距仍在扩大。虽然近几年来厦门农民收入增速持续快于城镇增速，但两者之间的绝对差距仍在逐年扩大。从增量来看，2023年厦门城乡居民人均可支配收入分别增加了2412元和1883元，城乡居民收入绝对差距比上一年扩大了529元。持续扩大的城乡居民收入绝对差距在一定程度上影响居民收入的整体提升。

五、推进厦门城乡居民收入稳步增长的建议

面对复杂严峻的外部环境和国内经济运行中的新情况新问题，厦门经济运行总体平稳，居民收入增速有所趋缓，要推进厦门城乡居民收入持续增收，应夯实经济高质量发展的基础，推动经济继续回升向好，持续优化营商环境，拓宽创业就业渠道，促进城乡居民稳步增收。

（一）推动经济高质量发展，促进就业量质双提升

工资性收入是厦门城乡居民收入的最重要组成部分，2024年前三季度厦门全体居民人均工资性收入占可支配收入的71.8%，其稳定持续的增长是确

保居民增收的第一要素。因此，只有推动经济高质量发展，创造更多就业机会，才能为居民增收打下坚实基础。一是持续优化营商环境，提升服务企业水平，吸引更多的项目、资本、人才落地，持续扩大就业规模。二是扶持产业升级，加大对新兴产业、高科技产业的扶持力度，创造高附加值的就业岗位，提高就业收入的整体水平。三是从鼓励创业就业、稳企业稳岗位、强培训促就业等方面进一步完善政策措施，健全就业政策体系，加大职业技能培训的针对性和实效性，切实提高整体就业质量。

(二)拓宽居民创业就业渠道，打造居民增收新引擎

2024年前三季度厦门全体居民人均经营、财产、转移3项净收入的占比仅有28.2%，居民收入来源较为单一，持续增收的潜力仍有待开发。一方面持续优化创业环境，支持多渠道灵活就业，通过政策激励、平台搭建、技能培训、发放创业贷款等多举措促就业、助创业，提升创业服务能力，激发劳动者创业活力，释放创业潜力，充分拓宽居民创业就业渠道；另一方面要丰富居民可投资的正规金融产品，建立相应机制来帮助居民实现安全稳定的投资回报，缩小因投资能力差异所形成的贫富差距，拉动财产性收入进一步增长。

(三)进一步推动乡村振兴，缩小城乡收入差距

一是抓产业发展，夯实收入基础。加快农业农村现代化，提升农业发展质量和效益，做大做强高附加值特色农业，发展设施农业、智慧农业，延伸农业产业链，提高农产品附加值，让农民更多地分享农业增值的效益。二是抓转产就业，助力收入增长。促进农村产业融合发展与新型城镇化建设有机结合，着力推进农村一二三产业深度融合，大力促进农村合作社、农业电子商务、乡村旅游等相关产业发展，带动农民转岗创业，吸纳农业转移人口，促进农民增收致富。三是抓技能培训，提升农民素养。加强农民素质素养提升培训，加大新型职业农民和高素质农民培育力度，创新培育方式，拓宽培训内容，提升农民职业技能，增强就业竞争力，激发农村发展活力，为现代农业发展和农村发展建设强化人才支撑。

六、2025年厦门城乡居民收入展望

总的来看，2024年以来，随着各项稳增长政策举措加大力度，积极因素持续累积，政策效应加快显现，厦门经济高质量发展扎实推进。同时也要看到，当前国际环境仍然复杂，外向型经济程度较高的厦门，必然面临新的风险挑战，经济回升向好基础仍需不断巩固。

2025年是"十四五"规划的"收官之年"，厦门各级政府部门将坚持以习近平新时代中国特色社会主义思想为指导，深入贯彻中央政治局会议精神和习近平

总书记在福建、厦门考察时的重要讲话精神,扭住目标不放松,一张蓝图绘到底,推动全市经济实现质的有效提升和量的合理增长,预计厦门城乡居民收入将继续保持稳定增长态势。

国家统计局厦门调查队住户调查处　林弘扬

厦门市医疗卫生健康发展情况分析及建议

厦门市坚持以习近平新时代中国特色社会主义思想为指导,全面贯彻落实党的二十大精神,把保障人民健康放在优先发展战略位置,努力满足人民群众日益增长的健康新需求,补短板、堵漏洞、强弱项,提高医疗卫生资源利用效率,改善卫生健康综合服务能力,推动卫生健康事业高质量发展,服务更高水平建设高素质、高颜值、现代化、国际化城市,居民主要健康指标稳步提升,继续保持发达国家和地区水平。

一、2023—2024年厦门市医疗卫生健康发展概况

2023年,厦门市居民平均期望寿命82.42岁(其中男性79.61岁,女性85.36岁),高出全国平均水平3.82岁,位居发达城市前列。孕产妇死亡率4.01/10万,婴儿死亡率、5岁以下儿童死亡率分别为1.24‰、2.16‰。重大慢性病过早死亡率从2015年的15.0%下降至9.27%。总体癌症5年生存率从2012年的34.64%上升至53.06%。居民健康素养水平达36.03%,高出全国水平6.33个百分点,高出全省水平5.76个百分点,连续多年呈增长态势,市民群众的卫生健康获得感与幸福感持续增强。

(一)医疗资源布局进一步优化

坚持实施卫生健康事业跨岛发展战略,推动优质医疗资源扩容和区域均衡布局。在厦门岛外新建的厦门市苏颂医院、四川大学华西厦门医院、复旦肿瘤厦门医院等一批重大医疗卫生项目相继开业运行。复旦中山医院厦门医院科研教学楼、国家心血管医学研究分中心项目等按计划推进建设。公立医院新增床位4326张,增幅23%,公立医院床位使用率94.67%。全市每千人床位数由3.4张提高到4.3张。岛外各区均设有至少一家高水平三级公立医院。提升基层医疗资源水平,25%基层医疗卫生机构已装备计算机X线断层摄影机(computed tomography,CT)。每万常住人口全科医生数3.66人,提前实现福建省"十四五"卫生健康人才发展规划目标。城乡医疗资源发展差距进一步缩小。

(二)医疗服务品质进一步提高

本市在医疗服务内涵和品牌建设方面取得较大进展。国家区域医疗中心试点项目引入临床新技术 300 余项,填补 100 余项区域医疗技术空白。全市新增 30 个名医工作室(院士名医工作室 3 个),创历年新高,进一步满足人民群众在家门口享有一流医疗技术服务的需求。新增 3 个市级医疗质量控制中心,合计建成 57 个市级医疗质量控制中心,医疗品质管控和全面质量管理体系进一步完善,进一步提升了医疗安全水平。在全国首创开展"无陪护"(住院免陪护)试点,至 2024 年底全市"无陪护"试点病区数将达 60 个。"无红包医院"创建工作实现公立医疗机构全覆盖。实施中西医协同旗舰项目计划,立项 3 个市级中西医协同旗舰医院、8 个市级中西医协同旗舰科室。厦门市中医院在公立中医医院"国考"中连续 4 年居全省首位。厦门市在 2023 年全国公共服务质量监测中位列全国人口超百万城市第五名,在 5 个计划单列市中排名第一。

(三)区域医疗引领作用进一步凸显

厦门市儿童医院牵头成立闽西南儿科医联体成为拥有 38 家成员单位的跨省区域医联体。厦门大学附属心血管病医院打造的福建省心血管专科联盟共签约医联体单位 80 家,总计帮扶 51 家单位通过国家级胸痛中心认证。37 家基层医疗卫生机构通过国家胸痛救治单元评审验收,覆盖率达 90.2%,居全省首位。基层胸痛救治相关核心指标达国家领先水平。推进优质医疗资源下沉,千名医师下基层累计达 3895 人次,业务服务量超 4.6 万人次。推广具有厦门特色的 16 个扩病种专病防治分级诊疗工作,探索慢阻肺专病管理全专结合厦门模式。全市基层医疗卫生机构均开展儿科诊疗服务,社区卫生机构服务能力持续提升。厦门经验得到国家和省卫生健康主管部门的高度重视,正在成为区域百姓的广泛体验。

(四)公共卫生服务体系能力进一步增强

厦门市疾病预防控制能力在 2023 年全国省会城市与计划单列市公共健康治理能力排行榜中排名第二。完成市区两级疾病预防控制中心(卫生健康监督所)重组整合,为本市新型疾病预防控制体系建设奠定组织基础。市疾控中心率先在全省建立以污水监测和病毒变异株监测为核心的监测预警模型,污水监测体系建设跻身全国头部阵营。本市探索建立体现人文关怀的厦门市心理健康中心,深化个性化、专业化、社区化心理健康和精神卫生社会服务。试点建设厦门市体卫融合运动健康中心,创设体卫融合示范社区 17 家,为亚健康人群、慢性病患者以及有运动康复需求的市民提供全方位运动康复服务,促进全民健身与全民健康深度融合。院前急救体系进一步完善,新增 4 个院前急救站点,全市 34 个院前急救站平均服务人口 15.6 万。全年增配公共场所自动体外除颤仪(automated external defibrillator,AED)200 台。

(五)人民群众的医改获得感进一步提升

在全国首次将中医药建设发展指标纳入综合医院公立医院绩效考核,创新改革中西医协作医疗模式,进一步满足群众中西医协同服务需求。推行"集约降本,以量换价"的卫生健康信息化集采与集约化建设模式,进一步降低建设成本和服务成本。推进医疗信息共享,全市所有二级以上公立医院、基层医疗卫生机构纳入省医疗机构共享互认监管平台,减轻群众就医负担。试点开展医用设备集采工作,涵盖 17 个采购项目,预算金额 3.08 亿元。开展 2024—2026 年公立医院高质量发展项目竞争性评审工作,资金适度向综合医院、薄弱医院倾斜,助力高水平医疗发展。开展第二轮医疗服务价格动态调整 520 个项目,调整金额约 1.61 亿元。全市人均基本公共卫生服务经费补助达 118.2 元,高出国家标准 24.2 元。

(六)卫生健康科技创新进一步提质扩容

推进临床医学研究中心建设,新获批 1 个国家临床医学研究中心福建省分中心、1 个福建省临床医学研究中心。全市拥有 15 个国家临床重点专科项目和 90 个省级临床重点专科项目,重点专科数量省内领先(不含省属医疗机构)。厦门大学附属第一医院入围 2023 中国医院创新转化排行榜百强,排名全省第一。厦门市中医院获批中国中医药科技发展中心中医药适宜技术研究推广中心(A 类),肝病科、儿科、肛肠科、外科获批国家中医优势专科。全市卫健系统立项国家自然科学基金项目 57 个。创新实施厦门市卫生健康高质量发展科技计划项目,为厦门医疗机构科研与转化的发展注入新活力。

(七)对台医疗卫生融合发展进一步深化

2024 年 7 月,医疗卫生领域首部两岸共通标准《"无陪护"医院服务规范通用要求》在厦发布,为深化两岸医疗卫生领域融合发展开辟新路径。通过认定在厦就业台湾医疗人才获得同等任职资格、推动公立医院聘用台籍医师、增加台籍"双主任制"医师数量、落实台湾医师执业资助等措施,引进 103 名台湾地区医师在厦短期执业。加强与大陆首家台资医院长庚医院交流协作。支持厦门大学附属心血管病医院与台北振兴医院合作共建"海峡心血管健康发展中心"项目,将引入一批台籍医学专才来厦开展科研合作。举办 2024 年海峡两岸中医药发展与合作研讨会,进一步促进两岸中医药学术深度交流和融合发展。

(八)重点人群健康服务进一步拓展

厦门入选 2023 年"中央财政支持普惠托育服务发展示范项目",获 1 亿元中央财政专项补助。截至2024年9月，全市已有托育机构384家，其中普惠性托育园92家；托位18306个，其中普惠性托位6998个；建成母婴室585家，数量全省第一。在全国率先试点开展托育从业人员职称评审，提升托育服务队伍素质，为托育行业健康发展提供人才保障。全市实现免费"孕检婚检一站式"服务，免费孕检婚检率保持90%以上。新增厦门弘爱妇产医院获得人类辅助生殖技术服务机构筹建资质。创建老年友善医疗机构80家。老年人健康管理率超过50%。累计建设家庭病床超1700张。基本实现养老机构医疗服务全覆盖。

二、问题与挑战分析

受3年疫情和国内外发展环境多重影响，卫生健康事业也面临着新问题和新挑战，主要表现在以下几个方面。

(一)公立医院高质量发展存在薄弱环节

以公益性为导向的公立医院运行机制和激励机制有待完善，部分公立医院经济运营管理的专业化、精细化有待加强。随着公立医院运营压力增大，收支规模扩大，医院经济运营管理能力薄弱、专业化医院管理人才不足等问题凸显。同时，经济新形势下公立医院面临医保支付额度受限、运营成本增加、债务负担加重的困难。支撑公立医院高质量发展的要素和政策支持需要进一步系统集成。医疗、医保、医药"三医协同"联动机制需要进一步优化，在新的补偿机制下需要加大医疗服务价格动态调整力度。

(二)整合型医疗卫生服务体系建设仍不健全

卫生健康设施布局、结构、品质和运行效能等需要进一步优化。国家区域医疗中心试点引领作用需要进一步提升。医疗新技术的应用、新的诊疗服务模式的发展对医疗机构数字化转型提出新要求，医学科技创新能力有待进一步提升。基层卫生服务体系还待完善，分级诊疗和优质医疗资源下沉需要健全长效有力的制度化机制化保障。高水平医疗卫生人才总量不足，医学领军人才和科技创新团队数量还比较少。中医药传承创新发展机制尚不健全。提升本市国际医疗服务能力刚刚起步。医学人文关怀距离人民群众期待还有一定差距。

(三)卫生健康服务链尚需进一步加强

重大传染病综合防治机制仍需优化完善，公共卫生机构技术服务和科研水平还不够高，突发公共卫生事件应急处理能力仍需进一步提升。医防融合机制需要进一步加强，疾控机构、医疗机构以及与其他部门之间的合力还需要增强。体医融合尚处在摸索发展阶段，多部门协同配合有待加强。爱国卫生运动和健康厦门行动的内容与形式还有进一步拓展的空间。

(四) 生育政策支持体系需要加快完善

目前生育支持政策侧重于推进普惠性托育服务,涵盖所有生育相关领域的政策体系尚未完善,生育支持配套措施与群众预期还有差距。受固有观念和经济因素影响,托育机构入托率不高,机构运营成本居高不下。多主体参与推动托育服务供给扩容的模式还不成熟,托育机构可及性不够,托育标准规范化体系仍待完善,综合监管力度需要加强。

三、预测与展望

(一) 服务国家和城市发展战略迎来新的发展机遇

2024年10月,习近平总书记在闽考察期间强调厦门要适应形势发展,"在探索海峡两岸融合发展新路上迈出更大步伐"。厦门加快建设高素质高颜值现代化国际化城市,要在全面深化改革、扩大高水平开放、探索两岸融合上奋勇争先,对本市卫生健康事业服务国家战略和更高水平匹配城市发展定位提出了新要求,也带来了新机遇。本市卫生健康事业发展将着力提升卫生健康服务品质和保障能力,推动两岸医疗健康服务融合发展,进一步提升卫生健康服务区域影响力,聚焦疑难杂症、前沿技术和科技创新精准施策,强化临床研究和成果转化能力,打造区域医疗高地,建设卫生健康事业高质量发展典范城市。

(二) 卫生健康服务供给结构进一步优化

根据人口结构的新变化,解决好"一老一小"健康服务、提升人口健康水平、统筹人口发展和人口安全,对卫生健康服务提出了更高的要求。据统计,2023年厦门0~14周岁人口数为86.88万人,占全市总人口16.5%,位于"严重少子化"区间;60周岁以上人口数为62.75万人,占全市总人口11.9%,达到老龄化社会标准。受到人口流入减少,机械增长动力不足和新生儿数量增长缓慢、死亡人口数增长的双重影响,厦门少子化、老龄化现象在未来一段时间内将持续加重。将有力推动卫生健康供给侧改革,完善卫生健康服务体系,优化卫生健康服务和保障政策。

(三) 新质生产力发展给卫生健康变革带来新动力

随着新一轮科技革命和产业变革深入发展,卫生健康事业发展已进入新的历史阶段。以科技创新为代表的新质生产力要素为卫生健康事业高质量发展和加快推进卫生健康现代化提供了关键动力,发展新质生产力成为推动医疗健康高质量发展的内在要求和重要着力点。本市卫生健康新质生产力与高科技相结合,包括与大数据、人工智能深度融合,将有力推动医疗卫生技术创新、改革医疗卫生服务方式,促进医疗卫生管理现代化、助力人才培养和发展。

四、对策与建议

(一)坚持公益性导向,找准公立医院高质量发展发力点

坚持和加强党对公立医院的全面领导,把党的领导融入医院治理全过程各方面各环节。因地制宜学习推广三明医改经验,充分发挥绩效考核的"指挥棒"作用,从财政投入、医疗服务价格调整、薪酬和编制改革等方面落实保障公立医院公益性的责任,并从医学人文视角创新推动公立医院高质量发展的体制机制创新和服务提升,推动全市医疗机构持续开展改善医疗服务以及全面提升医疗质量工作。要充分认识当前经济形势下公立医院高质量发展的新要求,进一步提升公立医院精细化管理水平,合理核定公立医院各项支出,着力防范化解公立医院经济运行风险,加强公立医院债务风险管控,以提质增效为目标,厉行节能降耗和增收节支,统筹资源配置从注重物质要素转向更加注重人才、技术等创新要素,着眼长远策划,形成一批促进公立医院高质量发展的示范项目,为"十五五"发展奠定坚实的物质、技术、人才基础。

(二)围绕深化医改任务,推进构建整合型卫生健康服务体系

要持续聚焦深化"三医"协同发展、医院运营管理等重点领域,充分发挥各级党委政府的统筹领导作用,巩固完善改革推进工作机制。以落实功能定位、发挥引领带动作用为重点,持续推动厦门大学附属第一医院院区改扩建项目、厦门市仙岳医院改扩建项目等市级重点项目建设,深化4个国家区域医疗中心试点项目建设,鼓励高水平医院争创国家级医学中心,加快人才培养基地和医学科技创新与转化平台建设,推进高水平医院提升临床研究和成果转化能力。深化完善分级诊疗制度,改善基层医疗卫生机构布局及基础设施条件,对常住人口超服务能力的15个镇街增设服务站点,推动每万常住人口全科医生数达到4.0人。持续推动基层综合能力提升和特色专科建设协调发展。探索以基层自主定价、居民自费支付模式开展个性化健康管理。支持专科联盟、远程医疗协作网等医联体建设,促进优质医疗资源下沉共享。响应信息化、数字化、智能化发展趋势,加快拓展智慧医院数字化示范场景建设,通过云计算、大数据、物联网、5G、人工智能等数字化技术融合创新应用,支撑推动医疗健康服务体系流程再造、规则重构、功能塑造和生态新建,提升患者就医获得感和满意度,构建智慧医疗发展新格局。

(三)落实预防为主,持续优化公共卫生服务体系

要进一步适应公共卫生安全新形势,健全重大传染病和重大疾病防治联

动机制,加快推动构建多点触发、反应快速、权威高效的传染病监测预警体系。创新医防融合、医防协同机制,完善疾病控制中心、医疗机构传染病防控责任清单,开展疾控监督员制度机制和工作规范创新试点,推动建立公共卫生专业技术人员和医疗机构临床医生交叉培训制度,持续推进医疗机构和疾控机构在传染病监测预警方面加强协作,构建医保商保协同、多层级医疗机构支撑、线上线下相结合的高效慢性病防控体系。筹建厦门市健康医疗大数据中心应用开放实验室分中心。完善公共卫生应急管理体系,加快推进国家紧急医学救援基地、重大传染病防治基地等建设,不断提高重大传染病和突发公共卫生事件应对处置能力。广泛开展全民健康促进行动,把全周期健康监测和干预工作放在重要位置,倡导公众树牢自身健康第一责任人理念,推动人民群众主动践行健康文明的生活方式,创建共建共治共享的健康治理格局。

(四)锚定群众健康新需求,着力提升卫生健康服务质量

要推进从以疾病为中心向以健康为中心的服务模式转型,创新卫生健康服务形式和内容,落实预防为主,促进医防融合,提升服务能力,满足人民群众健康新需求。要发挥完善中医药服务提供和使用机制,推出全省首个地市级"扶持中医药发展专项",推动产出一批中医药领域研究成果,打造水平领先、具有鲜明中医特色的中西医协同旗舰试点,促进中医高质量服务体系建设和中西医协同发展。要创新推进医养结合,加快老年友善医疗机构建设,争取全市老年人健康管理达到73%。推进病房条件适老化改造,为特殊人群提供家庭病床、远程巡诊等居家医疗服务。强化医患沟通,促进人文关怀,健全化解医疗纠纷的长效机制,构建和谐医患关系。要加强人口监测和服务管理,完善部门数据共享,强化人口监测统计分析。加快完善生育政策支持体系,明确多方主体权责和责任共担机制,整合多领域资源优化配置和集成利用,全面支持家庭生育需求。以"幼有善育"公共服务优享为引领,高标准、高质量落实首批中央财政支持普惠托育发展示范项目,实现千人均4.5个托位目标,打造科学、安全、便捷、多元的普惠托育服务体系。

(五)强化要素保障,促进卫生健康事业高质量发展

要坚持新时代党的卫生健康工作方针,促进将健康融入万策。进一步完善"三医协同"顶层治理机制建设,形成基于健康绩效的利益分配机制、责任追究机制等,提高卫生健康政策的系统性、协调性和一致性。建立稳定的医疗卫生事业投入机制,探索以政府投入为主,多渠道、多元化的医疗卫生筹资机制。壮大优化卫生健康人才队伍,统筹战略人才、青年人才、急需紧缺人才和基层卫生人才协调发展,建立健全跟进式人才支持体系。深化两岸卫生健康领域融合发展,依托大陆首家台资三级甲等医院厦门市长庚医院,探索两岸优势技术和资源融合。进一步推动闽台中医药交流合作。以医疗服务、医疗应急、慢性病防控、托育服务等为重点,推动两岸标准共通试点。要促进产业联动、医工融合,培育生物医药新生产力。健全多元化卫生健康综合监管体系,创新数字化监管机制,提升综合监管信息化水平。健全医疗卫生行业行风建设工作体系,加大监督检查、执纪执法力度,维护公立医疗卫生机构公益性,依法规范社会办医执业行为,促进医疗服务市场规范有序发展,维护人民群众健康权益。

厦门市卫生健康委员会　吕惠栋　张逍宇

厦门市教育发展情况分析及预测

教育是民族振兴、社会进步的重要基石。教育肩负着培养担当民族复兴大任时代新人的重任。办好人民满意的教育,是实现教育现代化的首要目标。当前和今后一个时期,是厦门市率先实现社会主义现代化的重要时期,更需要发挥教育的基础性和先导性的作用,为厦门市实现现代化提供强有力的人才支撑和智力支持。

一、总体情况分析

2024年,厦门市教育系统全面落实立德树人根本任务,各项教育改革工作协调发展,主要指标稳中有升,在推进现代化教育强市建设、办好人民满意的教育方面取得了新进展。

(一)坚持五育融合,打造立德树人实践样板

构建有形有力的"大思政"工作格局,推进厦门市大中小学思政课一体化建设创新发展研究。在全省率先制定中小学德育质量测评标准。获评省级5个德育工作典型案例、12个学科德育精品项目、6个劳动教育特色项目、2个劳动教育实践基地。厦门市中小学生综合实践基地二期启动运营。9所学校入选全国中小学国防教育示范学校,3所学校获评首批省级航天特色学校。2023年,荣获全省义务教育阶段体育教师教学技能大赛小学组、初中组两个团体一等奖。同时,首次包揽全省第五届中华经典诵读大赛小学组、中学组和教师组第一名。美育方面,鹭岛少年合唱团在全国青少年合唱展演中喜获冠军。

(二)加快规划建设,优化教育资源配置

2024年,厦门市加强教育建设项目策划、生成、实施、投用等全生命周期管理,全年建成38个中小学幼儿园项目,新增4万余个学位。同时,建立学龄人口学位需求预测预警机制。2023年,建成中小学幼儿园项目53个,新增学位6.3万个,9所普通高中项目顺利竣工投用。引入优质资源优化学校布局,与厦门大学合作共建厦门大学附属学校,翔安区政府与北京市十一学校、海沧区政府与中央美术学院、集美区政府与南京师范大学合作办学。创新对区竞

争性考核分配机制,完成全市第一批120个"百校焕新"项目。

(三)坚持提质扩优,推动基础教育高质量发展

2024年,厦门市教育系统实施基础教育提质扩优工程,推动国家级、省级"义务教育优质均衡发展区"和"学前教育普及普惠区"评估迎检工作。2023—2024年,为福建省首次获得基础教育国家级教学成果奖一等奖2项。5项课题喜获全国教育科学规划2023年度重点课题立项,翔安区小嶝小学入选教育部第五批乡村温馨校园建设典型案例。新增3所省级、24所市级示范性幼儿园,确认33所乡村学前教育标准化办学点、146所随班就读基地学校、194所幼儿园延伸提供托育服务工作,市属优质高中与区属高中对口帮扶力度持续加强。湖里区顺利通过义务教育优质均衡省级督导评估,成为全省首个接受国家验收的区县。"双减"方面,已全面完成三年期目标任务。

(四)坚持服务发展,职业教育发展成绩斐然

推动职业院校办学条件达标工作,推动7所省级"双高计划"院校和19个高水平专业群建设,建设30个市级服务产业特色专业群和20个市级高职高水平专业,遴选立项32个中等职业教育优质专业和20个应用型本科高校高水平专业。确认第二批6所厦台职业教育合作交流示范校,组建市域闽台软件和信息技术服务产教联合体、全国现代水产行业产教融合共同体、全国数字影视行业产教融合共同体,建设27个省、市级产业学院,培育29家产教融合型企业、10个产教融合实训基地。2023年,师生获得全国职业院校技能大赛7个一等奖、14个二等奖、18个三等奖,一等奖数创2020年国赛赛制改革以来新高。

(五)坚持分类发展,高等教育发展再上新台阶

厦门大学新增3位两院院士,厦门大学入选教育部第一轮A类36所世界一流大学建设高校,教育学、化学、海洋科学等6个学科入选国家公布的世界一流学科建设名单,有5个一级学科国家重点学科、9个二级学科国家重点学科。根据ESI基本学科指标数据库,全市高校27个学科进入全球排名前1‰,占全省的近一半。与部省属高校的共建工作不断得到加强,与南京理工大学、中央音乐学院等高校的合作事项,以及厦门海洋职业大学的筹建工作正稳步进行中。

二、问题与挑战分析

2024年是厦门全力推动高质量发展和加快教育现代化建设的关键时期,全市教育事业发展仍面临着一系列挑战,主要表现在以下几方面。

(一)学位缺口依然存在

随着全面二孩政策和户籍新政的实施,今年户籍适龄儿童数量仍然处于高峰的状态,同时随迁子女维持高位入学需求,因此主要城区义务教育学位供给仍有一定缺口。幼儿园阶段,虽然普惠性幼儿园覆盖率正在快速提升,但岛内的幼儿园学位依旧紧张。由于全市学校布局规划建设相对滞后,因此新增学位布局与实际需求也存在矛盾。这些都造成了学位缺口依然存在。

(二)农村学校和民办学校发展相对薄弱

目前厦门市仍有少量小规模乡村学校,同时,民办学校数量少、办学质量有待提升。随着全市随迁子女和户籍适龄入学人数持续增加,再加上经济社会的发展,人们对就近"上好学"的愿望日益强烈,学生家长迫切希望能缩小区域、城乡之间以及校际的教育差距。

(三)职业教育和高等教育服务产业的能力不够强

职业教育和高等工科教育肩负着为社会培养大量技术技能人才的重任,对于新型工业化的发展意义重大。但是数据显示,当前厦门市的高技能人才缺口很大,职业院校师生的职业技能水平急需提升;而高等教育、职业教育与全国先进地区相比实力薄弱,服务产业发展的能力还有待进一步增强。

除此之外,当前厦门市财政性教育经费占GDP比例、一般公共预算教育经费占一般公共预算支出的比例仍然偏低,制约教育事业发展规模。中小学教师综合素质、培养培训的专业化水平还要进一步提升。

三、预测与展望

预计未来的1~2年内,厦门市普惠性幼儿园的覆盖率将达到95%左右,基本实现学前教育公共服务全覆盖,其中,示范性幼儿园将达到65%以上。此外,幼儿教师接受专业教育的比例将达到92.4%以上,保教质量持续得到提升。义务教育阶段,学位问题将得到大幅度改善,随迁子女在公办校就读的比例将保持在90%以上。同时,市域均衡发展水平得到较大提升,县域内义务教育优质均衡发展县比例将达到66.7%,全市中小学生体质健康优良率将达到52%以上。特殊教育方面,残疾儿童少年义务教育入学率将达到99%以上。

高中教育阶段,录取率将达到100%。教育教学质量不断提升,预计到2025年,普通高中在校生就读省级示范性高中的比例将达到50%,高考本科录取率将达到85%以上。信息化建设方面,中小学校智慧校园占比将达到40%以上。职业教育稳步壮大、发展,集美区、海沧区、同安区、翔安区将新建或扩建4~5所中等职业学校职业院校,教师职业技能不断提升,"双师型"教师比例将达到 55% 以上。

高等教育方面,到 2025 年,高等院校省级以上一流学科数将达到 55 个以上,每十万人口中在校大学生达到 4400 人左右。劳动者素质方面,社会新增劳动力受过高中阶段及以上教育的比例将达到 99.99%,主要劳动年龄人口平均受教育年限将达到 13.5 年以上。

四、对策与建议

(一)全面落实立德树人根本任务

推进大中小学思想政治教育一体化建设。完善学校思想政治工作体系,实施时代新人铸魂工程、"大思政课"建设工程,建立健全大中小学思政课一体化机制,进一步完善民办高校思政工作考评机制。开展青少年读书行动,提升阅读素养,助力价值观塑造。加强铸牢中华民族共同体意识教育和国防教育。推进大中小学德育、劳动教育一体化建设。培育和践行社会主义核心价值观,评选汇编全市"课程育人"、"文化育人"和"实践育人"优秀案例。加强学校德育质量管理,修订完善厦门市中小学德育质量测评标准。建设厦门市中小学生综合实践活动管理平台。

(二)推动各级各类教育高质量协调发展

1. 聚焦普惠优质,打造幼有善育的学前教育行动

优化学前教育资源配置,平均每一万常住人口配备 1 所幼儿园。到 2025 年,幼儿在公办幼儿园就读的比例达到 55% 以上,基本实现学前教育公共服务全覆盖,60% 以上的区通过国家县域学前教育普及普惠督导评估认定。提升学前教育保教质量。规范幼儿园办园行为,注重保教结合,尊重幼儿学习方式与特点,推进幼儿园课程游戏化,推进儿童体质提升监测和多元智能开发。构建全覆盖的质量评估监测体系,加强幼儿园保育教育资源监管和质量监测。

2. 推进优质均衡,实现义务教育高质量发展

全面提升基本公共服务水平,统筹推进市域义务教育均衡发展。首先,按国内发达城市标准建立具有厦门特点的高质量义务教育学校建设和管理标准,逐步减少班级学生数以达到先进地区水平;其次,建立与常住人口增长趋势和空间布局相适应的城乡义务教育学校布局体系,使市域义务教育优质均衡发展水平、学生学业质量、学生综合素养发展水平均进入全国前列;再次,全面深化教育教学改革,推进基于课程标准的教学与评价,深化实施义务教育质量绿色评价体系;最后,积极提升学生的体育和美育素养,保障学生每天校内、校外各 1 个小时的体育活动时间,并指导学生在义务教育阶段掌握至少 2 项运动技能和1项艺术技能。

3. 聚焦多样特色，普通高中优质特色发展

推动基于中国学生核心素养的育人模式变革，探索个性化的人才培育途径。全面参照福建省示范性高中标准建设高中学校。完善学生综合素质评价制度，探索多样化、多元创新型人才培养路径，为不同潜质学生提供更多的发展通道。推动高中与高等院校、科研院所等联合培养人才。对接国内外顶级优质教育资源，推进科技创新后备人才培养。推进新一轮高中多样化有特色建设计划，建成一批内涵深厚、质量优异、特色鲜明、社会公认的省级示范性普通高中，若干所高中跻身国际国内知名高中行列。

4. 推动提质增效，完善产教融合的现代职教体系

推动新建1～2所高等职业院校，深化"3＋4"中本贯通、"五年制一贯制"中高职贯通人才培养模式改革，扩大"职普融通试点班"和"综合高中试点班"，推进职普融通贯通培养。紧密对接"4＋4＋6"现代化产业体系，立项建设优质中职专业、市级服务产业特色专业群，推动市域产教联合体、行业产教融合共同体、产教融合实训基地和开放性区域产教融合实践中心建设，争创国家级市域产教联合体。支持校企共同开发课程标准、打造师资团队，大力培养高技能人才。

5. 加大改革力度，推动高等教育卓越发展

落实市校合作共建，更大力度支持厦门大学建设世界一流大学。推动厦门理工学院、厦门医学院建设国内一流的高水平应用技术大学。持续推动厦门海洋职业大学筹建工作和厦门理工学院更名工作。提高专业布局与区域产业发展的适配度，淘汰不适应市场需求的学科专业，不断为我市"4＋4＋6"现代化产业体系发展提供强大人才支撑。提升高校科研贡献度。建设高质量就业创业指导服务体系。

（三）突出高位发展，实施教师队伍建设行动

推进厦门市国家基础教育教师队伍建设改革试点工作，实施中小学教师学历提升工程。完善名师层级成长机制。加强与教育部直属师范院校合作，建立教育博士实践基地及教育博士工作站。提升教师学习力，以教师阅读带动全民终身学习。深入推进数字化，全面赋能师生数字素养提升。推动以教育教学实绩和能力为导向的教师评价改革，优化教师褒奖体系。建立健全教育、宣传、考核、监督与奖惩相结合的中小学师德师风长效机制，常态化开展弘扬践行教育家精神系列主题活动，培育和发掘师德典型，增强教师幸福感和荣誉感。

(四)夯实数字基础,打造数字教育新高地

拓展教育数字化发展新空间。支持省级智慧教育试点区、智慧校园试点校深化实践探索,创建新一批市级 30 所中小学智慧校园达标学校,推进智慧教育平台的普及应用,推动全市智慧校园特色化多样化发展。提升教育数字化公共服务能力,以数字赋能支撑教育决策科学化、教育管理智慧化。持续加强网络和数据安全工作。

(五)加大教育交流,深化两岸教育融合发展

推动厦台教育融合,深化 35 对厦台中小学姐妹校交流,建设闽台青少年棒球发展中心。共建"厦金同城生活圈",实现厦门与金门县中小学全覆盖结对交流,形成特色明显、联系紧密、深度融合的厦金教育协作区域。吸引台湾教师来厦任教,每年提供 50 个左右台湾教师招聘岗位。

(六)构建现代化教育综合治理体系

健全社会民众、专家学者、人大代表、政协委员等参与教育决策制度。深化教育评价改革。开展市、区教育生态评估和教育现代化水平评估。全面推进教育法治建设。加强青少年法治教育。全面落实学校办学自主权,推动现代学校制度改革创新。加快建设现代学校公共安全综合治理体系。全面建立健全民办教育机构办学风险预警防范和应急处置机制。推动民办教育分类管理。大胆探索混合所有制办学模式,支持和吸引企业等社会力量举办职业教育。

厦门市教育科学研究院　刘丽建

厦门市人力资源发展情况分析及建议

一、厦门市人力资源发展基本情况

厦门市人才资源总量约163万人，高层次人才近2万人，省级以上高层次人才数量超过5000人，留学人才总数3.95万人，全市技能人才97万人、高技能人才55万人，人才密度居全国副省级城市前三，连续3年获评"中国年度最佳引才城市"，入选"外国专家眼中最具潜力的中国城市"并跻身外籍人才吸引力指数前十。今年1—9月，新增国际化人才2559人，其中，外籍人才492人，同比增长12%。

（一）实施校园招聘硬核组合拳，打造青年人才友好城市

青年人才是一座城市发展的希望和未来，是城市的活力所在。厦门历来重视青年人才的引育，大力开展"百城千校万人校园招聘""送岗留才进校园"等活动，在青年人才争夺中抢占先机。外地高校毕业生"引进来"，厦门与全国400余家高校结成战略合作关系，每年举办"全国百校厦门访企拓岗对接活动"，组织高校就业指导老师来厦参访对接。今年先后组织全市5200多家次企事业单位赴南昌、哈尔滨、长沙等地举办校招近200场，提供岗位超1.95万个次，收获简历逾10.5万份。依托"百城千校万人云端大招聘""新职口快"两大云端平台，举办87场细分专场云端招聘活动、66场带岗直播，收获简历近20万份。本地高校毕业生"留下来"，着眼提升本地高校留厦率，在厦门大学、集美大学等举办毕业生专场招聘，深入厦门华厦学院、厦门理工学院等3所高校及二级院系开展进校园宣讲活动，首次面向本市18所高校开展就业指导教师职业指导能力培训。在厦高校毕业生留厦就业比例整体与去年持平，集美大学、厦门理工学院毕业生留厦就业人数占比43.24%、56.43%。名校优生"抢进来"，厦门创新实施"青鹭英才优培行动"，面向全球知名高校引进优秀博士、博士后，给予最高66万元补贴，实施两届共引进79人，其中，20人来自牛津大学、墨尔本大学等海外名校。2025届优培生报名再创新高，共吸引636人报名，同比增长57%，其中，海外前100名高校报名131人，增长近1倍。制定出台《进一步加强博士后工作的若干措施》，从加强在站扶持、创新载体建设、

促进留厦发展等方面提供支持,今年全市新增博士后科研工作站7家,目前全市共有国家级、省级博士后科研平台111家,累计培养博士后1900余人。

(二)实施职业技能提升工程,培养造就高水平技能人才

技能人才是支撑高质量发展的重要力量。厦门围绕产业人才需求,对标国际专业人才标准,积极推动新兴产业本土高技能人才培养。一是发布全市职业技能培训需求(含急需紧缺工种)指导目录,涵盖129个技能工种(71个急需紧缺工种),全年组织重点群体职业技能培训、项目制培训、企业新型学徒制培训等补贴性职业技能培训2.39万人次。首次将预备技师班毕业生纳入新引进人才生活补贴范围,截至10月,向1.03万名人才兑现生活补贴2.8亿元。二是充分发挥技能大师的引领示范作用,拓宽技能人才发展通道,提升高技能人才获得感。2024年新增1家国家级技能大师工作室,拟推荐6家发挥作用突出的省级技能大师工作室,遴选建设20家市级技能大师工作室。三是创新技能人才评价机制,创新组织开展全省首批管廊运维员职业技能等级认定,指导厦门航空有限公司备案成为全省首家民航企业职业技能等级评价机构,开展航空器机械维护员高级工以上认定142人次,填补福建省航空维修业技能人才评价工作空白;指导厦门港务控股集团、路达(厦门)工业有限公司等企业新增变配电值班电工、工业机器人系统操作员等职业(工种),更好地满足先进制造领域人才需求;支持字节跳动进行互联网营销师、人工智能训练师"一试双证"等数字领域新职业技能等级认定共计406人次,培养一大批高素质、国际化技能人才。

(三)实施"鹭引五洲"专项行动,吸引集聚国际化人才

厦门围绕加快打造新发展格局节点城市,以更开放的姿态、更广阔的视野吸引集聚国际化人才。引才体系更加系统,设立国际化引才工作专班,成立国际化引才联盟,从"国际化引才六条"到"鹭引五洲"海外引才行动方案,围绕海外顶峰人才、领军型创新创业人才、青年人才、外籍专家学者等实施"四大集聚工程",国际化引才工作日趋体系化、系统化。引才渠道更加多元,线上线下相结合拓展引才渠道,线上开辟国际化引才专窗,提供岗位发布、人才匹配、海外宣介等精准服务,助力企业抱团引才、出海揽才;线下设立8个海外人才工作站以及驻北京国际化人才工作站、驻粤港澳大湾区国际化人才工作站等平台,打造"鹭创未来"海外创赛和"苏颂杯"未来产业大赛两大品牌赛事,主动链接全球人才和创新资源。引才机制更加灵活,率先在全省发布《国际职业资格认可目录》《国际职业资格比照认定职称目录》,涉及美、英、德、日等国共计75项国际职业资格及50项职称项目。先后举办"鹭引五洲"海内外青年博士(博士后)招聘行动、"海归鹭岛"海外留学人才厦门行等引才活动,积极通过中国海外人才交流大会、"春晖杯"中国留学人员创新创业大赛等国家级平台向海外宣传推介厦门引才政策和活动。引才成效更加凸显,全职引进新加坡工程院洪明辉院士加盟厦大,柔性引进欧洲科学院默罕默德·卡哈·纳泽路丁院士、比利时皇家科学院迪克·弗朗萨院士分别入选国家和省外国专家引进计划。探索建立紧缺急需外籍人才评定机制,为电气硝子、太古飞机、新科宇航等厦门市重点产业企业认定外籍专业技术人才39名。目前全市国际化人才约6万人,1—10月新引进留学人才1796人,其中,新引进高层次留学人才177人。

二、厦门市人力资源发展存在的问题和困难

厦门市人力资源发展虽然已取得积极进展,但与高质量发展的要求相比,与深圳、广州等先进城市相比,还存在一些短板弱项,主要包括以下几个方面。

(一)人才需求不够旺盛、引才留才压力大

受经济下行压力影响,部分行业和企业招工招才意愿和需求有所收缩,今年全市赴外组织校招活动中,企事业单位数量同比有所下降。同时,引才难留才难问题依然突出。面对长三角、珠三角城市群的虹吸效应,成都、武汉等"强二线"城市的追赶,厦门引才留才压力和挑战日益增大。从本地高地留厦率来看,部分高校毕业生就业期望较高,与当前企业薪资待遇有一定落差,在厦高校毕业生留厦就业率不平衡。今年,集美大学、厦门理工学院毕业生留厦就业人数分别同比上升1.01个百分点、2.01个百分点,但是厦门大学毕业生留厦就业人数占比有所下降。

(二)发展环境和平台对人才吸引力承载力还不够强

房价收入比居高仍是制约人才引进的重要因素。岛内房价偏高,岛外教育、交通、文娱休闲等公共配套还没跟上,企业面临引才难、留才难。企业能级不高导致行业薪酬整体不高。多数企业仍处在"微笑曲线"底端,67家境内上市企业2023年平均利润率只有1.76%,而北京和深圳分别为9.13%和8.28%;厦门企业在智联招聘发布的岗位平均月薪只有深圳、杭州的80%,对人才吸引力不强。缺乏行业龙头企业和高能级平台,大体量、高水平研发机构偏少,产业集聚度不够高,缺乏跳槽空间,人才容易面临"换岗即换城"的境遇。

(三)人才政策先发优势有所减弱

人才政策力度与先进地区相比仍有差距,"双百计划""群鹭兴厦"人才政策体系总体是领先的,但随着各地纷纷加码人才投入,有些政策外地后来居上,如深圳博士后补贴最高每年30万元,厦门今年虽已提高到每年最高15万元,但仍有明显差距。人才计划实施不够均衡,有些产业人才政策实施力度和

覆盖面不够,新兴产业和未来产业的专项政策较少。人才政策整合利用效能有待提升,科技、产业、人才政策往往各自发力,协同效应和合力效应还不够强。各区人才政策差异度不够,缺乏产业导向,也造成一定程度内耗。

(四)海外高层次人才规模有待提升

厦门国际化引才格局逐步打开,全市国际化人才约 6 万人,但主要以留学生和具有国际视野的本土人才为主,海外高层次人才、外籍人才的规模和层次还有待提升。随着国际引才形势日益严峻,海外引才渠道受阻,厦门引进外籍人才总体规模还不够大,主要分布在制造业、教育、批发零售业、电气硝子、联芯、TDK 等龙头企业,厦门大学是外籍人才重要集聚单位,但中小企业在引进使用外籍人才方面尚未形成畅通机制和集聚局面。

三、2025 年发展预测及展望

(一)在中国式现代化建设中奋勇争先为人才发展创造有利条件

2024 年 10 月 15—16 日,习近平总书记亲临福建、厦门考察并发表重要讲话。2024 年 12 月 6 日,厦门市委召开十三届八次全会,审议通过了《中共厦门市委关于深入学习贯彻习近平总书记在福建、厦门考察时的重要讲话精神,在中国式现代化建设中奋勇争先的决定》,提出要以科技创新和产业创新深度融合推进高质量发展,加快构建现代化产业体系,深入实施科技创新引领工程。无论是科技创新,还是产业创新,其核心都是人才,未来厦门要"三位一体"推进教育、科技、人才协同发展,构建一流人才创新创业生态,为人才干事创业厚植沃土,为人才建功立业保驾护航。

(二)收官之年奋力冲刺完成人力资源发展既定目标

2025 年是"十四五"收官之年,厦门各部门要对表对标,奋力冲刺,确保顺利完成既定目标。综合《厦门市"十四五"人力资源和社会保障事业发展专项规划》《关于实施新时代人才强市战略的意见》等文件,"十四五"时期 5 年城镇新增就业人数 65 万人,新增专业技术人才人数 6.6 万人,新增国家级和省级高层次人才 1800 人,到 2025 年劳动年龄人口平均受教育年限达 13.5 年,每万名就业人员中研发人员数量达 220 人,保持同类城市领先。2025 年随着各项指标任务落地落实,将迎来人力资源的新一轮增长。

(三)产业结构不断优化,重点企业人才需求将迎来上升

近年来,厦门市深入实施科技创新引领工程,加快构建"4+4+6"现代化产业体系,积极布局重大产业项目,2024 年"九八"期间集中开竣工项目共

60个,总投资649.7亿元,涉及新能源、新材料、生物医药、第三代半导体等领域。随着一大批先进制造业项目落地运营,对高层次人才特别是专业技术人才的需求也将随之上升,对招引人才是难得的机遇。

四、厦门加快人力资源发展的对策建议

(一)统筹打造青年人才集聚"强磁场"

厦门要继续采取贴合青年毕业生习惯的引才方式,通过开展直播带岗、暑期参访、访企拓岗等各类活动,强化与高校、企业、校友会、学生等的联系互动,提升学生对厦门产业布局、企业发展、留厦政策的了解率,强化与在厦高校校友会和闽籍学生联络互动,发挥校友、校园引才使者纽带作用等,大力宣传五年五折租房等优惠政策,多措并举吸引留住青年毕业生。进一步优化"青鹭英才优培行动",依托市场化机构,加大海外招引宣传力度,更加积极地引进海外知名高校博士、博士后;推动实施教育类博士优培生直接参评高级教师,强化优培生与国企管培生等贯通机制,提升优培生招录吸引力和竞争力。

(二)统筹抓好国际化引才和人才自主培养

战略人才力量建设既要靠引,也要靠育。一方面,要继续把国际化引才作为人才工作主线,紧盯海外顶尖人才、科技创新领军人才、留学人才以及外籍人才,通过以才引才、项目引才、柔性引才、产业引才、以赛引才,进一步提升国际化人才队伍规模和层次。积极向上争取在厦门市开展外国人才服务保障综合改革试点,深化"i海归"创业发展协同行动,吸引国际化人才来厦创新创业。另一方面,要加强人才自主培养,人才培养的重点任务是要解决人才供给与需求的匹配度问题,大力实施校企人才联合培养,每年遴选支持一批企业与高校联合培养卓越工程师、工程硕博士等专业人才,在企业研发一线培养使用专业人才,进一步增强高校毕业生与城市的黏性。优化技能人才评价体系,支持企业自主开展评价工作,支持厦门市大中型企业、重点产业链和龙头企业打造涵盖培训、评价、使用、激励的技能人才培养生态链,构建科学合理的技能人才梯队和薪酬待遇体系。

(三)统筹推动人才机制改革和人才开发投入

厦门要强化和提升人才工作,必须依靠改革和投入。要主动把人才体制机制改革融入全市综改试点工作大局,一体推进教育科技人才体制机制改革。改革的关键是要更加专业化和社会化,着重在人才评价、使用和激励上向企业、高校、科研机构等放权,充分发挥用人主体作用;要以深化科技人才分类评价改革为突破口,健全完善以创新价值、能力、贡献为导向的评价体系。还要持续加强经费、编制、人员等保障,财政投入要增效,普惠性政策慢慢收紧,以

企业视角和市场思维去研究针对重点产业、重点企业、重点人才的特殊政策,实现靶向支持;引导各区结合产业布局,差异化制定政策,避免简单套用、"上下一般粗"。要加大市场投入,通过研发补助、项目资助、人才奖励等举措,撬动企业加大研发和人才投入;探索对政府奖励实行"拨改投",依托市里产投基金,通过参股基金、人才基金、直投跟投等方式,引导更多社会资本投向人才项目、投向产业项目。

(四)着力提升资源整合和精准服务水平

厦门构建一流人才生态要在整合各类资源和提供精准服务上下功夫。整合资源既要整合部门资源,从政策层面加强招才招商联动,改变多头支持、分散支持的局面,高效整合科技、人才、产业政策,实现效用最大化;要大力布局建设高能级平台,支持省创新实验室结合产业所需优化研发布局、加速成果转化,支持有条件的企业和研发机构积极争创国家级科技创新平台,为高端人才创新发展提供有力支撑;要整合企业资源,通过赋予人才认定、职称评审等更大自主权,激发企业引才用才内生动力。精准服务就是要为重点企业、重点人才提供点对点、一对一服务,坚持以人才为中心,优化简化办事流程,探索推行"免申即认""免申即享",提升服务效能;及时解决人才反映的突出问题,统筹用好人才房、保障性商品房、家庭式长租公寓等房源,更好地满足不同层次人才的安居需求;提升岛外重点园区的交通、休闲、购物等配套,打造国际人才社区,提升国际学校办学品质,营造类海外人才生态。

厦门市委组织部　张晓勇

厦门市海洋生态发展情况分析及建议

一、总体情况分析

厦门始终以习近平生态文明思想为指导,以筼筜湖综合治理20字方针为科学指引,持续开展从"海域"到"流域"再到"全域"的海洋生态保护修复工作,取得良好成效。近岸海域全面消除劣四类海水,"四化"海漂垃圾治理机制获全国推广。筼筜湖、东南部海域分别获评全国美丽河湖、美丽海湾优秀案例,五缘湾片区生态修复综合开发成为全国样板。厦门先后获得"联合国人居奖""国际花园城市""东亚海岸带综合管理杰出成就奖""首批国家级海洋生态文明建设示范区"等荣誉。

(一) 覆盖全域的生态空间规划体系初步形成

持续深化"多规合一"改革,落实主体功能区战略,编制《厦门市国土空间总体规划(2021—2035年)》,划定陆域生态保护红线204平方公里,海域生态保护红线84平方公里,规划覆盖整个海域空间范围,充分利用厦门山海相融的自然条件,构建"一屏一湾十廊多组团"的生态安全格局。在此基础上,开展《厦门市海岸带保护与利用规划》等专项规划编制,在全国首创生态环境分区管控应用系统,划分42个近岸海域环境管控单元,提升陆海统筹治理水平。不断完善海洋生态保护制度体系,出台海洋生态补偿政策。

(二) 近岸海域环境质量稳步提升

入海排污口整治方面,推进厦门西海域、同安湾等重点海湾综合治理,入海排污口设置与排污许可管理制度相结合,构建入海排污口"一口一档"动态管理台账,累计完成全市412个入海排放口的整治,入海排放口水质达标率达到100%。

入海小流域环境综合整治方面,常态化开展全市9条溪流465公里全覆盖管养,推进"流域-河口-近岸海域"协同治理,建立以监测数据为依据的河口污染治理倒逼机制,进一步削减河流入海氮磷污染物。全市主要流域省控断面水质优良(达到或优于Ⅲ类)比例达到100%。

污水收集和处理方面,按照厂网"同步设计、同步建设、同步投运"要求,梳理水质净化厂配套管网,同步推进配套管网项目建设。截至2024年4月,累计完成550公里市政污水管网的新建和改造工作,完成城市排水管网正本清源改造307平方公里,占全市建成区面积近80%,城市污水处理能力由100万吨/日提升至220万吨/日。

海上污染整治方面,开展《厦门经济特区船舶污染防治条例》立法工作,推动港口污染防治设施建设和升级改造。强化海洋工程项目和海洋倾废活动日常监管,依法建立实施海洋工程建设项目排污许可制度。分批分类开展港口（渔港）环境综合整治,完善环境卫生保洁机制,建设美丽渔港。

(三)海洋生态系统质量和稳定性不断增强

海洋生态修复方面,落实重点湿地和一般湿地保护管控责任,共编制湿地名录34处。筼筜湖、海沧湾、同安湾等宜林海域实施红树林修复工程,红树林面积达到173.9公顷。开展海沧鳌冠、集美海岸带、九溪口—大嶝大桥段、环东海域滨海旅游浪漫线三期工程—下后滨段等海洋生态修复项目,改善湾区水动力。

海洋生物资源养护方面,开展厦门湾中华白海豚和厦门珍稀海洋物种国家级自然保护区文昌鱼种群资源监视监测。加强渔业资源养护,开展人工增殖放流,2024年共放流各类苗种超3亿个单位。严防严控和整治外来物种入侵,累计完成1800亩互花米草清除整治。

(四)亲海空间品质进一步提升

公众亲海空间方面,编制《厦门市海滨浴场建设规划》,提升海洋休闲娱乐区、滨海风景名胜区、沙滩浴场、海洋公园等公共利用区海岸带生态功能和滨海景观,提升海水浴场环境质量,保障公众亲海空间。推动厦门环岛慢行道（滨海线）一期项目建设、环山环海绿道建设。

岸滩和海漂垃圾治理方面,建立沿岸岸线、沙滩的海漂垃圾收集转运工作长效机制,做到海漂垃圾日产日清。东南部海域创新建立海洋垃圾漂浮轨迹预测＋重点区域视频智能识别的海漂垃圾治理模式。加强海漂垃圾源头管控,实施城乡环卫一体化。通过"岸上管、流域拦、海面清",形成"四化"(制度化、常态化、系统化、信息化)治理机制,海漂垃圾分布密度全省最低。

(五)海洋碳汇交易初见成效

积极探索运用市场手段开展海洋碳汇交易。厦门产权交易中心设立全国首个海洋碳汇交易平台和农业碳汇交易平台,探索自愿减排碳汇交易。目前,该平台海洋碳汇交易量达17万吨,占全国蓝碳市场一半以上,农业碳汇交易量达28万吨;与省内外多个地区检察院、法院合作,创新运用"生态司法＋蓝碳交易"模式;强化科技支撑,立项支持厦门大学开展"滨海蓝碳智能化碳汇计量检测体系",完成红树林增汇价值定量评价、红树林蓝碳方法学备案,被纳入福建省林业碳汇项目(FFCER)方法学。

二、问题与挑战分析

尽管厦门海洋生态发展取得了显著成效,在全国塑造了不少可复制可推广的案例,但是仍面临一些问题和挑战。

(一)保护与发展的矛盾不减

随着城市的发展,如何平衡经济发展与海洋生态保护的关系,确保"亲海"而不"侵海",是厦门面临的一个重要挑战。当前厦门生态环境质量持续高位运行,且经济建设已进入调结构、促升级的重要转型期,海洋生态环境治理任务艰巨。同时,厦门对于辖区内各海湾的生物生态状况掌握还不全,对各海湾面临的海洋生物多样性受损、海洋生态系统退化等把握还不精准,相关调查研究工作还需系统深入。

(二)部分海域水质提升难度较大

厦门地处内湾,海水动能较差,加之周边城市发展不均衡,上游和接壤地区环境恶化可能带来系统性风险,对厦门应对生态环境突发情况、抵抗外在风险的能力提出了新挑战。受九龙江入海径流污染物输入、近岸海域水体交换和自净能力不足等问题影响,近岸九龙江河口区、西海域部分监测点位仍未达到自然保护区功能区划水质类别要求。

(三)局部岸线和湿地尚需系统性修复

不合理的滨海湿地开发利用活动使局部海域滨海湿地破碎化,破坏了湿地生境,改变了海湾水动力条件和沿海滩涂的自然演变规律,导致港湾纳潮量和潮流速降低、航道和港地淤积,滨海岸线和湿地的生态功能、社会经济功能受到损害。

(四)海洋生态环境治理仍需完善

海洋生态环境保护与海洋经济发展、海洋生态环境保护与陆域生态环境保护还需进一步协调融合。海洋生态损害赔偿、海洋生态产品价值实现等制度体系还有很大的完善空间。同时,随着复合型污染增多和新型污染物出现,海洋污染治理难度加大,对厦门海洋生态治理手段提出了更高的要求。

三、预测与展望

海洋是高质量发展的战略要地,高水平的海洋生态保护为海洋经济高质量发展塑造新动能、新优势。长期以来,我国高度重视海洋生态保护工作,党的二十大报告提出,"发展海洋经济,保护海洋生态环境,加快建设海洋强国"。党的二十届三中全会提出,"健全海洋资源开发保护制度"。预计"十五五"期间,我国还将进一步完善海洋生态环境保护法律法规体系,加大对海洋生态保护的资金投入、科技研发等政策支持。随着科技革命和产业变革深入推进,海洋生态保护修复技术将不断突破,海洋生态系统的稳定性和恢复力显著提升。

厦门是习近平生态文明思想的重要孕育地和实践地,早在2020年就提出了面向2035年建设"海洋强市"的目标,为海洋生态保护提供了强大支撑。2024年10月,习近平总书记在福建、厦门考察时指出,"深化国家生态文明试验区建设,构建从山顶到海洋的保护治理大格局,加强重点领域、重点流域、重点海域综合治理,扩大生态环境容量",这为未来厦门海洋生态发展提供了重要指引。展望2025年,厦门海洋生态发展将全面融入国家整体发展战略,深化拓展生态文明建设"厦门实践",全面加强陆海统筹、区域联动、系统治理、精准施策,推动实施重大海洋生态保护项目,近岸海域污染将得到有效控制,海洋生态环境质量持续改善,海洋生态环境治理体系不断健全,人民群众临海亲海的获得感、幸福感、安全感进一步增强。

四、对策建议

(一)打造海洋生态环境全域治理格局

坚持节约优先、保护优先、自然恢复为主的方针,妥善处理海洋资源开发、海洋经济高质量发展和高水平保护的关系,推进基于生态系统的海洋综合管理,强化科学布局、整体保护、系统修复、高效利用,守牢生态安全边界,全面提高海洋资源利用效率。严格管控厦门城镇开发边界,切实落实生态环境分区管控。强化陆海主体功能匹配,严守生态保护红线,严格管控新增围填海,以同安区军营村、白交祠村—东西溪—同安湾为试点,打造从山顶到海洋的保护治理典范。加快编制厦门市海域使用规划、厦门市无居民海岛保护与利用规划等详细规划,推动海域资源精细化管理,为后续用海审批提供依据。

(二)提升近岸海域精准治污能力

深化入海排污口排查整治,通过全市域"查"、全覆盖"测"、全方位"溯"、全链条"治",实现精准治污。开展厦门湾污染源清单调查,细化入海主要污染物源清单,构建主要污染物扩散模型,提出污染物治理策略。按照"查、测、溯、治、管"要求,强化入河入海排污口监管,定期开展检查监测。推进闽西南生态环境联防联治,建设生态环境协同保护平台,协同龙岩、漳州和泉州推进九龙江流域生态保护修复。强化水源地保护,协同漳州推进枋洋水利枢纽工程饮用水水源保护区建设。着力推动示范引领,通过以点带面,探索总结海洋生态环境治理的典型做法,努力打造更多厦门经验、厦门样板。

(三)增强海洋生态系统多样性、稳定性、持续性

开展海洋资源调查并形成定期调查制度,以海湾为基本单元,深入开展海湾生态环境精细化调查,系统掌握辖区内每一个海湾的生态环境基础状况、禀赋特征及面临的突出问题,摸清厦门海洋自然资源和生态环境家底。开展生物多样性调查,加强生物多样性保护。坚持陆海统筹、河海联动,"一湾一策"推进近岸海域海洋生态保护修复,不断提升红树林等典型海洋生态系统质量和稳定性。持续巩固提升海洋碳汇能力,建立健全蓝碳交易规则体系,做大碳汇交易规模,扩大厦门碳汇交易平台在全国的影响力。加快实施绿水计划,持续深化流域综合治理、河口湿地生态修复,策划实施筼筜湖综合治理六期工程等项目,构建优美河湖生态系统。加快实施蓝湾计划,推进马銮湾、同安湾等海域和海岸带生态保护修复,适时启动东坑湾综合治理,加强无居民海岛生态保护修复,打造高品质滨海生态景观。

(四)加快海洋产业绿色转型发展

将绿色低碳理念融入海洋经济发展方式,拓展海洋生态产品价值实现的路径,培育壮大海洋新产业、新模式、新动能。突出"港"的优势,建设智慧化、绿色化、现代化综合性港口,加快发展现代海洋服务业,做大做强东南国际航运中心;瞄准"新"的方向,加快建设省级海洋高新技术产业园区,加速培育海洋药物和生物制品、海洋高端装备和新材料等海洋新兴产业,积极抢占深海开发、海洋信息等未来产业新赛道;做优"渔"的文章,打造国家级沿海渔港经济区等现代海洋渔业平台,加快迈向产业链中高端,培育绿盘鲍等国家水产种业知名品牌,建设美丽渔港;强化创新引领,发挥厦门大学、集美大学、海洋三所等海洋科研优势,推进海洋负排放国际大科学计划,争取建立海洋负排放技术规范和国际标准。加快建设嘉庚实验室、福建省海洋创新实验室等创新平台,推进更多海洋科技创新成果在厦门转化落地。

(五)健全陆海统筹的治理机制

进一步加强发改、财政、自然资源和规划、生态环境、水利、市政园林、海洋发展、农业农村等涉海部门统筹协调,健全海洋生态保护补偿机制,加快落实补偿措施;加大涉海项目审批源头把控力度,推动环评审批、海域使用权审批、海岛管理数据库等涉海监管信息系统的共享共用;健全涉海部门与海事、海警等部门的联动机制,促进涉海司法与行政执法良性互动;健全海洋安全应急体制机制,强化跨部门、跨区域、部省、海陆协同融合。推动气象、空管、港口、公安、交通等部门以及中国科学院城市环境研究所、厦门大学等科研院所形成应急联动机制,提升预报预警能力。加强厦门同安湾、西海域等赤潮多发区的应

急监测和处置能力以及大型污水厂等重点直排海污染源的监督检查;充分发挥科技在海洋生态环境治理方面的支撑和引领作用,加快数字赋能,运用人工智能与卫星遥感技术,推进天空地海一体化监测网络建设,提升生态环境监管效能。通过互联网、虚拟现实(virtual reality,VR)等现代科技手段,普及海洋科学知识,增强公众海洋保护意识。

(六)推动海洋生态保护交流合作

加强两岸合作。构建"闽西南+金门"生态环境联防共治机制,建立海洋生态环境保护预警和应急信息共享渠道,加强两岸珍稀物种保护、增殖放流、海漂垃圾治理等协作,推动区域联动,共同守护美丽海湾。

加强国际合作。充分发挥厦门"海丝"战略支点城市优势,依托金砖国家新工业革命伙伴关系创新基地、"九八"投洽会、东亚海岸带可持续发展地方政府网络(Pan-Asian Network for Sustainable Coastal Development,PNLG)、厦门国际海洋周等载体平台,开展应对气候变化、生物多样性保护、海洋治理等领域的国际合作,探索形成一批全球发展倡议的实践案例。发挥在厦高校院所等科研优势,加强与金砖国家在红树林修复、沙滩保护修复、中华白海豚保护等方面的交流合作。

厦门市发展研究中心　林　红

厦门市推进两岸融合发展示范区建设分析及建议

《中共中央 国务院关于支持福建探索海峡两岸融合发展新路 建设两岸融合发展示范区的意见》（下文简称"中央《意见》"），自2023年9月公布以来，厦门积极落实党中央赋予的历史使命，发挥厦门因"台"而特的区域优势，全面推进厦台两地融合发展，加速建设"厦金共同生活圈"。厦门在推进两岸融合发展示范区建设中大胆创新、先行先试，展现出卓越的特区力量。

一、2023—2024年厦门市建设两岸融合发展示范区情况

2023年，作为台胞台企登陆第一家"第一站"，厦门全面贯彻党的二十大和二十届二中全会精神，深化贯彻落实习近平总书记对福建、厦门工作的重要讲话重要指示精神，深化推动综合改革试点，落实落细各项对台政策，出台相关配套措施，坚持以通促融、以惠促融、以情促融，在推进厦台经贸产业融合、厦台社会文化融合、厦金率先融合发展等方面取得新成效。

（一）厦门市2023年建设两岸融合发展示范区情况回顾

1. 厦台经贸协同发展、深度融合

2023年，厦门着力优化涉台营商环境，深化厦台两地产业链、供应链融合发展，强化两地科技创新合作，支持台胞来厦创业就业，打造聚集两岸人才的广大平台。这一年，全市对台贸易总值达465.42亿元，比上年增长4.8%，其中，进口260.74亿元，增长0.6%，[1]全市新批台资项目、实际使用台资分别增加64%和408.3%。[2]

在创新举措上，自2023年9月中央《意见》出台，厦门主动落实，实施出台一系列创新举措。2023年底，5部门联合出台《厦门老字号认定管理办法》，首次将在厦的台资企业纳入申报范围，金门高粱酒、正新、太祖、郑福星成为第一批在厦台企老字号。厦门对台企老字号的认定，是厦门探索两岸融合发展新

---

[1] 数据来源：《厦门市2023年国民经济和社会发展统计公报》。
[2] https://mp.weixin.qq.com/s/3wgx9rZvmQRlf8jjwex6ag。

路的一次标志性事件,是对在厦台资中小企业发展的一次助力。在两岸标准共通上,从基础设施联通到行业标准共通,厦门为服务台企台胞来厦投资创业,2023年6月率先建设两岸标准共通服务平台,该平台运行一年的访问量超23万人次,提供1.2万多条两岸标准指标和约4000条名词术语的标准比对。① 该平台的建设,为深化厦台经贸交流和产业对接奠定了坚实基础。在高新产业融合上,作为"特区中的特区",厦门自贸区一直是厦门对台工作的重要阵地,齐力芯、芯发半导体等多家台湾地区IC企业落地厦门自贸区,自贸区为落地企业配套提供政策辅导、芯片测试等一站式产业链服务。在金融合作上,有21家台湾地区银行在厦门开立人民币代理清算账户,以及大陆收支自贸区数字人民币台企融资增信基金在厦门设立,②该基金助力在厦中小微台资企业获取银行融资,有利于中小台资企业在厦发展。

2. 厦台两地民心相连、心灵契合

2023年厦门进一步完善台胞台企在厦的创业就业环境,进一步增进台胞福祉,落实落细同等待遇政策,推进涉台公共服务的均等化、普惠化、便捷化。在购房租房、医疗、教育、养老、社会救助等与民生密切相关的方面,厦门许多涉台政策属大陆首创,如支持台胞跨境交易商品房和投资理财产品,以及为台胞提供"一站式"医保结算服务。此外,在两岸文化交流、青年交往上成果丰硕,2023年,截至11月,厦门市共冠名举办20多场涉台交流活动。5月的台湾人才厦门对接会,吸引约260名台湾人才参加,60家用人单位、10家台青双创基地提供1270个工作岗位。6月在厦门成功举办了第十五届海峡论坛,来自台湾地区各行业代表共5000余人参会,论坛分为基层交流、青年交流、文化交流、经济交流四大板块,其中,论坛特别面向台湾年轻群体,提供了1200多个就业岗位和1000多个实习岗位。③ 8月,第十四届海峡两岸(厦门)文化产业博览交易会突破以往规模,台湾地区参展商同比增长48%。④

3. 厦金全方位加快融合、率先融合

厦门作为大陆联系台湾重要的"南向通道",2023年厦门加快建设"厦金同城生活圈"。一是推进与金门的基础设施联通,推进与金门通气、通电、通桥工程建设,特别是翔安机场的建设,目的在于推进厦金两地的联通,与金门共享机场。7月,"小三通"航线运送旅客突破2000万人次,⑤厦金航道已成为两

---

① https://mp.weixin.qq.com/s/3wgx9rZvmQRlf8jjwex6ag。
② https://mp.weixin.qq.com/s/nAx2u9rDMS7A09KL9kHCdw。
③ https://mp.weixin.qq.com/s/oxXEdCIsPxCariTtQKdcmw。
④ https://mp.weixin.qq.com/s/8xWegf-kvjhlpFey7PcsaA。
⑤ https://mp.weixin.qq.com/s/B8oBQFIhj4Mod5yJi_-H7g。

岸交流交往的重要交通枢纽。1—7月，对台海运快件1.63万标箱，同比增长595.8%，件数867.97万件，同比增长544.1%。① 二是厦金社会融合，根据《金门县人口分析》截至2023年7月的统计，有近3万金门人在厦门购置房产。② 厦金两地在社会交流交往上具有深厚的基础资源。三是2023年是疫情后厦金文化交流的热络期，2月，31名金门同胞经"小三通"到厦参加宗亲交流活动；3月，金门大学等54名师生到厦门大学参加两岸青年学子文化研习营；4月，金门县县长陈福海一行近300人来厦参加第十六届保生慈济文化节。③

(二)2024年厦门市建设两岸融合发展示范区情况

1. 促进厦台两地共同产业、共同市场建设

2024年，厦门不断深化两岸共同产业、共同市场。台企工业产值约占厦门规上工业总产业的四分之一，已有29家台湾百大企业来厦投资。截至2024年8月，全市累计批准台资项目11800个，④其中不乏生物科技、数字经济、新材料等重要产业。3月，AI芯片企业，台企星宸科技在深交所上市，目前在大陆上市厦门台企共有8家，占大陆上市台企总数的12.5%。4月，大陆首个台商海峡两岸投资基金落地厦门，该基金由台商自行募集，首次募集资金7.86亿元人民币，重点投资于科技、服务产业，特别是对台资中小企业融资提供帮助，目前已投资5个项目，共计1.2亿元。⑤ 厦门持续为台企嵌入大陆产业链、供应链打造优质的营商环境。厦门的供应链产业处于全国领先水平，极大助力集成电路、生物科技等领域的台企发展。为推进厦台企业产业对接，促进在厦台企升级转型，厦门市相继发布一系列两岸共通标准，目前，厦门市建设的全国首个"两岸标准共通服务平台"，已推出215项两岸共同标准。⑥

2. 推进厦台两地共同家园建设

厦门已建立一套较为完备的涉台公共服务体系，在探索两岸融合发展新路上，厦门已成为台胞登陆的美丽新家园。2024年，厦门进一步为台胞来厦创业就业创造便利条件。3月，运用特区立法权，颁布了大陆首部鼓励台青来厦创业就业的地方性法规《厦门经济特区鼓励台湾青年来厦创业就业若干规

---

① https://mp.weixin.qq.com/s/nAx2u9rDMS7A09KL9kHCdw。
② https://mp.weixin.qq.com/s/XRL7GWiSDlaJz6JWAvalKg。
③ https://mp.weixin.qq.com/s/NRD1fOMBXXcOi3_QbK4o0w。
④ https://mp.weixin.qq.com/s/8xWegf-kvjhlpFey7PcsaA。
⑤ https://mp.weixin.qq.com/s/3wgx9rZvmQRlf8jjwex6ag。
⑥ https://mp.weixin.qq.com/s/8xWegf-kvjhlpFey7PcsaA。

定》。此外，按"非禁即享"原则，厦门打破多项两岸职业认证壁垒，推进台湾地区职业资格采认。

10月，厦门审议通过了《厦门经济特区直接采认台湾地区职业资格若干规定》，这也是大陆首部关于台湾地区职业资格认定的地方法规，是厦门市吸引台湾人才登陆的一次创新性成果。目前，已有195位在厦台胞获得职业资格采认。[①] 同时，关于在厦台胞就医问题，厦门市也有了新的突破。全市6区共设立9家医保台胞服务站，为在厦台胞就近提供健保报销"一站式"结算服务，截至2024年5月，累计提供台胞健保报销咨询服务3100人次，代办健保报销业务290余件，成功受理健保涉台公证业务16起。[②]

3.加速构建厦金"共同生活圈"

作为大陆联系台湾的"南向通道"，在中央《意见》颁布后，厦门加速构建厦金"共同生活圈"。"厦门金门门对门，厦金同城亲上亲"，金门同胞从进入厦门的第一刻起，即能体验"一站式"公共服务。五通码头的金门乡亲服务站，专门设立厦门"近便利"台胞服务专区，服务站可为金门同胞提供"抵厦即办"业务，包含台胞证和居住证办理、银行卡开户、政策咨询等49项公共服务。目前，五通码头共有16个航班往返厦金，截至2024年5月，累计运送旅客超过2100万人次。[③] 在基础设施联通上，为联通金门的变电站已相继投产使用，相关气源站已完成竣工验收，厦金大桥厦门段也已开工建设。为推进与金门共享翔安机场，机场建设还专门预留了金门候机专区。在推进厦金两地贸易往来上，厦门也已成为大陆对台物流的重要干线枢纽，截至11月，厦金货运航线艘次同比增长约75%。[④] 厦金海运快件通道已增至4条，每周厦门往返金门的海运快件航班也增至21班。[⑤]

二、厦门市推进两岸融合发展示范区建设所面临的问题

推进两岸融合发展示范区建设是党中央赋予福建和厦门的重大历史使命，厦门全力承接这一重大战略使命，积极融入两岸融合发展示范区建设大局，但对其而言是重大历史机遇也面临诸多挑战。厦门属外向型经济，得天独厚的地理环境，让厦门成为"中欧班列"与"海上丝路"无缝衔接的枢纽城市，因而两岸关系和外部环境对厦门的经济发展有着至关重要的影响。近年，美日

---

① https://mp.weixin.qq.com/s/hByrOpqxk0HgSFjOwUnvdQ。
② https://mp.weixin.qq.com/s/3wgx9rZvmQRlf8jjwex6ag。
③ https://mp.weixin.qq.com/s/oiqzK-nV6PBcCxIEkdeX6Q。
④ https://mp.weixin.qq.com/s/JQ6x6Rc0Fi6FKWMHI88-og。
⑤ https://mp.weixin.qq.com/s/8xWegf-kvjhlpFey7PcsaA。

联手推进所谓的"印太战略",经济上对大陆实行贸易打压,政治上加大对两岸关系的干涉。而台湾岛内"台独"势力猖獗,民进党推行"倚美谋独",主动加入美日围堵大陆的战略中。

一是民进党"抗中保台"政策,对厦台融合造成阻碍。

2024年赖清德上台后,面对"朝小野大"的窘境,其不断煽动台湾社会的对立情绪,打所谓的"抗中保台"牌阻挠两岸交流,特别是民进党以"立法"形式,压制台湾人民来往大陆。根据台湾地区"陆委会"2024年12月发布的关于台湾民众对两岸关系看法的民调,有88.9％的台湾民众选择"维持现状",值得注意的是,自2020年开始"永远维持现状"选项呈现逐渐上升趋势。[①] 可预见,由于民进党在立法机构的弱势地位,以及2026年台湾地区县市长选举在即,赖清德会持续强化"抗中保台"话语,杯葛"蓝白",加剧台湾社会对立。相关民调也反映出,台湾民众并没有意识到民进党的"抗中保台"政策,正将两岸推向"兵凶战危"的境地。两岸紧张态势对厦门而言是不利的,厦门是受两岸关系波动影响最深的前沿地带。

二是民进党"倚美谋独",推进台湾地区与大陆产业"脱钩断链"。

赖清德一直声称台湾地区的海洋性,目的即是推进台湾地区加入美日的"安保体系"之中。2015年,日本修订的《美日防卫合作指针》解禁了日本的集体自卫权,以此自卫队可配合美军在全球的军事行动。2021年,日本修订的防卫大纲,又一次提及台湾地区对日本周边安全的重要性。而美国国会从2022年开始也一直试图通过《台湾政策法案》。随着2024年特朗普重新上台,中美关系的不确定性依然显著。根据特朗普的商人特质,其将继续拓展"环太平洋"、"环印度洋"、"反华"同盟圈,在产业链、供应链、人才链上围困大陆,限制大陆高新产业的发展。在此大背景下,民进党一方面大力推进"新南向政策",同时严格管控台商台资进入大陆,并鼓励台商台资回流台湾岛内。另一方面,民进党持续推进台湾地区加入RCEP和CPTPP,这两个区域经济组织的发起跟日本有着密切的关系,试图通过加入日美为主的区域经济组织,减弱对大陆市场的依赖。

三是在厦台企转型升级困难,核心技术对外依赖性较大。

在厦台企以中小型规模和劳动密集型产业为主,这类企业的特性决定其抗风险能力有限,大部分在厦台企对于升级的意愿大于转型。其原因:①厦门市经济腹地有限,本土的人工、地价成本升高,限制了在厦台企转型升级的空间。②在厦台企科技创新动力不足,核心技术对外依赖性较大。由于厦门土

---

① https://www.voachinese.com/a/new-poll-shows-taiwanese-want-status-quo-and-oppose-chinas-pressur-campaign-20241205/7889015.html.

地、资源相对有限,因此决定台企转型升级必须集中资源提高产业附加值,但高新技术对外依赖性依然较大,在技术研发创新上受制于外部环境。譬如,2024年12月,美国总统拜登在离任前颁布了第三次"芯片法案",再度加强对大陆芯片的管制。③两岸征信尚未完善,特别是在厦中小微台企转型升级在融资上还存在困难。④民进党施行的选择性脱钩政策,加大了在厦台企在大陆发展的风险与压力。

三、厦门市推进两岸融合发展示范区建设的预测展望

截至2024年6月,厦门市已相继出台配套中央《意见》的16份政策,充分体现出厦门对台工作的优势。2024年10月,习近平总书记来福建考察,关于推进两岸融合发展示范区建设强调,"促进两岸文化交流,共同弘扬中华文化,增进台湾同胞的民族认同、文化认同、国家认同""在探索两岸融合发展新路上迈出更大步伐"。习近平总书记重要讲话为新时期厦门推进两岸融合发展示范区建设,提供了根本遵循与行动指南。

一是厦台应通尽通,打造厦金"同城生活圈"。厦台两地人员进一步增进往来,基础设施联通进一步完善。中央《意见》明确支持厦门与金门加快融合发展,"以清单批量授权方式赋予厦门在重点领域和关键环节改革上更大自主权……打造厦金'同城生活圈'"。厦金融合是厦门对台工作的重点与特色,也是推进两岸融合发展示范区建设的一扇窗口。厦金两地逐渐实现通电、通桥、通气,随着翔安机场的建设和厦金大桥的打造,也将推进金门的国际化,推进金门的社会经济发展。金门在厦、漳、泉区域协同发展战略中处于关键位置,逐渐实现金门与厦、漳、泉在人员流动、资本流通、基础设施上的全面联通,形成以厦门为中心,联动泉州、漳州、金门三地协同发展。通过厦金两地全方位融合发展,让台湾岛内民众认识到两岸融合发展的利好,有助于提升台湾民众的国家认同。

二是完善涉台公共服务体系,落实落细同等待遇政策。中央《意见》强调,"始终尊重、关爱、造福台湾同胞,完善增进台湾同胞福祉和享受同等待遇的政策制度"。厦门市将持续完善涉台公共服务体系,逐步实现涉台公共服务的普惠化、均等化、便捷化,在厦台胞享受与在地居民享受同等待遇,台湾居民身份证与大陆居民身份证在应用上实现同等便利,让台湾同胞在厦就业、学习、就医、养老服务等享有完善的制度保障,有完善的涉台司法体系可依循。在厦台胞可深度参与社会治理与经济建设。根据"非禁即享"原则,厦门逐渐打破两岸职业认证壁垒,厦门将成为更多台胞实现梦想的家园。

三是厦台人员往来热络,社会文化全面融合。厦台两地有着共通的文化、语言、习俗,在两岸关系紧张的情势下,厦台两地间的文化交流就更显重要。

中央《意见》指出,"鼓励两岸同胞共同弘扬中华文化,促进中华优秀传统文化保护传承和创新发展……汇聚两岸文化娱乐资源,打造两岸流行文化中心"。以闽南文化为纽带,厦台两地可共同推进闽南文化的非物质文化遗产申报工作,加强厦台两地学校、科研机构间的合作交流,特别是厦门大学与金门大学两校间应建立常规化的交流机制,合作开展研究工作,共享学术研究成果。除了在厦门打造两岸传统文化中心,厦门也可逐步建设两岸流行文化中心,鼓励支持台湾地区的流行文化资源进入厦门,加强厦台两地在影视、音乐等文化产业上的合作,共同拓展两岸流行文化在世界的影响力。

四、厦门市推进两岸融合发展示范区建设的对策建议

厦门的特色是对台,深化两岸融合发展对厦门的经济社会发展具有重要意义,探索两岸融合发展示范区建设是厦门推进实现社会主义现代化的一项重要工作。两岸关系正处在历史发展的关键时期,对厦门而言是重大历史机遇,厦门应为推进祖国统一大业发挥独特作用。

一是加强厦台两地产业融合、供应链融合。厦门应持续加大对外开放力度。厦门的供应链服务处于全国领先位置,全国四大供应链服务商,厦门就占了3家。厦门在推进两岸经贸融合中,应发挥独特优势,推进厦台两地的产业链、供应链融合。厦门作为全国唯一拥有"海上丝路"和"陆上丝路"交会的枢纽,应着力推进在厦台企转型升级,让在厦台企更好地融入大陆双循环新发展格局,共同开拓海外市场。应支持在厦台企科技创新,让两地企业加强研发合作,推进"产学合作"模式,将研究技术转化成实际应用成果。应持续推进厦门、泉州、漳州、金门四地协同发展,推进四地生产要素和市场一体化,以厦门作为引领区域发展的中心,承接台湾地区的高新技术和产业转移,发展高新科技和新兴产业,并辐射至泉州和漳州,带动泉州、漳州产业转型,形成完善的上、中、下游配套产业链。

二是进一步提升涉台公共服务水平。在推进两岸融合发展示范区建设中应更大胆地创新实践,落实落细惠台政策,更重视对台工作细节。中央《意见》指出,"支持台胞深度参与福建当地社区建设、基层治理等实践活动"。社区是推进厦台社会融合的基础,应不断拓展在厦台胞参与社区治理的方式和渠道,加强社区涉台公共服务水平。中央《意见》也提及"促进台生来闽求学研习""鼓励台胞来闽就业"。应吸引更多台湾岛内的"首来族"来厦,但应了解,两岸关于创业、就业、实习的理念上存在的差异,譬如台湾地区在薪酬上施行"同工同酬"理念,关于实习的界定与大陆有所不同,再如台湾地区毕业生的起薪相对厦门起点也较高。所以,如何吸引更多台湾年轻人来厦创业就业,应将两岸现实情况纳入考量,在加强各部门涉台工作联动上,合理有效制定相关政策。

此外,各涉台单位除发布涉台政策、惠台措施,还应对相关政策措施进行动态效益追踪与评估,建设厦门涉台信息数据库,提升涉台政策、惠台措施效益。

三是推动厦金融合发展在祖国统一大业中发挥更大作用。应重视"厦金融合"在探索两岸融合发展新路,以及发挥两地融合在推进祖国统一大业中的作用。厦金"同城生活圈"的建设应该大胆实践,把"厦金融合"作为两岸统一的试验田。金门长期是国民党的基本盘,与厦门交往交流十分密切,两岸统一之后的社会治理模式可在金门先行试验。

当前,台湾地区的"本土"意识与民进党施行的"台独"教育密切相关。如何破解台湾地区的"台独"教育,对推进两岸和平统一进程具有重要意义。台湾地区的教科书需要相关部门审定,但课外读本学校可以自主选择。目前,福建师范大学已编制完成一系列面向台湾中学的"国文"教科书,这套教科书是针对打击当代"台独"教育专门编撰修订的。厦门可推动福建师范大学这套教材作为课外读物在金门各中学推广,譬如通过活动交流,以"礼物"的方式进入金门。厦门应将金门作为提升台湾地区国家认同的窗口,推进两岸融合发展的效益由金门辐射至台湾全岛。

福建师范大学闽台区域研究中心　邓　婧

厦门市建设海丝中央法务区情况分析及建议

一、总体情况

海丝中央法务区厦门片区发展态势蓬勃、集聚规模初具、成效日益显现，在海上丝绸之路核心区建设、市场化法治化国际化营商环境建设和涉外法治探索实践中的担当作为认可度与美誉度不断提升。截至2024年10月，海丝中央法务区已落地150多家优质法务、泛法务仲裁服务机构。目前，国内综合排名前30的律所已有18家在法务区设立分所。近4000家法务、泛法务和法务科技企业在海丝中央法务区线上线下集聚。海丝国际法商融合服务基地的法律服务覆盖全球102个国家和地区的192个城市。全国首创专注于跨境企业及家族办公室发展的民办非企业机构、沙之星（中国）企业出海投资服务中心、中国阿联酋法律服务平台入驻并实体化运作，为厦门乃至全国各地企业"出海"金砖国家提供专业的财税合规业务和跨境法律服务。[①]

一是涉外法务方面。法务区涉外法律服务体系持续完善，2023年全市律师涉外业务同比增长307%。海丝国际法商融合服务基地已搭建了可覆盖160多个国家和地区的服务网络，基地各合作共建机构已提供相关服务3800多件。国际商事争端预防与解决组织在厦设立全球首个代表处，已办理省内企业涉外业务30余件。全国首个反垄断审查合规辅导中心2023年11月设立以来，已完成标的额超125亿元的跨省、跨国辅导案例。金砖法务特色专区遴选发布一批面向金砖国家的专业法律服务机构，已为200多个涉金砖国家案件项目提供服务。福建省域外法律查明中心在法国、巴西、俄罗斯、南非、印尼、泰国、越南、沙特、阿联酋等30多个国家和地区设立区域中心，提供服务案例已超120件。律所"破冰"海外法律服务市场出现积极态势，其中，或设立域外中国企业服务中心，或以涉外律师＋外国法律顾问的工作组方式为企业出海提供伴随式、在地化法律服务，尤其在"一带一路"合作伙伴市场分布。海丝国际法商融合服务基地俄罗斯地区服务中心、巴西地区服务中心、阿拉伯地区

[①] 《解锁海丝中央法务区建设密码 改革加速度 活力向新行》，《厦门日报》2024年9月2日。《海丝中央法务区厦门片区：法商同行 护航发展》，《福建日报》2024年9月5日。

服务中心成立。

二是涉海法务方面。截至2024年9月,厦门海事法院共受理各类涉台海事案件708件,标的金额超16亿元。2023年10月,厦门海事法院就原告TAI SHING MARITIME CO.,S.A.与被告青山控股集团有限公司共同海损纠纷一案作出的判决发生法律效力,这是全国首例以判决结案的涉外涉台共同海损纠纷,也是首例直接采信台湾地区共同海损理算机构协助作出理算报告的案件,先后入选最高人民法院相关典型案例和2023年度福建法院十大典型案例。

三是涉台法务方面。《厦门经济特区直接采认台湾地区职业资格若干规定》表决通过,将于2025年1月1日起施行。目前,厦门已分两批次公布实施80项台湾地区职业资格采认目录清单,对195名台湾同胞的职业资格进行直接采认。截止到2024年11月,海丝中央法务区建设以来,持续创新涉台司法服务,推动设立了大陆首个涉台海事纠纷解决中心、全省首个涉台仲裁中心、海丝中央法务区涉台公共法律服务中心等机构。截至2024年11月,涉台海事纠纷解决中心已处置涉台咨询、纠纷42件。涉台仲裁中心自成立以来共受理涉台案件305件。涉公共法律服务中心涉台公证窗口累计办理完成47单业务,台湾公证文书比对核验731件,域外法查明中心共受理台湾地区法律查明案件90件。

四是知识产权法务方面。厦门市知识产权保护中心、厦门知识产权展示交易服务平台、海丝影视文化产业保护中心等设立,有利于进一步升级知识产权保护应用体系。

五是警安法务科技与数智法务方面。推动建立法务科技共同体,联动110余家企业培育法务科技产业链,年营收超过300亿元。2024年警安法务科技展会吸引了130家企业参展,同比增加了3倍,展出了超500款前沿科技产品,行业影响力持续扩大。法务区某企业的智能合同风险管理系统应用目前已服务300万家企业,起草审核70多万份合同,年产值达1.1亿元。海丝中央法务区云平台移动端——"海丝法务通"小程序链接服务机构2000多家,访问人次已达100万人次。

海丝中央法务区2024年度取得十大成果:①海丝中央法务区成为法治化营商环境"新名片",全国各省(区、市)、美国、巴西、匈牙利、新加坡等44个国家和地区,共1000多批次、超12000人次来访交流。②法商融合服务体系加速完善,举办法律服务产品创新大赛,组建产业法律服务团,在国际贸易、金融投资、航运物流、跨境电商、知识产权等领域形成较强服务能力。③办理一批具有示范效应的国际商事海事典型案件。④发布全国地方法院首份中英文版法庭规程和协议管辖示范条款,推进海事审判"三合一"试点。⑤国际商事法庭、涉外海事法庭成立以来共受理商事海事案件2300多件,标的额超190亿元,涉外案件涉及40余个国家和地区。⑥搭建涉台法律服务新矩阵。⑦警安法务科技产业成为法务区发展新引擎。⑧知识产权保护应用体系拓维升级。⑨域外法查明服务能力实现新突破。⑩全国首个反垄断审查合规辅导中心落地运行。

二、问题与挑战

(一)国际贸易新规则与新形势的挑战

国际经贸新规则的适应与运用,对中国企业和商品而言都颇具挑战。这就要求在深入掌握国际贸易新规则基础上,法律服务具有更强的前瞻性、综合性、操作性和有效性,主动作为、有效作为,增强中国企业防范和规避风险能力,能够设计相关法律产品与服务方案。而目前阶段,法务主体的主动性、综合性和前瞻性亟待提高。针对中国公司域外投资、商贸等具体需求,组建由商务、法律、税务、产业等多领域专家组成的服务团队,立足不同国家和地区的法治实际,定制式、一站式就跨境投资解决方案加以提供,将成为法务与泛法务融合发展的重要着力点。法务主体的体量和能量都亟待提升。

(二)特别仲裁制度确立和实施的挑战

《中华人民共和国仲裁法》修订拟增加具有中国特色的"特别仲裁"制度。特别仲裁制度与临时仲裁有相似之处,但并不完全相同。在增强我国涉外仲裁制度的开放性、包容度及融通性的同时,对厦门片区在承接机制上提出挑战。特别仲裁制度是否可视为临时仲裁的本土化,是否需要仲裁协会管理,是否会是一种变相的机构仲裁,亟待考察。

为此,首先,厦门片区可以积极尝试推进形成针对涉外仲裁机构具有适应性、包容性的监管服务机制。其次,针对增设"仲裁地",积极宣讲海丝中央法务区厦门片区业已形成的突出优势,借鉴上海富有成效的经验做法,加强宣导,进一步增强海丝中央法务区厦门片区的影响力和吸引力。最后,进一步形成法务区内海事商事裁判机构、仲裁机构、调解机构等之间的合力,通过示范条款、典型案例等进一步营造更加浓厚的仲裁优选地的业界认同、社会认同。

(三)警安法务科技应用场景的挑战

警安法务科技与智慧法务创新业已成为海丝中央法务区厦门片区的鲜明特色和重要领域,具有广阔的发展前景。为此,一方面,警安法务科技必须逐步克服依赖非市场主体财政资金采购支持,加强与其他相关产业的深度融合,如通信、金融等,形成产业协同效应;另一方面,不同国家和地区的法律法规、文化差异等因素在政策法律环境和意识形态、文化环境上对警安法务科技的跨境发展带来了诸多风险和挑战，如数据隐私保护、知识产权保护等问题，需要企业具备较强的跨境运营能力和法务应对能力。因此，继续加强智慧或数智法务作为法务科技的应用、作为新型法务实践形态和高端辅助法务保障的研发，尤其是应用场景的拓展和应用能力的提高，既是当务之急，又是长远之策。要以"法务＋"的思维，强化法务科技研发应用的质效导向，增进产业发展动能，并为法务发展赋能。

海丝中央法务区业已由平台搭建进入服务升级阶段，针对知识产权运营公共服务平台等优质法务科技产品，可以纳入数字政府建设集成应用系统，增进智慧法务产品的公共服务效能发挥，助力创新城市建设。采用"全数字检索"方法，在基层社区治理中以"全纳式治理"理念，试点开发社区运行与安全（平安）治理法务嵌入管道，实现基本公共法律服务和专业法律服务伴随式供给，将海丝中央法务区警安法务产品推动在地化应用，打造面向全国的示范工程，展现"法务＋"的治理绩效，为2025年投洽会暨警安法务科技展培育展示样本。

三、预测与展望

第一，科技创新法务培育成为法务区重要生长点。

厦门建设创新城市的法治保障与法务需求不断显现。厦门市不断创新财政科技资金投入方式，构建"创业苗圃＋孵化器＋加速器（中试基地）＋产业园"的孵化体系、建设公共技术创新服务平台等，创新实验室等一批高能级创新平台牵引带动从基础研究到工程与产业化的全链条创新体系，需要安全保障、权益界定以及科研成果转化的法务方案。2023年，厦门市有1742家企业申报国家级高新技术企业认定，净增国家级高新技术企业超过600家，总数突破4200家。高新技术产业园区在形成产业集聚效应的同时，需要权益保障和风险防控的法务支持。同时，在科技伦理风险防控、国际科技合作和成果转让等方面，需要适应新法的要求，发挥法治保障功能。这些亟待丰富充实科技创新法律服务内容、方式与途径。

第二，跨境数据安全治理法务具有较大的发展空间。

跨境数据安全治理方面的法律服务内容丰富多样，亟待开发和补强，尤其需要将组织机构的数据安全能力建设、数据安全合规培养、跨境数据安全合规体系建设等工作前置，为数据跨境业务合规发展奠定扎实基础。跨境数据安全治理法务，是厦门作为口岸城市、新发展格局节点城市，在海运港、人才港、科技港乃至数据港的基础上，以海丝中央法务区作为"法务港"必须担当的重要而切实的法治责任。比如，结合厦门科技创新、产业创新格局而言，生物医药领域数据出境存在数据敏感度高、类型识别难、风险判定难度高等特点，其中,在药物警戒、临床试验等场景因涉及大量敏感个人健康生理信息,对企业数据出境合规体系建设提出了更高的要求。

2024年初,厦门市互联网信息办公室推出"数据出境安全咨询服务平台"。由此可知,为了贯彻落实国家网信办《促进和规范数据跨境流动规定》,维护国家和创新主体数据安全,维护跨境数据流动法律秩序,必须在跨境数据安全治理这一法务保障的新蓝海加强激励引导,促动海丝中央法务区法务主体加快数据安全法务能力建设。一方面,立足警安法务科技和数智法务基础,可协同厦门市互联网信息办公室加强厦门片区自贸先行区跨境数据安全服务主体建设。另一方面,发挥律师事务所等法务主体对数据跨境相关政策、法规的解释和运用具有一定的专业优势,为相关组织机构提供数据安全法律咨询和定制化的专项服务,以及组织机构内部数据管理制度的建设及规范化引导,进一步培育数据跨境流动法律服务业态及产业。

第三,生态化是法务区内涵式发展的重要基点。

3年来,海丝中央法务区厦门片区笃心勠力、改革探索、创新作为、敢做善成,开辟了法务园区新天地和法治保障新形态。与此同时,在客观上尚且存在协同机制亟待完善、法务信息不对称、沟通不畅、协调难度大等问题,导致资源整合不够充分,合力成效亟待强化等问题隐形存在。境内外尤其是"一带一路"共建国家和地区企业的法务需求、法务投放对海丝中央法务区的关注度、聚焦度和业务黏性均有待增强,与法务机构的服务供给之间存在显性和隐性脱节。海丝中央法务区在国际法律服务市场的话语权、影响力亟待提高,与海外法律服务机构的合作深度和广度、创新供给强度和力度还不够,尚未形成具有全球影响力的法务品牌,难以有效服务企业在全球范围内的投资和经营活动。

法务区建设发展的生态化是指海丝中央法务区扎根福建"海丝"核心区、自贸试验区、两岸融合发展示范区等多区叠加优势,以依存共生、内外协调、能动创新的发展理念,由嵌入到内生、由外延式到内涵式的发展路径,旨在实现立足经济、社会和环境等不断优化的基础土壤,生成确立法治生态并以此自身规定性实现资源要素供给、法务能力提升和服务质效输出之间有机结合、良性互动的高效和持续发展。

四、对策与建议

(一)更新、充实商事调解制度方面的特区法规

就深圳、厦门两地矛盾纠纷多元化解的条例比较可见,厦门特区商事调解制度应在海丝中央法务区建设的新形势下予以健全完善。《厦门经济特区多

元化纠纷解决机制促进条例》2015年4月1日由厦门市第十四届人民代表大会常务委员会第二十五次会议通过,已近10年。《深圳经济特区矛盾纠纷多元化解条例》2022年3月28日由深圳市第七届人民代表大会常务委员会第八次会议通过,其中,"第四节商事调解"将商事调解市场化运作、商事调解协议司法确认、生效法律文书执行有机衔接等在全国率先以特区法规方式予以明确。

在商事调解的范围界定上,厦门条例未明确具体的商事调解范围,只是将商事调解作为多元化纠纷解决机制中的一种方式与其他调解方式并列提及;相对而言,深圳的规定更为具体明确,有利于在实践中更准确和更为积极地选用商事调解,增强商事调解的认同感。在调解信息平台建设上,深圳条例提出司法行政部门应会同有关部门建设调解信息综合平台,更加强调通过信息化手段整合调解资源,提高调解工作的效率和协同性;厦门条例未明确提及调解信息平台的建设。

无独有偶,2024年11月29日,《上海市促进浦东新区商事调解规定》表决通过。这部浦东新区法规,设计和搭建既有中国特色又与国际接轨的商事调解制度规则,明确将商事调解作为化解商事纠纷的重要方式,倡导调解优先理念,对标国际规则,提升上海在国际商事争议解决领域的话语权,健全商事调解体系,提高商事调解的质量、效率和公信力。相形之下,商事调解制度在厦门亟待更新立法。

(二)适应船港航贸业态变化,加强涉海法务

港航贸一体化将成为"丝路海运"下一阶段发展的主轴,需要从基础设施、信息沟通、业务流程、服务质量以及政策监管等多个方面进行综合考量和协同发展,以实现整个产业链条的高效运转和持续提升竞争力。为此,建议进一步加强协同共进,搭建海丝中央法务区作为高端法务集聚平台与丝路海运国际合作论坛之间的交流机制,推进港航物流企业、贸易商、实业界与法务泛法务业之间的联动发展,特别是与智慧法务之间的衔接协调。在港航贸一体化、数字化发展过程中,开发和同步植入法务服务,形成港航贸服务智能化、低碳化与数字化、法治化协同发展,增强厦门作为海丝核心区新发展格局节点城市的综合服务能力和体系。

2023年9月5日,《北京船舶司法出售公约》(以下简称《北京公约》)在北京签约,这是海事海商领域首个以中国内地城市命名的联合国公约。《北京公约》赋予船舶司法出售清洁物权的国际效力。在推动《北京公约》所规定的船舶司法出售国际规则的落地适用过程中,结合《海商法》修改,布局补强船舶司法出售国际规则的国内法转化,积极推动国际海事商事纠纷预防与争端解决方面,体现海丝中央法务区综合多元的纠纷预防与解决资源供给优势,以相应

法律条款为示范,对船舶司法出售跨境承认及一系列程序形成海丝中央法务区集成化服务产品与机制,应当加强《北京船舶司法出售公约》制度规范适用对船舶企业的影响分析研判,带动法务区诸多法务服务机构联动发力,聚焦业务蓝海并形成先期优势。

(三)主动供给,强化风险导向的涉外法务

出海发展、走国际化路线是中国企业发展壮大的必然趋势。而"一带一路"共建国家各区域经济发展程度和社会文化存在多样性和复杂性,使得中国企业在"走出去"的过程中,必须谨慎应对各种风险。在中美贸易紧张局势加剧的背景与趋势下,我国企业出口、投资均面临严峻态势,即便转口贸易抑或第三地投资、生产等都有可能遭受关税、"长臂管辖"等的限制,对于我国企业维护权益、消解风险的法律支持必须增强。新跨国公司理论以"密接生产"衡量和研判跨国公司中国市场、技术等合作的紧密程度与受损预期。换言之,中国企业或研发主体以此反向评价在全球布局与网络中获得空间的脆弱性与韧性。

总体来看,有必要及早对这种趋势采取对策,尤其是法权界定、信用保障以及救济措施,积极运用约定管辖、示范条款,特别是选择具有自主司法权能的法律途径以及金融与法律相结合的保障措施,否则被置于趋势的后端将会极为不利。这将对海丝中央法务区的稳健与持续发展,甚至其初步显现的平台效应带来考验。因此,必须突出风险预警和应对,重在预防,健全涉外法治风险感知机制、涉外法治风险帮扶机制和涉外法治风险应急处置机制。激励法务主体实时掌握排查企业开展海外业务面临的风险挑战以及涉外法务需求,针对性制订保障方案,加强政企、法务和商务等多方沟通衔接,整合政府侧、社会侧、市场侧资源,壮大产业法律服务团,探索研发供应链集成法律服务,综合提供涉外风险防范、海外贸易摩擦预警等服务项目,就甄别风险、规避风险等法务产品、案例等开展遴选、推荐和评优。加强重点领域法律风险防范,融汇商务、外事、网信等多维信源,从提供法律查明、政策传导到为跨境企业提供海外法治信息、风险防控等服务,切实保障企业和企业家人身、财产和贸易等安全。同时,要着重加强与"一带一路"共建国家和地区法律服务合作,增强与"一带一路"共建国家和地区对海丝中央法务区调解、仲裁与审判示范案例的共识,围绕海丝法务的公信力和权威性,增强海丝中央法务区努力作为国际商事纠纷解决优选地的吸引力。

(四)厚植海丝中央法务区内部法治生态

第一,健全常态化沟通协调机制,不断完善海丝中央法务区建设领导小组成员单位构成。开展法务、商务、政务等相关部门和机构专题联席会议,加强信息交流与共享和决策论证。第二,强化项目引领,以具体的合作项目为载体,推动各主体之间的深度合作,实现资源共享、优势互补、协同发展。首先,要精准找出产业链条中的薄弱环节,即那些缺失的关键环节或发展相对滞后的部分。进一步确定需要补齐的链条部分,进入精准招商新阶段,根据梳理出的法务产业链、泛法务生态圈的短板,制定针对性的招商策略。明确目标企业或项目类型,重点吸引能够填补产业链空白的企业或项目。在业已引入法务行业第三方机构基础上,设立法务区评估指标体系,发挥测评、引导和激励作用。通过补链强链到生态涵养的逐步发展,法务区不断完善产业结构,提升创新能力,营造良好的发展生态,增进内生动力和活力,实现可持续发展,有效助力完善全链条、全周期、专业化、国际化的法商融合服务增量增值,以平台建设日趋成熟、法务品牌辐射力、法务产业聚合力逐步增强,为这一法务高地的国际竞争力和园区法务主体的核心竞争力增效。第三,可以适时开展规划实施中期评估。建设伊始,海丝中央法务区科学制定了较为系统的发展规划,在总体目标、业务布局、资源集聚和建设路径诸方面进行了合理设计。建设3年以来,集聚高端法务产业、培育新兴法务业态、推动法务科技发展、集聚涉外法治人才、引进高端法治人才、制定优惠政策、深化国际法务交流、拓展涉外法律服务、孵化智慧法务以及加强基础设施在统筹推进中取得广泛认可的成效。在此时间节点,深入总结规划实施情况,反思总结测评,衡量发展成效,发现其中可能存在的偏差或未达到预期的情形,透视其中的诱因,从而发现潜在问题与风险,指导调整优化、提升资源利用效率、促进沟通与协作,特别是对关键绩效指标(key performance indicators,KPI)加以评估,是促进海丝中央法务区依法科学民主稳健发展的有益途径与基本保证。

五、结　语

党的二十届三中全会通过的《中共中央关于进一步全面深化改革、推进中国式现代化的决定》(简称《决定》),就完善高水平对外开放体制机制作出系统部署,强调要巩固东部沿海地区开放先导地位,对完善推进高质量共建"一带一路"机制提出明确要求,对加强涉外法治建设作出一系列重大部署。《决定》明确提出"加强涉外法治建设""健全国际商事仲裁和调解制度,培育国际一流仲裁机构、律师事务所"。《决定》要求建立一体推进涉外立法、执法、司法、守法和法律服务、法治人才培养的工作机制,对完善涉外法律法规体系和法治实施体系、深化执法司法国际合作、提升服务水平作出明确指引。

涉外法律服务是涉外法治的重要保障和实践展开,涉及律师、仲裁、公证、调解、司法鉴定、法律查明、法律援助等多个领域。在深度融入共建"一带一路"的关键时期,法务发展不可或缺、日益重要。近日,广州市委全面依法治市委员会印发《广州市支持律师行业高质量发展 全力服务经济发展和社会稳定大局的若干措施》，为海丝中央法务区发展提供了镜鉴。海丝中央法务区必将进一步发挥涉外审判、调解、仲裁、鉴定和公证等多元矛盾纠纷预防预测预警和救济机制的整合职能与协同作用，引领推动律师等各法务与泛法务业务主体创新发展、聚合发展、出海发展，以高质量涉外司法服务保障高水平对外开放，持续提高法律服务生产力、竞争力、创新力，注入和塑造法治软实力和区域吸引力，提升面向区域、新兴经济体国家、海上丝绸之路沿线国家和地区的市场化法治化国际化营商环境水平，培育和累积核心竞争力、国际竞争力。

中共厦门市委党校法学部　石东坡

厦门市实施乡村振兴战略情况分析及建议

推进乡村全面振兴是关系中国式现代化建设的全局性、历史性任务,也是厦门努力率先实现社会主义现代化的重点难点和当前要务。习近平总书记在浙江工作时亲自谋划、亲自部署、亲自推动的"千村示范、万村整治"工程(以下简称"千万工程"),造就了万千美丽乡村,造福了万千农民群众,探索出一条全面推进乡村振兴的科学路径,具有广泛的示范性和重要的指导意义。本文就厦门深入学习运用"千万工程"经验,大力实施乡村振兴战略,加快建设宜居宜业和美乡村的情况做分析,并提出相关意见建议。

一、"千万工程"的显著成效和经验借鉴

2003年6月,时任浙江省委书记的习近平同志在广泛深入调查研究基础上,立足浙江省情农情和发展阶段特征,准确把握经济社会发展规律和必然趋势,审时度势,高瞻远瞩,作出了实施"千万工程"的战略决策。20多年来,浙江历届省委省政府持续深化实施"千万工程",取得了显著成效。一是农村人居环境深刻重塑。农村人居环境质量居全国前列,浙江成为首个通过国家生态省验收的省份。二是城乡融合发展深入推进。城乡基础设施加快同规同网,最低生活保障实现市域城乡同标,基本公共服务均等化水平领先全国。三是乡村产业蓬勃发展。休闲农业、农村电商、文化创意等新业态不断涌现,带动农民收入持续较快增长。四是乡村治理效能有效提升。乡村治理体系和治理能力现代化水平显著提高,农村持续稳定安宁。五是农民精神风貌持续改善。文明乡风、良好家风、淳朴民风不断形成。六是在国内外产生广泛影响。不仅对全国发挥示范效应,在国际上也得到认可,2018年9月荣获联合国"地球卫士奖",为营造和谐宜居的人类家园贡献了中国方案。

"千万工程"持续向纵深迈进,形成了一系列行之有效的做法,为我们提供了宝贵的经验借鉴。一是坚持生态优先、绿色发展。深入贯彻"绿水青山就是金山银山"的理念,将村庄整治与绿色生态家园建设紧密结合起来,同步推进环境整治和生态建设。二是坚持因地制宜、科学规划。遵循乡村自身发展规律、体现农村特点、注意乡土味道、保留乡村风貌,构建美丽乡村建设规划体系,着力提高乡村建设水平。三是坚持循序渐进、久久为功。根据不同发展阶

段确定整治重点,与时俱进、创新举措,制订针对性解决方案,保持工作连续性和政策稳定性。四是坚持党建引领、党政主导。加强党的领导,建立党政主导、各方协同、分级负责、层层抓落实的工作推进机制。五是坚持以人为本、共建共享。把增进广大农民群众的根本利益作为检验工作的根本标准,充分尊重农民的意愿,广泛动员农民群众参与建设美丽乡村。六是坚持由表及里、塑形铸魂。注重推动农村物质文明和精神文明相协调、硬件与软件相结合,努力把农村建设成农民身有所栖、心有所依的美好家园。

二、厦门推进乡村全面振兴的主要成效

2024年以来,厦门全面贯彻落实党的二十大和二十届二中、三中全会精神,深入学习贯彻习近平总书记来闽来厦考察重要讲话精神和关于"三农"工作的重要论述,深入学习运用"千万工程"经验,坚持以城促乡、城乡融合,突出重点、精准发力,大力推进乡村全面振兴,取得了显著的成效,集中体现在以下3方面。

(一)产业发展提质增效

一是高质量农业发展提档加速。加大种粮政策扶持力度,紧抓粮油等主要作物大面积单产提升,引进国家生猪技术创新中心,加大养殖场改造提升,大力发展特色现代农业,狠抓"菜篮子"产品生产供应,调整优化蔬菜产业布局和品种结构,持续推动"三品一标"认证和农业品牌创建工作,粮食等重要农产品供给保持稳定,农产品质量安全有效提升。2024年1—9月,已完成春粮和夏粮播种面积4.02万亩(春粮1.62万亩、夏粮2.4万亩)、油料播种面积1.28万亩、大豆播种面积0.18万亩,均高于去年同期;推动完成7万亩春季蔬菜、8000亩绿叶菜生产基地建设任务,全市蔬菜播种面积14.72万亩,产量37.96万吨;生猪存栏12.04万头,其中,能繁母猪存栏1.44万头,生猪出栏15.27万头;家禽存栏86.86万羽,肉蛋奶总产量17529.62吨,开展种植养殖环节定量监测4100批次,合格率为99.3%。二是现代种业加快发展。积极探索建立育种长周期科研机制,序时开展种业园区规划建设工作,建立农作物新品种展示示范点,加快厦门同安闽台农业融合发展(种子种苗)产业园、翔安种子种苗产业园、厦门都市水产种业园等园区建设,现代种业产业高地建设稳步推进。指导企业申报种子种苗产业发展项目,2024年共扶持8家企业,下达扶持资金229.97万元,支持企业建设1个种质资源库,培育1家育繁推一体化种子企业,奖励8个获植物新品种权的蔬菜品种。厦门和鸣花卉科技有限公司获得农业农村部颁发的4个蝴蝶兰新品种权,厦门千日红园艺有限公司获得国家林业和草原局颁发的3个三角梅新品种权。截至2024年10月,厦门同安闽

台农业融合发展(种子种苗)产业园已累计新引进(培育)台资企业30家,创业就业台胞近百人,引进台湾优良品种300多个,先进种植养殖技术50多项。三是科技创新推进农业高质量发展成效显著。分解落实年度高标准农田建设任务,推进标准化大棚等设施农业项目建设,扩建水稻育秧中心,推动粮食烘干点建设,开启无人机旱稻飞播,农业设施装备水平持续提升。有序推进农业大数据平台建设,智慧农业产业园建设加快,智慧农业发展加速,截至2024年10月已有元创者(厦门)数字科技有限公司、厦门沁田灌溉园艺设备有限公司、厦门星创易联科技有限公司等企业签约入驻厦门市智慧农业产业园。四是乡村产业融合发展"产业链"加快做大做强。加大现代农业全产业链招商力度,加快推进全产业链现代农业产业园建设等重点项目落地,截至2024年10月全市现代农业计划招商项目67个,计划总投资73亿元,已落地项目19个,新增到资约2亿元。持续加大农业产业化龙头企业扶持力度,2024年扶持龙头企业发展项目30个。扎实推进现代农业招商,强化科技投入和品牌建设,加快建设预制菜加工园区,鼓励农产品企业运用电商拓展市场,做大做强都市现代农业千亿产业集群。2024年1—9月全市累计进行1.5万场农产品相关直播,商品上架41.3万次,农产品网络零售额82.6亿元,同比增长44.7%;都市现代农业产业集群实现营收978亿元,同比增长5.07%。推动城市会议、研学、培训、疗养等活动入乡进村,助推农文旅产业融合发展,加快打造集现代农业、产业资源、休闲旅游、乡村历史文化为一体的集美双岭片区等5个都市田园综合体建设。2024年1—9月推动机关、企事业单位49.5余万人次到乡村开展活动,辐射带动市民380余万人次到乡村组织各类活动。五是两岸农业交流合作进一步加强。从政策对接、经贸合作及青年交流等多个领域,积极搭建两岸农业交流平台,加快推进国家级台湾农民创业园创建申报,举办海峡两岸农业交流协会种业分会成立大会、第二届闽台农业嘉年华和第三届良种·良法·良品技术交流等活动,着力打造两岸农业深度融合发展集聚区。

(二)乡村面貌持续改善

一是试点示范项目建设全力推进。持续推动翔安区国家乡村振兴示范县、同安区汀溪镇和海沧区东孚街道2个省级示范镇、集美区灌口镇李林村等10个省级示范村创建,按照"产业化、景观化、生态化、品牌化"思路,以"一村一案"推动乡村振兴精品村建设,致力打造18条"产业兴、生态美、环境优"的乡村振兴动线。二是城乡基础设施建设一体化推进。加快完善农村公路网,实施"四好农村路"建设改造,推进农村供水改造,加强农村通信设施建设,安排年度建设项目共21个,计划投资4.92亿元,截至2024年9月已完成投资3.63亿元。三是城乡公共服务均等化发展加快。深入推进名校跨岛发展,实施"名师出岛"行动,强化城乡教育共同体建设和对口帮扶结对,持续推进"健康厦门,近邻健康"行动,推进"千名医师万人次下基层"对口支援工作,推进农村养老服务照料中心、农村幸福院的建设和提升,促进岛内外优质教育医疗资源共享,实现农村义务教育、医保服务和农村养老设施一体化发展。四是农村人居环境持续改善。持续推进农村房前屋后整治提升三年行动、绿盈乡村创建、乡村"五个美丽"建设,启动翔安区内厝镇闽台乡建乡创合作样板集镇、集美区后溪镇后溪村闽台乡建乡创合作样板村建设项目,狠抓"一革命四行动",农村建设和环境品质稳步提升,公厕持续提档升级,生活垃圾全面实现无害化处理,污水行政村治理率达100%。截至2024年10月全市共创建绿盈乡村147个,其中,高中级版76个,占比近五成。深化河湖长制,对全市9条溪流465公里河道全覆盖管护。2024年1—9月全市既有裸房整治已开工1072栋,完成1036栋,完成率103.6%。五是乡村治理效能持续提升。持续推广运用"积分制""清单制"创新治理方式,推进集美区省级数字乡村试点,组织国家级和省级乡村治理示范村率先注册试用"闽治行"乡村治理平台。突出文化铸魂,推动乡村文化繁荣发展,积极开展乡村体育、电影放映、"文化下乡"巡回演出、民俗踩街、灯会等群众喜闻乐见的文化活动,开展"四季村晚"示范展示点遴选,推荐"最美农家书屋"和"乡村阅读推广人",实行公共文化场馆错时延时开放,做好不可移动文物集中保护修缮。加强乡村精神文明建设,推进移风易俗,深化文明村镇创建,开设"推进移风易俗建设文明乡风"专栏,持续开展政策宣传、理论宣讲、培育风尚、文化传承等各类文明实践活动,打造群众家门口的老年大学,建设爱心驿站,城乡社区"近邻服务"模式获全国推广。加强法治保障,建设镇(街)"一站式"矛盾纠纷多元化解中心,配备法律顾问,开展法治宣传教育讲座,加强公共法律服务,推进法治建设与新时代文明实践融合发展。

(三)乡村活力不断增强

一是农业农村改革持续深化。加快落实涉农综改任务,在推进两岸融合发展示范区建设中,加快完善两岸现代都市农业合作机制,以园区建设为载体,夯实两岸农业融合发展基础;以产业合作为主线,推动两岸种子种苗产业集聚;以专业展会为契机,搭建两岸农业交流新平台。推进厦门进境种质资源隔离检疫基地建设等工作。推进土地集中连片流转,深化"小田变大田"试点工作,2024年扶持农业经营主体36家流转土地3821亩,惠及承包农户1800余户。深化农村产权制度改革,推动制定《厦门市农村集体资产交易细则》,积极开展农村产权流转交易和村财非现金结算,截至2024年10月农村集体资产累计成交额2.19亿元,创新推动农业碳汇交易,累计成交量突破28万吨。健全多元化投入机制,推行涉农资金"大专项+竞争性分配"机制,统筹整合都市现代设施农业、乡村振兴、农村集体经济发展、闽台农业融合发展产业园建设、农村垃圾治理、农村综合改革6个领域涉农"大专项"资金；设立农业信保基金，首期规模3000万元，撬动金融支持农业农村发展，截至2024年9月落地贷款63笔、8100万元。完善乡村振兴帮扶机制，采取连片驻村、团队帮扶，实现"一对一"到"多对多"的转变，每个片区选派3名干部组成工作队开展帮扶工作；实行市直单位和国有企业"1+1"联动帮扶，深化跨村联建，成立联合大党委，建立联席会议制度，推动连片村协同发展，对接和实施文旅研学、订单农业等项目200多个；2024年市财政局联合市农业农村局下达扶持资金250万元，扶持高校毕业生创办新型农业经营主体25家，比2023年增加11家。二是农村集体经济项目稳步推进。扎实推进农村集体经济项目，紧抓各区集体经济补短板项目生成，将区级农村集体经济发展项目补助纳入2024年涉农竞争性分配资金重点扶持范围。集美区购置后溪工业组团通用厂房，计划投资1亿元。海沧区祥露社区集体经济项目、湖里区坂尚社区发展中心项目已完成竣工备案，并对外招商。2024年1—10月全市新增开工预留发展用地项目5个、建成项目3个。截至2024年10月全市共有预留发展用地项目114个，22个村（居）20个项目获市级财政补助11272万元，受益人口79109人。遴选2024年度新型农村集体经济项目10个，下达中央补助资金及省、市、区级配套资金共计600万元。积极用好集体预留发展用地政策，加快推进在建项目建设和策划项目落地，促进农村集体经济高质量发展。同安祥平西工业园项目开工建设，计划投资5亿元。翔安区马巷街道五星社区农村发展用地生活配套服务中心项目一期完成验收，并开始试运营。三是新型农业经营主体提升行动深入开展。成立厦门同安新型农业经营主体服务中心，推动厦门农商银行与厦门文顶生态农业专业合作社等4家新型农业经营主体签订4000万元授信协议。同安区三秀山蔬菜专业合作社、集美区桔子花开家庭农场入选全国新型农业经营主体典型案例。四是高素质农民培育扎实推进。强化高素质农民培育，开设果蔬种植、水稻种植、农产品加工设备与技术应用等专题，2024年1—10月全市共完成高素质农民培训2300人次。实施乡村产业振兴带头人培育"头雁"项目，引导大学生回乡创业和各类人才返乡创业，截至2024年10月共建设4个国家级、8个省级农村创业创新园区，认定乡村振兴创业大本营5家，培育农村创新创业带头人284名，其中，全国优秀带头人10人，数量居全省第一。

三、主要问题和短板

厦门市乡村在全面加快振兴的同时也存在着一些问题和短板，主要是：一是农村产业总体发展水平还不高。种植业受征地征拆等因素影响，耕地面积、农作物播种面积持续减少，增长空间受限。乡村特色产业还未实现由"散而弱"向"聚而强"转变，缺乏国家级农业产业园、优势特色产业集群和农业产业强镇，龙头企业不多且带动力、辐射力、创新力不够强，产业的链条效应、集聚效应、品牌效应亟待提升，乡村一二三产业融合发展用地需求保障尚不足。二是乡村的总体建设水平还有较大的提升空间。"以城促乡、城乡融合"的体制机制仍不够健全，城乡规划三级统筹机制落实仍不到位，城乡一体化监管机制仍未完善，乡村"5个美丽建设"尚未连线成面，农村基础设施和公共服务建设重硬件、轻软件、项目分散零碎等现象仍较明显，总体水平还需加快提升，跨村联建等模式仍需进一步完善，农村环境整治提升的标准不高，仍存在问题反弹回潮的风险。三是农民持续稳定增收难度较大。农民经营性收入增长困难，农村居民人均可支配收入增幅连续两年低于全省平均水平，村集体经济的内生动力和"造血"功能仍偏弱，村集体收入以资产出租收入为主，来源普遍较为单一，缺乏优质项目和持续发展能力。此外，乡村振兴工作推进中的组织协同性有待进一步加强，新型职业农民、高素质农民比例偏低，"等靠要"思想也有一定程度的存在。

四、加快建设宜居宜业和美乡村

"千万工程"是一条全面推进乡村振兴，加快推进农业农村现代化的科学路径，我们要坚持全面贯彻落实党的二十大和二十届二中、三中全会精神，持续深入学习贯彻习近平总书记来闽来厦考察重要讲话精神和关于"三农"工作的重要论述，持续深入学习"千万工程"经验，更加精准地将"千万工程"蕴含的发展理念、工作方法和推进机制，运用到推动农业农村现代化的全领域全过程。要坚持以学习运用"千万工程"经验为主线，以强村富民、塑形铸魂为方向，以确保国家粮食安全、确保不发生规模性返贫为底线，以提升乡村产业发展水平、乡村建设水平、乡村治理水平为重点，强化科技和改革双轮驱动，强化农民增收举措，大力实施"千村示范引领、万村共富共美"工程，加快打造宜居宜业和美乡村，稳步推进乡村全面振兴，努力走出具有厦门特色的城乡融合农业农村现代化之路。

（一）推进农业持续提质增效，加快提升乡村产业水平

高质量发展现代农业，延伸拓展产业链、价值链，推动乡村产业发展提档升级。围绕种苗业、生物农业、智慧农业等领域，加快培育一批现代农业龙头企业，壮大蔬菜、水果、花卉、水产品、预制菜等特色产业，推进农产品初加工和精深加工协同发展。加快同安西湖片区、天亿未来生态城、翔安西岩山片区、海沧东孚片区、集美双岭片区5个都市田园综合体建设，打造海沧青礁、同安顶村等特色乡村旅游示范点，出台乡村旅游高质量发展专项规划，加快乡村农

商文旅融合发展。全方位夯实粮食安全根基,实施耕地保护"责任落实年"行动,推进撂荒地复垦种粮,加强高标准农田建设,深入实施农产品"三品一标"四大行动,加快农业绿色生态发展,扎实推动粮食作物稳面积、增产量,增加绿色有机和名特优新农产品供给。加强农业科技创新平台建设,推进种子种苗、现代农机装备、智慧农业等重点领域关键核心技术攻关,推进现代设施农业建设,深化产学研协同创新,加快建设智慧农业产业园,推动打造"厦门农业大数据平台"。深化厦台农业合作,完善两岸现代都市农业合作机制,积极打造厦台农业产业集聚区,加快推动同安区国家级台湾农民创业园创建工作。实施农民增收促进行动,着力拓宽农民增收致富渠道,健全产业发展联农带农富农机制,深化新型农业经营主体支撑行动,促进农村土地流转,推动市农村产权流转交易市场有序运转,加大高素质农民和农业带头人培育力度,盘活用好农村资源资产,高质量建设农村集体经济发展项目,增强村集体"造血"功能,加大政策支农惠农力度,稳步提高农民收入。

(二)统筹城镇村庄规划建设,加快提升乡村建设水平

深入实施乡村建设行动,强化规划引领,构建"市、区、村"规划管控传导体系,因地制宜、多措并举、扎实有序推进城镇村庄建设品质提升。深化城乡融合,加大城乡一体化统筹力度,全面梳理城乡基础设施、公共服务状况,制定补短板、强弱项政策措施和行动方案,加快推进水、电、气、路、网等基础设施和教育、医疗、养老等公共服务城乡一体化。强化科学规划分类引导,有序推动镇(街)行政区划、村级建制调整优化,以及村庄布局、产业结构、公共服务配置不断优化;依照村庄资源禀赋、发展现状、发展优势和制约因素,科学确定村庄类型和发展定位,逐步建立"一村一档"的常态化村庄规划管理机制,因地制宜、精准施策搞好建设,突出保护闽南传统村落和特色民居,充分展现地域特色、乡土风情和乡村风貌。注重精品示范带动,坚持市级统筹、市区合力,坚持"产业化、景观化、生态化、品牌化"导向,突出示范性、典型性、引导性,扎实推进国家乡村振兴示范县、省级示范镇村和市级精品村建设;突出"一线一主题",统筹产业、生态、旅游等多方面协同发展,致力打造精品动线,加快形成"串点连线成片"效应。深化农村人居环境整治,大力推进乡村"五个美丽"建设,着力提高基础设施完备度和公共服务便利度,加大村庄公共空间整治力度,健全完善农村生活垃圾污水治理长效机制,加强小流域综合治理和受污染小微水体治理,打造更加优美的生态环境,推进村庄清洁行动,致力营造干净、整洁、舒适、宜居的农村人居环境。

(三)健全完善乡村治理体系,加快提升乡村治理水平

着力加强乡村治理,完善乡村治理体系,强化法治乡村、平安乡村和文明村镇建设,全面提升乡村治理效能,持续促进乡风文明。进一步完善党组织领导的自治、法治、德治相结合的乡村治理体系,持续推动村级组织议事决策规范化。深入推进乡村治理示范村镇、民主法治示范村创建,推动实现乡村法治建设均衡化,推进农村警务工作与基层治理深度融合,不断提升创建质效。健全完善三级人民调解网络,加强镇(街)"一站式"矛盾纠纷多元化解中心建设,创新人民调解工作机制,积极培育具有厦门特色的新时代"枫桥式工作法",增进矛盾纠纷化解成效。加强农村网格化管理,健全村(居)民自治机制,积极推广积分制、清单制、数字化等治理方式,提升乡村治理的精细化水平。常态化开展扫黑除恶斗争,依法严厉打击整治各类农村违法犯罪活动,确保农村社会稳定安宁。加强农村精神文明建设,持续深化文明村镇创建和家教家风建设,推进新时代文明实践和移风易俗,推动形成社会主义家庭文明新风尚。着力繁荣乡村文化,加快完善文化服务设施,推进镇(街)文化站、村(社区)文化中心提升达标建设,推进闽南文化(厦门)文化生态保护区建设,深入挖掘历史文化资源,加强传统文化保护传承,活态传承农村地区非物质文化遗产,广泛开展文化惠民活动,鼓励乡村文艺发展,完备农村体育设施,不断提升乡村公共文化和文体服务效能。扩大台胞参与乡村治理试点,着力打造翔安区内厝镇闽台乡建乡创合作样板集镇、集美区后溪镇后溪村闽台乡建乡创合作样板村,积极探索以闽台乡建乡创助力乡村振兴新路子。

(四)深入推进农村改革创新,加快促进城乡融合发展

深入推进农村改革创新,深化跨岛发展和区域协同体制机制改革,促进城乡要素平等交换、双向流动,缩小城乡差别,促进城乡共同繁荣。加快完善促进城乡融合发展体制机制,统筹城乡规划,突出基础对接、产业互补、社会融合,加快推进岛内外一体化,真正实现农村融入城市、城市反哺农村。加快推动乡村振兴体制机制创新,因地制宜探索全面推进乡村振兴的组织方式、发展模式和要素集聚路径。坚持和完善农村基本经营制度,深化承包地所有权、承包权、经营权分置改革,落实农村土地经营权流转正向激励政策,实施新型经营主体提升行动,健全便捷高效的农业社会化服务体系。深化农村土地制度改革,探索建立耕地种植用途管控机制,优化土地管理机制,完善农村集体预留发展用地管理机制,推进混合产业用地改革,稳妥有序开展以镇街为基本单元的全域土地综合整治,盘活用好农村土地资源,强化乡村基础设施和产业发展用地保障。优化农村宅基地管理,完善宅基地联审联批机制,提高宅基地审批工作效率。深化农村集体产权制度改革,推进农村产权流转交易市场体系的健全完善和有序运转,推动集体经营性资产等更多农村产权进场规范交易,探索农业碳汇促进农村集体增收交易模式。深化涉农领域金融服务创新,完善涉农"大专项"资金竞争性分配机制,设立农业领域增信基金和科技创新产业基金,充分发挥厦门市"金融支农联盟"政银企合作服务乡村振兴效应。完善强农惠农富农支持制度,巩固和完善农村基本经营制度,优化农业补贴政策体系,创新投融资模式,建立健全乡村振兴多元化投入保障机制,推动财政资金、金融资本、社会资本共同投资农业农村,稳妥合理加大土地出让收益用于农业农村的比例,完善常态化防止返贫致贫机制。

(五)致力加强党建引领提升,持续强化乡村振兴保障

加强党对"三农"工作的全面领导,健全乡村振兴体制机制,压实工作责任,改进工作作风,坚持农民主体地位,广泛汇聚各方力量,大力推进乡村全面振兴。加强党委农村工作体系建设,完善政府主导、农民主体、部门配合、社会资助、企业参与、市场运作的体制机制,进一步强化统筹领导,确保上下贯通、协同发力、一抓到底。全面落实乡村振兴责任制,压实五级书记抓乡村振兴责任,优化各类涉农督查检查考核,突出实绩实效,扎实推进各项工作落地落实。进一步加强作风建设,大力弘扬"四下基层"优良作风,深入实际、深入基层、求真务实,大兴调查研究,改进方式方法,推动解决农民群众反映强烈的各种问题,坚决纠治形式主义、官僚主义各类现象,切实减轻基层负担。进一步强化政策支持,突出补短扶弱,突出实绩实效,全面梳理和完善涉农政策体系,精准施策,聚焦发力,杜绝"撒胡椒面",把坚持农业优先和推进乡村全面振兴的要求落到实处。加强人才队伍建设,实施农村创业、乡村产业振兴带头人培育行动,大力培养有文化、懂技术、善经营、会管理的高素质新型农民,积极引导大学毕业生到乡、能人回乡、农民工返乡、企业家入乡,有序引导城市各类专业技术人才下乡进村服务。进一步凝聚各方合力,充分激发农民共建共享的主动性、积极性和创造性,巩固和加强科技特派员、乡村振兴指导员、乡村规划师等基层工作力量,深入推进组团帮扶工作,积极鼓励引导国有企业、民间资本、社会组织等参与乡村振兴,着力选树和宣传兴农重农爱农的先进典型,积极营造全社会共同关注和支持乡村全面振兴的浓厚氛围。

厦门市委政策研究室　钟锐辉

区域篇

思明区经济社会运行情况分析及预测

一、2024年思明区经济社会发展总体情况

(一)2023年经济社会发展回顾

2023年是全面贯彻落实党的二十大精神的开局之年。思明区在市委、市政府和区委的有力领导下,全面贯彻落实党的二十大精神,积极服务和融入新发展格局,着力推动高质量发展,紧密围绕《厦门"一二三"战略规划》,求真务实,团结奋进。思明区制定"抢开局、稳增长"7条措施,提振市场信心,推动经济平稳向好发展。全年全区完成地区生产总值2729.53亿元,比上年增长5.6%,其中,第二产业增加值345.08亿元,下降3.0%;第三产业增加值2381.68亿元,增长7.2%,三次产业比例结构为0.1:12.6:87.3,蝉联全省城市发展"十优"区首位。

2023年,思明区规模以上工业增加值增长8.8%,产值超亿元企业36家,产值合计460.90亿元。全社会固定资产投资比上年增长46.3%,房地产开发投资比上年增长89.8%。社会消费品零售总额1080.24亿元,比上年增长4.7%。思明区全年接待国内外游客5670.44万人次,比上年增长69.7%;实现旅游总收入860.17亿元,增长86.9%。限额以上住宿企业共实现营业额55.34亿元,比上年增长48.0%;限额以上餐饮企业共实现营业额72.42亿元,比上年增长26.7%。全年完成实际利用外资3.53亿美元。

全区实现财政总收入410.12亿元,比上年增长0.01%,连续8年居全省各县(市)区首位,其中,地方一般公共预算收入77.53亿元,增长4.9%;地方一般公共预算支出127.67亿元,增长6.9%。金融保险业实现增加值631.03亿元,比上年增长5.7%,占地区生产总值的23.1%。全区国家级高新技术企业达759家,年度研发投入超千万元企业达112家,规上企业R&D投入突破30亿大关,新增市级以上创新载体23个,促成科技成果转化项目99个。思明区入选工信部"2023年度中小企业特色产业集群",位列赛迪全国创新百强区榜单第31名。

2023年,思明区社会保障水平不断提升。全年全区共新增低保对象483人,

累计发放低保、特困供养、临时救助、残疾人两项补贴等社会救助惠民资金9337.55万元,惠及14.1万人次。全区现有12个民办养老院、14个居家社区养老服务照料中心、98个居家养老服务站、78个为老助餐服务点等养老服务设施,全年累计接待老人约8.8万人次,举办特色活动1303场,共为29.68万余人次发放高龄津贴3447万余元。

(二)2024年1—9月思明区经济社会运行概况

2024年是实施"十四五"规划的关键一年,思明区全面贯彻落实党的二十大和二十届三中全会精神,深入贯彻落实习近平总书记重要讲话重要指示精神,特别是致厦门经济特区建设40周年贺信重要精神,围绕市委"三个引领""六个率先"重要要求,统筹高质量发展和高水平安全,持续推动经济实现量的合理增长和质的有效提升。1—9月主要经济指标完成情况见表1。

表1 2024年1—9月思明区主要经济指标完成情况

指标	数值(单位:亿元)	增幅/%
地区生产总值(GDP)	2073.79	5.4
第一产业增加值	1.33	−21.1
第二产业增加值	283.45	13.5
第三产业增加值	1789.01	4.1
规模以上工业增加值		8.0
固定资产投资		4.9
房地产投资		−9.49
社会消费品零售总额	829.00	4.3

数据来源:厦门市思明区政府。

总结1—9月思明区经济社会运行情况,主要呈现下列特点。

1.谋定快动,整体经济稳中有进

思明区紧密衔接和服务全市"4+4+6"现代化产业体系建设,创新深化"数实融合"机制改革,落实先进制造业倍增计划,推动软件信息、金融服务、商贸服务、文旅创意四大主导产业高端化、智能化、集群化发展。四大主导产业保持良好发展势头,软件和信息服务业优势巩固向好,智慧城市智能系统产业集群入选工信部"中小企业特色产业集群"。

商贸业实现量质齐升,九牧厨卫等149家企业入选首批厦门市供应链企业白名单,区政府发放330万元消费券,促进消费近9000万元。项目投资力度加大,策划亿元以上项目17个,总投资102.6亿元,33个省市重点项目完成投资189.88亿元,厦门国际商务核心区A1地块、岭兜幼儿园等23个项目顺利开工。此外,前埔、何厝岭兜、泥窟石村3个城中村改造项目获国家开发银行全国首批城中村改造专项借款。开放交流持续深入,思明区积极融入两岸融合发展示范区建设,优化提升台湾青年发展服务中心"一站式"服务。积极推进海丝中央法务区思明示范区建设,持续深化闽宁协作、山海协作,全面助力乡村振兴。此外,截至2024年6月底,思明区策划山海艺术季、"乐动厦门,幸福思明"等系列文旅活动近百场,引进演唱会20余场,接待游客2876.44万人次,旅游收入达419.47亿元,增长20.2%。

思明区2024年1—9月累计实现地区生产总值2073.79亿元,增长5.4%。全区规模以上工业增加值增长8.0%。固定资产投资同比增长4.9%,其中,房地产投资同比下降9.49%。全区社会消费品零售总额829亿元,同比增长4.3%。

2.抢抓机遇,创新动能持续释放

思明区加大首创性、差异化探索,抢抓机遇,大力发展新质生产力。建设厦门首个区级算力中心,引进百度飞桨人工智能赋能中心、北京大数据研究院等创新平台,推动"数实融合"引领示范项目建设。2024年,思明区评选出10家区级科创人才基地,新认定省、市高层次人才232人次,推荐申报国家级人才23人次。辖区内美图、海迈、易信3家企业入选首批省级人工智能典型应用场景名单。美图等4家企业上榜中国互联网综合实力百强,36家企业上榜厦门市民营企业100强。288家规上软件信息企业实现营收259.3亿元,增长21.2%。同时,思明区引进瑞幸供应链管理、中通美客、中铁四局等一批企业,新增签约项目66个,新增优艾贝医疗总部等金融招商项目40个,新认定市级总部企业7家、市级成长型企业6家、区级总部企业34家。此外,思明区充分发挥"金鸡"效应,引进培育一批优质影视企业。

思明区构建"财政+金融"服务矩阵,持续开展"益企服务"专项行动,出台先进制造业高质量发展等产业政策,强化民营企业融资支持。大力推进"政务智能办"服务模式,以智能帮办和远程视频帮办形式让各项政策红利精准高效地惠及企业与群众。在"2024赛迪百强区"榜单中,思明区排名升至第25位。

3.精准发力,城区功能日趋完善

思明区不断完善基础设施建设,完成132个老旧小区的改造提升工作,完成136个建筑小区、18条道路排水管网改造工作。持续推进居民生活垃圾分类工作,新建的129个智能垃圾屋兼具美观、实用、宣传等功能,垃圾分类考评保持全市前列。深入推进"蓝天、碧海、碧水、净土"工程,厦门东南部海域、筼筜湖入选国家级"美丽海湾""美丽河湖"优秀案例,鼓浪屿入选全国首批"和美海岛"示范创建名单,空气质量优良率99.5%,空气质量综合指数全市第一。城市品质不断提升,改造提升后的铁路文化公园、鸿山公园充满人文美,成为居民休闲娱乐好去处,而建成的"拾光园"等5个口袋公园,也"兜"起百姓家门口的微幸福。

思明区坚持以党建引领,充分发挥思明区近邻党建工作优势,用好"智慧思明""智慧近邻"等特色载体,完善"近邻·思民""近邻茶话会""近邻监督"等有效机制,扎实推动社区标准化建设,持续提高基层治理能力和治理水平。街道"一站式"矛盾纠纷多元化解中心实现全覆盖;"一网统管"平台累计受理事件工单超72万件,有效派发率达99.9%,"智慧近邻"平台发布近邻活动11万余次、近邻服务近千项、志愿服务岗位千余个。

4.顺应期盼,民生福祉更加殷实

思明区顺应群众期盼,努力将"民生清单"转化为"幸福账单"。聚焦群众关切的教育问题,思明区积极推进故宫小学改扩建等23个教育在建项目,全年预计新增1140个义务教育学位、1230个幼儿园学位;持续优化84所校园办学条件;新成立3个小初衔接研究型教育共同体;孵化10所区级科技教育实验校。在保障重点群体就业方面,思明区实施就业优先工程,持续推动城镇就业困难群体就业。通过租金补贴的保障方式,实现来厦新就业大学生等青年群体"5年内5折租房",解决该群体来厦5年内的过渡性居住需求,促进全区引才、留才、聚才。扎实做好困难群众的生活保障,发放救助补助9189万元,惠及14万人次。新增嘉莲街道长青社区、莲西社区食堂,新建成莲前街道塔埔社区养老服务照料中心。全区人均期望寿命达83.17岁,人口健康主要评价指标达发达国家中高水平。

二、思明区经济社会发展中存在的问题和挑战

(一)外需疲软叠加内需不足,经济社会发展仍面临考验

当前,国际局势风云变幻,地缘政治冲突加剧,保护主义、单边主义上升,不确定风险加剧。俄乌冲突尚未结束,加沙战火仍在持续,国际紧张局势被进一步恶化,全球经济复苏乏力。中美之间结构性、战略性的矛盾仍然长期存在,美国持续对我国进行金融战、贸易战、科技战,外部环境对我国经济社会发展的不利影响持续加大。

2024年居民就业有所恢复,但是压力依然较大;居民收入状况有所改善,但在积压消费需求充分释放后,居民消费增长动力有所放缓。同时,房地产市场的波动影响了家庭财富的预期与消费信心。国家统计局数据显示,截至2024年7月,中国消费者信心指数、满意指数、预期指数三大指数,相比2022年

2月水平仍显著下降25%～30%,缺口分别为28.8%、26.8%、29.8%,进一步加剧了消费市场的疲软态势。尽管思明区发放了330万元消费券,撬动了约9000万元的消费,但整体消费市场增长仍显乏力。

(二)产业体系有待完善,新旧动能转换有待加速

当前我国经济发展正处于新旧动能转换时期,传统制造业增速放缓,劳动力红利逐渐衰退,房地产市场步入深度调整期,房地产开发投资持续下降,旧动能支撑乏力,亟待以人工智能、大数据、物联网为代表的新质生产力推动经济转型。近年来,思明区聚焦人工智能、软件信息、金融科技等新兴产业发展,大力引进各类先进制造业、现代服务业企业,形成了一定的创新发展的动能基础,有力推动产业结构转型升级。但目前头部企业的带动作用有待增强,高新技术产业的聚集度不够,产业链的延展空间较大,产业关联度较弱,尚未形成强有力的竞争优势,产业体系有待进一步完善。

全球各国都在大力发展新兴产业,竞争异常激烈,这也加剧了对创新人才的需求与竞争。在新旧动能转换过程中,创新人才不足是企业加速发展的瓶颈。近年来,思明区积极制定引进创新人才的优惠政策,但如何营造良好的人才发展生态,全方位培养和发挥人才优势,积聚创新动能,避免人才流失,是当前本区亟待解决的重要问题。

(三)城区功能品质有待进一步提升

思明区积极推进"智慧思明"平台建设,用数字化技术为城市治理赋能增效,但应急能力建设的短板仍然存在,尤其是台风暴雨等恶劣气候的频发对思明区的防台防汛应急处置等方面提出更高要求,城市治理能力需要进一步优化和完善。近年来,思明区在提升城区环境、维护市容市貌等方面取得显著成效,但继续提升城市绿化水平,实现更高质量的城市生态环境仍是未来的工作重点。

近年来,思明区积极推进老旧小区改造和城中村的现代化治理,取得明显成效。但本区老旧小区占全市比重大,整改难度较大,无物业小区管理难题仍然存在,道路交通、消防、燃气、建筑施工等重点领域安全生产问题有待进一步整治,城中村现代化治理有待持续推进,城区功能品质有待进一步提升。

三、思明区经济社会发展预测与展望

当前,世界经济进入大变局的博弈,不稳定因素叠加,全球范围内逆全球化的资源配置不当问题不断加剧,跨区域贸易障碍持续存在,制约了世界经济发展的增长潜力。2024年IMF发布的《世界经济展望报告》称全球经济复苏进程缓慢,预测世界经济在2024—2025年将以3.2%的速度增长。中国仍然是全球经济增长最大引擎,贡献全球增长量的三分之一。

2025年是全面贯彻党的二十届三中全会精神的重要一年，也是"十四五"规划的收官之年，更是启动"十五五"发展规划谋划和准备的重要之年，机遇和挑战并存。2025年思明区将进一步全面深化改革，完善社会主义市场经济体制，全方位高水平开放合作深入发展，全面推进中国式现代化。依托于在发展动能转换、城市能级提升、深化改革等方面的积极作为，思明区将继续发挥其在厦门市乃至福建省的经济引领作用，地区生产总值预期增长5.5%左右。

创新仍将是驱动思明区发展的首要动力，重点领域和关键环节改革有望取得新突破，科技创新能力将显著提升，助推产业基础高级化和产业链现代化水平稳步提高。实体经济与数字经济将进一步融合发展，人工智能技术创新水平的提升将带动新产业、新业态、新模式、新场景的加速实现，形成企业汇聚、智力集聚、开放协同的产业生态。2025年思明区将继续着力培育千亿产业集群，推动经济结构优化升级，加速新旧动能的转换进程。人民生活水平将进一步提升，实现更加充分更高质量就业，城乡居民收入稳步提高。现代化教育强区和高水平健康之区建设有望取得重大进展。绿色发展理念更深入人心，生态文明治理体系将更加完善，生态环境质量将持续提升，思明区致力于打造陆海一体协同发展和生态文明治理创新的典范。

四、促进思明区经济社会发展的政策建议

（一）锐意改革创新，聚力经济高质量发展

思明区要坚持以改革创新引领经济高质量发展，抢抓厦门综合改革试点历史机遇，以更高站位畅通内外循环，积极服务和融入新发展格局。进一步深化重点领域改革，加大首创性、差异化探索，积极承接试点任务，争取更多应用场景落地思明。持续推动科技创新和产业创新深度融合，创新深化"数实融合"改革，持续落实先进制造业倍增计划。聚焦工程建设、企业服务等重点领域审批制度改革，以更高水平的智能化政务服务高效惠企便民。引入社会资本推动混合所有制改革，完善国有企业收入分配制度，提高国企核心竞争力。健全完善人才政策体系，优化高层次人才引育扶持机制，支持科创人才基地自主评价，激发人才创新活力。

思明区要持续推进更高水平开放，为经济发展注入更强动力。进一步深化与"一带一路"共建国家的经贸合作，拓展创新贸易合作新模式、新业态，提升对外贸易辐射力和影响力。推进海丝中央法务区思明示范区建设，深化国际法务交流合作。积极推动海峡两岸融合发展，拓展人文、经贸、民生等多领域交流合作。大力助推闽宁产业园建设，纵深推进武平县、将乐县对口协作，巩固拓展援藏、援疆工作，凝心聚力思明区高质量发展。

(二)加快新质生产力培育,打造发展新动能

加速发展以新质生产力为代表的"新经济"是当前思明区实现稳中求进、以进促稳,推动产业转型升级的关键。落实新型工业化战略部署,大力发展生产性服务业,加快软件和信息服务业高质量发展,扎实布局智慧城市智能系统产业集群。培育壮大人工智能等战略性新兴产业,打造游戏动漫产业孵化中心,激励具有核心竞争力的数字经济头部企业更好地加入国际竞争。充分释放"金鸡"品牌效应,聚焦数字影视、版权交易等重点领域,探索形成"以节促产、以节促城"的发展新模式、新路径。推动数字技术与旅游行业的深度融合,打造宝嘉CCpark等智慧旅游、沉浸式体验新空间,以数字化、智能化赋能文旅经济,开创更有活力的产业升级新局面。

努力建设市场化、法治化、国际化一流的营商环境,营造鼓励创新创业创造的良好氛围。以更大力度支持和服务民营企业健康快速成长,充实产业政策"工具箱",扩大"即申即兑""免申即享"覆盖面,推动"益企服务"向专业化、个性化发展,充分释放政策惠企红利。深化创新区级直投基金运作模式,强化民营企业融资支持。突破传统招商模式,实施产业链联合招商,聚焦短板产业补链、优势产业延链、传统产业升链、新兴产业建链,加大产业链上下游重点项目招引力度。同时,做优"智慧思明"招商经济服务平台,完善全周期跟踪服务保障,厚植投资沃土。

(三)积极推进城市治理现代化

把增进民生福祉作为城市建设和治理的出发点和落脚点,积极推进城市治理现代化。持续强化近邻党建引领基层治理,全面推进社区标准化建设,打造共建共治共享的社会治理新格局。完善公共服务设施,推进社区公园、口袋公园建设,拓展公园绿地开放共享新空间,加快推进群众身边文体设施建设,扎实办好民生工程,推动优质公共服务均衡供给,进一步增进民生福祉。持续实施城市更新行动,按照序时进度推进老旧小区改造,巩固城中村现代化治理成果,着力打造宜居城区,实现城市功能、空间品质的全面提升。

厦门大学经济学院　李　智　王佳惠　柴　琳

湖里区经济社会运行情况分析及预测

2024年全球经济面临多重挑战,中国经济展现出较强的韧性和活力。IMF在2024年7月发布的《世界经济展望》对中国第三季度的经济增长表示满意,认为实际增长略超预期,并上调了对2024年全年的GDP增长预测,为5%。这一预测反映了中国经济的韧性和增长潜力,表明中国政府近期推出的一系列刺激措施,有效提振了市场信心和经济活动。

2024年湖里区认真贯彻落实党中央、国务院决策部署和省委、省政府,市委、市政府工作要求,积极融入综合改革试点,以科技创新为引领,以项目建设、招商引资为抓手,"抓机遇、强优势、挖潜力",加快推进现代化产业体系建设。2024年1—9月全区共实现国内生产总值1255亿元,财政总收入2113115万元。

一、总体经济运行情况分析

(一)2023年湖里区经济社会发展情况

2023年1—12月全区共实现国内生产总值1724.18亿元,同比增长1.5%,完成规模以上工业增加值457.66亿元,批发零售业商品销售额12497.66亿元,社会消费品零售总额548.16亿元,实际使用外资6134万美元,财政总收入2881229万元,区级财政收入594636万元,见表1。

表1 2023年1—12月湖里区主要经济指标

指标名称	累计完成	同比增长/%
生产总值	1724.18/亿元	1.5
规模以上工业增加值	457.66/亿元	−4.3
批发零售业商品销售额	12497.66/亿元	−7.0
社会消费品零售总额	548.16/亿元	3.1
固定资产投资		29.4
实际使用外资	6134/万美元	−55.4
财政总收入	2881229/万元	2.9

续表

指标名称	累计完成	同比增长/%
区级财政收入	594636/万元	9.6
区级财政支出	943259/万元	−4.0
城镇居民人均可支配收入	71514/元	3.2
城镇居民人均消费性支出	44805/元	4.8

数据来源：湖里区统计局。

2023年第四季度全区共实现国内生产总值491.93亿元，完成规模以上工业增加值115.6亿元，批发零售业商品销售额3014.15亿元，社会消费品零售总额122.82亿元，实际使用外资1446万美元，财政总收入635886万元，区级财政收入88120万元。

(二)2024年1—9月湖里区经济运行情况分析

1.GDP运行情况

2024年1—9月全区共实现国内生产总值1255.06亿元，同比增长1.7%，完成规模以上工业增加值871.5亿元，批发零售业商品销售额7840.87亿元，社会消费品零售总额443.18亿元，实际使用外资20466万美元，财政总收入2113115万元，区级财政收入472946万元。城镇居民人均可支配收入57643元，城镇居民人均消费性支出34240元，见表2。

表2　2024年1—9月湖里区主要经济指标

指标名称	累计完成	同比增长/%
生产总值	1255.06亿元	1.7
规模以上工业增加值	871.5亿元	1.2
批发零售业商品销售额	7840.87亿元	−18.7
社会消费品零售总额	443.18亿元	4.2
固定资产投资	—	5.6
实际利用外资（错月）	20466万美元	336.6
财政总收入	2113115万元	−5.9
区级财政收入	472946万元	−4.1
区级财政支出	557032万元	−17.8
城镇居民人均可支配收入	57643元	3.7
城镇居民人均消费性支出	34240元	5.0

数据来源：湖里区统计局。

2.经济运行特点分析

(1)航空维修业与存量腰部企业支撑有力。

随着全球航空维修业疫后复苏,航空维修业订单激增,增速高达39.4%,去年已突破百亿大关。今年,9家规模以上航空维修企业均实现正增长,其中太古发动机、太古飞机等龙头企业增长稳健,新科宇航、霍尼韦尔、太古起落架腰部企业更是实现了225.2%、41.8%、42.6%的高速增长,航空维修业已占据区属工业的41%。

(2)区属其他企业平稳增长。

区属其他企业(124家)总体平稳增长,1—9月增速9.8%。6家年产值5亿元以上区属腰部企业中有4家实现正增长,欣贺(9.2%)、同致(6.2%)、太古可乐(6.4%),为经济增长注入了新活力。其中,马德保康、昌湖利发两家新落地的委外加工企业贡献产值增量达13.5亿元,占区属工业总增量的29.5%。

(3)火炬腰部企业支撑有力。

火炬园区内腰部企业年产值5亿元以上的17家企业增长势头强劲。亿联、玉晶、施耐德、安费诺等企业贡献增量约16.4亿元,有力支撑了火炬园区的经济增长。

(4)软件信息业延续高增长态势。

全区软件信息业在龙头企业带动下强劲增长122.4%,增速已连续8个月位居全市第一。雨果系作为龙头企业,持续发力,前三季度营收贡献显著。其他软件信息业企业也实现了稳健增长,年营收亿元以上的腰部企业增长尤为突出。此外,今年新纳统的软件企业也为经济增长带来了新动力。

3.社会发展总体情况

2024年1—9月,湖里区在社会发展多个领域取得了显著成效,为未来发展奠定了坚实基础。

(1)教育领域方面。1—9月湖里区全力推进学前教育普及普惠,扩大公办优质教育资源,加快学校建设和集团化办学,深化公民办结对,形成更加均衡的教育格局。实施"名师名校长培养工程",构建教师培养梯队,提升教育人才质量。

(2)医疗卫生方面。1—9月湖里区推动基层医疗卫生服务站建设,加大全科医生配备,提升妇幼健康服务能力。加强养老设施与基础民生功能复合利用,增设长者食堂、社区助餐点,提高养老服务机构评星率。

(3)城区品质升级方面。1—9月湖里区推动体育、市民中心项目,加快文物修缮和民俗文化园改造。完善慢行系统,梳理市政道路项目,打通断头路,提升城区交通便捷性。

(4)宜居品质区建设方面。湖里区深化东部片区规划,加快商住组团开发,推动经营性用地出让。发挥区位优势,谋划港区发展规划,打造国际航运中心要素集聚区。推动中部片区开发,加快文旅商融合项目落地。

(5)生态保护方面。湖里区落实林长制、河湖长制,推进污染防治和生态优势巩固。加强城市更新,推进城中村现代化治理,高质量推进空间梳理,提升安置房建设进度。

二、存在的问题与挑战分析

(一)全区工业产值结构调整带来新挑战

戴尔系负增长影响全区工业增加值增速,宸鸿统计口径调整后宸鸿占全区比重从40.5%锐减到11%(下降29.5个百分点)。火炬其他与区属工业正增长虽带来正拉动,但戴尔低迷及区属工业支撑减弱,预计四季度航空维修业增速下调,新企业带动作用减弱。这种工业产值结构的变化,对今年全年稳增长目标带来新的挑战。

(二)主要行业及个体企业增长分化明显

全区256家规上工业企业1—9月减产面42.6%,计算机、通信和其他电子设备制造业下降13.4%。电气机械和器材制造业略增0.8%,通用设备制造业增长11%,玉晶光电手握苹果16订单,产值增长18%。纺织鞋服制造业增长5.7%,转型升级面临较大压力,欣贺股份虽然产值增长9%,但高端女装市场拓展、线上营销未达预期,整体利润率下降90%。混凝土、食品饮料等其他传统行业下降4%,华信等5家混凝土搅拌企业受房地产影响全部负增长;大洲新燕面临量升价跌的市场环境,产值下降17%。

(三)软件业超高增速难以延续

雨果网信息拉动湖里区软件信息业高增长,但高基数导致增速放缓,全年难以维持三位数增长,且湖里区软件业对雨果系依赖过高。雨果系与拼多多合作业务增量存在不确定性,其他腰部企业增长乏力或微降,仅少数新兴细分市场企业大幅增长。

(四)规下工业入库口径问题导致波动

今年1—9月,湖里区规模以下工业营收指标大幅波动,一季度增长7.8%,上半年降至-21.7%,三季度仍远低于全市水平。原因包括停产企业减量缺口大、新进样本企业规模小、高增长企业权重调低,导致整体营收承压。

三、预测与展望

随着全球经济环境的逐步回暖,以及中国政府一系列精准有效的积极财政金融支持政策,有效提振了市场和经济发展信心,为湖里区经济高质量发展提供了良好的外部环境。根据国际知名金融机构瑞银和高盛的预测,中国2024年和2025年的GDP增长预测分别上调至4.8％和4.5％,高盛则将中国2024年的实际GDP预测从4.7％上调至4.9％,并将2025年的预测从4.3％提升至4.7％。

预计2024年,湖里区规模以上工业增加值将实现小幅增长,2024年第四季度预计完成317亿元,增长6％。全年预计完成1187亿元。预计2025年湖里区GDP的增长幅度在5％~6％的区间范围内。

展望未来,湖里区将发挥其在地理位置、产业基础、人才资源等方面的优势,积极应对外部环境的不确定性,推动经济高质量发展。同时,更加注重社会民生,提升公共服务水平,努力构建更加和谐、宜居、宜业的社会环境,让人民群众共享发展成果。

四、对策建议

(一)坚持科技创新引领,加快动能转换

强化科技创新引领。出台政策支持新型研发机构和人才公关联合体,优化创新平台项目落地。重点推进中关村信息谷、京动聚智等26个科创项目,加速低效工业用地再开发,推动试点项目进展并新开工多个科技产业项目。同时,加速产业空间建设,推进多项前期策划工作,开工及竣工多个项目,加快建设重点在建项目。此外,加强技改投资,推进太古发动机、贝莱胜电子等49个工业企业增资扩产技改项目,力促厦航系列融资租赁飞机SPV项目落户湖里区。

推动传统产业数字化转型。出台区级数字化转型专项政策,开设线上线下数字化转型服务平台,推动已备案项目加快实施,并计划新增一批转型项目。通过数字化技术提升传统产业的生产效率和产品质量,增强市场竞争力,加快新旧动能转换。

(二)扩大有效投资,优化投资结构

深化招商引资。继续打好招商引资攻坚战,全力对接推动有望落地的在谈项目,系统梳理推出科创类产业项目清单。通过招商引资引入更多优质项目,为湖里区经济发展注入新的活力。

强化项目建设。用好"七办联动""双3提速"等机制,加快推动一批项目开工和竣工。加强技改投资,推进工业企业增资扩产技改项目,力促融资租赁

飞机 SPV 等落户,提高投资效益。

加强资金调度和保障。加快处置存量资产,围绕政策导向和资金投向加强项目谋划策划工作,争取更多低成本资金。深化运用 PPP、EPC＋O 等模式引导社会资本参与项目开发,降低财政压力。

(三)构建现代化经济体系,打造新发展格局节点城区

发展特色产业。依托金龙汽车、同致电子等细分领域龙头,发展汽车智能网联系统产业,做大做强智慧交通产业园。谋划高崎机场搬迁后航空产业赛道转换,构建一站式航空维修产业格局,引进更高能级的航运企业。

优化产业结构。推动传统产业转型升级,大力发展数字经济、绿色经济等新兴产业。同时,加强现代服务业发展,提升服务业质量和效益。

(四)打造厦金湾区交通核心枢纽,助力区域协同发展

按照"产城融合、站城一体"思路,优化提升西部片区交通。推动一批市政道路建设,发挥综合枢纽作用。建设海陆空立体综合交通枢纽。依托湖里区的区位优势,建设厦金湾区海陆空立体综合交通枢纽,打造国际性综合交通枢纽城市。加强与金门等周边地区的交通联系,推动厦台"同城生活圈"建设。

(五)打造一流营商环境,提高城区生态品质

深化"放管服"改革。简化审批流程,提高审批效率,降低企业成本。加强事中事后监管,营造公平竞争的市场环境。

提升服务质量。建立工业、文旅、建筑业、房地产等重点行业运行分析例会机制,提高企业、项目服务保障的精准性、实效性。加强城中村现代化治理,提升居民生活质量。

加强生态环境保护。扎实做好正本清源、雨污分流等基础性工作,加强天地湖治理、五缘湾清淤等生态环境保护项目。同时,加强节能减排工作,推动绿色发展。

(六)实施高水平对外开放,打造厦金湾区"同城生活圈"

发挥综合优势。充分利用经济特区、自贸试验区、金砖国家新工业革命伙伴关系创新基地、"一带一路"倡议支点城市等综合优势,探索实行"自由港＋科技创新"发展模式。

加强区域合作。加强与金门等周边地区的合作与交流,推动旅游、文化、教育等领域的融合发展。建设厦金湾区"同城生活圈",提升区域整体竞争力。

拓展国际市场。鼓励企业"走出去",参与国际市场竞争与合作。加强国际贸易合作与交流,推动湖里区经济更加开放、包容、普惠、平衡、共赢发展。

湖里区作为厦门经济特区改革与对外开放的发源地,承载着推动区域经济社会高质量发展的重任。面对当前复杂多变的国内外环境,湖里区应充分

发挥自身优势,加快动能转换,推动科技创新,加强有效投资,优化营商环境,提高城区生态品质,并积极探索高水平对外开放的新路径,确保全区经济社会高质量发展行稳致远。

厦门市发展研究中心高级经济师　龚小玮

集美区经济社会运行情况分析及预测

一、集美区经济社会运行概况

(一)2023年集美区经济社会运行情况

2023年全区完成地区生产总值993.48亿元,同比增长2.6%,其中,第一产业实现增加值3.00亿元,同比下降4.4%;第二产业实现增加值441.27亿元,同比下降4.6%;第三产业实现增加值549.22亿元,同比增长10.4%,三次产业结构为0.3∶44.4∶55.3。实现规模以上工业增加值同比下降1.5%,前三大行业:计算机、通信和其他电子设备制造业,电气机械和器材制造业,金属制品业合计实现产值479.67亿元,同比下降3.5%。固定资产投资同比下降21.6%,其中,第二产业投资增长19.2%,第三产业投资下降26.2%。社会消费品零售总额完成241.09亿元,同比增长4.6%。规模以上服务业实现营业收入340.92亿元,同比增长19.8%。全区全体居民人均可支配收入64132元,同比增长4.1%,其中,城镇居民人均可支配收入65131元,同比增长2.9%;农村居民人均可支配收入41406元,同比增长5.8%。

(二)2024年集美区经济社会运行概况

1.经济指标概况

2024年以来,集美区坚持以习近平新时代中国特色社会主义思想为指导,全面贯彻党的二十大,二十届二中、三中全会精神和习近平总书记来闽来厦考察重要讲话精神及中央、省委、市委经济工作会议精神,扎实推进深化拓展"深学争优、敢为争先、实干争效"行动和"快字当头提效率、机关带头转作风"专项行动。1—9月,全区完成地区生产总值767.78亿元,同比增长5.2%,增速排名全市第四,经济运行呈现稳中有进、进中提质的良好态势。

2024年1—9月,集美区主要经济指标完成情况如下:全区规模以上工业增加值比去年同期增长8.9%。全区固定资产投资额为187.84亿元,比去年同期下降6.1%。社会消费品零售总额完成198.06亿元,比去年同期增长13.3%。区一般公共预算总收入103.17亿元,同比下降14.6%,区级一般公共预算收入完成32.31亿元,比去年同期下降17.2%。全体居民人均可支配收入完成56670元,比去年同期增长4.7%,其中,城镇居民人均可支配收入56705元,比去年同期增长5.3%;农村居民人均可支配收入35989元,比去年同期增长6.6%。

2.社会经济运行概况

抢先布局产业新赛道,促进国内国际双循环。推动新加坡资本市场服务基地、中国银行金砖创新基地(集美)金融服务中心等国际商务服务机构落地,构建涵盖基金、银行、证券等国际化金融生态集群。联合新加坡交易所等专业机构打造海外上市服务基地,在上市公司培育、企业出海辅导、境外资金对接等方面为企业提供支持。加快布局产业新赛道,立足"五创五美"产业,积极发展商业航天、低空经济等未来产业,推进新能源与系统产业园、厦门空天产业园、省人工智能产业园等一批高标准产业园区建设。集美东部新城"金砖"专精特新产业园区已开始建设,围绕重点产业领域布局20个"创新发展共同体"。

推进多渠道招商引资,赋能产业高质量发展。在基金招商方面,以服务新质生产力和企业出海为重点,用好"N+1"金融事务服务体系及产业投资基金、高质量发展基金等组建的多元化基金矩阵,拓展"财政+金融"发展新路径,创新"基金+"模式,招引赛昉等超30个优质在谈项目。在场景招商方面,结合当前城市场景进行招商,立足当前城市场景资源进行布局,推动智慧城市建设。截至2024年10月底,共梳理全区可利用招商场景15个。对外招商方面,集美区发挥国际合作中心平台作用,走访沙特阿拉伯、俄罗斯等国家,截至2024年10月底,共与8家国际服务机构签订战略合作事项,推动新加坡李控股在辖区落地注册项目公司。2024年集美区投资大会期间,共达成项目签约58个,其中,现场签约项目33个,签约项目总投资额400.5亿元。

提升政务服务水平,增强居民生活"质感"。为更好服务区内的企业和群众,集美区抓住数字化平台发展机遇,不断提升政务服务水平,同时优化区内医疗、教育等资源,加强民生保障。在全省首创推出"政务服务进高校"项目,围绕大学生生活、创业等场景应用,整合人社、医保等20家单位的62个政务服务事项,推出新生报到、创业服务、开办企业等10项大学生"高效办成一件事"。着力优化就业创业生态,上半年组织各类招聘共162场,全区城镇新增就业10018人,提供近6000个高校毕业生岗位。提升医疗资源,2024年集美区6家基层医疗机构与四川大学华西厦门医院签约共建医联体,促进优质医疗资源下沉,满足群众就医需求。教育资源不断增加,与南京师范大学合作的九年一贯制东部新城科艺实验学校已核发工程规划许可证,建成后将提供学位2520个。推进老年教育事业高质量发展,通过丰富课程体系、强化教育设施供给等方式,拉动基层老年教育发展,2024年春季学期全区老年大学共招生5619人次,同比增长34%。

二、2024年1—9月集美区经济社会运行情况分析

(一)集美区经济社会运行情况分析

1. 生产总值稳健增长

1—9月,集美区实现生产总值767.78亿元,比去年同期增长5.2%,三次产业占比为0.23∶43.61∶56.16,与上半年相比,第一产业和第二产业占比有所上升,第三产业占比有所下降,其中,第一产业完成增加值1.74亿元,比去年同期下降10.9%;第二产业完成增加值334.57亿元,比去年同期增长6.2%,对全区经济增长起到重要的支撑作用;第三产业完成增加值431.46亿元,比去年同期增长4.5%。

2. 工业生产表现出色

1—9月,全区规模以上工业增加值同比增长8.9%,高于全市增速0.5个百分点,居全市第三。工业行业增长面达67.7%,较去年同期提高36.7个百分点,汽车制造业、电子信息制造业实现两位数以上增长;高技术产业增加值同比增长17%,超出工业整体增速8.1个百分点,高于全市平均水平10.5个百分点。

3. 消费市场繁荣活跃

1—9月,全区实现社会消费品零售总额198.06亿元,比去年同期增长13.3%,增速位居全市第一。集美区零售业销售额、餐饮业营业额均保持较好增长,零售业销售额162.77亿元,同比增长5.6%;餐饮业营业额25.41亿元,同比增长10.4%。新消费业态成长加快。今年新增美妆纳统企业13家,带动化妆品类前三季度完成销售额17.82亿元,同比增长603.3%。综合消费场景持续扩充,厦门大悦城、杏林万达广场等开业投用,新增商业面积20万平方米,招引入驻品牌超400个,为集美商圈注入消费新活力。

4. 外资利用成效显著

1—9月,全区实际使用外资10113万美元,同比增长30.5%,增速排名全市第二,取得较为突出的成绩,其中,制造业企业利润再投资占比36%。落地哈智网络科技、多拉新能源等外资新项目,实现到资4000万美元。

5. 投资项目建设扎实推进

1—9月,全区社会资本项目投资规模不断扩大,占比85.6%,较去年同期提高5个百分点;产业类项目投资保持平稳增长,占比21.6%,较去年同期提高5.2个百分点。工业投资逆势增长,前三季度同比增长23.9%,高于整体投资增速30个百分点。重点项目超时序推进,1—9月,16个省重点项目完成投

资62.1亿元,78个市重点项目完成投资177.1亿元,已提前超额完成年度任务。项目策划及促开工成效显著,前三季度,新生成区级项目139个,总投资173亿元,其中,已开工47个,总投资52亿元,项目数、开工数及投资额均超去年同期。

(二)集美区经济社会运行中遇到的困难及存在的问题分析

1.稳增长工作面临较大压力

产业结构需进一步优化提升。当前,集美区的工业体系已进入产业转型升级的关键期。然而,当前集美区高端产业的规模偏小,创新发展动力不足,传统产业转型升级的压力较大。一是集美区当前的制造业企业在转型升级中普遍面临空间有限、土地利用率较低的问题。二是制造业产业整体研发创新能力偏弱,企业在数字化转型过程中的动力不足。

部分行业存在下行压力。第三季度批发业发展趋缓,受到本地以及周边地区甚至全国范围大型批发企业的竞争,集美区头部批发企业的市场份额受到挤压,出现增长动力不足的问题;处于腰部的批发零售商竞争力较弱,无法起到支撑作用。

2.投资和项目建设面临瓶颈制约

项目建设资金保障不足。一是当前政府财政"紧平衡"压力较大,集美区传统产业当前正处于转型升级阶段,而新兴产业尚在培育阶段,两者发展都亟须投入大量资金。同时,区内公共服务、社会保障、基础设施建设等方面都需要持续稳定的资金投入,政府可用于项目建设的保障资金可能存在不足。二是区级财政投融资策划生成项目"散而小"。部分项目策划时缺乏跨部门的统筹协调,导致项目分散,无法形成合力,难以产生规模经济效应和集聚效应。这种"散而小"的项目模式在争取银行贷款、吸引社会资本等方面都处于劣势,难以获取充足的资金支持。

此外,在项目建设中还存在前期手续办理较慢、企业市场预期偏弱、社会资本参与投资意愿不高等问题,部分项目受农转用报批等因素影响,开工建设进度滞后。

3.产业发展与人才结构失衡

一是专业性人才供给难以满足产业发展需求。集美区正大力发展新能源商用车、新型能源与系统、智能制造与机器人等新兴产业,亟须大量的跨学科复合型人才,但当前相关研发资源和人才供给还处于起步阶段,无法满足产业快速发展的需求。二是传统制造业对人才要求不断提高。随着产业的升级和技术的更新换代,传统制造业企业对劳动者的素质和技能要求不断提高,如数控加工、自动机器人技术等方面的技能人才需求旺盛,但供给不足。三是基础性岗位人才过剩,存在人员就业压力。部分专业的人才培养存在一定的滞后性,难以根据市场需求进行及时调整,一些基础性、操作性较强的岗位存在人才过剩,部分求职者因缺乏相关技能和经验而难以找到合适的工作。此外,人才地域分布也不均衡,一些偏远地区或基层单位人才短缺,而城市中心区域或大型企业则相对集中了较多的人才资源,进一步加剧了人才供需的不平衡。

三、解决困难和问题的对策建议

(一) 保持经济稳定增长,推动产业结构优化升级

政策措施精准发力。当前,经济运行所面临的外部环境呈现出复杂且严峻的态势,经济稳定增长面临较大的压力。因此,稳经济、促发展的政策措施必须做到精准发力。区委区政府需要明确责任,落实好各项保障经济稳定增长的工作,全力完成全年的经济目标任务。

促进产业高质量发展。一是提升产业用地效率,推动低效用地的再开发。以产业转型升级为导向,综合考虑当前区内功能布局和绿色生态发展,对当前集美区内的工业用地进行改造更新,提升土地利用效率。二是充分整合利用高校资源,推动产学研合作。集美区具有丰富的高校和人才资源,应充分挖掘区内的创新潜力,立足当前市场研发需求,积极对接高校及研发机构,搭建创新联合平台。鼓励企业与高校合作,共建产业研发中心及实验室,加强产学研合作为企业转型升级提速。三是聚焦专精特新企业,围绕新能源汽车、人工智能、"深海空天"等领域建立完善产业和智库合作联盟。抓住金砖未来创新园在集美区落地的机遇,与金砖国家搭建海洋领域合作平台,促进海洋相关产业的交流合作。

(二) 拓宽资金来源,多渠道发力助推项目发展

多向发力,保障项目建设资金。一是积极引入社会资本。政府可根据情况,制定合理的税收优惠、财政补贴等政策,鼓励社会资本投资规模较大、带动效应较强的项目。创新投融资模式和政企合作方式,政府牵头发展产业投资基金,通过股权融资、债权融资等多种方式为项目提供资金支持。二是加强项目金融支持。通过与银行等金融机构签订战略合作协议,争取金融机构增加对集美区项目建设的信贷投放规模。引导金融机构开发适合项目建设特点的金融创新产品,如项目收益权质押贷款、绿色金融产品等。三是拓展多元化融资渠道。利用资本市场融资,支持有条件的项目建设主体通过上市融资、发行企业债券等方式在资本市场筹集资金。加强对企业的上市辅导和培育,提高企业在资本市场的融资能力。积极与保险公司、信托公司等金融机构沟通合作,引入保险资金和信托资金参与项目建设。

聚焦战略需求，提升项目质量和竞争力。联合相关部门，统一规划和协调项目策划工作。结合集美区的发展战略和优势资源，围绕科技创新、绿色发展、乡村振兴等关键领域，开展全面的区域需求调研和资源评估，制定系统性、综合性的项目规划。邀请专业的咨询机构和专家参与项目策划，对项目进行深入评估和论证，确保项目具有较高的质量和投资价值，提升项目整体竞争力，争取更多中央资金支持。

优化集美区营商环境，增强企业市场预期和社会资本投资意愿。简化审批流程与协调机制，加强部门之间的信息共享与沟通协调，对于涉及多个部门的审批事项，实行联合办公、并联审批，减少审批环节之间的等待时间。加大对企业的扶持力度，出台针对性的产业政策，帮助企业降低经营成本，提高市场预期。定期组织项目推介会、招商会等活动，促进社会资本与项目的沟通和合作。加强知识产权保护，建立公平竞争的市场秩序，增强企业在集美区投资发展的信心。

（三）完善人才培养体系，优化人才发展环境

加强政策引导与扶持。出台专门针对重点产业和新兴行业的人才扶持政策，放宽人才落户条件，给予引进人才的安家费补贴、项目启动资金支持等，加强人才服务保障，吸引更多相关专业人才来集美区就业创业。

深化产教融合与校企合作。鼓励辖区内的企业与高校、职业院校建立紧密的合作关系，共同开展人才培养。根据企业需求设置专业课程、制订教学计划，培养出与市场需求紧密对接的技能型人才。组织高校、科研机构与企业开展产学研合作项目，共同攻克技术难题，推动科技成果转化。

四、集美区 2025 年的发展与展望

2025 年是"十四五"规划的收官之年，集美区将全面贯彻党的二十大，二十届二中、三中全会精神和习近平总书记来闽来厦考察重要讲话精神及中央、省委、市委经济工作会议精神，加速推动建设高素质高颜值跨岛发展最美新市区。

产业升级持续推进，创新能力不断提升。集美区正着力发展新能源商用车、新型能源与系统、智能制造与机器人等新兴产业，预计到 2025 年，这些产业将取得进一步发展，产业规模不断扩大，相关产业链逐步完善，吸引更多上下游企业集聚，形成产业集群效应，推动区域经济高质量发展。随着对科技创新的重视和投入增加，集美区的创新环境将不断优化，高校、科研机构与企业之间的产学研合作将更加紧密，科技成果转化速度加快，创新型企业数量增多，区域创新能力和核心竞争力得到显著提升，为经济发展注入新动力。

教育资源更加优质均衡,医疗卫生服务显著改善。根据集美区教育发展规划,中小幼学位将不断增加,随着省内外名校的引进和名师发展工作室的建设,教育资源的数量和质量都将得到显著提升,为居民提供更加优质、公平的教育服务。四川大学华西厦门医院的逐步完善和市妇幼保健院集美院区的建成投用,以及基层医疗卫生机构的不断优化,全区医疗资源配置更加合理,医疗服务水平大幅提高。

智慧城市建设加速推进,城市品质进一步提升。随着大数据、人工智能、物联网等新一代信息技术的发展,集美区智慧城市建设将不断加快,城市管理数字化、智能化,提高城市管理的精细化水平和公共服务的便捷化程度将不断提高。通过加强城市规划和管理,推进城市更新改造,优化城市空间布局,集美区整体形象和品质将不断提升。生态环境保护和治理的力度持续提升,公园、绿地、休闲广场等公共空间的建设和管理不断加强,将提高居民的生活质量和幸福感。

厦门市社会科学院　施星雨

海沧区经济社会运行情况分析及预测

一、海沧区经济社会运行状况

(一)2023年海沧区经济社会发展状况

2023年,海沧区以习近平新时代中国特色社会主义思想为指导,全面贯彻落实党的二十大和二十届二中全会精神,坚持稳中求进工作总基调,完整、准确、全面贯彻新发展理念,加快构建新发展格局,求真实干、务实求效,着力推动海沧区经济高质量发展。

2023年,全区实现地区生产总值1010.43亿元,按可比价格(下同)计算,下降2.3%,其中,第一产业增加值为1.60亿元,下降4.4%;第二产业增加值为566.95亿元,下降5.6%;第三产业增加值为441.87亿元,增长2.7%。三次产业增加值的比重为0.2:56.1:43.7。

2023年,全区财政总收入232.88亿元,下降2.6%;区级财政收入41.16亿元,增长4.4%。区级财政支出70.55亿元,下降6.3%。

2023年,全区实现工业增加值606.58亿元,下降7.2%。规模以上工业企业实现销售产值1818.11亿元,产销率为97.2%。规模以上生物医药企业完成工业总产值221.5亿元,占全区规模以上工业总产值的11.8%,下降37.3%。规模以上新材料企业完成工业总产值291.59亿元,占全区规模以上工业总产值的15.6%,下降10.9%。规模以上工业企业实现利润总额141.41亿元,下降26.8%。2023年,全区规模以上交通运输业企业共有99家,增加6家,实现营业收入110.42亿元,下降24.1%。2023年,全区实现社会消费品零售总额320.33亿元,增长2.2%;批发零售业销售总额5972.27亿元,下降3.0%;住宿餐饮业营业额19.53亿元,增长22.3%。2023年,全区合同外资完成6.38亿美元,增长129.2%;实际使用外资完成2.20亿美元,增长14.8%。

(二)2024年1—9月海沧区经济运行情况分析

2024年是新中国成立75周年,是实施"十四五"规划的关键一年,是三年新冠疫情防控转型后经济恢复发展的一年。全区深入贯彻落实党的二十届三中全会精神和习近平总书记在福建、厦门考察时的重要讲话精神,坚持稳中求进工作总基调,深化拓展"深学争优、敢为争先、实干争效"行动,按照市委、区委全方位高质量发展超越的工作部署,扎实推动高素质、高颜值的国际一流海湾城区建设。

2024年1—9月海沧区主要经济指标完成情况见表1。

表1　2024年1—9月主要经济指标完成情况

指标类别	指标	总额/亿元	增幅/%
工业生产	规模以上工业企业总产值	1547.85	12
	规模以上企业增加值	444.31	6.4
招商引资	实际利用外资	9.41	−43.6
固定资产投资	固定资产投资(含铁路)	—	−28.2
财政税收	财政总收入	174.99	−5.8
	财政收入	33.28	−7.5
	税收收入	161.42	−6.0
	财政支出	51.19	−1.3
商贸业	批发零售贸易业销售总额	4464.58	0.1
	社会消费品零售总额	239.08	−4.5
居民收入	全体居民人均可支配收入	55718	4.5
	城镇居民人均可支配收入	55718	4.5
	农村居民人均可支配收入	55718	4.5
居民支出	全体居民人均消费性支出	33748	5.3
	城镇居民人均消费性支出	33748	5.3
	农村居民人均消费性支出	33748	5.3

总结2024年1—9月海沧区经济运行情况,呈现以下几个特点。

1.经济发展韧性持续增强

2024年前三季度,海沧区经济运行在承压中彰显韧性。从GDP总量上看,海沧区前三季度GDP分别实现227.43亿元、491.31亿元、770.80亿元,同比增长6.5%、5.0%、6%,增速稳定。

2024年1—9月海沧区实现生产总值770.80亿元,同比增长6%。全区实现规模以上工业增加值1547.85亿元,同比增长12%。全区实际利用外资0.97亿美元,同比下降43.6%。批发零售贸易业销售总额4464.58亿元,同比增长0.1%。社会消费品零售总额239.08亿元,同比下降4.5%。从主要经济指标来看,海沧区生产总值稳步上升,其中,规上工业贡献较为突出,而招商引资能力下降,批发零售业回暖,人均可支配收入和人均消费性支出同频增长。

2. 生物医药产业大放异彩

作为海沧区经济发展的"梦之队",集成电路、生物医药、新材料三大主导产业拉动全区工业产值增长35.2%;全区战略性新兴产业规上工业产值突破2000亿大关,其中,生物医药产业产值增量占全区规上工业产值增量的62.8%,多年产业培育收获硕果,为全区经济发展作出重要贡献。海沧生物医药企业厦门宝太生物科技股份有限公司、海沧生物医药公司厦门蓝湾科技有限公司、厦门特宝生物工程股份有限公司、力品药业(厦门)股份有限公司等医药产业公司不断创新,研发尖端医疗产品,助推全区经济发展。

3. 零售贸易突飞猛进

在全国就业形势严峻的态势下,海沧区营商环境显露疲态,无论是本土投资还是利用外资,均有不同程度的下降。低成本的零售业异军突起,迅速占领固定资产萎缩而空出来的市场空间。全区人均可支配收入与人均消费性支出均保持着约5%幅度的稳定增长。

(三)海沧区社会发展情况分析

1. 软硬并举推进医疗保障水平

1月30日,海沧区省重点项目养生堂厦门万泰诊断基地建设项目主要单体顺利结顶,项目建设完成后将达到年产5亿人份体外诊断试剂。2月22日,厦门医学院附属海沧医院康复医学科、老年医学科、全科医学科、中医科新病房正式搬迁启用,总占地面积超1000平方米。3月11日,建发和玺小区配建的海沧区(和玺)养老服务照料中心正式开业,重点服务海沧马銮湾片区老年人,将为辖区老年人提供日间照料、康复等服务。

2. 发展壮大文体事业

1月25日,全市首个五祖拳文化主题公园在新垵村正式投用。2月26日,厦门海沧半程马拉松赛荣获世界田联标牌赛事称号。4月20日,"阅读马拉松,领读新海沧"第二届海沧全民阅读节正式启动,激发全民阅读热情,提高市民文化素质,推动海沧文化事业的繁荣发展。8月8—12日,2024年全国健身锦标赛暨世界健身锦标赛选拔赛、CBBA PRO中国健身健美精英职业联赛(厦门站)在海沧体育中心综合馆圆满完赛。8月21—23日,2024年福建省青少年高尔夫球锦标赛在海沧东方高尔夫球场顺利举办。8月23日,2024海峡两岸汉字文化系列活动在厦门海沧金沙书院拉开帷幕。

3. 海沧运输另辟蹊径

3月12日,最高人民法院信息专刊刊登海沧法院探索的涉台案件案款

"跨海峡"便利支付机制,作为经验交流,予以全国推广。7月6日,海沧港成功首开运载跨境电商货物的对台直航航线。8月26日,厦门港海沧港区唯一一条直航新西兰的集装箱海运航线——澳新线成功首航。

二、海沧区经济发展存在的问题与挑战

(一)创新成效不尽人如意,关键领域显现人才短板

2024年以来,海沧区知识产权和专利著作数量大幅下降。除医疗领域外,在新能源、新材料等战略性新兴产业上的突破较为艰难。产业园、孵化园等创新平台数量趋于饱和,但高新技术产业的数量不增反降。关键领域的青年人才不断流失,多重因素使得海沧区陷入创新力下降的尴尬境地。

(二)财政收入锐减,公共支出提升

在经济下行的大环境下,海沧区企业整体营收水平受到持续影响,因此全区税收收入有所下降。今年前三季度,全区财政总收入174.99亿元,同比下降5.8%;区级财政支出51.19亿元,同比下降1.3%。税收收入161.42亿元,同比下降6.0%。财政收入虽然下降,但在公共物品、公共服务上的支出却不断提升,公共设施、道路等方面的建设资金支持力度逐年递增。1月25日,全市首个五祖拳文化主题公园在新垵村正式投用。3月11日,建发和玺小区配建的海沧区(和玺)养老服务照料中心正式开业。3月25日,省市重点项目海沧鳌冠大道工程正式开工建设。3月30日,海沧城建锦里大管家服务有限公司揭牌成立。3月31日,海沧沧梧路北段、东屿南路西段两条"断头路"正式通车。5月17日,海沧区第二社会福利中心项目顺利完成主体封顶。5月30日,海沧嵩屿街道办事处"一站式"矛盾纠纷多元化解中心揭牌并正式投用运行。

(三)营商环境有待改善,外资落地困难

2024年前三季度,全区完成固定资产投资同比下降28.2%。全区实际利用外资0.97亿元,同比下降43.6%。营商环境的恶化引起国内外投资大幅下降,落地的重大数目屈指可数:士兰8英寸SiC功率器件芯片制造生产线项目、快乐番薯食品智能科技产业园、百事联电子元器件产品建设项目等。而集成电路、生物医药、高端酒店、物流分拨及保税仓储等投资规模大、智能化水平高、市场前景好的项目寥寥无几。营商环境差,战略性新兴科技产业的招商引资力度不足,难以形成一个完整的成熟的龙头产业经济圈,无法吸引国内外高资质企业加盟。

(四)支柱产业增速放缓,新型动能不足

在经济形势严峻的背景下,大力发展支柱型产业,成为当下的破局之道。

经济下滑、人才紧缺、创新力度不足、营商环境恶化,彼此环环相扣,直接导致支柱产业增速大幅下降。如何从项目开发、政策协调、人才培养3方面着手,务实推动区域间新工业革命领域合作,促进共同实现技术进步、产业转型和经济发展,是解决眼下难题的关键。

三、促进海沧区经济社会发展的政策建议

(一)加大创新政策支持,选育关键领域人才

创新,关键在人。海沧生物医药产业人才密度全省最高,重点产业紧缺人才数量连续3年全市各区第一。海沧应持续加大兑现人才扶持资金,其中,集中在先进制造业行业挖掘各级创新创业人才。继续实施"国际一流人才湾区15条",持续探索"企业张榜招帅、科研人员揭榜挂帅"机制,进一步强化人才队伍支撑。海沧应当抓住机遇,在招商引资的同时引技术、引人才,同时也要注重自己的创新、创技术、育人才,只有这样才能从根本上解决发展后劲不足的问题。因此,需要完善人才政策和培育机制,留住高校和企业人才。

(二)聚力向"新"求"质",塑造未来竞争新优势

当前,厦门正处于发展转型爬坡过坎的关键阶段。作为全市加快高质量发展、壮大新质生产力的"主战场",海沧围绕创新驱动发展战略加快布局落子,高质量培育创新主体、高层次建设创新平台、高标准构建创新机制、高水平培育创新人才,持续深化科技创新引领工程、先进制造业倍增计划等工作,大力培育专精特新小巨人企业,催生新产业、新模式、新动能,不断提升城市能级和核心竞争力。

(三)优化营商环境,完善政策措施

厦门发力招商引资,对重大签约项目实行项目全周期服务,促进其尽快实现到资、开工、投产。明确招商引资的重点,应当集中精力围绕集成电路、生物医药和新材料三大新兴产业进行引资,打造区域龙头产业带动地区经济发展。

在促进科学技术发展和创新的软硬件方面,教育资源的缺乏,资金、技术、产业和信息导致经济高速发展带来的制度的先发优势不足,一定程度上抑制了厦门内生的创新型总部经济的发展和大招商招大商。

(四)做强主导产业,厚植高质量发展根基

作为厦门市产业发展的重要承载区域,海沧区立足国际国内产业布局和自身资源禀赋优势,坚持创新驱动和差异化发展思路,形成生物医药、半导体与集成电路、新材料与新能源在全国具有一定领先优势的三大主导产业。

面向三大主导产业,海沧应大力推进"政策＋融资"的招投并举的招商模式,针对不同发展阶段的企业,力争2年内引进设立若干只引导基金、头部私募基金及其子基金等。同时,从制造业所需的要素保障出发,再建设一批国有通用厂房,加大供地保障力度,针对三大主导产业再规划上千亩用地,为未来企业发展提供足够的空间。

四、2025年海沧区经济社会发展预测与展望

疫情后时代,我国坚定不移地在中华民族伟大复兴的道路上前进,在全球面临危机的环境下,既是挑战,也是机遇。目前,我国经济处于恢复阶段,在正增长的势头下稳步前进。2024年10月,世界银行发布最新版《东亚与太平洋地区经济半年报:技术与就业》,预计2025年东亚与太平洋地区增速将放缓至4.4%,由于内部和外部挑战,预计中国的增长速度将低于本地区其他国家。

结合中国经济现状,预测2024年底,海沧区主要经济指标完成情况:预计完成全年生产总值1070亿元,同比增长6%。预计全年完成规模以上工业企业增加值642亿元,同比增长6%。预计实际利用外资1.3亿美元。预计全年完成固定资产投资下降比率22%。预计全年完成财政总收入220亿元,同比下降5.5%。预计全年完成批发零售贸易业销售总额6211亿元,同比增长4%;社会消费品零售总额310.72亿元,同比下降3%。

2025年海沧区主要经济指标完成情况预测:预计完成全年生产总值1105亿元,同比增长3.3%。预计全年完成规模以上工业企业总产值1500亿元。预计全年实际利用外资18亿元。预计全年完成固定资产投资增长比率25%。预计全年完成财政总收入275亿元,同比增长2.2%。预计全年完成批发零售贸易业销售总额4150亿元;社会消费品零售总额310亿元。

2024年,海沧区初心不改。从一个闽南小渔村蜕变为高素质高颜值的国际一流湾区,海沧区坚持"工业立区、产业强区",党的十八大以来,地区生产总值连续跨越6个百亿台阶。海沧奋力打造跨岛发展标杆区,海沧湾新城、马銮湾新城、沧江新城、鳌冠新城连片成势、焕发生机。2023年海沧区招商实绩竞赛排名厦门市各区第一,2024年上半年继续保持前列、排名第二。全球经济下行的背景下,2024年海沧区招商引资水平稍显回落。面对此困境,海沧区全力破解企业在用地审批、设施配套、项目建设、政策兑现等方面存在的难点、堵点,设立"一窗口三中心"、优化阳光挂网政策、试点职称评审机制改革等,这些措施为企业提供了极大的便利,也为企业发展注入了新的活力。同时应做好土地、能源、用工等生产要素保障,持续聚焦解决企业"办事难""融资难"等问题,落实好各级关于降低企业税费负担的政策,真正帮助企业降低土地、人工、物流等经营成本。

栉风沐雨秉初心,砥砺奋进续华章。2025年,海沧区将深入学习贯彻习近平总书记重要讲话和重要指示批示精神,以科技创新和产业创新深度融合推动高质量发展,以综合改革试点全面深化改革、扩大开放,以两岸融合发展示范区建设服务祖国统一大业,以跨岛发展促进区域协调和城乡融合,以高品位文化展示海沧新形象,锐意进取、善作善成,奋力把习近平总书记擘画的宏伟蓝图变成美好现实,海沧的综合实力将更强劲、城乡区域将更协调、人民生活将更殷实,奋力谱写高质量发展新篇章。

集美大学工商管理学院　雷　宏　薛成虎

同安区经济社会运行情况分析及预测

一、同安区经济社会运行概况

(一)2023年同安区经济社会运行情况

2023年全区完成地区生产总值721.69亿元,同比增长1.5%,其中,第一产业完成增加值11.32亿元,比去年同期增长0.7%;第二产业完成增加值343.78亿元,比去年同期下降3.2%;第三产业完成增加值366.59亿元,比去年同期增长6.9%,三次产业占比为1.6∶47.6∶50.8。规模以上工业增加值比去年同期下降2.7%,高技术产业增加值同比增长24.5%。全体居民人均可支配收入同比增长4.2%,城镇、农村居民人均可支配收入分别同比增长2.9%、6.2%。

(二)2024年同安区经济社会运行概况

1.经济指标概况

2024年以来,同安区坚持以习近平新时代中国特色社会主义思想为指导,深入学习贯彻党的二十届三中全会精神,全力以赴稳增长促发展,经济运行整体稳中有进。

2024年1—9月,同安区主要经济指标完成情况如下:同安区实现地区生产总值500.02亿元,比去年同期增长5.1%,三次产业结构比为1.3∶45.5∶53.2。第一产业降幅收窄,累计增加值同比下降11.6%,降幅较上半年收窄6.8个百分点;第二产业稳中有进,累计增加值比去年同期增长7.4%,增幅较上半年扩大0.6个百分点;第三产业增速加快,累计增加值比去年同期增长3.5%,增幅较上半年扩大1.6个百分点。居民人均可支配收入45961元,比去年同期增长4.2%,其中,城镇居民人均可支配收入50821元,比去年同期增长4.0%;农村居民人均可支配收入28230元,比去年同期增长5.6%。

2.社会经济运行概况

项目建设推进。重点项目开工方面,1月,厦门市2024年新年"开门红"重大项目集中开工暨祥平西智能制造产业园项目开工活动在同安区举办,辖区内集中开工14个项目,总投资636.34亿元。祥平西智能制造产业园项目总投资8.4亿元,将重点引进智能制造、机械装备、新材料新能源、食品工业兼顾发展消费品工业等产业,计划2025年12月建成、2026年6月投产、2026年12月达产,项目达产后力争实现年平均总产出约12亿元;公共服务配套建设方面,同翔高新城产业公共服务配套建设项目——文德路(汇光路—科创大道)工程启动,这对于同翔高新城的发展具有重要意义。

招商引资成果丰硕。签约项目数量多:在9月8日的第二十四届中国国际投资贸易洽谈会上,同安区签约对接成果及合作项目超40个,投资总额超400亿元。众多聚焦快消品、新材料与新能源、基金投融资、供应链合作等重点产业的招商项目签约,为同安区的产业发展注入了新动力。中金资本、旺旺集团联合市区两级引导基金开展产业基金合作;赛富投资积极助力同安区构建现代化产业体系;厦门欣维发实业有限公司选择在同安增资扩产,新增箱包智能生产基地项目。产业项目落地推进:中能瑞新储能电池项目开工,该项目拟在厦门总投资约81亿元,分三期建设年产能30 GWh(吉瓦时)的磷酸铁锂储能电芯生产基地,达产后预计年产值可达200亿元,将进一步扩大同安区乃至厦门市新能源储能产业规模。一批快消品项目集聚新民片区,加速推动同安区建立快消品产业高地;一批新材料、新能源项目落地同翔高新城同安片区,助力产业链强链补链延链;一批供应链项目落地银城智谷、美峰创谷、环东云谷、未来产业园等,实现产业链供应链多元化发展。金融领域招商有突破:凯辉基金、愉悦资本、赛富投资等知名投资机构入驻同安区;厦门科学城科创母基金、招商母基金两只母基金完成备案;同安科创母基金成立运作的首批参股4只子基金,包括宁德时代溥泉碳中和基金、旺旺中金产业共赢基金、赛富金钻二期基金、农业科技创新产业基金正式签约,合计总规模达78亿元。总部项目落地:夸父炸串母公司万皮思总部等项目落地同安区,为同安区的经济发展带来新的增长点。

民生保障质量不断提升。2024年同安区在民生保障方面取得了诸多成果。2024年1—9月,同安区继续实施教育高质量发展"八大行动",推进义务教育优质均衡区、学前教育普及普惠区建设。加快教育资源整合,兴贤学校初中部、同安一中滨海校区小学二部等项目不断推进,将新增学位9600个,进一步满足群众对优质教育资源的需求。2024年,在全市卫生健康支出同比下降的背景下,同安区的设备补助款却有较大幅度增长。设备补助款从2023年度的360万元提升至550万元,增幅达52.8%,超过全市平均值。这促使同安区基层医疗卫生机构的设备得到更新和添置,医疗服务能力得到提升。同安区祥和、美林街道社区卫生服务中心已竣工,已于2024年年中启用,进一步完善了基层医疗服务网络,为居民提供更便捷的医疗服务。同时,按照"15分钟健康服务圈"标准推进基层医疗卫生机构新址建设及改扩建工作,如同安区五显卫生院新院区在环境、医疗设施设备等方面进行了全面提档升级。

二、2024年1—9月经济社会运行情况分析

(一)同安区经济社会运行情况分析

1.生产总值增速有所提升

1—9月,同安区生产总值增速为5.1%,较2023年同期有所提高。三次产业结构继续调整,第三产业占比进一步增加,表明产业结构优化取得一定成效;第二产业稳中有进,对经济增长的支撑作用依然显著;第三产业增速加快,反映出服务业的发展活力逐渐释放。

2.工业生产态势良好

1—9月,从增加值看,规上工业增加值增长10.5%,显示工业生产的活力和竞争力不断增强。行业增长面较广,31个行业大类中有20个实现正增长。电气机械和器材制造业、金属制品业等重点行业表现突出。重点企业平稳增长,942家规上工业企业中产值正增长的企业数量较多,前20名企业累计完成产值419.05亿元,同比增长9.9%。高技术产业持续发展,73家高技术产业累计实现总产值303.68亿元,同比增长11.8%;累计实现增加值79.39亿元,同比增长13.1%。

3.商贸业逐步复苏

1—9月,在消费品市场方面,稍有回暖迹象。1—9月全区社会消费品零售总额完成305.31亿元,虽比去年同期下降7.3%,但降幅较二季度收窄了2.9个百分点,其中,限上社会消费品零售总额完成173.11亿元,尽管仍有下降,但下降幅度较上月也有所收窄。不过,中、高端汽车零售额出现下滑,累计实现销售额26.77亿元,同比下降16.2%。

1—9月,批发业销售额降幅同样有所收窄。1—9月,同安区批发业累计实现商品销售额2156.47亿元,同比下降6.3%,降幅比上半年收窄3.7个百分点。限额以上批发业累计实现商品销售额2069.21亿元,同比下降6.4%,降幅较上半年收窄3.8个百分点。从行业来看,大宗商品矿产品、建材及化工产品批发类销售额占比最大,累计完成销售额1456.92亿元,但也同比下降6.8%。

零售业方面,1—9月累计实现商品销售额218.78亿元,同比下降8.5%,降幅比上半年收窄4.3个百分点,其中,限额以上零售业累计实现商品销售额173.41亿元,同比下降12.6%。

住宿市场持续萎缩,但萎缩程度有所减轻。1—9月全区住宿业实现营业额4.57亿元,同比下降5.0%,其中,限额以上住宿业实现营业额4.55亿元,同比下降5.0%。相比之下,餐饮企业增势较好,1—9月全区餐饮业实现营业额5.34亿元,同比增长7.8%,其中,限额以上餐饮业实现营业额3.07亿元,同比增长6.0%。

4.农林牧渔业发展有喜有忧

1—9月,同安区农林牧渔业总产值同比下降9.6%,但降幅较上半年收窄3.8个百分点。这表明同安区农林牧渔业发展虽面临一定挑战,但整体趋势在向好的方向发展。种植业方面取得了一定的成绩。春夏收粮食作物播种面积1.93万亩和总产量7774吨,同比分别增长3.6%和4.0%。蔬菜播种面积6.73万亩和总产量17.55万吨,同比分别增长1.4%和1.5%,为居民的"菜篮子"提供了稳定的保障。茶叶产量975吨,同比增长4.5%,呈现出良好的发展态势。畜牧业方面面临较大挑战。生猪是同安区畜牧业生产的主要品种,上年产值占畜牧业产值高达70%,但大型猪场嘉烨兴养殖场自去年底停产后,对今年畜牧业生产产生较大影响。前三季度生猪累计出栏量只有4.43万头,比上年同期的14.12万头同比下降高达68.6%,下降幅度比上半年扩大1.3个百分点。家禽出栏量133.7万只,同比下降13.4%,比上半年下降幅度扩大5.3个百分点;禽蛋产量723.5吨,同比下降17.9%,比上半年收窄3.4个百分点。渔业也受到一定影响。因流域环保治理,今年前三季度同安区出现减产局面,全区水产品总产量1736吨,同比下降4.4%,其中,海水产品388吨,同比下降9.1%;淡水产品1348吨,同比下降3.0%。

5.固定资产投资持续走低

1—9月,同安区固定资产投资持续走低。全区实现固定资产投资266.57亿元,比去年同期下降35.5%。分领域来看,各领域投资均呈现负增长态势。基础设施投资方面,由于部分大型基础设施项目建设进度放缓,资金投入减少,导致基础设施投资增长乏力。工业企业投资也受到一定影响,企业在扩大生产规模、技术改造等方面的投资积极性有所下降,部分工业项目因市场需求不确定、成本上升等而延迟或减少投资。房地产投资下降幅度较大,1—9月全区房地产完成投资40.72亿元,比去年同期下降78.05%,其中,建安投资19.20亿元,比去年同期下降37.92%。新开工面积也大幅下降,1—9月新开工面积21.95万平方米,比去年同期下降79.15%。

(二)同安区经济社会运行中的困难及问题分析

1.产业链的构建和均衡程度还有待提升

农业方面:同安区农林牧渔业总产值同比下降9.6%,其中,畜牧业及渔业产值分别比去年同期下降明显,渔业因流域环保治理等导致水产品总产量下降。部分种植品种如花卉、食用菌受企业停产或种植经济效益下滑影响,产量减少。这反映出农业产业抗风险能力较弱,易受市场波动、政策调整及环境治理等因素影响,产业结构单一、缺乏多元化发展的问题突出。

工业方面:尽管规上工业增加值有所增长,但产业层次有待提升。多数企业仍处于产业链的中低端,缺乏核心技术和高端产品,在市场竞争中处于劣势。例如,部分传统制造业企业面临着技术改造升级的压力,但由于资金、技术等方面的限制,进展缓慢。同时,工业企业之间的协同发展不足,产业集群效应尚未充分发挥,难以形成规模优势和产业竞争力。

2.投资增长乏力

1—9月同安区固定资产投资比去年同期下降35.5%。分领域看,基础设施、工业企业及房地产投资均为负增长。基础设施建设项目进度放缓,资金投入减少,影响了区域的发展后劲;工业企业投资积极性下降,部分项目延迟或减少投资,不利于产业的升级和扩张;房地产市场低迷,投资大幅下降,新开工面积也大幅减少,对经济的拉动作用减弱。

3.消费市场复苏缓慢

社会消费品零售总额仍为负增长,批发业、零售业销售额下降,住宿业市场持续萎缩。中、高端汽车等部分商品零售额下滑,反映出居民消费信心不足,消费需求尚未完全释放。一方面,居民收入增长速度相对较慢,影响了消费能力;另一方面,市场上缺乏新的消费热点和优质的消费产品,难以激发居民的消费欲望。此外,消费环境的不完善,如商业设施布局不合理、消费服务质量不高等,也制约了消费市场的发展。

三、解决困难和问题的对策建议

(一)持续推动产业结构优化升级

农业领域一方面要加强产业扶持与规划,加大对农业的扶持力度,制定科学合理的农业产业发展规划。对于受冲击较大的畜牧业和渔业,可设立专项补贴基金,帮助养殖户应对环保治理带来的转型成本,如支持建设符合环保标准的养殖设施,引导养殖户发展生态养殖模式。另一方面要推动农业多元化发展,鼓励发展特色农业和都市农业。在花卉种植方面,针对汀溪镇花卉产业转型问题,政府可以引导企业将旅游观光与花卉种植相结合,打造花卉主题旅游景区,开发花卉相关的旅游产品和体验活动,如花艺培训、花卉采摘等,提高花卉产业附加值。对于食用菌产业,政府可以组织科研力量,研发新的种植技术和品种,提高经济效益,并建立农业合作社,实现规模化、标准化生产,降低成本，促进产业集群发展。

工业领域一方面要推动技术创新与升级，设立工业技术创新专项资金，鼓励企业加大研发投入，引进先进技术和人才。针对传统制造业企业技术改造升级难的问题，可以组织高校、科研机构与企业开展产学研合作，为企业提供技术支持和解决方案，帮助企业突破技术瓶颈，提高产品质量和生产效率，向产业链高端迈进。另一方面要强化产业集群建设，加强产业园区规划和建设，完善园区基础设施和公共服务平台。通过政策引导，吸引上下游企业入驻园区，形成产业集群。例如，对于同安区的优势产业，可以围绕核心企业打造产业链，加强企业之间的协作配套，实现资源共享和优势互补，提升产业整体竞争力。

（二）加大力度促进投资增长

基础设施建设方面，应加大对基础设施建设的统筹协调力度，拓宽融资渠道。一方面，积极争取上级政府的资金支持和政策倾斜；另一方面，可以通过发行专项债券、采用PPP模式等吸引社会资本参与。同时，加强项目管理，优化建设流程，确保基础设施项目按时、高质量推进，为经济发展创造良好条件。

工业投资领域则应该完善工业投资激励政策，对符合产业发展方向的工业项目给予税收优惠、土地优惠等支持。建立工业投资项目跟踪服务机制，帮助企业解决项目建设过程中的困难和问题，如审批手续烦琐、用地紧张等，提高企业投资积极性，推动工业项目顺利落地和建设。

房地产市场方面则要根据市场需求，合理调整房地产供应结构，加大保障性住房建设力度，同时稳定商品住房价格。优化房地产市场发展环境，简化行政审批程序，促进房地产市场平稳健康发展。鼓励房地产企业探索多元化发展模式，如发展长租公寓、商业地产等。

（三）精准发力提振消费市场

一方面要提高居民收入与消费信心。通过实施积极的就业政策，加强职业技能培训，提高居民就业质量和收入水平。完善社会保障体系，减轻居民后顾之忧，增强居民消费信心。

另一方面要注重培育消费热点与优化消费环境。可以引导企业挖掘消费潜力，培育新的消费热点，如发展文化旅游、体育健身、健康养老等消费领域。同时，加强商业设施建设和布局优化，打造一批特色商业街区和购物中心。加强市场监管，提高消费服务质量，维护消费者合法权益，营造良好的消费环境。

四、同安区2025年的发展与展望

2025年，同安区将继续坚持高质量发展理念，以创新驱动为引领，以产业升级为重点,以民生改善为根本,努力实现经济社会的全面发展。

在经济发展方面,进一步推动产业结构优化升级,提高经济增长的质量和效益。加强科技创新能力,培育更多高新技术企业和创新型企业,推动数字经济与实体经济深度融合。持续优化营商环境,吸引更多优质项目和企业落户同安。在城市建设方面,不断完善城市基础设施,提升城市的承载能力和品质。加快推进同安新城和同翔高新城的建设,打造产城融合的现代化新区。加强城市生态环境保护,推动绿色发展,营造宜居宜业的城市环境。在社会民生方面,持续加大教育、医疗、养老等领域的投入,提高公共服务水平。加强就业创业扶持,增加居民收入,提升居民的幸福感和获得感。推动文化事业和文化产业繁荣发展,丰富居民的精神文化生活。在乡村振兴方面,深入实施乡村振兴战略,推动农业现代化发展,培育壮大农村特色产业。加强农村基础设施建设,改善农村人居环境。加强农村人才培养和引进,为乡村发展提供有力支撑。

2025年同安区将在经济、社会、环境等多个方面持续发力,努力实现经济发展更具活力、城市建设更具品质、社会民生更加和谐、乡村发展更具特色的目标,为居民创造更加美好的生活。

厦门市社会科学院　　陈戈铮

翔安区经济社会运行情况分析及预测

2024年是全面贯彻党的二十大精神的一年,也是实现"十四五"规划目标任务的关键一年。面对复杂形势和艰巨任务,翔安区坚持以习近平新时代中国特色社会主义思想为指导,全面学习贯彻党的二十大精神,深入贯彻落实习近平总书记重要讲话重要指示精神特别是致厦门经济特区建设40周年贺信重要精神,认真落实党中央、国务院和省委、市委的决策部署,坚持稳中求进工作总基调,完整、准确、全面贯彻新发展理念,加快构建新发展格局,着力推动高质量发展。翔安区荣获了"中国工业百强区""国家乡村振兴示范县""国家农产品质量安全县""全国节水型社会建设达标县"等国家级荣誉。

一、翔安区经济社会发展情况分析

2023年以来,翔安区坚持稳中求进工作总基调,努力克服经济下行压力影响,经济社会发展持续稳中向好,较好完成了区五届人大二次会议确定的目标。

(一)2023年10—12月经济社会运行情况回顾

2023年全年地区生产总值887.17亿元,同比增长7.0%,规上工业增加值增长15.0%,累计完成固定资产投资664.25亿元,同比减少23.2%;财政预算收入31.48亿元,同比增长12.6%;累计实现社会消费品零售总额142.52亿元,同比增长5.89%;全体居民人均可支配收入44525元,同比增长6.1%,其中,实现农民人均纯收入29305元,同比增长8.4%,城镇人均可支配收入50243元,同比增长5.3%;共批三资项目94个,合同利用外资95.24万元,实际利用外资1.23亿元。全区第四季度实现地区生产总值258.37亿元,规模以上工业总产值428.61亿元,固定资产投资182.53亿元,财政总收入19.32亿元,社会消费品零售总额30.18亿元,实际利用外资0.19万元。

(二)2024年1—9月经济社会运行情况概述

1. 整体经济稳中有进

2024年以来,翔安区坚决贯彻党的二十大和二十届二中、三中全会精神,全面贯彻落实习近平总书记重要讲话重要指示精神特别是致厦门经济特区建设40周年贺信重要精神,坚持新发展理念,立足新发展阶段,认真落实省委深化拓展"三争"行动和市委"快字当头提效率、机关带头转作风"专项行动,以"进"的态度、"快"的作风、"干"的成效推动经济实现质的有效提升和量的合理增长。截止到2024年9月,全区累计实现地区生产总值628.77亿元,累计同比增长6.4%,其中,第一产业累计完成额7.1亿元,同比增长5.9%;第二产业累计完成额410.81亿元,同比增长5.8%;第三产业累计完成额210.85亿元,同比增长7.5%。整体经济的发展动力和活力持续增强,全区经济运行总体呈现稳步上升态势。

2. 固定资产投资提质提速

建区以来,翔安区紧抓"跨岛发展"重大机遇,加强与各市级指挥部和市有关部门的协调联动,加快推动产城融合发展,不断完善基础设施建设,现已成为"跨岛发展"的主阵地。翔安区政务服务中心聚焦"全流程""保姆式""专家式"服务,打造"一站式"企业综合服务平台三大板块,在加大招商引资力度的同时持续优化营商环境,促成了大批项目落地和实施。2024年以来,航空新城核心区发展态势强劲,货运区与业务区等关键通航配套设施正加速推进,翔南片区发展步伐稳健,促进了航空产业链的延伸与完善,同翔高新城作为区域发展的重要引擎,产业集群效应持续显现,规模不断壮大。从工作落实看,太古翔安机场维修基地正在进行屋面系统施工,厦门翔安机场5月完成航站楼钢结构施工,5月厦门航空产业园通过竣工验收,正式建成投产运营;白鹭体育场将于11月举办2026世界杯亚洲区预选赛;符合奥运赛事标准的白海豚游泳馆于8月正式开放营业;厦门地铁5号线、7号线、8号线以及9号线二期4月通过生态环境部审批,同时3号线、4号线机场西站主体结构4月顺利封顶。截止到2024年9月,翔安区完成固定资产投资682.53亿元,同比增长9.5%,完成量在全市中居于领先水平。

3. 产业转型升级持续推进

翔安区持续聚焦实体经济,持续推进"4+3+3"现代化产业体系,坚持工业立区、产业强区,呈现出产业和科研齐头并进、新质生产力和城市竞争力稳健提升的发展格局。以平板显示为代表的四大优势产业,凭借其庞大的产业规模和完善的产业链条,构建了稳固的上下游供应链体系。平板显示、半导体和集成电路产业产值分别占据全市近45%、25%的市场份额,展现出强大的市场竞争力。同时,新能源新材料、机械装备制造等领域亦呈现出快速增长态势,特别是以ABB系列为核心的机械装备制造产业,已构建起覆盖智能电网、高压、中低压的全链条输配电产业体系,为翔安工业发展奠定了坚实基础;生物医药、临空航空和海洋高新三大特色产业,以其鲜明的产业特色和巨大的发展潜力,成为翔安区新的经济增长点。翔安创新实验室作为福建省唯一专注于生物医药领域的省实验室,其一期项目已建成投用,并取得了一系列重大科研成果,包括全球首个戊肝疫苗和首个国产 HPV 疫苗的研制成功。厦门航空产业园和厦门海洋高新技术产业园区分别聚焦临空航空及高端制造、绿色能源新材料与新一代信息技术,以及海洋高新技术领域,吸引了众多国内外知名企业及高校项目入驻,为翔安区的产业升级注入了强劲动力。随着奥林匹克体育中心、国际博览中心、南方海洋创业创新基地等一大批大型公共建筑、科研院所和产业园区的相继投用,旅游会展、文创体育、数字经济等新兴潜力产业在翔安区呈现出方兴未艾的发展态势,为区域经济转型升级提供了有力支撑。截至 2024 年 9 月,翔安区三大产业产值比重分别为 1.13％、65.34％、33.53％,产业结构实现进一步优化。

4.招商引资质效不断提高

2024 年,翔安区坚持"引强入翔"战略,围绕产业定位,精准招商引资,打造"一站式"企业综合服务平台三大板块,加大招商引资力度,持续优化营商环境。翔安区招商引资的提升主要体现在 3 个方面:一是创新招商方式。2024 年以来,翔安区紧扣"强化产业链韧性、精准捕捉重点"的招商主线,聚焦于产业链中的专精特新细分领域,特别是那些在行业内具有"隐形冠军"地位的优质企业,强化产业链龙头、填补关键环节空白及促进产业集群效应,为区域经济发展增添了新活力。二是打造开放交流新平台。深化"五个交流"工程,打造台胞台企登陆第一家园"第一站"首选门户和台青发展友好型城区。全力争取自贸试验区扩区、空港综合保税区设立,实施港澳侨商回归行动,引侨资、聚侨力、汇侨智,推动外资外贸稳定增长。深度融入闽西南协同发展和厦漳泉都市圈建设,配合保障福厦高铁、城际铁路 R1 线等重大设施建设。三是深化营商环境建设。健全"翔好办"服务机制,实现"全程领办、热心代办、事后协办";升级企业服务,组建助企服务团,建立工作专班,实施"一业一方案",落实"一业一服务",促进"产业链"和"服务链"深度融合,提升服务链品质;升级园区服务,开辟企业登记许可延伸网点和智慧办税服务平台,形成"中心帮办、部门协办、市区联办"服务机制,构建起全链条、全天候、全过程的政务服务新生态。截至 2024 年 9 月,全区实现实际利用外资 1.04 亿元,同比增长 50.3％。

5.民生保障水平不断提升

翔安区一贯秉持以人民为核心的发展理念,坚定不移地维护人民的主体地位,致力于追求共同富裕的宏伟目标,并持续努力改善与增进民众的生活福祉。

公共服务方面,教育领域实现优质扩容,新增九溪高中等 12 所中小学及幼儿园,共计提供 1.5 万个学位,有效缓解学位紧张问题。同时,推进实验小学、双十中学、科技中学翔安校区的扩班计划,加速与北京十一学校联盟、上海师范大学的合作项目筹备,旨在全方位满足民众对高质量教育的迫切需求。医疗领域资源不断优化升级,新增45家医疗机构及250张床位,显著提升医疗服务能力;市第五医院与厦大翔安医院双双跻身"福建省百强单医院"行列,医疗水平显著提升。文体事业亦呈现蓬勃发展态势,新建及改造公共体育设施达3.6万平方米,2023全年成功举办各类文体活动超过700场,激发了全民参与文化健身的热情,形成了良好的社会风尚。就业方面,稳健实施就业援助策略,发放稳岗就业补助资金,举办就业创业指导与服务活动,有效促进城镇新增就业岗位,同时深化产教融合、校企合作,引导更多高校毕业生留翔来翔就业。社会保障方面,保障体系持续优化升级,创新举措频出,率先在全市范围内设立社会救助流动服务站,灵活高效地为困难群体发放救助补助资金,并针对性地为老年人、儿童、妇女、退役军人及新业态从业人员(如骑手)等群体新建或优化服务设施。扎实做好保交楼、保民生、保稳定工作,会展嘉园项目圆满实现居民回迁,珩边居住区与东园公寓一期工程相继竣工交付,有效改善了居民的居住条件。绿色生态方面,翔安中心公园的景观核心区域圆满竣工,新增城市园林绿地,针对砂场、废弃矿坑、畜禽养殖等突出环境问题实施了有效治理,空气质量显著提升。截至2024年9月,实现全体居民人均可支配收入35180元,同比增长6.6%,其中,城镇人均可支配收入42031元,同比增长5.9%;农村居民人均可支配收入24081元,同比增长7.4%。

二、翔安区经济社会运行中存在的问题与原因分析

翔安区经济社会整体发展呈现良好态势,但还存在一些问题,主要表现在以下几个方面。

(一)产业结构需进一步优化

翔安区全面贯彻新发展理念,全力补链延链强链,奋力打造高质量发展产业新高地,在各方面均取得了丰硕成果,但仍存在产业结构不合理、布局不完全的问题。其一,平板显示、半导体和集成电路等产业在翔安呈现良好发展态势,但该产业刚刚起步,缺少企业规模大的国际化龙头企业,且产业链协同缺少默契,产业链的上下游环节不完整、供需对接存在问题,产业链韧性和安全水平有待提高。其二,航空产业创新不足,厦门航空、山东航空、东方航空等企业的专利新药尚未落地,面临研发、审批、市场准入或资金投入等方面的挑战,阻碍了其商业化进程。其三,当前翔安区前沿技术布局不够,尽管翔安区已经意识到氢能与储能、人工智能等未来产业的重要性,但在布局和投资方面还不够充分,闽投储能、鹭岛氢能等项目还在推进阶段。

(二)产城人融合需进一步加强

翔安区围绕"一心两翼多组团"的发展格局,正在大力推进城市开发建设,加快推进产业和新型城镇化的融合发展,但产城人融合不够深入。其一,翔安区城市基础设施、商业配套、公共服务水平与岛内仍有较大差距,区域中心、城郊区均有城中村分布,且中心区域村庄密集度高,拆迁工作任务重,一定程度上制约新区品质提升。其二,高端人才缺失,当前许多创新、高科技产业在翔安集聚,但厦门科学城周边城乡发展不平衡不充分,高层次人才、企业家和社会精英在住房、生活环境、职业发展方面仍有考量,人才引进效率较低。其三,整体交通建设与经济发展和人民需求不匹配,存在"断头路""进岛难""老堵点"等情况,人气商机聚集能力较弱。

(三)民生保障需进一步推进

翔安区坚持以人为本的发展理念,立足民生需求,大力推进改善基本公共服务,完善城市设施,加速配套教育、医疗、交通等基础设施建设,但仍存在部分民生事业短板未补齐。就业方面,未能充分满足劳动者对高质量工作的需求,就业服务体系仍存在缺陷,如就业信息不畅通、就业指导不充分等,高校毕业生、被征地农渔民等重点群体就业不稳定。社会保障方面,社会保障统筹层次有待提高,当前的社会保障体系覆盖面不足,部分农民工、灵活就业人员等人群没有纳入社会保障,对特殊群体的关爱保障不够,还需要动态完善社会保障体系。教育方面,翔安区近几年公办教育学位缺口仍存在,岛内外师资水平相差较大,教育资源分配不均匀,办学结构还需进一步优化。

(四)生态文明建设需进一步加强

翔安区全面贯彻绿色发展理念,坚持习近平生态文明思想,生态文明建设不断取得新成效,但仍存在一些值得改进的地方。一方面,现存环境问题整改不到位,空气质量尚未稳定保持在优良水平,地表水和海域水质不达标,同时土壤污染问题突出,"无废城区"目标尚未完成;另一方面,生态系统修复不足,当前城市绿化覆盖率不足,森林覆盖率和森林蓄积量未达到标准,阻碍"稳步有序'降碳'"目标实现。

三、促进翔安区经济社会发展的对策与建议

针对翔安区经济社会发展中存在的问题,结合翔安区自身区位特点和未来经济社会发展目标,提出以下建议。

(一)构建现代化产业体系

做优创新生态,为翔安区发展新质生产力注入更新更强的动能。一是应

加速新型工业化进程,加快建设四大产业发展平台,实施高质量发展策略,推动天马8.6代线投产、中创新航三期项目封顶及盛屯新能源项目动工。同时,启动中小企业数字化转型与智能化改造行动,强化新型信息基础设施布局与应用。二是应构建多元化产业生态,依托优势园区,加快海洋高新技术、航空临空经济、生物医药等新兴产业培育,同时布局氢能与储能、人工智能等未来产业,加速闽投储能、鹭岛氢能等项目建设,培育新兴生产力。三是做优做强五大产业链主导,聚焦新型显示、半导体和集成电路、新能源新材料、机械装备制造、临空五大重点产业链群,通过延链、补链、强链,推动产业链上下游协同发展,形成完整的产业链生态。

(二)完善发展规划,推动产城人融合

翔安区正处于产业加速升级、培育发展新质生产力的阶段,为了推动产城人融合,应该紧抓"跨岛发展"战略机遇,科学进行城市规划和底线定制。一方面要注重城市功能区建设与产业新城的发展衔接,加速城市东部新城、体育会展新城及空港区域等关键功能区的建设步伐,培育并构建完善的产业生态链条,促进新城建设与产业发展的深度融合和相互赋能;另一方面,要促进区域组团协同发展,深化与市级重点区域的战略协同,力争实现投资目标,提升翔安新城的整体品质,携手央企共同打造东山公共建筑群,加速九溪西、彭厝北片区的开发进程及环东浪漫线三期的建设,塑造宜居宜业新风貌。同时要积极发挥文体效应,完善凤翔新城的功能布局,强化场馆的招商与运营策略,积极促成华润文娱、腾讯云音乐等项目的落地合作,旨在将凤翔新城打造成为具有国际影响力的赛事与会展名城,确保"周周有活动,月月有比赛",打造集体育赛事、商务会展、文化旅游等复合功能于一体的产业融合发展。此外,还可以加强交通、水利、能源等基础设施建设,推动同翔高新城的进一步建设与拓展,提升该区域城市综合承载能力,为区域发展注入强劲动力。

(三)提升公共服务,增进民生福祉

翔安区要在经济发展的同时,注重以人为本,切实做好民生配套,提升人民群众获得感、幸福感。具体体现在以下几个方面:一是全方位促进就业,深入实施就业创业"3210"行动,构建灵活高效的零工市场(驿站)网络,精准助力高校毕业生、被征地农民及渔民等关键群体实现稳定就业,同时重视劳动者权益维护,致力于构建和谐稳定的劳动关系环境。二是优化社会保障机制,推动全民参保,不断扩大社会保险的覆盖面,针对特殊群体与困难群众构建多层次、分类别的社会救助体系,兜牢民生保障底线。三是加速公共服务升级,教育方面深化"五融五促五提升"教育改革,拓宽合作办学领域,强化基础教育质量,同时实施强师计划,启用翔安职校新校区,开启教育新篇章;医疗卫生领

域,加快复旦儿科医院翔安院区建设步伐,支持公立医院高质量发展,增强基层医疗服务能力。

(四)落实各项机制,实现高质量招商引资

为持续激发经济活力与潜力,开展高强度高质量的招商投资有利于提振市场信心,优化投资环境。一方面,要积极扩大有效投资规模,深化实施项目带动战略,敏锐把握国家加速推进保障性住房建设、"平急两用"公共基础设施完善以及城中村改造升级等政策机遇期,加大力度进行项目的深度规划与储备,加速推进"十四五"规划中的重点工程项目,确保重大投资项目能够适度超前布局,并实现项目的连续滚动实施。另一方面,采取全生命周期的管理方式,推动项目建设高效有序进行,做好项目规划、审批等关键环节的要素保障工作,激发民间投资的活力与潜力,鼓励并引导民间资本参与各类建设项目,共同推动经济社会的高质量发展。同时,要全面提升招商引资的质量与效率,深化实施招商入统的攻坚战略,进一步完善"链长＋链主"协同领导与"基金＋基地"双轮驱动的联动模式。紧密围绕链主企业的上下游配套需求、产业链的核心环节以及税收贡献与就业促进等实际成效展开。此外,要重点瞄准具有强烈投资意愿的央企、外资企业、总部企业及上市公司等优质企业群体,通过整合应用场景支持、产业基金引导等多维度政策资源,强化招商策略规划与商务谈判能力,力争实现全年新增签约项目超过 120 个的目标。同时,要加强招商入统工作的常态化与精细化,确保项目从引进到落地、从注册到纳入统计的各个环节顺畅衔接、高效推进。通过这一系列举措,旨在全年内推动新增入统企业数量,为地方经济发展注入强劲动力。

(五)聚焦绿色治理,推动生态文明建设

翔安区立足新发展阶段,贯彻绿色发展理念,积极推进生态保护和高质量发展。首先是持续深化污染防治,强化大气污染关键区域分级管控策略,保持质量持续优良,提升入河排污口的源头治理与城镇污水处理能力,确保地表水体长期稳定达标,建设"无废城区",以高标准推进整改工作,严防环境问题反弹。

在国土绿化方面,启动山海绿道的建设,新增园林绿地 50 公顷及健康步道绿道 10 公里,争取创建 2 个"绿盈乡村",同时严格执行林长制,推进大规模造林绿化,新增山上造林面积 1000 亩,保障森林覆盖率和蓄积量达标。关于节能减排,加速"电动厦门"进程,推广分布式光伏发电和集中供热系统,不断提升发展"含绿量"并推广碳汇交易模式,倡导社会各界践行绿色低碳的生活方式。

四、翔安区经济发展预测与展望

2024年是中华人民共和国成立75周年,也是实现"十四五"规划目标任务的关键一年,这一年希望与挑战并存。2025年翔安区应该保持经济发展势头,继续推动经济实现质的有效提升和量的合理增长,要坚持以习近平新时代中国特色社会主义思想为指导,全面贯彻落实党的二十大和二十届二中全会精神,深入学习贯彻习近平总书记重要讲话重要指示精神特别是致厦门经济特区建设40周年贺信重要精神,认真落实党中央、国务院决策部署和省市工作要求,聚焦经济建设这一中心工作和高质量发展这一首要任务,围绕厦门"一二三"战略规划这一重点,坚持稳中求进、以进促稳、先立后破,完整、准确、全面贯彻新发展理念,更好服务和融入新发展格局,统筹新型城镇化和乡村全面振兴,统筹高质量发展和高水平安全,切实增强经济活力,为全市努力率先实现社会主义现代化作出新的更大贡献。

厦门大学经济学院　张传国　苏瑞琪

厦门市推进跨岛发展战略情况分析及建议

当前,厦门正纵深推进跨岛发展,深化投融资体制改革,加快岛内外一体化进程,形成了城市格局跨岛拓展、产业结构跨岛优化、城市功能跨岛提升、公共服务跨岛覆盖、生态文明跨岛建设的良好发展态势。

一、总体情况介绍

(一)发展背景

习近平同志为厦门发展指明了前进方向,提供了科学指南。2002年6月,时任福建省省长习近平来厦调研创造性提出"提升本岛、跨岛发展"的重大战略。2010年,市委、市政府提出岛内外一体化发展战略。岛内要"两保持、两降低、两提升",岛外按照高起点、高标准、高层次、高水平"四高"标准精心规划建设四大新城组团。2014年1月,市十四届人大三次会议审议通过《美丽厦门战略规划》,以跨岛发展战略为核心,向"一岛一带多中心"展开。2016年,厦门城市总体规划进行新一轮修订,提出了构建"一岛一带多中心"组团式海湾城市的城市发展新格局,规划融入"多规合一"理念,走在全国前列。2019年,加快实施"岛内大提升、岛外大发展"。2020年,厦门市委、市政府审时度势,先后召开"岛内大提升、岛外大发展"推进会和加快建设高颜值厦门大会。

(二)发展现状

1.经济实力显著提升

据厦门市统计年鉴数据分析,全市经济总量连跨6个千亿台阶,从2012年的2922亿元增加到2023年的8066亿元,年均增长7.1%,比上年增长3.1%,在福建省各城市中排名第三,仅次于福州市和泉州市。人均GDP从7.43万元增加到15.17万元,实现翻番。2023年,厦门以占全省1.4%的土地面积,创造出全省14.8%的GDP、26.7%的财政收入和48%的外贸进出口;城镇和农村居民人均可支配收入分别比2012年增长94%和154%,城市综合竞争力进一步增强。岛内第三产业比重迅速提高,岛外新城连片成势,厦门工业总产值的70%在岛外实现,全市人口的60%居住在岛外。2023年岛外城市建成区面积、规上工业增加值占比超七成,人口规模、固定资产投资占比超六成,岛外GDP占比超五成。

2. 创新能力持续增强

据厦门市科技局数据,全市资格有效国家高新技术企业数量由2002年的189家增加到2023年的4209家(其中,岛外四区1632家,占比38.8%),增长21.27倍;2023年同安园区高技术产业增加值达83.6亿元,同比增长24.5%,增速位居全市第一。高新技术企业年营收由2002年的603亿元增加到3515亿元(其中,岛外四区2459.4亿元),增长4.83倍。全厦门科技创新始终站在关键产业的前端,率先全国开展未来产业培育,第三代半导体、基因与生物技术等6个未来产业纳入"4+4+6"现代化产业体系。2023年四大支柱产业集群总规模超过2万亿元,电子信息、机械装备合计占规上工业总产值比重达61.8%;战略性新兴产业增加值占规上工业增加值比重达46.6%,新能源产业产值同比增长32.5。厦门市斩获7项国家科学技术奖励,获奖总数创历年新高。

3. 产业结构不断优化

三次产业结构从2002年的3.4∶53.1∶43.5调整为2023年的0.3∶35.6∶64.1,其中,第一产业增加值27.73亿元,下降4.0%;第二产业增加值2867.94亿元,下降2.8%;第三产业增加值5170.81亿元,增长7.0%。2023年形成12条千亿产业链群,十二大千亿产业链(群)中,平板显示、半导体和集成电路等7条产业链重点布局在岛外,5条产业链岛内外互促发展。2023年厦门全市数字经济规模已达4790亿元,占GDP比重为61%。

4. 产城融合愈加深入

厦门坚持"以城促产、以产兴城、产城融合"的新城建设思路,实现岛内外产业联动发展。岛外新城发展"有里有面、有血有肉",如集美新城已发展成包括城市中央商务区(central business district,CBD)、高校、高科技研发、影视拍摄等多功能于一体的综合性新城。岛外新城初步形成集聚态势,先进制造业和大数据、云计算、5G等新技术新业态新模式汇聚,吸引集聚了联芯、天马微、万泰沧海、中创新航等一批超百亿产值的龙头企业,加速"以产促城、产城融合"。2022年,岛外集美软件园三期累计招商企业数7000多家,员工5万多人,与岛内的软件园一期、二期共同构成厦门软件产业集群。同翔高新城片区将力争引进培育规模以上先进制造业企业超200家,集聚人口10万人以上。随着岛外新城初步形成集聚态势,新技术新业态新模式有了蓬勃发展的土壤,建成工业用地面积占全市92%以上。

5.人居环境显著改善

2021年岛外实有投用医疗床位数是2002年的近5倍,川大华西厦门医院、环东海域医院等优质医疗资源布局岛外,深化国家区域医疗中心试点建设,川大华西厦门医院、苏颂医院正式运营,新增医疗床位2000张,获批全国健康城市建设试点,厦门区域医疗中心功能地位持续增强。2023年,全市已建65个保障性住房项目,提供房源约14.5万套,其中,岛外房源占比81.4%。建成家庭养老床位900张。实施教育"名校出岛"战略,2023年全市中小幼在校学生数的岛外占比达到62.6%,厦门一中、双十中学、外国语学校、科技中学、厦门六中纷纷走向岛外四区,双十中学翔安校区初中部、实验小学翔安校区和外国语学校集美校区等一批名校在岛外的校区建成投用。一批优质的学校、医院正在加速跨岛、补齐短板。如今,厦门已建成"五桥三地铁两隧道一海堤",岛内外路网等交通网络建设密度居全国前列,厦门第三东通道动工建设,成为跨岛发展的新动脉,岛内外"半小时生活圈"更加完善。

二、问题与挑战分析

20多年实践充分证明,跨岛发展战略是厦门破解发展瓶颈、加快统筹发展、拓展发展空间与保护生态环境相兼顾的正确道路。在辉煌成就的背后,仍要看到存在的一些挑战。

(一)资源分配不均衡

岛内外的资源分配仍有许多不合理的地方,主要体现在两个方面:一是岛内岛外资源分配不合理。2023年,厦门市常住人口总量保持增长,全市常住人口532.70万人,厦门岛外常住人口达326万人,占比达到61%,但岛内各种资源更加集中,生活服务配套设施完备,教育、医疗等优质资源丰富,商业、文化娱乐等场所密集,生活便利性高;岛外生活服务配套设施建设相对滞后,影响了人口向岛外疏解和集聚。二是岛外四区之间资源分配不合理。海沧和集美的发展要快于同安和翔安,相对应的资源分配也是更倾向于海沧和集美。岛内集中发展现代服务业、高新技术产业等,如鹭江道商务区、两岸金融中心商务区以及软件园二期等,而岛外则以先进制造业为主,如火炬翔安开发区、海沧信息产业园等,产业结构差异导致区域功能侧重不同,岛内外产业协同发展存在一定难度,未能充分发挥产业集群效应。

(二)区域功能不匹配

跨岛发展战略至今,每个区的优势和劣势各不相同,区域功能依旧有不匹配的情况存在。区域功能不匹配的情况使得各区无法充分发挥自身的优势。

1.岛内过度集中

岛内集中了大量的金融、商务、总部经济等现代服务业和高新技术产业，导致岛内人口密度过高，土地资源紧张，交通拥堵等问题日益突出。

2.岛外承接不足

岛外虽有火炬翔安开发区、海沧信息产业园、集美机械工业区、同安工业集中区等，但在产业规模、层次和创新能力上与岛内仍有差距，且部分岛外地区产业园区存在同质化竞争，未能形成有效的产业协同互补。另外，12条千亿产业链7条重点布局岛外，岛外工业用地面积占全市8成以上，岛外社会消费品零售总额占全市比重超四成。岛外区域老城还未更新、新城还不完善，影响了城市整体运行效率和区域功能的协调性。

(三)发展出现同质化

在厦门跨岛发展过程中，部分区域没有结合自身特色和产业特征，在政策扶持、产业规划和城市建设中做法出现同质化发展的现象。岛外各区在产业引进上多偏向电子信息、机械装备制造等热门制造业，如火炬翔安开发区、海沧信息产业园等均重点发展电子信息产业，导致区域间产业竞争加剧，未充分结合自身优势形成差异化格局。对于新能源、生物医药等新兴产业，各区都积极规划建设相关园区和项目，缺乏统筹协调，难以形成完整产业链和规模效应，资源利用效率不高。各区在招商时多以土地、税收等优惠条件吸引企业，缺乏对产业配套、人才服务等软环境的打造，导致招商竞争激烈，企业选择落地区域时更多考虑成本因素，而非区域产业特色和长期发展规划。

(四)生态环境保护方面

随着跨岛发展的推进，岛外的开发建设活动不断增加，对生态环境的影响也日益凸显。例如，一些沿海湿地、山体等生态敏感区域受到一定程度的破坏，生物多样性受到威胁，生态系统的稳定性有所下降。岛外的工业污染、生活污染等问题仍然凸显，而相应的环境治理设施建设相对滞后，环境监测和监管能力也有待加强，导致环境污染治理的难度和成本增加，给生态环境保护带来了更大的挑战。

三、预期与展望

(一)区域协同发展

结合区域协同发展理论，厦门可以发展成为国际化港湾城市，不仅拥有国际化视野、网络化的基础设施体系，还拥有统一的区域治理机制，注重基础设施衔接、产业结构差异互补、公共服务均衡化以。继续推进名校跨岛战略，增加岛外优质教育资源供给，缩小岛内外教育差距，提高岛外居民的教育获得感，为产业发展提供人才支撑。进一步提升岛外医疗卫生服务水平，实现岛内外医疗卫生资源的均衡配置。加快东部体育会展新城的高标准场馆等文体设施建设投用，为居民提供丰富的文化体育活动场所。随着岛外各新城产业园区的建设与完善，将吸引更多高新技术企业和高端制造业企业入驻，进一步形成产业集群，推动产业升级，为经济增长注入新动力。

(二) 坚持产城人融合

岛内发展金融、总部经济等现代服务业，如思明区的金融中心；岛外发展先进制造业和新兴产业，建设航空新城、同翔高新城等产业发展平台。在岛外新城建设中，注重产业园区与城市功能区的有机结合，如集美新城。完善城市功能配套，构建多通道进出岛交通网络，包括海沧隧道、翔安大桥、厦门轨道交通1号线至3号线等，积极推进厦门翔安机场建设，同时完善岛内与岛外的公共交通体系。出台人才政策，对高层次人才、创新创业人才等给予住房、补贴、落户等优惠政策，吸引人才到岛外发展。

(三) 聚集高素质的产业链群

通过实施跨岛发展，先进制造业和现代服务业双轮驱动，岛内企业总部加速聚集，岛外产业不断做实做强。依据各岛外区域的资源禀赋和发展基础，明确产业发展重点与方向；建设高标准的产业园区和科技研发平台，为企业提供优质的发展空间和创新环境，吸引大量相关企业和科研机构集聚，促进产业链群的形成和发展。鼓励企业加大研发投入，支持高校、科研机构与企业开展产学研合作，共同攻克技术难题，加速科技成果转化。围绕重点产业链群，制定精准的招商策略，引进产业链上下游的龙头企业和配套企业，完善产业链条。

四、对策与建议

当前，厦门跨岛发展站上新的时代方位，对照厦门市"十四五"规划和2035年远景目标，为更深层次推进跨岛发展，提出以下建议。

(一) 加大岛外资源投入，实现资源共享

跨岛发展战略实质是区域协调发展，需要增加对岛外的公共资源投入，增加岛外的吸引力。按照岛外各区的区位条件，更加细化合理分配到的公共资源，同时也要加强岛外四区之间的联系。在实行资源共享的同时，还需要加快交通设施建设，拉近岛外四区之间的联系，更好地实现岛外资源共享。

(二) 明确区域优势特点，实现功能互补

岛外与大陆连接，土地资源丰富，发展空间大，劳动力资源丰富，而岛内基

础设施完善,现代化程度高,高端服务业发达。各区互相配合,发挥各自优势特点,最终实现共赢的局面。企业的生产厂房可以迁至集美区和翔安区,这里有着良好的制造业基础,而且可以享受相应的政策优惠;原材料采购基地可以选择在同安区,同安区交通便捷,并且与其他城市相邻便于原材料采购;进出口贸易业务可以设在海沧区,利用其物流港口的优势;而企业总部可以选择在思明区和湖里区,这里商务运营环境良好,并且有着高端服务业资源。

(三)加快产业结构调整,分区实现错位发展、创新驱动

在厦门落实"岛内大提升、岛外大发展"的跨岛发展重大战略过程中,按照"十四五"规划和远景目标,岛内外各区域产业定位聚焦高能级产业,围绕提升产业能级、岛内大提升,着力从"三高"产业切入,推进现代服务业提质增效,以科创、金融产业和总部经济为重点,构建高能级都市核心产业体系。岛内聚焦高端金融、总部经济、科技创新服务等现代服务业;继续推进集美新城、海沧新城、翔安新城等岛外新城的建设,完善教育、医疗、文化等公共服务设施配套,岛外根据不同区域资源和基础精准布局特色产业,发展特色制造业、高新技术产业、现代农业等,把教育、卫生、服务业等优势资源适度向岛外发展,补齐岛外在相关领域的短板,提高岛外发展吸引力和竞争力,形成岛外多点支撑、多业并举、多元发展的产业发展格局。实施高新技术企业培育计划,鼓励高校、科研机构与企业开展产学研合作,促进科技成果转化和产业化,加快建设一批国家级和省级重点实验室、工程研究中心、企业技术中心等创新平台,为企业和科研人员提供良好的研发条件和创新环境。

(四)坚持生态优先,持续健全生态文明制度体系

深入贯彻落实习近平生态文明思想,坚定不移地当好"生态省"建设排头兵,加快建设更高水平的"高颜值生态花园之城"。深入实施综合改革试点,改革创新引领生态文明体制不断健全。生态文明"厦门实践"向岛外拓展,全域推进"五个美丽"建设。

制定严格的生态环境保护法规,针对岛内外生态系统特点,出台专项条例,明确环境违法行为的责任和惩处标准。编制跨岛生态保护规划,将生态红线、环境质量底线等理念融入城市总体规划和土地利用规划。对于厦门的海域,加强海洋生态修复,建立海洋生态监测系统;保护森林资源,加强对集美天马山、翔安大帽山等山体的生态保护工作。建立跨部门的生态环境联合执法机制,加强对岛内外企业的环境监管,尤其是化工、印染等重点污染行业。

五、结　语

习近平总书记从 22 年前提出跨岛发展战略,再到 2024 年,对厦门战略定

位的擘画一脉相承、对厦门的期待一往情深。至今，厦门岛外新城初步形成集聚态势，产业上，集美新城、同翔高新城各自产业发展良好且有项目推进；人口方面，岛外常住人口占比提升；配套上，公建及生活配套不断完善；城市开发上，有多个片区岛外新城用地出让，为后续发展提供资源。

集美大学诚毅学院中软国际互联网学院　张　景

厦门市火炬高新区经济社会运行情况分析及预测

厦门国家火炬高技术产业开发区（以下简称"火炬高新区"）1991年被国务院批准为全国首批国家级高新区，是全国3个以"火炬"冠名的国家高新区之一，先后获得国家高新技术产品出口基地、国家对台科技合作与交流基地、国家海外高层次人才创新创业基地、国家双创示范基地等19块"国字号"招牌，是福厦泉国家自主创新示范区厦门片区核心区。经过30多年发展，其已经成为厦门创新驱动发展主引擎、创新创业主平台、高新技术企业集聚地及厦门产业链（群）主要载体，综合实力位居国家级高新区全国第11位，在全省开发区综合发展水平考核结果评价中连续8年位列第一。

一、总体情况分析

近年来，火炬高新区在厦门市委、市政府的正确领导下，立足"发展高科技，实现产业化"，实施"一区多园"跨岛发展战略，建成了包括火炬园、厦门软件园（一、二、三期）、厦门创新创业园、同翔高新城、火炬（翔安）产业区等多园区产业发展大平台。重点发展壮大电子信息产业（涵盖平板显示、计算机与通信设备、半导体和集成电路、软件与信息服务4个细分领域）、机械装备（电力电器）产业、新能源产业等产业链（群），以及人工智能、新材料、物联网与工业互联网、医药与智慧健康等产业链（群）。目前，聚集各类企业29000多家，国家级高新技术企业超1700家，占厦门市超42%。世界500强企业在高新区设立项目65个，厦门11家年产值超百亿元先进制造业企业火炬高新区占9家，年营收超亿元企业超400家，瞪羚企业100多家，境内外上市公司68家（含新三板）。建设各类创新平台200多个，其中，国家级孵化载体近30个。

（一）2023年全年总体情况

2023年，火炬高新区坚持应急与谋远相结合，奋力抢机遇、强优势、挖潜力，推动经济企稳回升向好。全年累计完成规上工业营收2826亿元，同比增长1.5%；规上互联网软件业实现营收约400亿元，同比增长24%；完成固定投资537.1亿元，同比增长26.8%；外资促到资73807万美元，商务部纳统实际利用外资89550万美元,同比增长约43%。实现一般公共预算总收入145.9亿元,同比增长7.2%。火炬高新区双向投资报告入选国务院发展研究中心在九八投洽会上首次发布的《中国双向投资报告2023》典型案例。一是招商引资卓有成效。组建招商小分队赴重点城市"叩门招商"150余次,累计入库项目105个及重点储备项目20个,3年计划投资额约370亿元。发挥区产业引导基金招投联动作用,新增基金类企业59个,新增注册资本约37亿元。二是经济运行回升向好。全力抓工业助推稳增长,实施先进制造业倍增计划,成立益企服务工作领导小组和工作专班,推动新能源产业产值增速超115%,新增9家国家专精特新小巨人企业,新增思泰克、燕之屋、亨达海天、路桥信息4家境内外上市企业,其中,路桥信息成为厦门首家在北交所上市的企业。推动ABB开关、友达光电获评国家智能制造示范工厂揭榜单位,4家企业获评国家智能制造优秀场景。三是创新活力持续迸发。推动企业提升创新能级,大力挖掘培育国家级高企、独角兽、火炬瞪羚等企业,新增国家级工业设计中心3家、国家博士后科研工作站2家,海辰储能成为厦门首家独角兽企业,宁德时代储能实证实验室项目落地。建设火炬海内外高层次创业人才服务驿站、海外人才之家服务驿站,新增高层次人才525名。推进金砖创新基地建设,梳理园区企业与巴西、智利等国市场业务合作情况,组织国内86支参赛队伍赴南非参加2023金砖国家技能大赛活动,以总数63枚奖牌的优异成绩位列第一。四是园区建设加快推进。主动对接协调各行政区和职能部门,全年出让产业用地18宗、面积超1465亩,稳居全市第一。40个省市重点项目完成投资272.7亿元,完成年度计划124.9%。积极推进绿色园区建设,园区标准化建设综合评分连续3年全省排名第一。同翔高新城推动建设228个配套项目,其中,43个项目开工、22个项目完工。

(二)2024年前三季度总体情况

2024年,火炬高新区不断巩固和增强经济回升向好态势,持续推动经济实现质的有效提升和量的合理增长。1—9月,完成规上工业增加值492.29亿元,同比增长8.3%;完成固定资产投资349.16亿元,同比下降10.5%。一是强化招商引资,不断筑牢产业根基。着力强化项目招引,新增签约入库新能安二期、施耐德工业园等112个项目,3年计划投资额约206.2亿元。推动存量企业增资扩产,玉晶光电、瀚天天成等56家企业3年计划新增投资约158.1亿元。组建新质生产力基金,推动碳中和、货拉拉等项目落地,落地基金类项目27个,新增注册资本132亿元。二是强化要素保障,全力推动项目建设。实行"两化三单"管理,推进重点项目早开工、早建设、早竣工,44个市重点项目完成投资125.59亿元,完成年度计划105.5%;15个省重点项目完成投资100.38亿元,完成年度计划121%。协助盛屯、新能安二期等14个项目顺利摘牌,用地面积约2283亩。产业用地出让宗数、总量均居全市第一。三是强化科技创新,不断增强发展动能。出台关于支持科技企业创新提质发展、支持"企业创新税收指数"白名单企业创新发展的若干措施,现有国家级高新技术企业超1700家,占全市42%。加快形成科技创新成果,2个项目分获国家科技进步奖一等奖、自然科学奖二等奖,39家企业参与的27个项目获省科学技术奖。四是强化益企服务,努力满足企业需求。持续开展"大走访、大调研",完善从小微企业、"小升规"、规模以上企业到龙头企业的梯度式企业服务机制,打造"炬链"供需对接公共服务品牌,出台支持企业改制上市等专项政策,新增工信部专精特新小巨人企业14家、创新型中小企业264家。充分发挥火炬金融服务平台作用,星宸科技在深交所创业板上市。

二、问题与挑战分析

在看到工作成效的同时,也要清醒认识到火炬高新区发展仍面临一些困难与挑战。一是经济运行不确定性增强。受内外环境影响,火炬高新区稳增长压力较大。部分行业产业市场需求仍不足,企业产能未能饱和,2024年1—9月戴尔产值同比下降26%,三安光电、冠捷、天马微等龙头企业累计减产超30亿元。部分企业为规避风险,正采取多基地布局,扩大海外投资,可能出现国内订单转移、产值缺口等风险。二是固定资产投资压力较大。随着前期百亿项目陆续建成投产,新储备的拟开工重大产业项目数量和投资规模有所减少,固定资产投资等经济指标高速增长压力较大。受经济下行压力影响,企业拿地后持续投资意愿降低,资金及项目前期建设规划变动大,新储备的拟开工重大产业项目数量和投资规模大幅减少,固定资产投资指标缺乏新的大项目支撑,固定投资基本盘压力加大。三是孵化培育后备企业存在难度。受资金、载体、应用场景等要素资源供给和创新创业环境制约,目前火炬高新区各孵化载体年度在孵企业约2000家,近两年毕业企业数约占10%,后备企业孵化培育工作存在一定困难。四是人才引育工作有待加强。园区以制造型企业为主,研发型企业占比少且规模较小,对高端人才、研发人才的承载力不足;国际化引才专业化、市场化程度不高,国际化引才资源和渠道较少。

三、预测与展望

当前,火炬高新区改革发展拥有许多不可多得的历史机遇和有利条件。首先是2024年10月15—16日,习近平总书记再次亲临福建、厦门考察调研并发表重要讲话,为我们在新时代新征程做好各项工作指明了前进方向。对火炬高新区而言,必须切实把习近平总书记的殷殷嘱托转化为干事创业的强大动力，真抓实干、力求实效，以科技创新和产业创新深度融合推动高质量发展，确保各项发展目标任务圆满完成。其次是国家密集出台一系列稳增长、稳定市场预期的政策措施。对火炬高新区而言，必须抢抓政策窗口期，全面抓好政策落地落实，全力把国家政策红利转化为发展实绩实效。此外，火炬高新区自身发展有利因素不断显现，工业品外贸形势持续回暖，海辰储能、新能达、厦门时代等重点企业产能加快释放，厦门新能安二期、电力电气产业园等重大项目相继落地动工，将成为下阶段的重要增量支撑。预计2024年，火炬高新区规上工业增加值增速约为9%，固定资产投资将扭转下行态势。

2025年是"十四五"规划的收官之年，预计火炬高新区能够较好完成"十四五"规划提出的目标任务，建成产业高端、创新活跃、产城融合、开放协同、治理高效的一流高科技园区，进入国家高新区第一梯队，成为生产生活生态相得益彰、宜居宜业的科技新城典范。到2035年，园区将成为亚太地区富有影响力的一流科技园区。主导产业链群基本具备全产业链条国内配套自主循环能力，形成现代化的科技创新体系以及园区产业布局合理、产城有机协同的新格局，建成高度信息化、数字化、智能化的科技产业新城，全面建成"金砖＋"国家深度融合的创新协作示范区，成为国家级高新区一流治理能力的典范。

四、对策与建议

下一步，火炬高新区要深入学习贯彻习近平总书记在福建、厦门考察时的重要讲话精神，以学促干、知行合一，扭住目标不放松，一张蓝图绘到底，着力打造新型工业化创新发展的"高新样板"，为厦门努力率先实现社会主义现代化贡献火炬力量。

一是进一步巩固经济回升向好态势。强化对经济运行态势的监测预警、分析研判，深化"益企服务"专项行动，全力帮助天马微、冠捷、戴尔等产值下降的龙头企业争取订单，疏通腰部企业、专精特新企业堵点，加强项目全生命周期跟踪服务机制，提升产业链供应链韧性和安全水平。坚持招引新项目和挖掘存量项目"两手抓"，深挖天马、时代、联芯等链主企业带动作用，依托平板显示配套产业园、人工智能产业园、低空经济测试基地等平台载体，着力挖掘存量企业增资扩产潜力，积极策划和洽谈引进强链补链新项目。坚持应急与谋远相结合，做好园区"十五五"发展规划编制，前瞻谋划重大战略任务、重大工程项目。

二是进一步推动科技创新和产业创新深度融合。加快构建支持全面创新体制机制，因地制宜发展新质生产力，营造更加完善的创新环境、更有吸引力的人才环境。深入实施科技创新引领工程，强化企业科技创新主体地位，试点开展"火炬协同创新主体"工作，支持企业技术攻关、产学研合作、技术服务等，深耕人工智能、增强现实等新一代信息技术,梳理一批具备优势的技术成果,推动成果转化有效落地。深入实施先进制造业倍增计划,围绕"4+4+6"现代化产业体系,牢牢守住实体经济,巩固传统产业优势,大力推动转型升级,培育壮大战略性新兴产业,前瞻布局未来产业,发挥厦门先进制造业基金、火炬新质生产力基金等产业基金的引导作用,加强科技创新和产业需求的对接。

三是进一步深化改革扩大开放。坚持以开放促改革、以改革促融合、以综合改革试点引领全面深化改革,依靠改革开放持续在推进新型工业化进程中保持领先优势。全力配合推进综合改革试点工作,助力企业在厦门市建设高标准市场体系、加快城市发展动能转换、构建现代化产业体系、探索扩大制度型开放、打造国际一流营商环境等深化改革中共享红利。深化厦台产业合作和经贸往来,持续打造对台产业承接和集聚平台,与台湾高校、科研院所、企业及检验机构开展集成电路、新型显示、生物医药和医疗器械等领域产学研合作,助力两岸融合发展示范区建设。向具有核心竞争力和成长潜力的高层次人才创业项目广发"英雄帖",吸引带动海内外高层次人才与项目扎根高新区。

四是进一步提升园区建设服务水平。完善"管委会+属地行政区+驻区机构+国企"四方联动高效协同机制,继续做好产业发展用地要素保障,保障省市重大重点项目、"三高"企业项目以及新增重点招商项目用地,推进重点项目工作提速、提质、增效,重点推动中能瑞新一期等项目尽早开工建设。完善福建省人工智能产业园规划建设方案,推动智慧农业产业园专项扶持政策落地实施,谋划推动"数字+康养"产业园区建设,引导企业入驻数字体育产业园,努力打造专业园区发展样板。

厦门市委政研室　柯贤明

专题篇

专题一 厦门城市竞争力问题研究

经济全球化与厦门城市竞争力

一、引　言

厦门经济崛起得益于改革开放和经济特区的设立。面向国际市场的先行先试的优势,厦门更早地接触到外部市场,既带来了生产层面的改善,也拓展出强劲的外部市场需求。供需两方面的螺旋式提升,推动着厦门经济取得优异的发展成就。但随着经济特区政策实验的成功,改革开放在全国层面的推进,先行先试的政策优势开始消减,经济发展的驱动力逐渐转向更深层次的因素,诸如市场潜能、历史基础、区位条件、要素资源、产业结构、人文环境乃至地方政府治理水平等渐次演变成为经济发展的重要影响要素。这使得城市发展、城市竞争力提升泛化成众多要素的综合作用结果,存在着多元的路径选择,而非单一的路径依赖。但对厦门而言,对外开放仍是决定其经济发展的重要支撑力量。这不仅体现在一些量化的重要经济指标数据上,也凸显在城市品牌、城市形象等难以量化分析的口碑观感变量上。2022年,厦门市外贸进出口总额约为9217.7亿元,与GDP比值达到118.1%,居所有地级城市第五位,在15个副省级城市中排在第一位。2024年,在"全球化与世界城市研究网络"(Globalization and World Cities Research Network)组织发布的《GaWC世界城市排名》中,厦门排在第105位,处于世界二线(Beta)城市[①]。在国内城市中,排在第18位,在15个副省级城市中排在深圳、成都、广州、武汉、南京、杭州、西安、宁波之后,位居第九位。此外,2024年,在人力资源和社会保障部国外人才研究中心发布的"魅力中国——外籍人才眼中最具吸引力的中国城市"主题活动成果以及中国城市外籍人才吸引力指数中,厦门位列全国前十,排在北京、上海、杭州、广州、苏州、深圳、青岛、南京、成都之后,是唯一

[①] 《GaWC世界城市排名》是城市研究领域广受认可的权威榜单。该榜单根据城市发展水平、综合经济实力、辐射带动能力、人口、国际化联络、国际化交通、吸引外来投资等各个层面将世界城市分成Alpha、Beta、Gamma、High Sufficiency、Sufficiency 5个等级,相当于世界一线城市、世界二线城市、世界三线城市、世界四线城市,主要衡量的是城市在全球高端生产服务网络中的地位,其评估指标侧重经济因素,尤其是高端服务业。

一个 GDP 未过万亿元却排名靠前的城市。

然而,近年来全球经济衰退迹象显现,国际政治博弈趋于常态化。一方面,随着美国加息周期结束,降息周期开启,欧美经济将进入盘整阶段。宽松政策或成为未来 5 年全球经济的新基调。这将产生 2 个维度的影响:一是美国降息将释放中国宏观政策的调控区间,扭转当前进退两难窘境,为中国经济反弹复苏提供良好的外部政策环境。同时,宽松的政策环境也有助于促使外部资本回流,缓解国内资本市场发展困境,改善中国企业尤其是民营企业的生存空间,利好厦门经济。二是欧美经济回落也可能会诱发外部需求萎缩,加剧当前中国与西方国家之间的深层次矛盾,导致贸易纷争升级,不利于中国对外开放和产能释放,进而对国内产业转型升级造成更多障碍。另一方面,以俄乌战争、巴以冲突为主的局部争端不确定性风险加剧,全球化进程迟滞,逆全球化潮流跌宕起伏,这些因素可能会放大世界大宗商品市场价格波动,强化中美两国贸易纠纷,进而延缓中国经济平稳复苏以及产业结构转型步伐,造成额外的国际政治经济风险因素累加,阻滞全球经济增长。特别是中美两国关于全球化的不同认识、不同定位,很可能在未来 5 年进一步发酵,演变成为更大领域、更深层次的中美对抗,不利于国际政治经济秩序的再平衡。

展望未来数年,地缘政治、供应链重构、因气候和科技而催生的新国际秩序联盟将推动区域化替代全球化的步伐加快。新的多边主义时代将导致新贸易阵容和贸易走廊的出现,与过去 20 年盛行的全球化趋势越行越远。这一趋势还将受到中美关系变化的强烈影响,它可能引发新一轮对敏感商品的保护主义关税,特别是进一步加剧中美之间的贸易摩擦,并延伸至科技、金融、台海关系等更深层次的中美博弈。全球经贸往来将因此转型为贸易韧性和阵营选边,而非成本节约和效率的考量。在此背景下,经济全球化的走势将对厦门经济进而对厦门城市竞争力产生怎样的影响?厦门又该如何应对这一变化带来的冲击,转危为机,进一步提升城市竞争力,实现经济更高质量的发展呢?回答上述问题是本文研究的主要目的。

二、经济全球化的现状分析及未来展望

(一)经济全球化的现状分析

1.全球贸易总额变化

2023 年,全球商品和服务进出口总额约为 610835.8 亿美元,约为 1970 年的 80.0 倍,年均增速约为 9.2%,高出同期 GDP 增速(3.1%)约 6.1 个百分点。分阶段看,全球进出口贸易总额用了约 24 年的时间达到 10 万亿美元(1970—1994 年)。然后,用了 10 年时间翻了一番,从 10 万亿美元增长到 20 万亿美

元(1995—2004年)。再用了7年时间(2005—2011年)从20万亿美元增长到40万亿美元,再翻一番。最后,用了10年时间于2021年再次增长20万亿美元,首次突破60万亿美元,达到610835.8亿美元。事实上,2021年、2022年全球进出口贸易总额连上台阶,分别突破60万亿美元大关,完全无视新冠疫情带来的影响(见图1)。也可以说,恰恰是疫情期间全世界各国实施的大规模经济刺激政策,大幅度提升了消费需求,进而带动全球进出口贸易总额的"井喷"式增长。

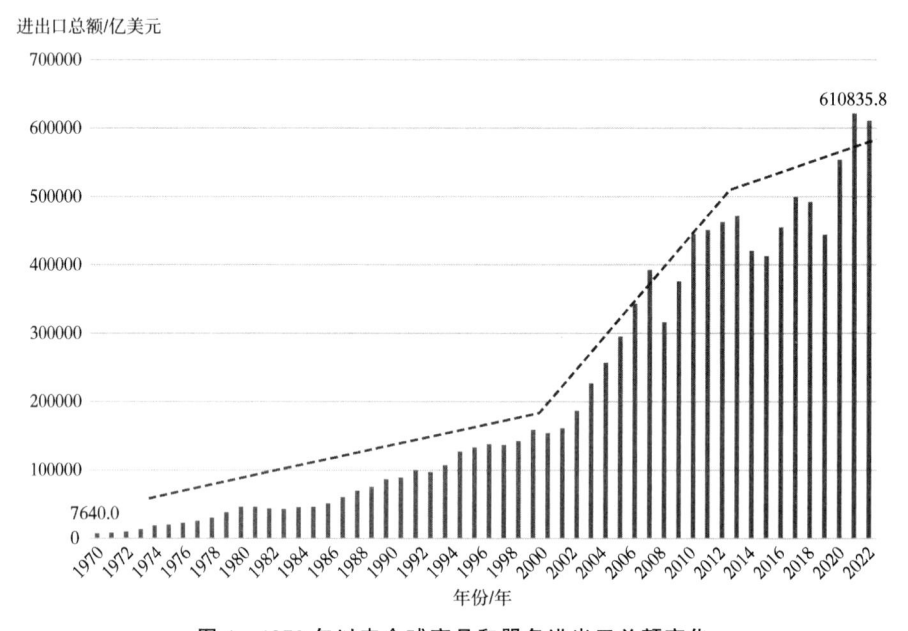

图1　1970年以来全球商品和服务进出口总额变化

注:数据整理自世界银行WDI(World Development Indicators,世界发展指数)数据库。

从增速变化上看,除个别年份之外,如1977年、1981年、1996—1997年、2014—2015年等,全球进出口贸易总额增速与GDP增速大致呈现出顺周期的关系。样本期间内的相关系数约为0.59,具备较强的关联性。进一步地,从趋势上看,1970—2023年,随着全球进出口贸易总额的快速提升,其增速整体上呈下降趋势。并且,趋势线的下行斜率要大于GDP增速的趋势线,下降的速度更快(见图2)。不过,从数值上看,样本期间内,全球进出口贸易总额年均增速要远高于全球GDP年均增速,呈现出更强的增长性和波动性。分阶段看,1971—1979年,由于基数较低,全球进出口贸易总额年均增速高达20.1%。随后1980—1989年、1990—1999年两个年代,全球进出口贸易总额年均增速较前一个阶段出现较大幅度下降,年均增速分别为7.4%和6.7%。2000—2009年,受中国加入WTO的影响,全球进出口贸易总额由2000年15.91万亿美元迅猛增加到2008年的39.29万亿美元,短短8年间增加约23.38万亿美元,年均增速反弹至12.1%。但是,2009年随着国际金融危机不断蔓延、深化,全球进出口贸易总额结束了连续7年的大幅度正增长,出现了相反趋势,进出口贸易的总量金额"不升反降",锐减至31.66万亿美元,倒退回2006年的水平。此后,在整个21世纪的第二个10年,全球进出口贸易总额均处在波动振荡之中。2010—2019年的年均增长跌到近半个世纪以来的最低谷,仅为4.9%。2020年,疫情的全球性暴发再度重创了全球贸易,进出口贸易总额增速转为-9.8%。不过,2021年中国出口的大幅复苏以及2022年全球主要发达经济体的生产供应链恢复,全球进出口贸易总额增速迅猛提升到24.7%(2021年)和12.2%(2022年)。2023年,在进出口高基数和欧美发达国家居民消费向正常回归的双重作用下,全球进出口贸易总额增速再次"由正转负",出现-1.7%的增长。

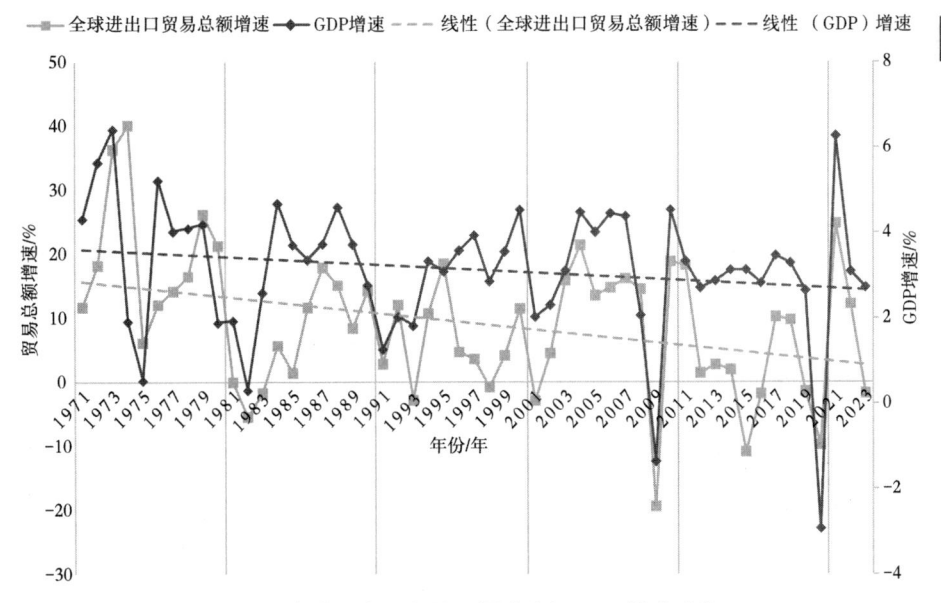

图2 全球进出口贸易总额增速与GDP增速对比

注:数据整理自世界银行WDI(世界发展指数)数据库。左轴数据对应的是全球进出口总额增速,右轴数据对应的是GDP增速。

进一步地,从贸易数量和价格变化看,2007年之前,商品贸易数量变化与单位价值变化相差不大,保持同步。但2007年之后,两者之间的差距迅速放大且变化反复(见图3)。先是2007—2014年,商品贸易单位价值指数(亦即价格指数)增长明显快于数量指数增长,商品贸易总额的反弹回升更多是依赖贸易价格上涨,而非贸易数量的增加。随后,2015—2020年,情况发生了逆转。商品贸易单位价值指数出现较大幅度下降,数量指数则维持向上增长趋势,直到受到2020年疫情冲击的影响,才短暂地大幅度下降。因此,这时期拉低全球商品贸易总额的主导因素是贸易价格下行,商品贸易数量反而是在增加的。而疫情之后,商品贸易数量指数和单位价值指数双双呈现上涨趋势,特别是商品贸易单位价值指数在2022年再次持续高于数量指数,价格主导贸易总额变化的情况没有发生改变。

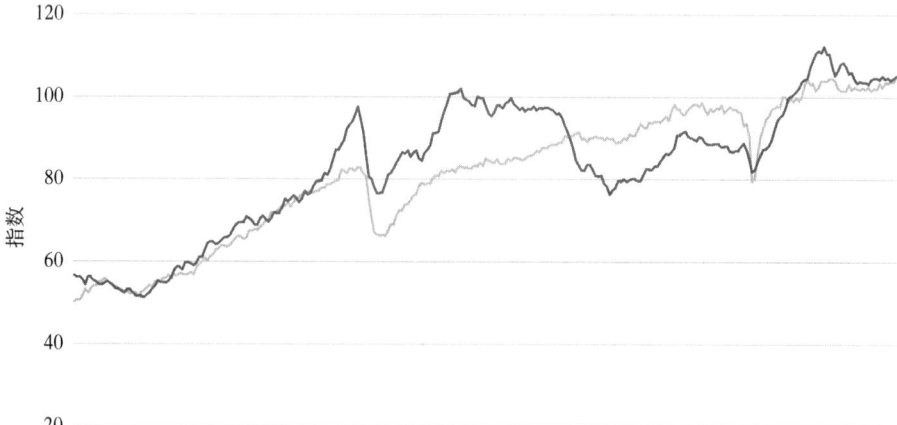

图3 商品贸易数量指数和单位价值指数变化

注:数据整理自CEIC数据库;2021年为基年,数值等于100。

2.全球贸易重要性变化

根据国民核算恒等式可知,对外贸易是宏观经济总量的重要组成部分。一般而言,更快的进出口贸易总额增长速度会对经济增长产生更大的推动作用。因此,从全球进出口贸易总额与GDP比值变化看,1974—1985年,全球进出口贸易总额与GDP比值徘徊在35%左右。但自1986年起,该比值开始稳步上升,2008年突破60%,达到61.3%。此后,受国际金融危机之后全球贸易收缩的影响,全球进出口贸易总额与GDP比值基本在50%~60%之间反复震荡下行。到2020年,跌至51.9%。2021年、2022年迅猛回升至61.4%,2023年又下滑至57.9%(见图4)。进一步地,分类来看,全球进口贸易总额与GDP比值基本上等同于全球出口贸易总额与GDP比值,两者保持一致的变化。这也符合逻辑。原则上,一个国家或地区的商品和服务出口总额必然体现为其他一个或多个国家或地区商品和服务进口总额。如果以世界为单位核算的话,除去统计误差及耗损之后,合计的出口总额必然要等于合计的进口总额。

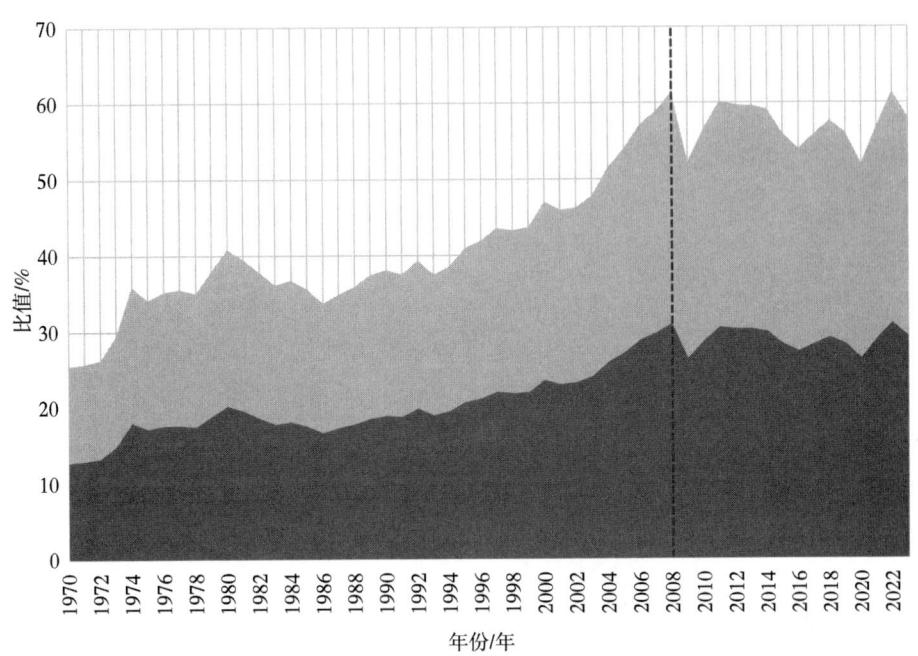

图 4 全球商品和服务进出口与 GDP 比值变化

注:数据整理自世界银行 WDI(世界发展指数)数据库。

如果扣除服务贸易,单从商品贸易看,情况也基本类似(见图 5)。在经历 1974—1992 年的低位徘徊时期之后,全球商品贸易自 1993 年起走出新一波上升势头。全球商品贸易总额与 GDP 比值在短短的 15 年间增长约 20%,绝对数值突破 50%,达到 51.2%。但 2008 年爆发的国际金融危机结束了这一持续快速增长的进程。全球商品贸易开始重新进入下行反复时期,直至今日。2020 年,受中国商品贸易增长下滑的影响,全球商品贸易总额与 GDP 比值跌至 41.7%,较 2008 年高峰减少近 10.0 个百分点。2021 年、2022 年,疫情冲击下的全球各区域生产危机的交替出现,使得商品贸易额迅速提升,短暂拉高全球商品贸易总额与 GDP 比值,绝对数值再次回到 50%,达到 50.3%。但是,很快地,2023 年,随着全球供应链趋于本土化、区域化和安全化,全球商品贸易总额与 GDP 比值又大幅跌至 45.8%,基本回到中美贸易摩擦发生的 2018 年水平。

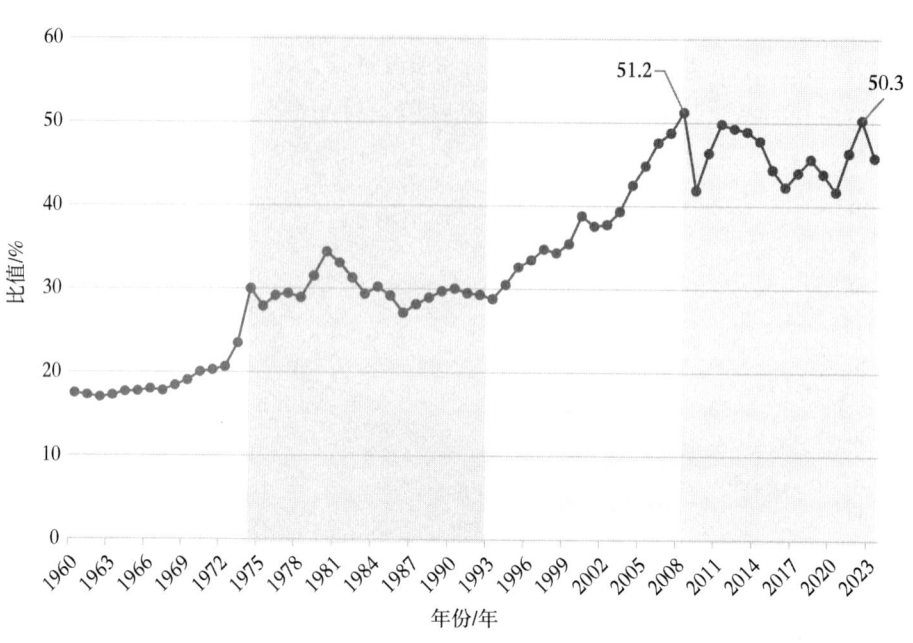

图 5　全球商品进出口贸易总额与 GDP 比值变化

注：数据整理自 CEIC 数据库。

3.全球贸易构成变化

首先，从贸易类别看，转口贸易正在成为商品贸易的重要增量。根据联合国贸易数据库的统计（UN Comtrade），2000 年，全球商品贸易总额中的转口贸易约为 178.92 亿美元，占商品贸易总额的比重约为 0.1%。而到 2020 年，该数值提高到 1.8%。2023 年，进一步增长到 2.6%，转口贸易总额突破 1 万亿美元，达到 10911.58 万亿美元。

其次，从贸易产品结构上看，工业制成品和计算机通信服务在贸易中的主导地位在不断强化。商品贸易方面，自 20 世纪 60 年代以来，商品贸易中工业制成品比重不断增加，其占全部商品贸易出口的比重由 1963 年的 55.6% 提高到 2023 年的 70.6%，年均增长 0.25 个百分点；食品和农业原料的出口比重则呈现下降趋势，60 年间分别减少了 13.0 个百分点和 8.0 个百分点，比重跌至 8.9% 和 1.1%，两者合计也仅占全部商品贸易出口的十分之一；燃料出口比重出现明显提升，由 1963 年的 5.7% 提高到 2023 年的 9.7%，增加了 4.0 个百分点；矿石和金属类出口比重相对较小，数值变化不大，2023 年，比重约为 4.0%，较 1963 年小幅下降 2.7 个百分点[见图 6(a)]。服务贸易方面，随着信息技术、互联网及数字经济的快速发展，计算机、通信和其他服务在服务贸易中的份额稳步上升，2023 年，计算机、通信和其他服务出口占全部服务贸易出口的比重达到50.8%,较1982年大幅增加18.6个百分点,占到全部服务贸易出口的"半壁江山";排在服务贸易第二行业的是交通运输服务,2023年,其出口占全部服务贸易出口的比重约为19.8%,较1982年大幅减少了16.2个百分点;而排在第三位的旅游服务占比也出现一定程度的回落,样本期间内,其占全部服务贸易出口比重下降了9.0个百分点,不过,从趋势变化上看,旅游服务比重在2019年仍达到25.0%,占到全部服务贸易的四分之一,只是受疫情阻断影响,2020年、2021年分别骤降至12.5%、11.0%,2022年、2023年开始逐步反弹至16.1%和19.8%,随着疫情结束,旅游服务的出口占比应该会逐渐回升至2008—2019年的平均水平(这段时间旅游服务基本稳定在25.0%上下,波动极小);金融和保险服务在服务贸易出口中的占比较小,2023年约为9.7%,但在趋势上呈现缓慢上升态势,样本期间涨幅约为5.4个百分点[见图6(b)]。

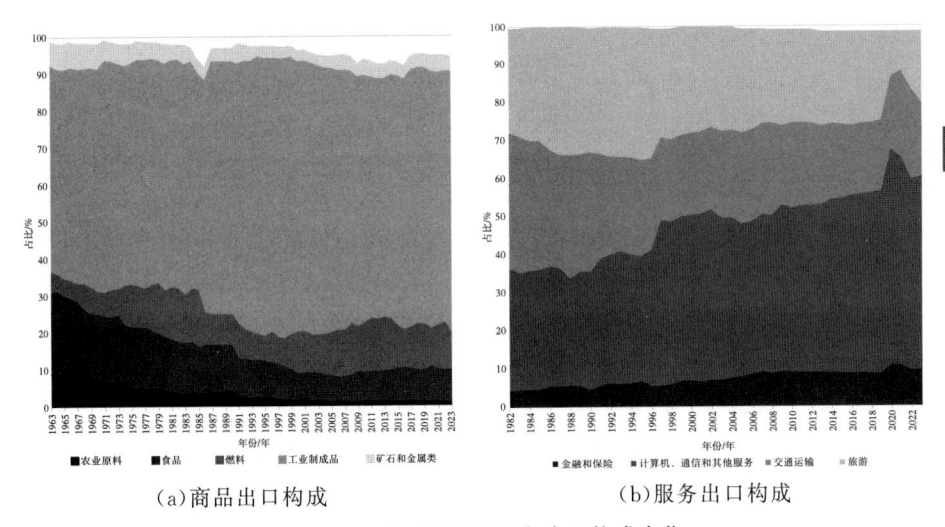

(a)商品出口构成　　　　　　　　(b)服务出口构成

图6　不同类别商品及服务出口构成变化

注:数据整理自世界银行WDI(世界发展指数)数据库。

最后,从贸易区域构成看,高收入经济体依然是贸易活动的主要发生区域,中高收入经济体的贸易活动在稳步提升,是贸易增量最集中的区域,中低收入经济体尤其是低收入经济体的贸易占比较小,未见明显起色。2023年,高收入经济体的商品和服务出口总额占全球商品和服务出口总额的比重约为70.2%,进口总额占比约为70.0%,分别较1994年下降14.7%和13.5%,取而代之的是中高收入经济体;相同时期内,中高收入经济体的商品和服务出口总额、进口总额占比分别提高了11.5%、9.7%,中低收入经济体占比则分别小幅增加3.8%、4.1%。对应地,低收入经济体占比"不升反降",分别下降了0.6%和0.3%(见图7)。

(a) 出口构成　　　　　　　　　　　(b) 进口构成

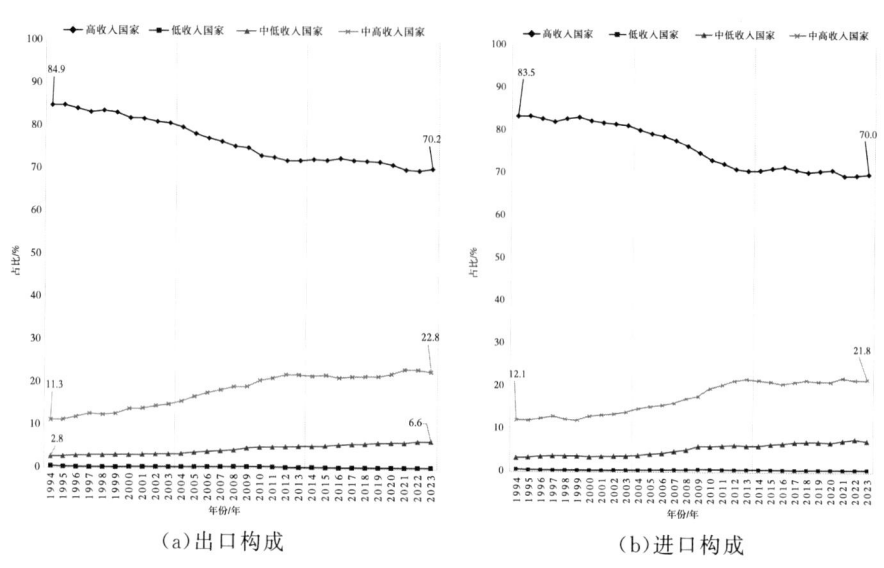

图 7　不同收入国家进出口构成变化

注：数据整理自世界银行 WDI（世界发展指数）数据库。

中高收入经济体的贸易份额提升与中国经济的外向型转型突破息息相关。1994—2023 年，作为中高收入经济体之一的中国出口总额占全球出口总额的比重由 1.9% 提高到 11.4%，增长了 9.5%；进口总额占全球进口总额的比重由 1.8% 提高到 10.3%，增长了 8.5%，两者分别贡献了样本期间内中高收入经济体出口和进口份额涨幅的 82.6% 和 87.6%。可以说，中国几乎以一己之力支撑起中高收入经济体的外贸总额增量。

受此影响，中国的进口总额于 2010 年超过德国，成为全球第二大进口国，并迅速缩小于第一大进口国美国的差距。2020 年，中国与美国的进口总额占全球进口总额的比重差距缩窄到 1.1%（见图 8）。因此，中国经济崛起对全球贸易的扩展起到了至关重要的推动作用。表 1 显示，自 1971 年以来，特别是中国加入 WTO 之后，除去中国之外的其他国家进出口贸易总额年均增速在不同时期都会比包含中国在内的全球进出口贸易总额年均增速低 0.1～0.6 个百分点。不过，情况在 2021—2023 年发生了变化。包含中国在内的全球进出口贸易总额年均增速约为 11.7%，要低于扣除中国之外的其他国家进出口贸易总额年均增速 0.3 个百分点。这意味着，在过去 3 年，其他国家之间的贸易增长高于中国的进出口贸易增速。显然，正如前述分析的那样，以西方发达国家为首的全球经贸"阵营选边化"正企图将中国排挤出全球贸易体系，这是不利于全球贸易在疫情冲击之后的健康复苏，也无助于全球贸易彻底摆脱 2009 年国际金融危机之后陷入的震荡反复局面。

(a)出口构成　　　　　　　　　　　(b)进口构成

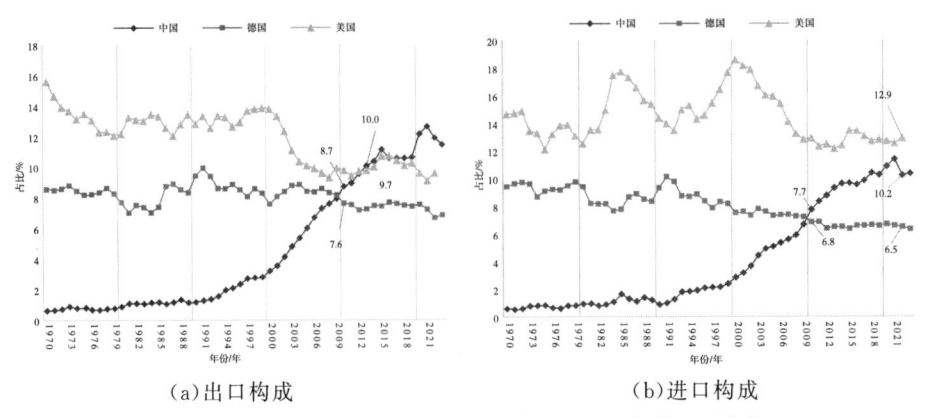

图 8　中国、美国、德国进出口占全球进出口总额的比重变化

注：数据整理自世界银行 WDI(世界发展指数)数据库。图中数据包含商品和服务进出口。

表 1　不同时期中国对全球进出口贸易增速变化的影响

单位：%

时期	全球进出口贸易总额增速	全球进出口贸易总额增速(扣除中国)	增速差距
1971—2001 年	10.7	10.6	−0.1
2002—2009 年	10.1	9.6	−0.6
2010—2019 年	4.9	4.5	−0.4
1971—2023 年	9.2	9.0	−0.2
2002—2023 年	7.1	6.7	−0.4
2018—2023 年	5.6	5.5	−0.1
2021—2023 年	11.7	12.0	0.3

注：数据整理自世界银行 WDI(世界发展指数)数据库。

4.全球关税税率变化

从主要经济体的关税税率变化看,自 20 世纪 90 年代以来,关税税率整体是呈现下行趋势的,但在不同的地区有分化表现。美国的简单平均关税税率在 2016 年下降到 2.76% 之后,开始趋势上行。中美贸易摩擦更是使得 2019 年的美国简单平均关税税率跳涨到 8.7%。尽管此后疫情暴发,关税税率迅速回落,但 2020 年、2021 年美国简单平均关税税率仍然分别达到 2.87% 和 2.79%,还是高于 2016 年的水平。德国的关税税率则代表欧盟关税税率情况,除了在 2014 年小幅提高,近年来整体关税税率均是在小幅下调的。到 2020 年,德国的简单平均关税税率下调至 1.71%。而脱欧之后的英国更是在持续调低其关税税率,以对冲脱欧带来的负面冲击。到2020年,英国的简单平均关税税率调整为1.70%(见图9)。

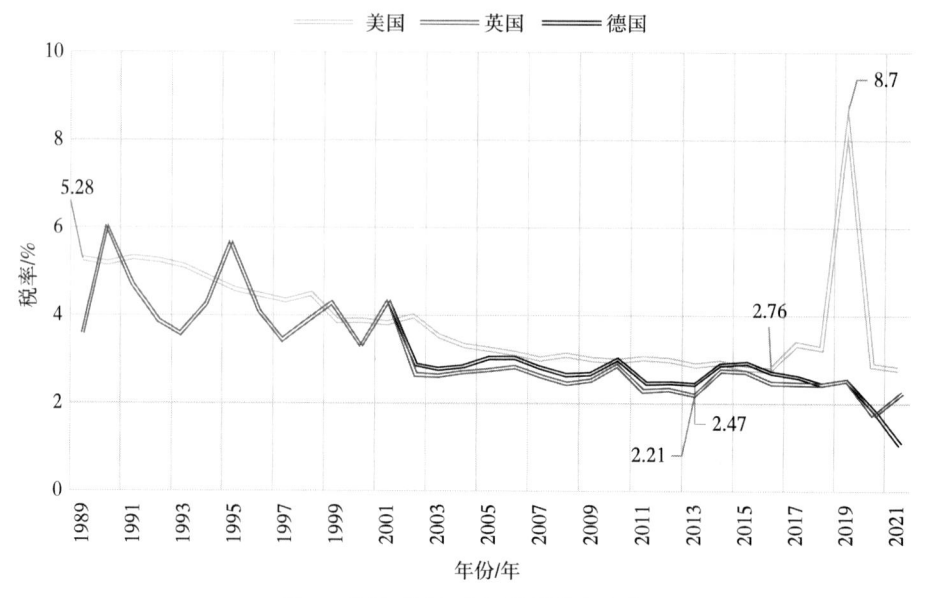

图9 美国、德国、英国关税税率变化

注:数据整理自CEIC数据库。

5.全球资本流动变化

从资本流动看,自1970年以来,全球外商直接投资(FDI)净流入和净流出金额均是在2007年达到历史顶峰(见图10),其中,FDI净流入额达到31125.4亿美元,FDI净流出额则实现31949.0亿美元,均较2000年前后互联网泡沫破灭时期翻了一番。此后,国际金融危机爆发扭转了FDI的增长趋势,开始出现持续下降走势。2018年中美贸易摩擦爆发,全球FDI净流入额跌破万亿美元关口,仅为9393.6亿美元,FDI净流出额也相应下降为7039.8亿美元,不及2007年的四分之一。2019年FDI快速反弹,但2020年疫情再次遏制了FDI增长势头。2021年、2022年重拾升势,但2023年又再度下行。2023年,FDI净流入和净流出额分别约为8478.2亿美元和11751.1亿美元,不及2000年的水平。受此影响,FDI净流入和净流出额与GDP的比值也是在2007年取得高峰值之后,开始逐渐下降(见图11)。2023年,FDI净流入和净流出额与GDP的比值分别仅为0.75%和1.07%,较2007年的5.29%和5.45%,相距甚远。

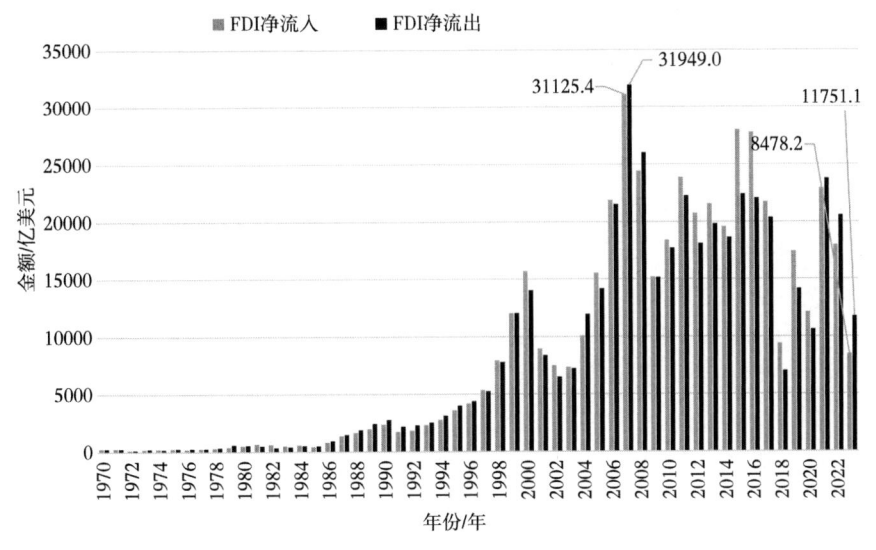

图 10　全球 FDI 净流入流出金额变化

注：数据整理自世界银行 WDI（世界发展指数）数据库。FDI 净流入金额是对所有 FDI 净流入国家的金额加总，FDI 净流出金额则是对所有 FDI 净流出国家的金额加总。两者逻辑上应该相等，但现实中，由于统计漏损、滞后等因素，两者存在差距。

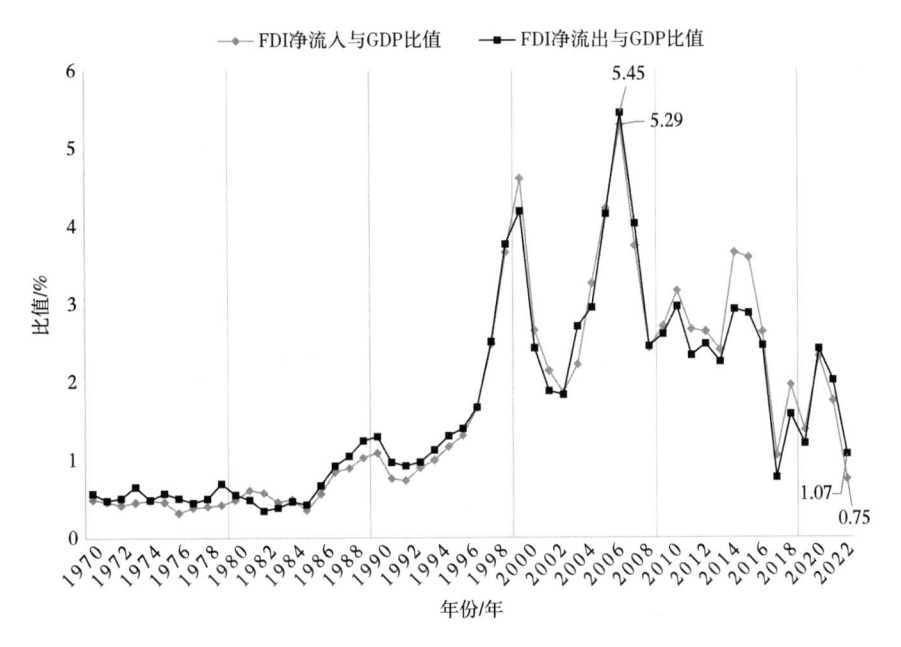

图 11　全球 FDI 流入流出与 GDP 的比值变化

注：数据整理自世界银行 WDI（世界发展指数）数据库。

全球FDI规模收缩也影响到中国FDI流动变化。相对于全球FDI变化，净流入到中国的FDI变化略显滞后（见图12）。与全球FDI流动在2007年达峰后转而持续下行不同的是，尽管国际金融危机也打断了净流入中国FDI的持续增长步伐，但在经历了2008年、2009年的回调之后，很快在2011年，中国FDI净流入量创下历史新高，达到2316.52亿美元，直到2013年之后，才开始转而下行。并于2016年跌成负值，约为-416.75亿美元，由净流入变为净流出。这一方面是当时国内实施第一轮供给侧结构性改革，对中小民营企业和外企的态度变差，导致部分资金退出中国；另一方面更重要的是彼时鼓励中国资本"走出去"，到外面去投资，造成大量的资本出海，"一进一出"最终使得中国FDI净流入量大幅萎缩，甚至由正转负。2017年之后，开始强力修正前期对外投资政策导向，FDI净流入量也重新恢复快速增长势头，到2021年回到1652.77亿美元的水平。不过，很快情况急转直下，在俄乌战争、中美贸易摩擦深化加码等不利外部环境因素的作用下，外资开始大面积大规模地退出中国，FDI净流入再度出现负值，并且规模持续扩张。2022年、2023年，中国FDI净流入量分别为-198.46亿美元和-1425.74亿美元，创下历史净流出

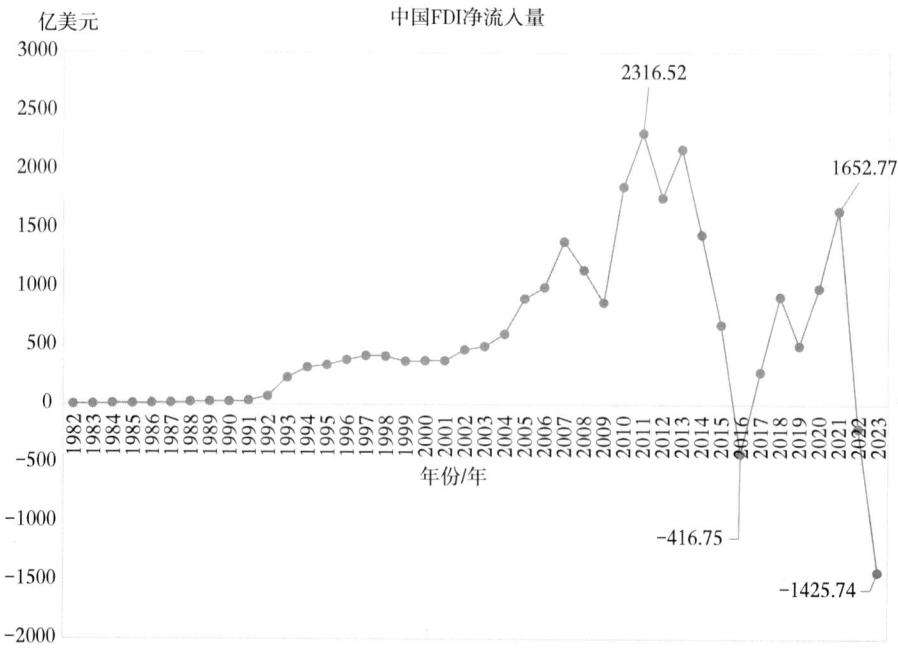

图12 中国FDI净流入量变化

注：数据整理自世界银行WDI（世界发展指数）数据库。这里的FDI净流入量是指流入中国的FDI金额减去从中国流出的FDI金额。

的最高纪录。显然,自1992年宣布以建立社会主义市场经济体制为经济体制改革目标之后,支撑中国经济增长的重要资本力量——FDI一直迅速增长,但到了2016年,却出现了相反趋势,这一趋势如不迅速改变,那么FDI很可能将逐步退出中国舞台,至少短期内不太可能出现类似2017年的迅速回升迹象。

6.全球移民变化

自1965年起,每5年的国际移民增量总体上稳步增加。1990年,因苏联解体造成的统计口径变化,新增国家移民数量达到惊人的4765.5万人。1995年回落到正常均值,新增国际移民数量约为817.9万人。随后,每5年依然稳定增长。2000年、2005年和2010年,分别增加到1183.1万人、1851.0万人和3044.5万人。这段时期对应的也恰是全球贸易总额突出猛进的时期。2015年,新增国际移民人数出现下降,减少为2195.9万人,较2010年大幅减少约848.6万人(见图13)。显然,全球贸易总额的增长停滞也会伴随着人员流动的下降。

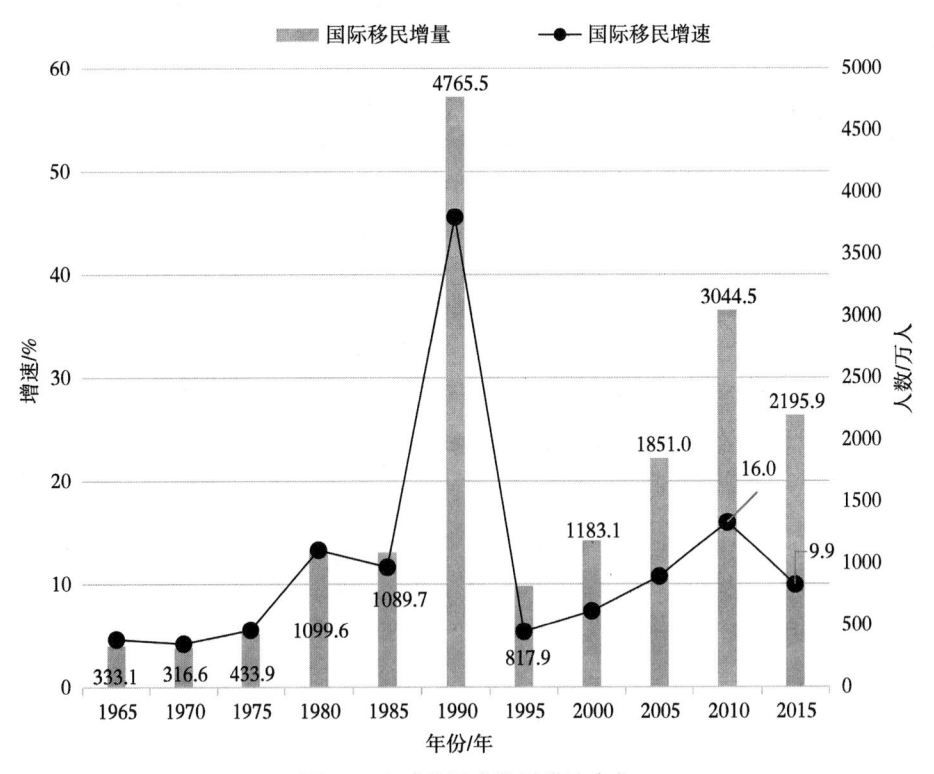

图13 全球移民人数及增速变化

注:数据整理自CEIC数据库。

综上所述，通过对当前全球一些主要贸易指标的变化分析可以得到以下一些结论：

首先，随着全球贸易总额的快速扩张，贸易增速整体趋缓。考虑到当前商品贸易与全球GDP的比值超过50%、商品和服务贸易与全球GDP比值超过60%，如果将全球看作一个经济体的话，那么这一经济体的外贸依存度已经处于较高水平。想要进一步提升比值，需要创造出更大的贸易增量，难度较大。不过，从近3年看，全球贸易总额在稳健回升，不论是在贸易增量方面，还是在贸易与GDP比值方面，均如此。但从中国视角看，近3年中国贸易对全球贸易的促进作用却在下降。因此，与其说是当前全球贸易在全面退潮，不如说是以美国为首的西方经济体在全面挤压中国贸易，希望借此减少全球贸易对于中国的依赖，重塑或强化以西方为主体的国际贸易秩序。

其次，拉长时间窗口看，全球贸易出现增长拐点的主要时间节点是2007年。这表明，2008年爆发的国际金融危机是深刻改变全球贸易发展趋势的主导事件。当前所谓的"逆全球化""去全球化"等，实际上是源于国际金融危机之后全球产业分工关系的重构所致。突出表现在，以美国为首的发达国家意识到仅仅依靠资本市场、科技等现代服务业的发展，还不足构成一个稳定的、风险可控的自主生产供应体系，经济社会的安全性需要制造业特别是先进制造业的回流。这也为后续中美贸易摩擦的发生埋下伏笔。

再次，工业制成品、计算机通信服务的贸易主体地位强化，价格因素主导了自2007年之后的全球贸易波动变化。由于国际金融危机之后，除个别年份个别国家之外，全球关税税率未见明显提升，这意味着，造成全球贸易震荡波动的因素可能更多是来自需求层面的冲击，而非生产供应体系或者政策层面的阻滞。这种需求层面的冲击源自全球层面的居民收入分布更加两极分化，贫富差距扩大，进而难以创造出足够多的居民消费需求，以支撑全球贸易的进一步增长。

又次，尽管中高收入经济体尤其是中国的贸易占比大幅度上升，但高收入经济体仍然是全球贸易活动的主要指向区域。作为中高收入国家之一，中国在过去的三四十年间贡献了该收入群体绝大多数的贸易份额提升，也先后超越德国、美国，成为全世界最大的商品和服务出口国，以及全世界仅次于美国的第二大商品和服务进口国。应该说，中国的贸易增长在一定程度上打破了高收入经济体对于全球贸易的绝对主宰格局。

最后，国际资本流动规模的收缩幅度、收缩持续时间超过了商品和服务贸易总额的下行变化，国际人员流动受制于全球贸易总额的趋势变化，正在随着贸易总额的趋势减速而大幅下降。考虑到资本、劳动力是推进经济增长的更直接动力，相较于商品和服务贸易总额下降，国际资本流动性的持续减缓以及国际劳动人口下降是当前全球化面临的更大挑战，也是制约全球贸易复苏回暖的主要障碍。对中国而言，FDI的大幅减少会进一步加剧当前因政府债务危机、企业利润增速放缓而产生的投资需求萎缩困境，不利于中国经济走出下行周期。

（二）未来展望

基于上述分析，展望下一阶段经济全球化发展趋势，本文认为：

第一，全球贸易仍将震荡下行。一方面，地缘战争、中美贸易摩擦仍在继续恶化，支撑全球贸易出现根本性转折的非经济因素仍不充分；另一方面，欧美国家经疫情时期强力刺激政策带动的超预期居民消费增量向正常增量回归[1]，必然会减缓全球消费进而影响全球贸易增长。同时，资本流向是贸易活动的晴雨表，资本收缩会先于贸易收缩。国际资本收缩会对后续全球贸易增长形成制约，阻碍全球贸易复苏。

第二，全球贸易选边站营将造成二元贸易格局，不利于形成具备全球共识的经济全球化。过去30年，中国是全球贸易市场最大的赢家。依靠廉价劳动力优势和改革开放制度红利，中国广泛地承接全球制造业的跨国转移，大大加快了工业化进程，成为"世界工厂"，并先后取代德国、美国，成为全球贸易第一大国。"欧美创新设计＋中国生产""欧美现代服务＋中国制造"，双方各取所需，互惠互利，推动全球贸易不断创出新高。然而，这种基于要素资源优势的分工协作，如同一把双刃剑，也对各自经济产生了严重损害。贸易部门相对于非贸易部门的资源掠夺效应逐渐超过溢出效应。无论是中国，还是欧美发达经济体，在贸易发展主导的阶段，国内不同阶层之间的贫富差距都在迅速扩大①。2008年国际金融危机的爆发加剧了这一问题的严重性。此后，在欧美选票政治的推动下，反中、限中逐渐成为欧美主流的政治选择。欧美国家开始寻求重构一套摆脱中国市场依赖的国际贸易新体系，而中国则提出"一带一路"倡议、RCEP框架等，构筑以自身为主体的世界贸易圈子。这从根本上改变了全球贸易格局。双方都在强调经济全球化的好处，但同时又都是从自身的利益视角去解读经济全球化。这种更多基于非经济因素形成的理念差异，不可能在短期内弥合无间。全球贸易必然也将由此二元分裂，形成以中美各自为首的二元贸易格局。

---

① 加入WTO之后，中国国内逐渐形成了"两高一低"（高投资、高出口、低消费）的总需求结构，并与欧美发达国家"两低一高"（低投资、低出口、高消费）的总需求结构，形成了国际市场上的平衡闭环。然而，这一平衡本质上是脆弱的，是建立在双方政治互信、经济互利及高度依赖对方的基础之上，一旦面临非经济领域的事件冲击，失去互信基础，平衡必然会被打破。

第三,全球贸易的主导权仍将长期由高收入经济体掌握,以人工智能、数字经济、绿色转型为主新一轮技术变革或将为中高经济体再度实现追赶提供新契机。当前全球贸易总额70%以上仍然发生在高收入经济体。这一趋势很可能会随着国际资本流动的收缩而进一步得以强化。对于低收入经济体、中高收入经济体而言,以人工智能为主的新一轮信息技术革命和绿色能源转型需求很可能会创造出新的市场需求,从而打破旧有商品和服务贸易格局,形成新的贸易增量。尽管在这些新领域,高收入经济体也占据着先发技术优势,但与传统的工业产品体系相比,这种先发技术优势并不明显,而且也还没有转变为市场优势,后发国家仍有机会在发展中赢得更多的市场机会。以新能源汽车、锂电池、光伏制品为例,新三样产品的贸易优势并不是在传统发达国家手上,而是作为中高收入经济体的中国更具有后发优势。如何巩固和放大这一后发优势,将决定着中国能否进一步缩小与高收入经济体的差距,并真正实现内源性、高质量发展转型的关键。

三、经济全球化对厦门城市竞争力的作用效应

基于前述经济全球化的现状分析及未来展望,对厦门而言,经济全球化的演变将从以下3个方面作用于城市发展:一是全球贸易振荡下行将在总量上限制厦门对外贸易的增长空间,进而对当前仍较大依赖于对外贸易的厦门城市竞争力形成制约。二是全球二元贸易格局的逐步形成会更不利于欧美市场仍占据较大贸易份额的厦门外贸增长。不过,与此同时,作为"海丝"重要节点城市,厦门也具备了向东盟国家、"一带一路"共建国家、RCEP框架协议国家更为便利的贸易优势,可以充当中国拓展对外贸易新市场的先锋队和主力军,利好外贸增长。三是国际资本流动收缩会使得仍然较大依赖于外商投资企业和港澳台商投资企业的厦门面临更大的投资负面冲击。2023年,厦门规模以上工业企业中的固定资产净额约为50.5%是由上述两类企业贡献的,营业收入份额占比更是超过六成,达到60.7%。因此,外商投资退出将可能对厦门经济进而对厦门城市竞争力产生深远影响,短期难以找到可替代的投资力量。

为更清晰地研究经济全球化对厦门城市竞争力的作用效应,接下来,本文将利用相关数据实证检验经济全球化之于厦门城市竞争力的作用方向及大小,再结合上述作用机制分析,探讨经济全球化之于厦门城市竞争力的作用渠道。在此基础上,本文将在第四部分给出厦门应对经济全球化变局的举措建议。为实现上述研究目的,先需要对厦门城市竞争力进行相应的测算。

(一)厦门城市竞争力指标体系构建

遵循《2022—2023年厦门市经济社会发展与预测蓝皮书》[2]所构建的厦

门市城市竞争力评价指标体系[①],本文将采用熵值法先计算出各项指标的权重系数,再加权求和得到最终的厦门城市竞争力综合指数。涉及的指标见表2。对应指标数据大多整理自历年厦门特区经济年鉴。样本时期为2010—2023年,其中,2023年数据来自统计月报。

表2 厦门城市竞争力评价指标体系

一级指标	二级指标	代理变量	单位	指标代码	分类代码
城市经济实力	经济总量	GDP	亿元	a1	A1
	平均水平	人均GDP	万元	a2	A2
	市场购买力	社会消费品零售总额	亿元	a3	A3
	政府实力	财政收入	亿元	a4	A4
	居民实力	城镇居民人均可支配收入	万元	a5	A5
产业竞争力	工业结构	二产占比	%	a6	B1
	服务业结构	三产占比	%	a7	B2
	工业生产率	第二产业劳动生产率	万元	a8	B3
	服务业生产率	第三产业劳动生产率	万元	a9	B4
	产业规模	规模以上工业总产值	亿元	a10	B5
	劳动力成本	职工平均工资	万元	a11	B6
城市畅通能力	物资通达程度	公路通车里程数	公里	a12	C1
	网络水平	互联网用户数	万户	a13	C2
	通信业务	邮电业务量可比价	亿元	a14	C3
	货运水平	货运量	亿吨	a15	C4
	客运水平	客运量	亿人次	a16	C5

---

① 《2022—2023年厦门市经济社会发展与预测蓝皮书》一书中的厦门城市竞争力问题研究专题,提出了一个包含5个一级指标和28个二级指标的城市竞争力评价指标体系。其中,5个一级指标分别为城市经济实力指标、产业竞争力指标、城市畅通能力指标、环境吸引力指标以及创新潜力指标;28个二级指标则包括经济总量、市场购买力、工业结构、物资通达程度、居民生活保障、城市开放度等。具体测算方法采用的是熵值法。测算的步骤如下:先利用熵值法获取每个指标的权重,再将其加权求和,得到最终的竞争力评价指数。熵值法的基本原理是利用各变量的熵值来显示其蕴含信息的重要程度,并以此为基础计算对应的权重。熵(entropy)是克劳修斯在1850年创造的术语,表示一种能量在空间中分布的均匀程度。熵越大说明系统越混乱,携带的信息越少;熵越小说明系统越有序,携带的信息越多。

续表

一级指标	二级指标	代理变量	单位	指标代码	分类代码
环境吸引力	居民生活保障	城镇单位就业人员占比	%	a17	D1
	医疗卫生状况	每百人拥有医卫人员数	人	a18	D2
	自然环境	园林绿地面积	万公顷	a19	D3
	公共交通	每万人拥有公交车辆	辆	a20	D4
创新潜力	城市开放度	外贸依存度	%	a21	E1
	城市发展动力	城市化水平	%	a22	E2
	引进外资能力	实际利用外资	亿美元	a23	E3
	消费潜力	城镇居民人均消费性支出	万元	a24	E4
	基建水平	全社会固定资产投资总额	亿元	a25	E5
	教育科研潜力	每万人拥有大学生人数	人	a26	E6
	文化状况	人均公共图书藏书量	册	a27	E7
	科研投入	人均R&D支出	元	a28	E8

(二)指标权重系数的测算

表3给出了各指标对应的权重系数,可以看到:

第一,产业竞争力指标对城市竞争力指数的贡献份额最大,权重达到28.6%,次之为创新潜力指标,权重约为24.0%,两者合计达到52.6%,超过一半的权重。这表明,产业竞争力和创新潜力是城市竞争力指标最主要的考虑因素。

第二,从单个二级指标权重看,排名前8的指标分别是工业生产率(8.1%)、通信业务(7.7%)、服务业生产率(6.9%)、工业结构(5.8%)、居民生活保障(5.6%)、公共交通(4.9%)、教育科研潜力(4.7%)和城市开放度(4.6%),涉及4个一级指标的内容范畴,分布相对均匀,表明指标体系能够较为全面、多维度地反映城市竞争力水平。

第三,对比城市畅通能力指标和城市经济实力指标,在相同指标个数下,城市畅通能力指标对城市竞争力的权重贡献要更大。这显示,城市资源要素流通对城市竞争力的作用要大于总量指标。因此,厦门经济体量并不是决定其竞争力的关键,能否充分发挥区位优势,利用港口、航空等交通区位优势,提升物流畅通能力,将会更有利于提升厦门城市综合竞争力。

表3 各指标权重计算结果

一级指标	二级指标	指标代码	分类指标代码	权重	一级指标权重
城市经济实力	经济总量	a1	A1	0.035	0.140
	平均水平	a2	A2	0.022	
	市场购买力	a3	A3	0.039	
	政府实力	a4	A4	0.017	
	居民实力	a5	A5	0.025	
产业竞争力	工业结构	a6	B1	0.058	0.286
	服务业结构	a7	B2	0.018	
	工业生产率	a8	B3	0.081	
	服务业生产率	a9	B4	0.069	
	产业规模	a10	B5	0.027	
	劳动力成本	a11	B6	0.033	
城市畅通能力	物资通达程度	a12	C1	0.028	0.182
	网络水平	a13	C2	0.022	
	通信业务	a14	C3	0.077	
	货运水平	a15	C4	0.026	
	客运水平	a16	C5	0.029	
环境吸引力	居民生活保障	a17	D1	0.056	0.152
	医疗卫生状况	a18	D2	0.019	
	自然环境	a19	D3	0.027	
	公共交通	a20	D4	0.049	
创新潜力	城市开放度	a21	E1	0.046	0.240
	城市发展动力	a22	E2	0.033	
	引进外资能力	a23	E3	0.034	
	消费潜力	a24	E4	0.024	
	基建水平	a25	E5	0.028	
	教育科研潜力	a26	E6	0.047	
	文化状况	a27	E7	0.011	
	科研投入	a28	E8	0.015	

(三)城市竞争力的测算结果

结合上述指标权重系数,可以加权得到2010—2023年厦门城市竞争力综合及分项指数的变化情况,如图14和图15所示。测算结果显示:

第一,样本期间内,厦门城市竞争力整体上保持上升态势。2010—2022年,厦门城市竞争力指数由0.218上升到0.644(见图14)。不过,分时期看,"十二五"时期,厦门城市竞争力提升较为反复;"十三五"前期、新冠疫情发生之前(2016—2019年)则出现较快提升;而在新冠疫情发生之后(2019年之后),竞争力指数的增长趋势重新趋缓,并延续至今。

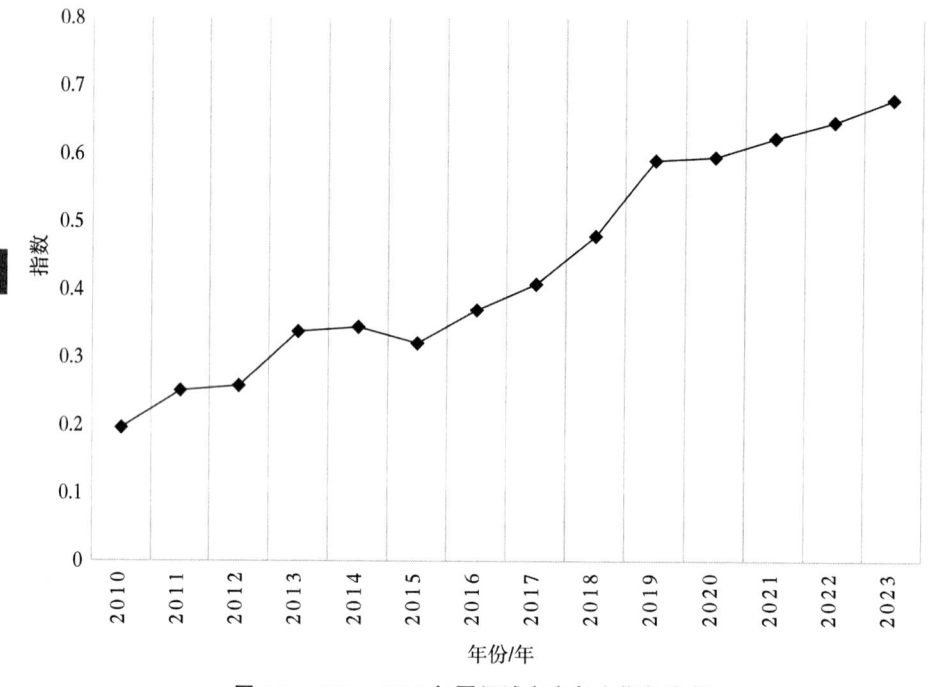

图14 2010—2023年厦门城市竞争力指数变化

注:作者测算。

第二,从分项指数看,各指数表现分化(见图15)。城市经济实力指标保持着快速上升的势头,并且在5个指标得分排序中也由2010年最低位提高到2023年最高位;产业竞争力指数在2017年之后稳步提升,并于2022年成为得分仅次于城市经济实力指标的分项指数;城市畅通能力指标在新冠疫情暴发之前,与城市经济实力指标基本保持同步,但2020年之后,该指数急转直下,2021年、2022年得分跌至倒数第一,2023年回升1位,位居第四;环境吸引力指标在2017年之前的得分一直排在5项指标的第一位,但2018年之后逐渐被其他分项指标赶上,并出现下行趋势,2020年排名垫底,2021年、2022年短暂回升之后,2023年再度大幅下跌至倒数第一;创新潜力指标得分则呈现小幅"振荡"上涨趋势,2023年基本与产业竞争力指数持平。

可以看出,样本期间内,制约厦门城市综合竞争力提升的关键点在于环境吸引力持续下降以及2019年之后城市畅通能力下滑。前者可能受制于厦门公共服务供给能力相对有限和产业发展环境的弱势,后者则证实,作为港口型城市,厦门城市竞争力的提高还是要依赖于货物货运的充分流动。与之对应,促使厦门城市竞争力在"十三五"时期较快提升的关键因素是产业竞争力指数较快上涨。而"十四五"时期则表现为经济总量规模以及创新潜力的持续增长。特别是后者,在产业竞争力增长转头趋缓的情况,创新潜力将很可能成为支撑厦门城市综合竞争力增长的主导因素。

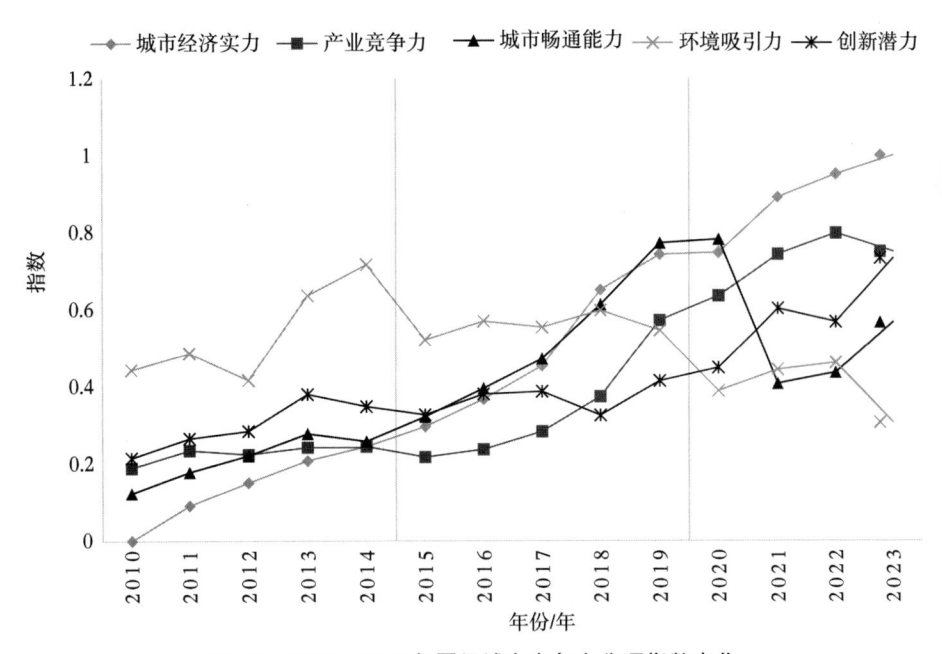

图 15 2010—2023年厦门城市竞争力分项指数变化

注:作者测算。

(四)经济全球化对厦门城市竞争力作用的实证检验

为进一步分析经济全球化对厦门城市竞争力的影响,接下来,本文将利用厦门市季度指标数据,结合前述城市综合竞争力指数,通过熵值法构建厦门市季度综合竞争力指数,并以此为基础,实证检验经济全球化对厦门城市竞争力的作用效应,为后续政策建议提供经验证据。

受制于数据的可获得性,纳入计算季度竞争力指标只有21个,包括地区生产总值、规模以上工业产值占比、第二产业增加值比重、第三产业增加值比重、外贸依存度、出口总额、进口总额、固定资产投资总额、房地产开发投资总额、实际利用外资、社会消费品零售总额、地方财政收入、地方财政支出、金融机构各项人民币存款、金融机构各项人民币贷款、港口货物吞吐量、物价水平、城乡居民人均可支配收入以及城乡居民人均消费支出等。采用熵值法赋权之后,最终加权得到的季度竞争力显示:2010—2016年,城市竞争力指数相对增长缓慢,2017年之后开始振动提升,数值由0.3左右提高到2023年的0.65左右,季度指数的变动趋势与年度指数基本类似。2023年,除一季度达到0.734之外,4个季度均值为0.675,与前述测算的年度数值(0.680)也基本接近(见图16)。

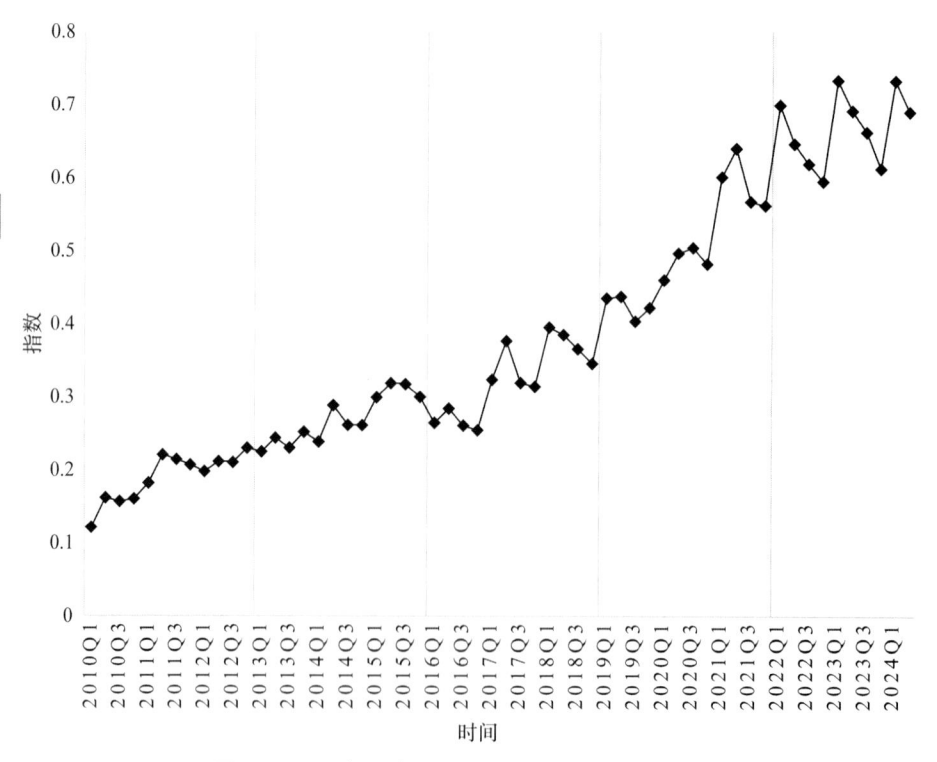

图16 2010年以来厦门季度城市竞争力指数变化

注:作者测算。

紧接着,通过设置经济全球化变量,利用计量回归方法,本文将实证检验经济全球化对厦门城市综合竞争力的作用效应。首先,在变量代理指标选择方面,被解释变量将采用前述测算的厦门季度城市综合竞争力指数(用CI表示)。解释变量中,主要解释变量经济全球化(用GI表示)采用4个代理指标来表示，分别是全球贸易总额与GDP比值、全球出口总额与GDP比值、全球FDI流出额与GDP比值以及全球FDI流入额与GDP比值，目的是从贸易和资本两个维度反映经济全球化程度。如前述分析，主要解释变量的符号预期为正，代表经济全球化将有助于促进厦门城市竞争力提升。同时，为突出中国重大对外开放战略变化的影响，本文将加入反映"一带一路"倡议和RCEP的二元虚拟变量，其中，"一带一路"变量是将2013年之后（包含2013年）各季度数值设为1、2013年之前各季度数值设为0；RCEP变量类似，将2022年之后（包含2022年）的各季度数值设为1、2022年之前的各季度数值设为0。这两个变量的符号预期为正，代表共建"一带一路"和RCEP实施生效将有助于提升厦门城市综合竞争力。此外，为捕捉政策的年度效应变化，本文还控制了系数估计显著的年度时间变量。

其次，在变量数据处理方面，由于缺乏全球GDP的季度数据，本文使用以下方法处理：一是将美国、欧盟、中国、英国、日本、巴西、印度、俄罗斯8个地区或国家的季度GDP加总，得到上述区域以美元计价的季度总量GDP。二是计算上述8个地区或国家年度GDP占全球GDP的比重。本文发现，自2010年以来，上述区域年度GDP占全球GDP的比重基本稳定在74%左右，前后振幅不超过1%。三是将上述区域的年度GDP占比视为对应年份的季度GDP占比，结合上述区域以美元计价的季度总量GDP，直接相除，换算得到全球季度GDP。之后，再利用季度的全球进出口贸易总额数据以及FDI流入流出总额数据，可得到季度的经济全球化指标。此间涉及的季度数据全部整理自CEIC数据库，年度数据则整理自世界银行WDI（世界发展指数）数据库。受限于数据可获得性，以贸易额衡量的经济全球化指标样本期间是2010Q1—2024Q2；而以FDI流入流出额衡量的经济全球化指标样本期间是2013Q1—2024Q2。

最后，在作用机制方面，本文还将从厦门外贸总额增长及吸引外资进入两个方面来讨论经济全球化之于厦门城市竞争力的作用渠道。如前所述，全球贸易的震荡下行很可能会影响厦门对外贸易增长，并引发外资退潮，从而对仍较大依赖于外部市场和外来资本的厦门经济产生直接的负面冲击，削弱厦门城市竞争力。

最终，估计结果见表4，可以看到：

第一，从方程（1）到方程（4），4个代表经济全球化的变量估计系数均显著为正，表明样本期间内经济全球化对厦门城市竞争力产生了显著的推动力。从估计系数的数值看，4个方程的变量估计系数均大于1，最高值甚至达到2.749。这意味着，1个单位的经济全球化程度提升会带动超过1个单位的厦门城市竞争力上涨，两者之间的关系富有弹性，兼具统计意义和经济意义上的显著性。

第二，控制变量方面，方程（1）和方程（2）的"一带一路"变量估计系数显著为正，而RCEP变量估计系数为正但不显著；而在方程（3）和方程（4）中，RCEP变量估计系数显著为正，"一带一路"变量则由于样本数据问题（FDI流入流出数据在2013年之后才有），其作用效应与截距项重合。对比方程（1）和方程（2），方程（3）和方程（4）中截距项估计系数由显著为负转变为显著为正，说明加入"一带一路"变量的作用效应之后，被解释变量有明显上升的趋势。因此，综合来看，相对于RCEP协议而言，共建"一带一路"对厦门城市竞争力的促进提升效应会更为稳健显著。这或许与RCEP协议作用的时间还比较短，暂时没有充分显示出其重要性。事实上，从地理距离看，厦门接壤东南亚地区，同时，厦门长期是以外向型经济为主的港口城市，贸易是主线，投资的外溢能力相对较差。因此，与"一带一路"偏向共建属性相比，更倾向于清除贸易壁垒的RCEP可能会对厦门社会经济发展更为有利。

表4 模型估计结果

变量	方程（1） 竞争力指数CI	方程（2） 竞争力指数CI	方程（3） 竞争力指数CI	方程（4） 竞争力指数CI	方程（5） 厦门实际利用外资	方程（6） 厦门外贸总额对数值
经济全球化变量（外贸依存度）	1.371*** (0.244)	—	—	—	—	3.818*** (0.560)
经济全球化变量（出口依存度）	—	2.741*** (0.478)	—	—	—	—
经济全球化变量（FDI流出与GDP比值）	—	—	2.074* (1.218)	—	12.714** (6.567)	—
经济全球化变量（FDI流入与GDP比值）	—	—	—	2.749*** (0.872)	—	—
"一带一路"变量	0.419*** (0.017)	0.419*** (0.016)	—	—	—	0.785*** (0.038)
RCEP变量	0.017 (0.021)	0.023 (0.021)	0.104*** (0.019)	0.095*** (0.018)	−0.017 (0.107)	−0.062 (0.049)
年度时间变量	控制	控制	控制	控制	控制	控制
截距项	−0.469*** (0.117)	−0.464*** (0.114)	0.508*** (0.022)	0.501*** (0.017)	0.239** (0.121)	5.142*** (0.270)
样本数	58	58	46	46	46	58
拟合优度	0.9783	0.9786	0.9592	0.9657	0.5570	0.9573
F统计量	214.74	218.45	97.09	116.18	3.89	107.52

注：***、**、*分别表示在1%、5%、10%水平上显著；圆括号中的数字表示标准误差。

进一步地,方程(5)和方程(6)的估计结果显示,当被解释变量为厦门实际利用外资和外贸总额时,样本期间内以 FDI 流出和外贸依存度衡量的经济全球化变量估计系数均显著为正。这意味着,经济全球化可以从促进厦门对外贸易总额增长以及提高厦门实际利用外资两个渠道来增进厦门城市竞争力。

综上,本文的实证检验结果表明,样本期间内,经济全球化对厦门城市竞争力起到了显著的正向作用,是推动厦门城市竞争力提升的重要因素。然而,下一阶段,随着以贸易增长趋缓、国际资本流动收缩为鲜明特征的经济全球化下行,其对厦门城市竞争力的正向作用很可能也将转为抑制厦门城市竞争力继续上行的负向因素。如何有效应对这一作用转向带来的负面冲击,将是决策部门需要重点关注和考虑的重大现实问题。

四、经济全球化视角下提升厦门城市竞争力的举措建议

尽管全球贸易整体呈现趋势下行,可能会在一定程度上压缩传统外部市场的增长空间,但是,一方面,全球二元贸易格局的形成,将为厦门提供新的外部市场;另一方面,新技术革命创造出来的新产品市场需求,也将给厦门带来新的竞争契机。加快外贸转型,加快产业结构升级,提升技术创新对经济增长的贡献,大力发展新质生产力,充分利用双循环新发展格局带来的统一大市场机遇,抓紧培育新市场主体,弥补外资空缺,将是题中应有之义。作为改革开放的前沿城市、海上丝绸之路的重要节点城市,厦门必须更加坚定不移地通过高水平全面扩大开放,积极融入共建"一带一路"倡议及 RCEP 协定,迎难而上,在新的国际政治经济环境下,探索出新型的外贸和城市发展路径。

结合前述分析,具体而言,本文的政策建议如下所述。

(一)加强对外经济融合发展,以更高水平对外开放,促进城市竞争力提升

如前所述,经济全球化会通过冲击厦门外贸增长和实际利用外资,进而作用于城市竞争力。为此,在当前欧美发达市场愈发钳制中国对外出口的背景下,厦门需要尽快开辟海内外新市场,寻找新出口需求。具体而言,厦门应进一步深入实施自贸试验区提升战略,深化外贸体制改革,深化外商投资和对外投资管理体制改革,健全内外贸一体化制度体系,落实推动更多垄断领域有序扩大开放部署,推进内外贸产品同线同标同质(简称"三同"),鼓励引导企业多方式发展"三同"产品,支持企业研发生产适销对路的"三同"产品,将"三同"产品适用范围由食品、农产品扩大至一般消费品、工业品领域,促进内外贸标准衔接。推动采用国际先进标准,促进国内市场规则与国际通行规则对接,持续提升国际国内标准一致性。深化"海丝"核心区建设,完善与"一带一路"共建

国家合作对接机制，加快出台和完善 RCEP 工作方案或行动计划，强化与 RCEP 成员经贸合作，加快建设海外境外对外商贸联络点，切实提高对企业的支持和服务水平，推动企业"抱团出海"、大胆"走出去"，推动更深地融入区域大市场，谋划好未来发展新竞争优势。

（二）做大做强做优民营经济，弥补外资流出缺口，应对经济全球化下行冲击，促进城市竞争力提升

民营经济是厦门乃至福建经济的特色所在、活力所在、优势所在。民营经济的发展状况将决定厦门经济未来的发展状况。厦门要在制度和法律上平等对待国企民企，坚定不移地鼓励、支持、引导民营经济发展，最大限度地发挥民营企业家创业的积极性，推动民营经济实现新飞跃。要以数字化转型为依托，降低民营企业客户集中度、采购商集中度，降低流通成本和仓储成本，提升产品附加值和产品利润，促进民营企业竞争力提升。要借助大型数字平台公司、工业互联网服务商及数字化服务商，推出共性通用、低成本、易运维的系统解决方案，加快民营中小企业套餐式、场景式普及应用，降低数字化转型成本，提高安全保障，促进中小企业数字化转型。要围绕本地传统优势产业及战略主导产业，构建民营龙头企业培育库，根据营业收入、税收贡献情况，给予企业奖励扶持。要坚持集群式发展策略，支持民营龙头企业发挥行业带头作用，串珠补链，形成产业集聚效应；支持民营企业深耕细分市场，鼓励民营中小企业专精特新发展，争当制造业单项隐形冠军，对新认定的专精特新中小企业、小巨人企业等给予更多奖励扶持。要通过改革牵引，提升民营企业投资能力和投资意愿。通过完善财税金融扶持民企政策制度，切实解决中小民营企业融资约束难题；放宽电信、金融、城市供水供气供电等传统垄断市场准入门槛，吸引民间资本进入。要坚持创新驱动发展战略，扶助民营企业加大研发投入，巩固创新领先优势；围绕构建现代化产业体系，引导具备合适条件的民营企业进入新兴产业，布局未来产业，加快形成新质生产力。要持续优化营商环境，打造现代化治理新模式，保持政策连贯性和取向一致性，稳定市场预期，增强企业投资信心，全力为民营经济保驾护航。建立领导干部挂钩联系重点民营企业机制，设立民营经济专门工作机构，构建与民营企业之间的常态化沟通渠道，多措并举为民营企业发展提供更好的服务。

（三）加快创新型城市建设，以科技创新强化谋取新市场需求，促进城市竞争力提升

以人工智能为引领的新一轮科技革命和产业变革突飞猛进，推动全球生产方式、贸易范式急剧转变。数智化、绿色化正在加速升级改造传统产业，带动形成创新高效、绿色低碳的现代化产业体系。以颠覆性创新技术的突破和应用,释放高质量发展新动能,是应对这一变数的重要法宝。厦门应持续加大研发投入,支持关键核心技术攻关,通过财税优惠、人才引进、知识产权保护等政策,激发企业创新活力,增加高质量创新成果。要强化科创平台支撑,加大科技型企业信贷支持力度,做好关键技术攻关。加快建设高能级科创平台体系,对引进共建研发机构强化绩效管理,探索开展退出机制。聚焦重点产业链,争取在每一条重点产业链上都要建有市级以上科创平台。谋划建设厦门科技大市场,整合人才、设备、技术、成果、资金、数据等科创要素,强化全链条服务。加大科技型中小企业信贷支持力度。对早期、初创期科技型企业研发类信用贷款本金损失,实施100%市级风险补偿。要支持开展重大科学问题、重大共性关键技术和产品研发及应用。对单项重大科技创新工程项目最高支持1000万元,对研发周期长、研发投入大和事关产业核心竞争力的重大科技项目,可延长支持时间。要实施高校学科培优计划,加强基础学科、新兴学科、交叉学科建设和拔尖人才培养。建立健全人才引进、培养和激励机制,吸引和留住高层次人才,探索产学研+市场新模式,为提升城市竞争力提供智力支持。

(四)大力推动产业结构转型,以新兴产业未来产业比重提升加快城市转型,促进城市竞争力提升

要尊重市场消费需求规律的转变,打造新的产品供应体系,形成新的技术竞争及规模经济优势,进而提升城市竞争力。要依托现有产业集群优势,优化产业布局,打造全产业链优势。重视战略性新兴产业集群式发展和未来产业集中式培育,根据不同地区的资源禀赋和产业基础,合理规划产业的区域空间布局和产品布局,促进传统产业与新兴产业、未来产业深度融合,形成特色鲜明、优势互补的区域经济和产业经济发展格局。通过优化产业布局,促进产业链上下游协同发展,形成具有国际竞争力的产业集群。但同时也要注意避免"一刀切"式的新兴产业扶持政策,要一视同仁地对待传统产业与新兴产业,处理好它们之间的协同共进关系。要加快绿色低碳与数字化转型工作推进。要坚决推进绿色低碳技术普及应用,充分调动数据要素资源,大力发展数字经济,推进产业数智化、绿色化转型升级,加强节能减排和资源的循环利用,实现人与自然、经济与环境的和谐共生。

(五)加快港城融合,优化城市畅通能力,促进城市竞争力提升

二元贸易格局下,共建"一带一路"倡议和RCEP协议将成为中国对外竞争的利器。厦门可充分利用独特的区位优势、港口优势,加快推动港城融合,积极探索与东南亚等地区的有效对接模式,推动厦门与"一带一路"共建国家和RCEP成员国的物流运输合作,着重发展现代生产性服务业,将厦门建设

成为一个海陆空连接枢纽中心、全球区域性供应中心和区域性金融服务中心。要加快吸纳人力、财力、物力等资源,完善港口设备和基础设施建设,扩展港口腹地范围,通过港口与铁路物流运输的信息共享平台和通关体系,建立合理的海铁联运运营模式,实现港口信息化、智能化管理,加强与厦门航空港、福建省周边港口的联动,将厦门打造成中国东南沿海的海陆空连接枢纽。

参考文献

[1]厦门大学宏观经济研究中心课题组.中国宏观经济预测与分析——2024年春季预测报告[R].工作报告,2024年.

[2]厦门市社会科学界联合会,厦门市社会科学院.2022—2023年厦门市经济社会发展与预测蓝皮书[M].厦门:厦门大学出版社,2022.

课题负责人、统稿:李文溥
执　　　　笔:王燕武

厦漳泉区域融合与厦门城市竞争力研究

当前,我国区域经济已经从城市竞争转向了城市圈竞争,城市集群与区域发展圈的经济规模与协同效应已经成为城市竞争的重要依靠。近年来,厦门市在持续探索并优化内部资源配置并且提升内部产业结构与经济优势的同时,也更加注重通过跨区域协同发展机制,加快与泉州、漳州的产业协同和区域分工来提升厦门的城市竞争力。虽然厦漳泉的城市体量与长三角城市群和珠三角城市群尚有不小差距,经济总量甚至不如成渝经济发展圈,但是厦漳泉在各自传统优势基础上经过长期的产业协同配套,形成了相对合理的城市分工合作体系,推动了厦门的高质量发展,也提升了厦门在国内城市中的竞争力。本文将分析厦漳泉城市融合发展与厦门城市竞争力提升之间的关系内在机理,以期能够从区域协同发展的角度思考提升城市竞争力的政策措施。首先,本文将对厦门市城市竞争力现状进行概括,同时对区域分工合作的发展及现状进行梳理,并深入剖析区域分工合作对城市竞争力提升的作用路径。其次,本文将对厦漳泉地区的区域融合程度进行测算,并与国内长三角城市群和珠三角城市群进行比较,探究其区域分工协作过程中的制约因素。最后,通过以上分析,本文将就厦门市区域分工合作与城市竞争力发展提出政策建议。

一、厦门市城市竞争力及区域发展概况

(一)厦门市城市竞争力发展概况

1.厦门市工业与服务业转型升级概况

近年来,厦门市在巩固传统产业的坚实基础上,逐步向新兴产业及数字经济领域拓展,实现了工业与服务业的转型升级。这一转变不仅持续促进了厦门市工业结构的优化升级、现代服务业的合理布局,还强有力地推动了城市化进程的加速以及与泉州、漳州的区域资源优化配置,实现了产业繁荣与城市扩张的良性互动,进而显著提升了厦门在产业与城市发展方面的综合竞争力。

(1)产业集聚凸显与新兴产业扩张。电子信息与机械制造等产业是厦门最早成长起来的支柱产业。2023年,电子行业与机械行业的规模以上企业总

产值分别占全市规模以上工业企业总产值的33.3%与28.5%[①],其中,电子信息制造业与智能化、自动化产业持续融合,产生了一大批专业化生产厂商,并通过"招大引强"的招商引资策略实现了产业协同发展。厦门市产业链条发展迅速,"十三五"期间,厦门共建成12条百亿产业链。平板显示、软件与信息服务业、机械装备产业、计算机与通信设备等产业亦均实现了千亿规模。同时,厦门战略性新兴产业不断发展壮大。2023年,厦门生物医药、新材料与新能源三大战略性新兴产业产值达2649.1亿元,占厦门工业总产值的31.3%。厦门在集成电路产业的竞争力不断提升。2024年世界集成电路协会(World Integrated Circuit Association,WICA)发布的《2023年全球集成电路产业综合竞争力百强城市白皮书》表明,厦门在全球集成电路产业综合竞争力百强城市中位列51名,在中国大陆城市中排名第13。厦门在生物医药产业的规模不断壮大。2023年,厦门市生物医药与健康产业产值847亿元,培育生物医药与健康领域企业超过1600家,其中,国家级高新技术企业616家,上市企业11家。

(2)服务业规模扩大与效能提升。厦门营收超千亿产业集群如金融、现代物流、软件信息服务等,大多属于生产性服务业。近年来,在保持传统服务业较快增长的同时,厦门生产性服务业内部结构逐步改善,过去以批发零售和物流为主,如今科技服务、信息服务等新兴服务业的比重正在不断上升,生产性服务业的就业吸纳能力较强,而且服务效能不断提升。

2023年,厦门市信息传输、软件和信息技术服务业实现营业收入615.19亿元,增长29.6%;数字经济快速发展,"互联网+"业态良性循环,推动了厦门市的信息传输、软件和信息技术服务业蓬勃发展。2023年厦门市5G移动电话用户335.05万户,增长36.2%;固定互联网宽带接入用户299.90万户,增长6.0%;移动互联网用户639.15万户,增长4.0%;5G基站1.47万个,增长35.5%。服务业的规模扩大与效能提升推动了厦门城市竞争力的持续提高。

2.基于主成分分析法测度指标的城市竞争力分析

城市竞争力指城市在一定区域范围内,集散资源并提供产品和服务的能力,它是城市在经济、社会、科技、环境等方面综合能力的集中体现。通过参考现有文献,本文选择了5个方面的指标(见表1),并运用主成分分析法对厦门的城市竞争力进行测度,进一步将其与福州、泉州的城市竞争力进行对比分析。

(1)城市经济实力。本文使用经济总量及经济平均水平、市场购买力和政

---

① 数据来源:《厦门市2023年国民经济和社会发展统计公报》。

府购买力4个变量表征城市经济实力,并分别以GDP(亿元)、人均GDP(万元)、城乡居民人均生活消费支出(元)、一般公共预算收入(亿元)作为各变量的代理指标。

(2)产业竞争能力。本文使用产业结构、技术创新能力、工业效益和产业规模4个变量表征产业竞争能力,并分别以二三产业产值占GDP的比重、每千人有效发明专利数(件)、人均全年规模以上工业企业实现利润(万元)、二三产业固定资产投资(亿元)作为各变量的代理指标。

(3)城市交流能力。本文使用商品集散能力、物资通达程度、网络利用程度和通讯频密程度4个变量表征城市交流能力,并分别以社会消费品零售总额(亿元)、公路通车里程(公里)、移动互联网用户数(万户)、邮电业务总量(亿元)作为各变量的代理指标。

(4)人居环境吸引力。本文使用居民生活保障度、医疗卫生保障度、自然环境舒适度和公共交通便利度4个变量表征人居环境吸引力,并分别以城乡居民人均可支配收入(元)、每千人拥有卫生技术人员数、人均公园绿地面积(平方米)、人均公路通车里程(米)作为各变量的代理指标。

(5)城市发展创新潜力。本文使用城市发展动力、引进外资能力、基础设施水平和教育科研水平4个变量表征城市发展创新潜力,并分别以城镇化率、人均当年实际使用外资额(万美元)、人均全社会固定资产投资(万元)、全日制在校学生数占全市人口比重作为各变量的代理指标。

表1　城市竞争力评价指标体系

城市竞争力	变量	代理指标
城市经济实力	经济总量	GDP(亿元)
	经济平均水平	人均GDP(万元)
	市场购买力	城乡居民人均生活消费支出(元)
	政府购买力	一般公共预算收入(亿元)
产业竞争能力	产业结构	二三产业产值占GDP的比重
	技术创新能力	每千人有效发明专利数(件)
	工业效益	人均全年规模以上工业企业实现利润(万元)
	产业规模	二三产业固定资产投资(亿元)
城市交流能力	商品集散能力	社会消费品零售总额(亿元)
	物资通达程度	公路通车里程(公里)
	网络利用程度	移动互联网用户数(万户)
	通讯频密程度	邮电业务总量(亿元)

续表

城市竞争力	变量	代理指标
人居环境吸引力	居民生活保障度	城乡居民人均可支配收入(元)
	医疗卫生保障度	每千人拥有卫生技术人员数
	自然环境舒适度	人均公园绿地面积(平方米)
	公共交通便利度	人均公路通车里程(米)
城市发展创新潜力	城市发展动力	城镇化率
	引进外资能力	人均当年实际利用外资额(万美元)
	基础设施水平	人均全社会固定资产投资(万元)
	教育科研水平	全日制在校学生数占全市人口比重

在评价城市竞争力时,往往需要综合多方面的因素、选取多方面的指标,对不同城市进行全面比较。然而,传统的多指标评价体系往往依据专家的判断和经验,对各项具体指标的重要程度进行判断和赋权,存在主观性强的弊端,缺乏普适性、稳定性与科学性。因此,结合已有研究,本文使用基于定量研究的主成分分析方法对城市竞争力进行综合评价。

本文以厦门、漳州、泉州3个城市为样本,分别对其城市经济实力、产业竞争能力、城市交流能力、人居环境吸引力与城市发展创新潜力5个方面的指标开展主成分分析。

表2展示了厦门、漳州、泉州在城市经济实力、产业竞争能力、城市交流能力、人居环境吸引力和城市发展创新潜力5个方面的主成分分析结果。厦门市在产业竞争能力和城市发展创新潜力方面均优于泉州和漳州,在城市交流能力和人居环境吸引力方面位于中间地位。总体来说,厦门市的城市竞争力即使在省内非最优,在厦门市、漳州市、泉州市3个城市中大体上居于中上地位。

表2 2023年厦门、福州、泉州城市竞争力分力得分

城市	城市经济实力	产业竞争能力	城市交流能力	人居环境吸引力	城市发展创新潜力
厦门	0.64	-0.32	-0.14	0.04	1.61
漳州	-1.15	-1.06	-0.62	-0.13	-2.04
泉州	0.93	-0.47	1.56	0.59	-0.67

数据来源:厦门市、漳州市、泉州市2023年统计年鉴及公报以及作者测算整理。

长三角城市群和珠三角城市群作为国内起步较早的城市圈,在经济实力、产业结构、人居环境和创新能力等方面都具有一定的引领示范作用。本文主

要研究区域分工合作对于城市竞争力的影响,故继续采用以上方法测算长三角城市群和珠三角城市群的城市竞争力分力得分,结果见表3和表4。

表3　2023年长三角城市群城市竞争力分力得分

城市	城市经济实力	产业竞争能力	城市交流能力	人居环境吸引力	城市发展创新潜力
上海	2.83	0.79	1.54	1.43	1.61
南京	1.25	0.56	0.87	0.85	0.67
无锡	−0.08	0.47	0.66	0.69	0.84
常州	−0.10	−0.05	1.24	0.38	0.24
苏州	0.24	0.96	0.35	1.26	1.29
杭州	0.96	0.53	1.39	1.06	0.56
宁波	0.78	−0.21	−0.14	0.39	−0.24

数据来源:长三角地区各城市2023年统计年鉴及公报、作者测算整理。

表4　2023年珠三角城市群城市竞争力分力得分

城市	城市经济实力	产业竞争能力	城市交流能力	人居环境吸引力	城市发展创新潜力
深圳	2.56	1.65	1.58	0.87	2.54
广州	1.46	1.27	1.24	0.96	1.43
东莞	0.45	−0.26	0.36	0.24	0.09
佛山	0.03	−0.17	0.27	0.48	0.67

数据来源:珠三角地区各城市2023年统计年鉴及公报、作者测算整理。

基于本文的主成分分析结果可知,厦门在全国城市中的竞争力排名在稳步提升,尤其是在城市经济实力、可持续竞争力和科技创新实力等方面排名提升较快。

长三角和珠三角城市群内的城市在城市经济实力、产业竞争能力、城市交流能力、人居环境吸引力和城市发展创新潜力上都具有较大的优势,尤其是在城市发展创新潜力方面。根据中国社会科学院财经战略研究院发布的第19次中国城市竞争力报告《超大、特大城市:健康基准与理想标杆》(以下简称《报告》),2021年,厦门市综合经济竞争力位居全国第19位、城市科技创新竞争力居全国第15位、城市经济活力竞争力居全国第7位、城市当地要素竞争力居全国第20位,而城市社会和谐竞争力则未进入前20位。而中国综合经济竞争力排名前20的城市依次为上海、深圳、香港、北京、广州、苏州、台北、南京、武汉、无锡、杭州、成都、宁波、佛山、澳门、长沙、东莞、常州、厦门、青岛。表3与表4所测算城市均位于前20位以内,且综合经济竞争力均优于厦门。

(二)厦漳泉一体化进程概述

1.战略提出的构想与早期探索

20世纪80年代末,厦门市政府制定的《1985年—2000年厦门经济社会发展战略》中就提出了"建设以厦漳泉为主体的城市群体"的构想。2003年,福建省政府出台《福建省开展城市联盟工作总体框架》,促进了厦漳泉同城化建设的步伐。

随着区域一体化战略的深入实施,厦漳泉三市在多个领域展开了积极探索。在交通基础设施方面,厦漳大桥、厦漳同城大道等重点项目相继建成,极大地缩短了城市间的时空距离,为同城化生活提供了便利。在产业协作方面,三市依托各自优势,形成了电子信息、先进装备制造、石油化工等特色产业集群,并通过共建园区、打造创新平台等方式,促进了产业互补与协同发展。例如,厦门的电子信息产业与漳州的先进装备制造产业形成了紧密的产业链合作关系,共同推动了区域经济的快速发展。在公共服务领域,医疗、教育等资源的共享与整合,也促进了三市居民公共服务均等化。

2.重大决策的出台与同城化进程的加速

进入"十二五"时期,厦漳泉一体化进程显著提速,得益于国家及省级层面多项重大决策的出台。2010年,厦漳泉一体化纳入《全国主体功能区规划》,同年福建省委八届九次会议决定构建厦漳泉大都市区,为同城化建设提供了强大的政策动力。此后,一系列政策文件如《加快推进厦漳泉大都市区同城化工作方案》的发布,以及《厦漳泉大都市区同城化合作框架协议》的签署,标志着同城化进入实质性推进阶段。

在这一阶段,同城化进程在多个领域取得了显著成果。在交通领域,福厦高铁、厦漳跨海大桥等重大项目建成通车,为三市居民提供了更加便捷、高效的出行方式。同时,三市还积极推进公路、港口、航空等交通基础设施的互联互通,形成了立体化的综合交通体系。在公共服务领域,厦漳泉三市在医疗、教育、文化、体育等方面展开了深度合作。例如,厦漳泉儿科医联体建设持续推进,医学影像和检查报告实现互认互通,为三市居民提供了更加便捷、高效的医疗服务。

2022年,国家出台《国家新型城镇化规划(2021—2035年)》及"十四五"实施方案,将厦漳泉都市圈列为重点培育发展的现代化都市圈之一。2022年7月4日,福建省人民政府发布关于印发《厦漳泉都市圈发展规划》的通知,为厦漳泉都市圈的发展提出了进一步明确的方向和未来。

3.互联互通与公共服务的深度融合

近年来,厦漳泉三市在互联互通与公共服务领域取得了显著成果,实现了深度融合与协同发展。

在交通网络方面,"1小时交通圈"基本形成。除了福厦高铁、厦漳跨海大桥等重大项目,三市还积极推进公路、港口、航空等交通基础设施的互联互通。例如,厦门高崎国际机场与泉州晋江机场、漳州机场形成了紧密的航空联运体系,为三市居民提供了更加便捷、高效的航空出行服务。同时,三市还共同推进了港口资源的整合与优化,形成了具有国际竞争力的港口群。

在公共服务方面,厦漳泉三市在医疗、教育、文化、体育等领域实现了深度合作与共享。在医疗方面,除了儿科医联体的建设,三市还共同推进了远程医疗、急救医疗等公共服务项目的合作与共享。通过远程医疗平台,三市居民可以享受到跨区域的优质医疗服务。在教育方面,跨区域合作办校模式不断推广,优质教育资源在三市间均衡配置。例如,厦门大学、集美大学、厦门双十中学等知名学校在漳州、泉州等地设立了分校或合作办学项目,为当地居民提供了更多优质的教育资源。在文化体育方面,三市共同举办各类文化体育活动,丰富了居民的精神文化生活。每年的海峡两岸(厦门)文化产业博览交易会均吸引了大量来自漳州、泉州的参展商和观众,促进了三市文化产业的交流与合作。共建"闽南文化生态保护实验区",推动闽南文化的传承与发展。这些举措不仅提升了三市居民的生活品质,也增强了区域整体的文化软实力。

(三)厦漳泉一体化进程中的问题与难点

在3个城市经济高速增长的过程中,厦漳泉一体化进程也取得了不小的成就。3个城市在基础设施互联互通、产业发展分工合作、生产要素与人员自由流动、社会公共服务共享等多个方面实现了重大突破。然而,与长三角、珠三角等国内领先的城市圈相比,厦漳泉一体化仍然存在一些不足与难点,主要体现在城市之间经济发展差距较大、产业同质化较为明显、城市内部竞争依然较大、龙头城市带动效应偏弱、城市利益分配不均等多个方面。

(1)经济实力与发展水平的差异。2024年上半年,厦门的GDP总量为3983.77亿元,泉州则达到了5924.96亿元,而漳州为2826.78亿元。这种经济总量上的差距,直接反映了三市在产业结构、发展动力和市场容量等方面的不同。如图1所示,2019—2023年厦漳泉三地的GDP总量一直保持着泉州最大、厦门次之而漳州最小的状态。厦门以其服务业和高新技术产业的快速发展为引领,泉州则依靠强大的制造业基础,而漳州则在努力追赶中。这种差异在一体化进程中导致了资源分配不均、政策执行难度加大等问题。

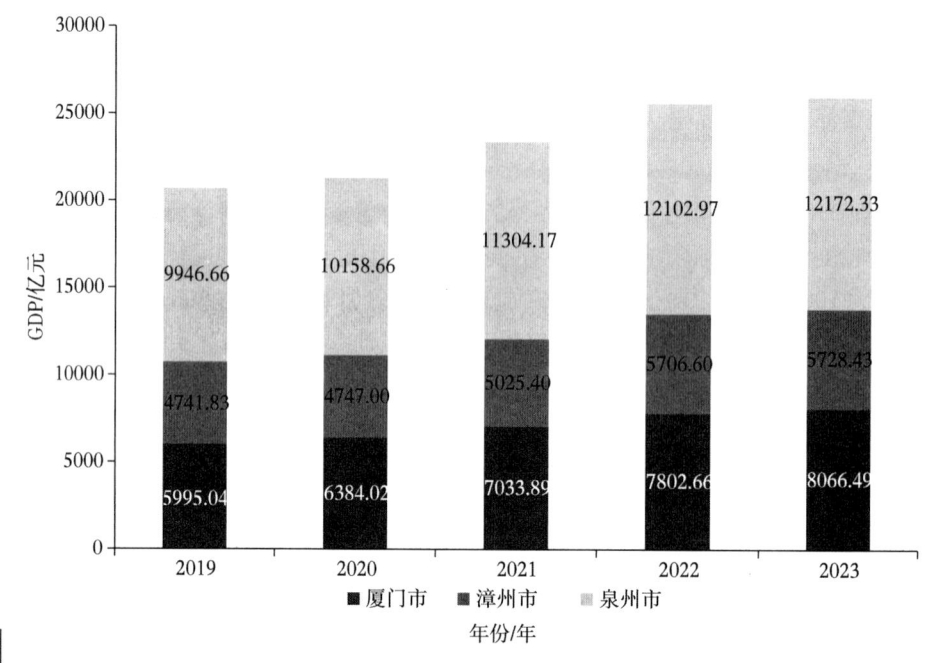

图 1　2019—2023 年厦漳泉三市 GDP 比较

数据来源:各年份《厦门市国民经济和社会发展统计公报》《漳州市国民经济和社会发展统计公报》《泉州市国民经济和社会发展统计公报》。

(2)产业同质化竞争与资源分散。厦漳泉三市在产业发展上存在一定的同质化现象,尤其是在制造业和传统产业方面。由于缺乏明确的产业分工和协作机制,三市之间形成了激烈的竞争局面,导致资源的浪费和市场的分散。这种产业同质化竞争不仅影响了各城市的经济增长速度,也制约了整体竞争力的提升。同时,资源的分散使用也限制了同城化进程中基础设施建设和重大项目推进的效率与效果。

(3)城际竞争与利益分配不均。城际竞争在厦漳泉一体化过程中尤为突出。厦门在1949年之前就是福建的两大中心城市之一和主要港口城市。作为福建省的经济和文化中心之一,其知名度较高。厦门的海空港优势也使其在对外贸易、物流、交通等领域占有重要地位。厦门凭借其独特的地理位置和历史积淀,吸引了大量的人才、资金和技术流入。2023年,厦门市全年新设外商投资企业1682个,合同外资40.65亿美元,实际使用外资19.74亿美元;而漳州市新设外资企业167家,合同外资8.2亿美元,实际使用外资4.06亿美元;泉州市新设外商直接投资企业764家,投资总额22.6亿美元,合同外资17.4亿美元,实际使用外资8.5亿美元。厦门吸引的外资额和重大项目数量均远超漳州和泉州之和。

二、区域分工合作提升城市竞争力的机制分析

城市竞争力是受多因素影响的复杂变量,并且其影响因素会随着经济发展阶段的不同而存在差异。但无论时代如何变迁,评估城市竞争力的关键始终在于,该城市在发展过程中,相较其他城市较为突出的资源吸引、控制与转化能力,市场占领和控制能力,价值创造能力,福利创造能力。随着中国经济进入新常态,要素成本提高、资源环境约束进一步强化、劳动力负增长等不利因素均给我国经济增长带来了严峻挑战。而区域分工合作是破除困局、持续提升城市竞争力的关键。

区域分工合作是基于比较优势和规模经济原理的一种空间组织方式。各城市根据自身资源禀赋、产业基础和发展潜力,在区域范围内进行产业横向或是纵向分工,根据资源禀赋特征形成专业化生产格局,并通过投资贸易与资源流动实现区域内部的资源共享、优势互补,从而提高区域经济整体效率和竞争力。当前,在我国区域经济竞争越发激烈的背景下,如何深化城市群内部各城市的分工合作格局和协同发展策略,对于构建优势互补、分工合理、布局优化的区域格局,对于统筹区域协调联动发展并以此提高城市群整体竞争力具有重要作用。这种分工合作不仅促进了产业链的延伸和升级,还推动了区域市场的形成和扩大,为城市群的可持续发展奠定了坚实基础。

因此,本文从区域的资源配置、产业链与产业结构、市场规模、公共服务水平、创新能力5个方面出发,对区域分工合作影响城市竞争力的作用机理进行分析。

(1)资源配置。资源配置是指对相对稀缺的资源在各种不同用途上加以比较作出的选择。区域分工合作能够使各城市根据自身的资源禀赋和比较优势进行专业化生产,从而实现资源的优化配置。通过区域分工,各城市可以专注于发展自身具有优势的产业,提高资源利用效率,降低生产成本,从而增强城市竞争力。

(2)产业链与产业结构。在区域分工合作的过程中,各城市之间形成了紧密的产业链联系。上游城市为下游城市提供原材料和中间产品,下游城市则对上游城市的产品进行进一步加工和销售。这种产业链的联系不仅促进了各城市之间的经济交流,还有助于推动产业链的延伸和升级。同时在区域协同发展中,各城市可逐渐明确自身定位,实现产业结构的优化升级和错位发展。以大湾区城市群为例,中共中央和国务院印发的《粤港澳大湾区发展规划纲要》指出,广州要充分发挥国家中心城市和综合性门户城市引领作用,全面增强国际商贸中心、综合交通枢纽功能,培育提升科技教育文化中心功能,着力建设国际大都市;深圳要发挥作为经济特区、全国性经济中心城市和国家创新

型城市的引领作用,加快建成现代化国际化城市,努力成为具有世界影响力的创新创意之都;要以珠海、佛山为龙头建设珠江西岸先进装备制造产业带,并支持佛山深入开展制造业转型升级综合改革试点;并且支持东莞与香港合作开发建设东莞滨海湾地区,集聚高端制造业总部,发展现代服务业,建设战略性新兴产业研发基地。

(3)市场规模。区域分工合作有助于打破行政壁垒,促进商品和要素的自由流动,从而扩大市场规模。在合作区域内,各城市之间的贸易壁垒被消除,商品和要素可以自由流通。这使得企业能够更容易地进入其他城市的市场,扩大销售规模,提高市场占有率。同时,市场规模的扩大可为企业提供更多发展机会,有助于吸引更多的投资和企业入驻,进一步增强城市竞争力。以长三角城市群为例,长三角一体化示范区在土地、人才、资本等要素市场方面进行了积极探索和创新实践,取得了丰硕的成果。《2024长三角区域协同创新指数》显示,长三角区域协同创新指数从2011年的100分增长至2023年的267.57分,2018年以来,长三角区域协同创新指数年均增幅达9.26%,这表明长三角协同创新引领示范作用不断加强,科技创新共同体建设迈向新阶段;2024年7月2日,国家发展改革委继续聚焦要素流动领域,发布了跨省通办综合受理服务机制、公共数据共享机制、专业技术人员职业资格互认机制3项成果,为长三角一体化市场建设和区域发展增添动力。

(4)公共服务水平。区域分工合作还可以促进公共服务的一体化,提高公共服务水平。在合作区域内,各城市可以共同投资建设基础设施和公共服务设施,这些设施的共享不仅降低了单个城市的投资成本,还能提高公共服务的质量和效率。优质的公共服务能够吸引更多的人才和企业入驻,为城市的发展提供有力的支持。以珠三角城市群为例,广佛地铁的开通实现了广州与佛山之间的无缝对接,广深港高铁的建成则进一步缩短了珠三角与香港的距离。这些基础设施的互联互通不仅促进了人流、物流、资金流和信息流的快速流动,还加强了城市间的经济联系和合作,为区域分工合作与城市竞争力提升提供了有力支撑。

(5)创新能力。区域分工合作有助于形成创新网络,增强城市的创新能力。在合作区域内,各城市之间的创新资源可以实现共享和互补。高校、科研机构和企业之间可以开展合作研发,共同攻克技术难题,推动技术创新。同时,创新网络的形成也有助于吸引更多的创新人才和团队入驻,为城市的创新发展提供源源不断的动力。

三、厦漳泉区域融合程度测算

美国学者曼纽尔·卡斯特尔于1989年提出"流空间"的概念,他从信息流动的视角分析了全球城市形成的基础,认为信息时代的城市是一个以流动的空间结构性支配为特征的过程。"流空间"理论和城市网络研究方法为城市—区域空间结构的研究提供了新的视角和方法。本文将城市群一体化分为要素空间一体化、经济空间一体化和基础服务空间一体化3个部分。

(一)区域融合程度测算方法

由前面分析可知,区域分工合作对于城市竞争力提升有着重要的意义。因此,下面将对厦漳泉的区域融合程度进行测算,并与长三角城市群和珠三角城市群进行比较,以进一步探究如何提高区域融合程度与城市竞争力。

通过参考现有文献,本文将城市群一体化分为要素空间一体化、经济空间一体化和基础服务空间一体化,这3个方面分别反映某特定城市群内部的要素(包括人流、物流、信息流、资金流等)流动情况,经济开放程度、产业结构、收入和经济增长趋同等情况,以及各主体城市基础设施服务、交通便捷度和政府支持力度等情况。通过这3个指标对厦漳泉城市群、珠三角城市群和长三角城市群进行测度,进行对比分析。本文所使用的城市群一体化的评价指标归纳如下(见表5):

(1)要素空间一体化。指标体系包括人流、物流、资金流、人口密度和信息流。

(2)经济空间一体化。指标体系包括外商直接投资企业、第三产业占比、第二产业占比、对外开放程度、经济结构、经济增长差异、人均金融机构存款余额、人均金融机构贷款余额、工业企业平均绩效差异、人均一般预算收入差异和平均工资差异。

(3)基础服务空间一体化。指标体系包括人均教育支出、人均医院、卫生院床位数、人口自然增长率、就业率、人均科技支出、人均城市道路面积、每万人拥有公共汽车、人均一般预算支出、人均通信设备接入户数。

本文的数据来源于2015—2023年《城市统计年鉴》《区域统计年鉴》以及各个城市的各年度统计年鉴与国民经济和社会发展统计公报,缺失数据采用插值法进行补充,对于非比例变量进行对数化处理。

本文均选取正面指标,可通过公式计算得到。

$$X_{ik} = \frac{Y_{ik} - \min Y_{ik}}{\max Y_{ik} - \min Y_{ik}} \times 100 \tag{1}$$

表 5　区域融合程度评价指标体系

一体化类型	指标体系
要素空间一体化	人流(客运总量/总人口)/%
	物流(货运总量/GDP)/(吨/元)
	资金流(实际使用外资金额/总投资)/%
	人口密度/(人/平方公里)
	信息流(邮电电信总收入/总人口)/(元/人)
	外商直接投资企业/个
经济空间一体化	第三产业占比(第三产业产值/总产出)/%
	第二产业占比(第二产业产值/总产出)/%
	对外开放程度(实际利用外资/总GDP)/%
	经济结构(工业总产值/总GDP)/%
	经济增长差异(人均GDP)/(元/人)
	人均金融机构存款余额/元
	人均金融机构贷款余额/元
	工业企业平均绩效差异(工业利润/工业企业个数)
	人均一般预算收入差异
	平均工资差异
基础服务空间一体化	人均教育支出/元
	人均医院、卫生院床位数/张
	人口自然增长率/%
	就业率(就业人数/年末人口数)/%
	人均科技支出/元
	人均城市道路面积/平方米
	每万人拥有公共汽车/辆
	人均一般预算支出/元
	人均通信设备接入户数(移动＋固定＋网络接入总户值/总人口)/户

本文使用熵值法和线性加权法对指标体系进行权重计算。熵值法主要依据各指标数值的离散程进行权重赋值,离散程度越小,指标的权重越大,具有客观、易计算的特点,同时可以避免指标差异较小而难以分析的缺点,并消除了各个子系统指标个数的不同引起的离散程度差异。熵值法测度权重的公式如下:

首先将数据进行归一化处理：

$$x_{ij} = \frac{x_{ij} - \min x_i}{\max x_i - \min x_i} \tag{2}$$

$$x_{ij}' = \frac{\max x_i - x_{ij}}{\max x_i - \min x_i} \tag{3}$$

确定数据信息量大小，以此计算信息熵：

$$e_j = -K \sum_{i=1}^{m} y_{ij} \ln y_{ij} \tag{4}$$

其中，K 为常数：

$$K = \frac{1}{\ln m} \tag{5}$$

其中，y_{ij} 表示第 i 个维度的第 j 个指标的变量：

$$y_{ij} = \frac{x_{ij}'}{\sum_{i=1}^{m} x_{ij}'} \tag{6}$$

最终确定指标权重：

$$w_j = \frac{1 - e_j}{\sum_j 1 - e_j} \tag{7}$$

由于3个维度在不同方面与区域分工合作发展具有同等重要的联系，本文将各维度的权重进行线性加权，得到各城市群最终的区域融合程度指数与三维度得分。

(二)厦漳泉区域融合程度测算与分析

根据区域融合程度指标体系及测度方法，计算出厦漳泉城市群区域融合程度指数以及3个维度得分，见表6，厦漳泉城市群的区域融合程度从2015—2023年总体上呈现出不断加强的趋势。

表6 2015—2023年厦漳泉城市群区域融合程度指数及三大维度得分

指标	2015年	2016年	2017年	2018年	2019年	2020年	2021年	2022年	2023年
要素空间一体化	0.0164	0.0180	0.0296	0.1471	0.1997	0.2040	0.2107	0.2130	0.2187
经济空间一体化	0.2530	0.2640	0.2875	0.3034	0.3042	0.3258	0.3196	0.3247	0.3399
基础服务空间一体化	0.0432	0.0446	0.0448	0.0576	0.0694	0.0871	0.0926	0.1007	0.1114
区域融合指数	0.2240	0.2465	0.2783	0.2977	0.3119	0.3187	0.3276	0.3342	0.3239

数据来源：各年份《厦门经济特区年鉴》《漳州市国民经济和社会发展统计公报》《泉州市国民经济和社会发展统计公报》以及作者测算整理。

(三)长三角、珠三角地区融合程度测算与分析

(1)三大城市群总体融合程度结果总体分析。长三角与珠三角城市群作为中国经济发展的两大重要引擎,各自在经济实力、产业结构、创新能力及区域一体化等方面展现出独特的发展特点。以下通过相同方法对长三角、珠三角城市群进行区域融合程度测算,并与厦漳泉区域进行比较,见表7。整体而言,2019—2023年三大城市群的区域融合程度指数均呈上升趋势。其中,珠三角区域融合程度指数一直保持领先地位,说明珠三角城市群作为改革开放的排头兵,利用其优势的地理位置以及不断积累的产业条件进一步深化区域分工合作;其次是长三角城市群,最后为厦漳泉城市群。虽然闽南金三角在历史上是与长三角、珠三角同一时期提出的,但是长三角与珠三角不仅在经济发展基础水平上高于闽南金三角地区,而且在经济发展速度与区域一体化发展水平上都相对快于闽南金三角地区。因此,到2023年,厦漳泉城市群与珠三角城市群、长三角城市群的区域融合程度差距进一步扩大了。

表7 2019—2023年三大城市群区域融合程度指数

城市群	2019年	2020年	2021年	2022年	2023年
珠三角	1.1074	1.1293	1.1356	1.1379	1.1402
长三角	0.8725	0.8906	0.9013	0.9006	0.9276
厦漳泉	0.3119	0.3187	0.3276	0.3342	0.3239

数据来源:2019—2023年各城市年鉴及统计公报、作者测算整理。

(2)三大城市群区域融合程度测算分维度分析。三大城市群区域融合指数由其要素空间一体化程度、经济空间一体化程度和基础服务空间一体化程度共同决定。

第一,要素空间一体化程度分析。由表8可知,三大城市群在要素空间一体化程度上差异较大,大致可以分为3个分区。

珠三角城市群要素空间一体化程度较高,这得益于珠三角毗邻港澳的地理区位。珠三角作为改革开放之后中国吸引外资与融入国际贸易的重要窗口,在中国内地首先实现了物流、人流、投资流与信息流的大迸发。中国香港作为转口贸易的重要基地以及其作为国际金融中心的重要地位,是珠三角汇集生产要素的重要来源。在当前大湾区建设的背景下,珠三角作为中国区域经济发展重心的定位更加凸显,自然要素空间一体化程度更是领先于其他经济区域。

长三角城市群要素空间一体化的基础好,这得益于长三角经济总量规模大,人口众多,国土空间充裕以及长江航运优势等众多有利因素,长三角也是

我国生产要素的重要汇集地,区域均衡发展较好。但是,与珠三角相比,长三角要素空间一体化速度还是偏慢,要素密度不高,区域连接性相对不足,区域间制度协同难度较大。

与长三角、珠三角相比,厦漳泉地区人口密度低、吸引外资相对较少、物流频率与密度低,进而导致要素空间一体化得分相对较低。这与厦漳泉的地理位置和交通条件落后有关系。虽然闽南金三角地区拥有优质的港口资源,海洋运输发达,但是由于特殊的丘陵山区地貌,长期以来其陆地运输条件落后,自然物流与人流的集聚能力弱。尽管近些年厦漳泉地区,甚至福建省的公路铁路建设成就有目共睹,陆路运输效率大幅提升,但是面对长三角与珠三角的先发优势,加之产业发展的落后,很难在短期内改变自身要素空间一体化的落后状况。此外,厦门、漳州、泉州三地在产业发展上各有侧重,厦门的港口优势明显,拥有国内重要的国际贸易干线港,但第二产业不够发达,主要产业集中在电子信息及机械方面,相对单一;泉州工业比较发达,但主要集中在劳动密集型产业,产业层次普遍较低;漳州农业资源丰富,食品工业及农副产品加工业相当发达,3个城市的制造业之间的产业间联系也就有限。这在一定程度上影响了整个都市圈的协调发展与区域一体化。

表8 2019—2023年三大城市群要素空间一体化得分

城市群	2019年	2020年	2021年	2022年	2023年
珠三角	0.8643	0.8892	0.8994	0.9035	0.9104
长三角	0.5326	0.5626	0.5739	0.5746	0.5831
厦漳泉	0.1997	0.2040	0.2107	0.2130	0.2187

数据来源:2019—2023年各城市年鉴及统计公报、作者测算整理。

第二,经济空间一体化程度分析。由表9可知,厦漳泉城市群的经济空间一体化程度相较于珠三角、长三角城市群差距较大,其中的差距主要表现在外商投资、产业结构、金融市场等方面。

在外商投资方面,长三角城市群由于原先经济发展水平较高,吸引外资能力强,先进制造业、电子信息与生物医药等领域在近年出现长足进步。2021年,推动长三角一体化发展领导小组办公室印发了《长三角一体化发展规划"十四五"实施方案》,提出"聚焦电子信息、生物医药等关键领域,推动产业链跨区域协同发展,共同打造具有国际竞争力的产业创新发展高地"。"2023长三角生物医药产业发展指数"显示,2023年长三角指数为101.9,且各项排名稳居全国第一方阵,贡献了近29%的医药工业营收总额、46%的国内已上市创新药和海外上市产品,近5年融资总额占全国比重50%,全球许可交易总额占全国比重超过70%,充分体现出长三角生物医药产业集群的全国竞争优势。巨大的集群优势吸引了大量外资、中外合资医药企业进入长三角,带来了巨大的收益和经济产业效应。同时政府持续实施外商投资服务专项行动,优化营商环境,促进外资项目落地。与此相似,珠三角城市群作为粤港澳大湾区建设的重要一环,在高新技术产业和现代服务型产业方面具有较强的外资吸引力。

厦漳泉城市群与上述两大城市群相比,吸引外资能力较弱。以厦门为例,2023年新设外商投资企业1682个,合同外资40.65亿美元,实际使用外资19.74亿美元。而在杭州市,2023年实际使用外资就高达88.31亿美元。与珠三角、长三角城市群相比,厦门产业结构转型升级较慢,重点产业的规划几经更迭,显得产业重心缺失,产业链条不完整,这就限制了厦门进一步吸引外资。

在产业结构方面,相比于长三角较为完整的产业结构链条和完善的长江经济带区域合作机制,相比于珠三角较强的科技创新能力和较高的对外开放度,厦漳泉地区在传统制造业逐渐萎缩的同时,显然没能形成在新兴产业上的核心竞争力,3个城市的经济协调和分工合作水准就总体而言,相对偏低。

工业产业链条不完整,产业竞争力弱,相应的就是生产性服务业不够发达,未能足够支撑产业结构的优化升级,尤其是在金融服务业方面,厦漳泉的金融业发展显然落后于珠三角和长三角好几个档次,其中最大的问题在于法人金融机构不强。

表9 2019—2023年三大城市群经济空间一体化得分

城市群	2019年	2020年	2021年	2022年	2023年
珠三角	1.5643	1.5893	1.6042	1.5982	1.6099
长三角	1.4832	1.5020	1.5134	1.5024	1.5235
厦漳泉	0.3042	0.3258	0.3196	0.3247	0.3399

数据来源:2019—2023年各城市年鉴及统计公报、作者测算整理。

第三,基础服务空间一体化程度分析。由表10可知,在基础服务一体化方面,厦漳泉地区在交通一体化、公共服务一体化和信息基础设施方面依然存在很大的提升空间。

在交通一体化方面,珠三角地区构建了以广州、深圳为中心的综合交通网络,包括高速公路网、城际轨道交通网、港口群和航空运输网等,实现了区域内各城市之间的便捷联系。长三角也通过便捷的水路运输与交通网络,实现了三大省会城市及其他重要城区的链接。而厦漳泉地区的交通网络虽在不断完善,但相比长三角和珠三角,其综合交通体系的便捷性和通达性仍有待提升。例如,跨市域的公共交通服务尚未全面覆盖,城际轨道交通建设相对滞后。这主要是由于三地之间地理条件复杂、经济基础不一,以及政策协调难度较大。

在公共服务一体化方面,长三角与珠三角在医疗、教育等公共服务领域实现了资源共享和优势互补。例如,通过医疗联合体建设、教育资源均衡配置等措施,提高了区域内公共服务的整体水平和均衡性。对厦漳泉地区来说,在医疗、教育等公共服务领域,厦漳泉地区虽已启动了一些合作项目,如名校分校建设、医疗资源共享等,但整体推进速度较慢,且存在资源分布不均的问题。这主要是由于各地在公共服务供给能力、财政投入及政策执行力度上存在差异。

表 10　2019—2023 年三大城市群基础服务空间一体化得分

城市群	2019 年	2020 年	2021 年	2022 年	2023 年
珠三角	0.1837	0.1956	0.2089	0.2974	0.3158
长三角	0.1976	1.1021	1.3576	1.4089	1.4244
厦漳泉	0.0694	0.0871	0.0926	0.1007	0.1114

数据来源:2019—2023 年各城市年鉴及统计公报、作者测算整理。

四、厦漳泉融合程度与城市竞争力分析

(一)三大城市群区域融合程度归因分析

根据上述数据测算,三大城市群区域融合程度不同的原因与资源配置和创新能力差异具有密切联系。

1.资源配置

现代城市资源配置体现在产业结构、资金流动、公共服务和基础设施等方面。区域内的资源配置对区域来说,可以促进产业链优化升级,实现产业结构的优化和错位发展,扩展区域市场;对区域内的单一城市来说,可以此提高 GDP 总量,优化资源利用效率,提升城市竞争力。

(1)经济基础与产业结构差异。

长三角的产业优势在于供应链完备与分工合作完善。长三角城市群作为中国经济最为发达的地区之一,以上海这一国际大都市作为龙头,带动周边南京、杭州、苏州等城市协同发展。长三角城市群的经济总量大,产业结构相对完善,涵盖了从传统制造业到现代服务业、高新技术产业等多个领域。其资源配置的优势在于资金雄厚、人才集中、市场广阔,且区域内部产业协作紧密,形成了较为完善的产业链和供应链体系。

珠三角的优势在于创新能力强大与对外开放程度高。珠三角城市群以广州、深圳为核心,是中国改革开放的前沿阵地,经济特区与自由贸易试验区的设立进一步推动了其经济的高速增长。珠三角以电子信息、智能制造、生物医

药等高新技术产业为主导,同时保留了较强的制造业基础。其资源配置的显著特点是开放度高、创新能力强,吸引了大量国内外投资和技术人才。

然而,厦漳泉在经济总量、经济结构与区域协同方面都处于劣势地位。厦漳泉城市群相比长三角和珠三角,在经济总量和产业结构上存在一定的差距。厦门以其服务业和高新技术产业为主导,但整体规模相对较小;泉州则以制造业见长,但面临产业转型升级的压力;漳州则处于追赶状态,经济总量和产业结构相对滞后。厦漳泉城市群的区域分工协同受到经济基础和产业结构差异的制约,存在资源分散、同质化竞争等问题。

(2)资源配置效率与协作机制。

长三角城市群通过区域合作机制,实现了资源的高效配置和优势互补。如长三角一体化发展示范区、G60科创走廊等平台的建立,推动了区域内部的科技创新和产业升级。同时,长三角城市群还建立了完善的交通网络和公共服务体系,为区域内的资源流动和人口流动提供了便利条件。

珠三角城市群依托其开放的经济体系和创新能力,实现了资源的快速流动和高效利用。其区域内的城市间合作紧密,特别是在产业协同、科技创新和人才流动方面形成了良好的互动机制。此外,珠三角城市群还注重与国际市场的接轨,通过参与全球产业链和供应链,不断提升自身的资源配置能力。

然而,厦漳泉城市群在资源配置效率和协作机制方面相对较弱。尽管近年来在区域一体化方面取得了一定进展,但由于经济基础、产业结构等方面的差异,导致资源分配不均、政策执行难度加大等问题。此外,厦漳泉在交通、公共服务等基础设施方面的互联互通还有待加强,以进一步提升资源配置的效率和便利性。

2.创新能力

(1)科研创新实力。

长三角地区凭借其雄厚的经济基础、丰富的科研资源和完善的创新体系,在科研创新实力上处于领先地位。长三角地区汇聚了全国顶尖的高等学府和科研机构,如上海交通大学、复旦大学、南京大学、东南大学、浙江大学、中国科学院上海分院等,形成了强大的科研资源集群,为区域创新提供了强大的智力支持。2023年,长三角地区的区域研发投入强度达到3.23%,超过全国平均水平近0.7个百分点。此外,长三角地区还建立了较为完善的产学研合作机制,促进了科技成果的快速转化和应用。长三角地区每年的R&D经费投入持续增长,占GDP比重高于全国平均水平。长三角地区在高科技产业领域具有显著优势,尤其是在集成电路、生物医药、新能源汽车、人工智能等前沿领域。区域内的高新技术企业数量众多,集聚了全国逾30%的高新技术企业,形成了以高科技产业为主导的现代化产业体系。例如,上海的芯片产业、江苏常州的动力电池产业、浙江宁波的一体化压铸机产业等,均在国内乃至全球占据重要地位。

珠三角地区的高等院校、科研机构和企业之间建立了紧密的合作关系,形成了产学研深度融合的创新模式。通过合作研发、技术转让等方式,实现了创新资源的优化配置和科技成果的快速转化。深圳作为"中国硅谷",汇聚了大量的高科技企业和初创企业,如华为、腾讯、大疆等,这些企业在全球市场上具有举足轻重的地位。2023年,深圳市全社会研发投入占GDP比重4.2%,高科技企业在科研上的投入也不断增长,反哺了深圳科研创新能力的提高。

然而,厦漳泉城市群在创新科研实力上相比长三角和珠三角城市群仍有差距。厦漳泉地区在纺织服装、食品加工等传统产业方面具有较强优势,近年来才逐步注重高新技术产业领域。厦漳泉区域内高校尤其是高水平的研究型大学、国家级研究院所数量较少,无法与珠三角、长三角地区一样形成以高水平研究型大学研究院所为主导的科研创新产业体系。同时,除厦门在软件与信息服务、光电产业等领域取得了显著进展外,漳州市与泉州市主要还是以传统制造业和服务业为主,难以形成科研产业集群。科研创新实力的缺陷制约了厦漳泉城市群总体创新能力的提高,也使得城市群内部产业融合、转型升级不如预期。

（2）创新创业氛围。

长三角地区政府高度重视创新创业活动的发展,出台了一系列政策措施为创新创业者提供资金、税收、人才等方面的支持。例如,长三角一体化示范区通过"一地认定、三地互认"的外国高端人才互认机制,全国首个跨省域高新技术产业开发区的设立等措施为人才流动和产业发展提供了便利条件。同时,长三角地区拥有多样化的创新平台和服务机构,如科技企业孵化器、加速器、众创空间等,为创新创业者提供了全方位的孵化服务。另外,区域内还建立了多个创新服务综合体和创新服务中心等公共服务机构,为创新创业者提供便捷高效的服务支持。

珠三角地区以其高度市场化的经济体制和活跃的民营经济,为创业者提供了丰富的创业机会。该地区的市场需求旺盛、产业链完善,为初创企业提供了广阔的发展空间。由于早期下南洋与海外投资的历史渊源,珠三角地区形成了浓厚的创新创业文化,人们普遍具有较强的创新意识和创业精神。而毗邻港澳台的地缘优势也带动了大湾区创新一体化的持续发展。

然而,厦漳泉地区的创业氛围与长三角和珠三角相比,仍有待进一步提升。近年来,厦漳泉地区在政策引导下,创业环境逐步得到优化。该地区政府出台了一系列支持创新创业的政策措施,如设立创业基金、建设创业园区等,为创业者提供了良好的创业平台。同时,厦漳泉地区还注重加强与台湾地区的创业交流与合作,利用地缘优势吸引台湾的创业资源和人才。未来可进一步加强创业教育和培训,提高人们的创新意识和创业能力,同时加强创业投融资体系建设,为初创企业提供更加充足的资金支持。

(二)厦漳泉融合程度与城市竞争力的灰色关联度分析

一般的灰色关联度分析通常分为3个步骤:①确定反映系统行为特征的参考数列,与由影响系统行为的因素组成的比较数列;②对参考数列和比较数列进行无量纲化处理;③计算参考数列与比较数列的灰色关联系数。

灰色关联系数指曲线间几何形状的差别程度。因此,曲线间的差值大小即可作为灰色关联系数的代理指标。通常来说,一个参考数列 X_0 具有若干个比较数列 $X_1, X_2, \cdots, X_n$,参考数列与其各比较数列在时刻 i(即曲线中的各点)的关联系数 $\varphi(X_i)$,可由如下模型计算得出:

$$\varphi_{ik} = \frac{\Delta_{\min} + \rho \Delta_{\max}}{\Delta_{0i(k)} + \rho \Delta_{\max}} \tag{8}$$

式中,ρ 为分辨系数,一般介于(0,1)之间,通常取0.5;$\Delta_{\min}$ 与 $\Delta_{\max}$ 分别为第二级最小差与第二级最大差;$\Delta_{0i(k)}$ 为各比较数列 X_i 曲线与参考数列 X_0 曲线上每一点之间的绝对差值。关联系数越接近1,代表相关性越好。由于关联度系数无法进行整体比较,本文通过取各关联度系数的平均值,作为比较数列与参考数列间关联程度的代理变量。关联度系数通过如下模型进行计算:

$$r_i = \frac{1}{N} \sum_{k=1}^{N} \varphi_{ik} \tag{9}$$

在数据选取方面,考虑到数据的可得性,本文选取2019—2023年作为研究区间,母序列为上文构建的区域融合程度指数;子序列则包括在主成分分析法中选取并优化的简化代理变量,包括GDP、二三产业增加值占GDP的比重、社会消费品零售总额、城乡居民人均可支配收入、当年实际利用外资额作为城市经济实力、服务业竞争力、城市交流能力、人居环境吸引力和城市发展创新潜力的代理变量。

区域融合程度的灰色关联度分析见表11。Moore值与GDP、二三产业增加值占比、社会消费品零售总额、城乡居民人均可支配收入、当年实际利用外资额的关联系数分别为0.587、0.549、0.482、0.536、0.781;α值与GDP、二三产业增加值占比、社会消费品零售总额、城乡居民人均可支配收入、当年实际利用外资额的关联系数分别为0.871、0.604、0.597、0.882、0.934;K值与GDP、二三产业增加值占比、社会消费品零售总额、城乡居民人均可支配收入、当年实际利用外资额的关联系数分别为0.842、0.464、0.618、0.772、0.816。此外,

Moore 值与 α 值均与当年实际利用外资额的关联度最高,关联系数分别为 0.781 与 0.934;K 值则与 GDP 关联度最高,关联系数为 0.842。这表明,区域分工合作能够直接促进 GDP 和当年实际利用外资额的增长。

表 11 灰色关联度分析结果——区域融合程度

评价项	Moore	排名	α	排名	K	排名
GDP	0.587	2	0.871	2	0.842	1
二三产业增加值占比	0.549	3	0.604	4	0.464	5
社会消费品零售总额	0.482	5	0.597	5	0.618	4
城乡居民人均可支配收入	0.536	4	0.882	3	0.772	3
当年实际利用外资额	0.781	1	0.934	1	0.816	2

数据来源:各年度《厦门市经济特区年鉴》。

综合厦漳泉地区区域分工合作与厦门市城市竞争力的灰色关联度分析及分析结果来看,福建省政府以及厦漳泉三市政府正在全力推行区域分工合作的进一步细化以及三市融合程度的提升。区域融合程度的显著提升,不仅为厦门市自身注入了新的增长动力,还极大地促进了资源要素的自由流动与优化配置,为 GDP 的稳健增长奠定了坚实基础。随着厦漳泉区域一体化的深入发展,厦门市作为区域核心,其经济辐射力和带动力显著增强,有效带动了周边地区的经济繁荣,形成了优势互补、协同共进的良好局面。此外,区域融合程度的提高还极大地提升了厦门市的投资环境吸引力,成为吸引外资的重要砝码。厦漳泉区域融合所带来的市场规模扩大、产业链完善以及营商环境优化,为外资提供了更为广阔的发展空间和合作机遇,从而吸引了更多高质量外资项目的落户。这不仅为厦门市带来了丰厚的资金、技术和管理经验,还进一步促进了产业结构优化升级,为城市经济的持续增长注入了强劲的外向型动力。

五、结论与政策建议

随着我国经济发展迈入新常态,产业结构优化升级、区域一体化深入发展已经成为厦门市城市竞争力进一步提升的重要动力。本文使用定性与定量的研究方法,对厦漳泉区域的融合程度进行了测算,并将其与我国两大重要城市群——珠三角城市群和长三角城市群进行了比较,探究区域分工合作对城市竞争力的影响。本文的研究发现,与珠三角城市群和长三角城市群相比,厦漳泉城市群在要素空间一体化、经济空间一体化和基础服务空间一体化 3 个方面都存在一定的改进空间。同时,区域资源配置和创新能力是制约厦漳泉地区进一步加强区域分工协作的原因。为了提升厦门城市竞争力与厦漳泉区域合作，本文认为需要从产业布局、设施互通、服务互联、创新合作等多个方面采取对策。

（1）优化产业布局，推动错位发展。厦门市应进一步明确自身在区域分工中的定位，利用其在服务业和高新技术产业方面的优势，进一步优化产业布局。具体而言，厦门市可以加强与漳州、泉州在产业链上的协同合作，推动形成优势互补、错位发展的产业格局。例如，厦门市可以继续强化其在金融、物流、信息技术等现代服务业的领先地位，而漳州和泉州则可以专注于制造业和重工业的发展，通过产业链上下游的紧密协作，实现资源的高效配置和产业的协同发展。

（2）加强设施建设，实现互联互通。加强交通基础设施建设，完善综合交通体系。交通基础设施的互联互通是推动区域一体化进程的重要保障。厦门市应继续加强与漳州、泉州在交通领域的合作，共同推进公路、港口、航空等交通基础设施的建设与升级。通过完善"1小时交通圈"，提高区域内部的交通通达性，进一步促进人流、物流、信息流和资金流的自由流动。此外，厦门市还可以积极探索新的交通模式，如智能交通系统、绿色交通体系等，为区域合作和城市发展提供有力支撑。

（3）提升公共服务，推进区域一体。推进公共服务一体化，提升民生保障水平。公共服务的一体化是提高区域居民生活质量的关键。厦门市应与漳州、泉州携手，共同推进医疗、教育、文化、体育等公共服务领域的深度合作与共享。通过建设跨区域的公共服务平台，实现优质医疗资源的共享和远程医疗服务的覆盖，提升区域整体的医疗服务水平。同时，加强教育合作，推动师资力量的流动和优质教育资源的均衡分配，提高区域教育的整体质量。在文化和体育方面，也可以通过联合举办大型活动、共享文化体育设施等方式，丰富居民的精神文化生活。

（4）强化创新驱动，提升创新能力。创新是推动城市持续发展的重要动力。厦门市应充分利用其在科技创新方面的优势，加强与漳州、泉州在科技研发、成果转化等方面的合作。通过共同建设科技创新平台、推动产学研深度融合等方式，提升区域整体的创新能力。同时，厦门市还应积极引进高端人才和创新团队，营造良好的创新创业环境，为区域经济的高质量发展提供有力的人才保障。

（5）加强内部协同，完善合作机制。完善政策体系，保障区域合作顺利推进。为确保区域分工合作的顺利推进，厦门市应与漳州、泉州共同制定和完善相关政策体系。通过建立健全的沟通协调机制、制定统一的规划和标准、设立专项合作基金等方式，为区域合作提供有力的政策支持和制度保障。同时，加强政策执行的监督和评估,确保各项政策措施得到有效落实,为区域合作和城市竞争力的提升提供坚实的制度基础。

参考文献

[1]曼纽尔·卡斯特.网络社会的崛起[M].夏铸九,译.北京:社会科学文献出版社,2001:506-507.

[2]倪鹏飞.中国城市竞争力报告No.19:超大、特大城市:健康基准与理想标杆[M].北京:中国社会科学院出版社,2021:1.

[3]王爱君,张义.城市群一体化融合度、参与方式与经济增长——基于"精准融合"分析视角[J].华东经济管理,2019,33(9):12-21.

[4]吴聘奇.福州、厦门城市竞争力比较分析及对策研究[D].福州:福建师范大学,2005.

[5]谢叙祎,韩婷.三大城市群经济高质量发展的测度与比较[J].上海商学院学报,2023,24(3):15-30.

[6]张洁,秦川乂,毛海涛.RCEP、全球价值链与异质性消费者贸易利益[J].经济研究,2022,57(3):49-64.

课题负责人、统稿:李文溥

执　　　　笔:蔡伟毅　孟小淇　钟舒颖

绿色金融与厦门市绿色竞争力

一、引言

自党的十八大以来,以习近平同志为核心的党中央将生态文明建设提升至国家战略高度,将生态文明建设纳入中国特色社会主义事业的"五位一体"总体布局之中。2024年7月,党的二十届三中全会审议通过了《中共中央关于进一步全面深化改革、推进中国式现代化的决定》(以下简称《决定》),《决定》对深化生态文明体制改革提出了全面部署,明确指出要集中力量推进美丽中国的建设,加速实现经济社会发展的全面绿色转型,完善生态环境治理体系,倡导生态优先、节约集约、绿色低碳的发展理念,以促进人与自然的和谐共生。2024年8月,中共中央、国务院联合印发了《关于加快经济社会发展全面绿色转型的意见》(以下简称《意见》),《意见》强调深化生态文明体制改革,完善绿色低碳发展的政策机制,促进经济社会发展全面绿色转型,构建节约资源和保护环境的空间格局、产业结构、生产方式和生活方式,全面推进美丽中国建设,为实现人与自然和谐共生的现代化贡献力量。在我国绿色发展实践过程中,产业结构不断优化升级,资源利用效率显著提升。截至2023年,我国单位国内生产总值能耗和碳排放强度与2012年相比分别下降超过26%和35%,主要资源产出率提升了60%以上,环境质量持续改善。在这一背景下,各个城市如果能够抓住时代的机遇,提升自身的绿色竞争力,不仅可以提高在环境保护和资源利用方面的综合能力,还可以提升在全球经济中的竞争力和吸引力。随着城市化进程的加快,绿色竞争力成为城市吸引投资、提升品牌形象和优化营商环境的关键因素,对实现国家生态文明建设目标具有重要意义。同时《意见》中明确指出,鼓励银行在合理评估风险基础上引导信贷资源绿色化配置,有条件的地方可通过政府性融资担保机构支持绿色信贷发展;鼓励地方政府通过多种方式降低绿色债券融资成本;积极发展绿色股权融资、绿色融资租赁、绿色信托等金融工具,有序推进碳金融产品和衍生工具创新。目前,我国绿色金融体系日益完善,绿色金融产品日渐丰富,绿色金融市场规模持续扩大,对加速实现经济社会的绿色转型具有重要意义。

厦门市作为我国改革开放的前沿阵地,不仅在经济发展上取得了瞩目成就,更在绿色发展道路上迈出了坚实的步伐。近年来,面对全球气候变化和环境保护的严峻挑战,厦门市积极响应国家生态文明建设的号召,将绿色发展理念深植于城市发展的每一个角落,致力于打造绿色生态宜居城市。自2016年中央批复福建省建设国家生态文明试验区以来,厦门市以习近平生态文明思想为指导,全面推进试验区建设,成为落实"生态省"战略蓝图的重要力量。通过统筹协调经济、环境和社会发展的多重目标,厦门市在绿色发展领域表现出色。在2019年举办"中国绿色发展论坛"期间,联合国工业发展组织绿色产业平台发布的《2019中国城市绿色竞争力指数报告》显示,厦门市凭借在各项指标中的均衡表现,跻身全国前十,并位列第七,充分展示了厦门市在推动绿色竞争力提升方面的成就。同时,厦门市积极响应国家政策,大力发展绿色金融,充分发挥绿色金融在提升城市绿色竞争力中的关键作用。2021年厦门市人民政府印发《厦门市促进绿色金融发展若干措施》,提出了开展绿色贷款贴息、降低绿色债券发行成本、鼓励基金投资绿色企业等若干措施,以期进一步加快培育壮大绿色金融市场主体,完善以节能降碳为导向的绿色金融服务机制,强化金融对绿色低碳领域的精准扶持,充分发挥金融支持碳达峰碳中和作用。

　　如何依靠绿色金融政策,推动区域内生产生活方式向绿色、可持续化方向转变,是厦门市需要重点关注的问题。这不仅关系到城市的环境保护和资源利用效率,更直接影响厦门市在全国乃至全球绿色发展中的竞争力。通过完善绿色金融政策,厦门市可以有效引导企业和居民逐步转向低碳环保的生产与消费方式,推动绿色技术创新和产业升级,为城市实现可持续发展目标提供坚实基础。绿色金融政策的实施将对厦门市提升自身绿色竞争力产生深远的现实意义,助力其在未来的绿色转型中占据领先地位。

　　基于此,本文运用主成分分析法和熵值法对2003—2022年厦门市绿色竞争力综合得分进行测度,并进行研究分析,探讨厦门市绿色竞争力的发展现状与不足。在此基础上,实证考察绿色金融对厦门城市绿色竞争力的促进作用,并提出相应的政策建议,以期为厦门市提高城市绿色竞争力提供可行性政策建议。

二、城市绿色竞争力:研究现状与意义

(一)研究现状

　　绿色竞争力并非近年才出现的新概念,但直接相关的文献较少。而城市绿色竞争力是在传统城市竞争力的基础上,结合绿色竞争力的概念逐步发展而来的。这一概念不仅关注经济增长,还强调环境保护和社会可持续性,致力

于实现综合性的绿色发展目标。因此,有必要系统梳理城市竞争力和绿色竞争力的相关文献,为本研究提供理论支持和参考。

1.城市竞争力

(1)城市竞争力概念界定。

城市竞争力是一个综合且复杂的概念,目前国内外尚无统一定义。随着经济社会的不断发展,城市竞争力的内涵也在不断丰富。早期的竞争力理论主要针对企业和国家竞争力展开,为城市竞争力的研究提供了理论基础,当研究对象扩展到城市时,城市竞争力的概念便应运而生。Porter(1990)将国家竞争力的概念推及城市层面,他认为城市竞争力是指城市创造财富和提高收入的能力,并认为一个城市的生产率可以体现这个城市的竞争力。宁越敏和唐礼智(2001)则将城市竞争力定义为在社会、经济结构、价值观、文化、制度政策等多个因素综合作用下创造和维持的,一个城市为其自身发展在其从属的大区域中进行资源优化配置的能力,从而获得经济的持续增长。于涛方等(2001)认为,城市竞争力是一个城市为满足区域、国家或者国际市场的需要生产商品、创造财富和提供服务的能力,以及提高纯收入、提高生活质量、促进社会可持续发展的能力,它综合反映了城市的生产能力、生活质量、社会全面进步及对外影响。徐康宁(2002)则明确指出城市竞争与国家竞争是不同的,城市之间的竞争主要是各个城市凭借自己所提供的独特的城市型资源在吸取稀缺资源和积聚生产要素方面进行竞争和角逐,进而定义了城市竞争力:城市通过提供自然的、经济的、文化的和制度的环境集聚、吸收和利用各种促进经济和社会发展的文明要素的能力并最终表现为比其他城市具有更强、更为持续的发展能力和发展趋势。李丽莎等(2009)在此基础上定义城市竞争力为一个城市在一定区域范围内集散资源、提供产品和服务的能力,是城市在经济、社会、科技、环境等方面综合发展能力的集中体现。它反映了城市的生产能力、生活质量、社会全面进步及对外影响力。线实和陈振光(2014)进一步丰富城市竞争力的内涵,将城市竞争力界定为在多维因素的作用下,一个城市有效吸引、控制和转化有限资源,从而创造更多财富、实现可持续发展、提高当地居民生活质量的能力。由此可见,随着经济社会的不断发展,城市竞争力的内涵也在不断丰富,但始终强调吸引稀缺资源和集聚生产要素的能力。

(2)城市竞争力理论模型。

通过城市竞争力的内涵可以看出,城市竞争力反映了一个城市的综合能力,无法通过单一变量直接衡量,需要构建相应的理论模型。学术界已经提出了许多模型来评估城市竞争力。国外学者对城市竞争力理论模型的研究开始较早。Porter(1990)提出了著名的"钻石模型",他提出生产要素、需求条件、相关和支持产业、企业战略、结构和同业竞争、政府作用和机会因素这几个因素构成了国家竞争力模型。由于产业竞争力同样是一个区域或城市竞争力的核心,因此他认为该模型也适用于区域或城市。Kresl(1995)认为城市竞争力无法直接测量和分析。因此,他提出了显示性与解释性双框架理论模型来深入研究。在显示性框架下,他选取了制造业增加值、商品零售额、商业服务收入等指标,作为反映城市显性竞争力的重要标志。而在解释性框架中,他认为影响城市竞争力的因素有经济因素和战略因素。而 Begg(1999)则认为城市的竞争力与其投入产出绩效密切相关。在相同产出情况下,投入越少的城市竞争力越强。基于这一理念,他构建了一个复杂的"迷宫"模型,将城市的竞争资本与竞争结果结合起来分析城市竞争力。Webster 等(2000)则认为国家政治的稳定决定了城市竞争力的重要性,他们提出了一个多要素结构模型来评价城市竞争力,主要围绕经济结构、区域禀赋、人力资源以及制度环境 4 个方面的要素展开。

国内学者虽然对城市竞争力理论模型的研究开始较晚,但仍然有相对丰富的研究成果。倪鹏飞(2001)认为城市竞争力是由多种要素组成的力量系统综合体。这些要素可以根据其表现方式的不同分为硬竞争力和软竞争力两大类。硬竞争力包括劳动力、资本力、科技力等,而软竞争力则包括文化力、制度力、管理力、开放力和秩序力等。基于此,他构建起了弓弦箭模型,将硬竞争力比喻为弓,软竞争力比喻为弦,城市产业则像箭,这些要素相互作用形成了城市的竞争力。此后在 2008 年,倪鹏飞在《中国城市竞争力》报告中进一步完善了弓弦箭模型,并提出了飞轮模型,分内外层次来研究城市竞争力,将城市竞争力细分为内部竞争力、外部竞争力和本体竞争力。2003 年,北京国际城市发展研究院在《中国城市蓝皮书》中结合钻石模型以及国家竞争力模型提出了城市价值链模型,强调城市之间的竞争实际上是价值链之间的竞争。董旭和吴传清(2017)总结了以上学者的模型,提出了船舵模型。他们认为城市竞争力是由基础竞争力与核心竞争力两大系统构成的综合竞争力,其中基础竞争力包括城市地理区位、城市规模等 8 个分竞争力;核心竞争力包括城市经济发展、科技教育等 4 个分竞争力。如果将城市基础竞争力系统与核心竞争力系统用一个圆环分置为外围和中心,将两大子系统内部各个分竞争力以辐射线的形式表示,城市竞争力系统就像是一艘巨轮的总"轮舵"。

(3)城市竞争力评价指标体系。

城市竞争力是一个系统性与综合性概念,无法从单一指标测度一座城市的竞争力,因此构建评价体系必须紧紧围绕城市竞争力基本内涵与本质特征。根据城市竞争力内涵以及已有的理论模型,大量学者建立了不同的城市竞争力指标体系。

宁越敏和唐礼智(2001)认为城市竞争力指标体系要满足针对性、变动性、可操作性以及层次性,他们根据竞争力模型划分十大要素,提供了城市经济总量、经济增长速度、经济的外向度等34项指标选取的方向。徐康宁(2002)从环境要素、经济要素以及体制要素出发,选取了11组二级指标,共69个具体指标形成了城市竞争力的测度体系。赵国杰和赵红梅(2006)综合考虑各层次指标之间的相互影响,从总量、质量和流量3个方面构造城市竞争力评价指标体系。许学强和程玉鸿(2006)则构建了一个四层次的指标体系来建立珠江三角洲城市群城市竞争力评价指标体系。第一层次是目标层,即城市竞争力;第二层次是子系统层,包含3个主要指标;第三层次是要素层,包括16个指标;第四层次是基本变量层,由77个具体指标构成。徐继军(2012)从综合经济实力、基础设施与服务设施、对外开放程度、环境条件、人力资源与市民素质、政府管理水平6个方面共40个原始指标或生成统计指标,组成城市竞争力指标体系。吴金群和巫诺雅(2021)通过运用隶属度分析、相关分析和鉴别力分析等多种方法,对理论遴选的评价指标进行实证筛选和检验,构建出由竞争实力、竞争基础、竞争潜力、竞争支撑4个维度涵盖13个二级指标和39个三级指标来组成的中国都市圈竞争力评价体系。随着研究的不断深入,评价指标体系变得越来越全面和细致。

2.绿色竞争力

(1)绿色竞争力的内涵。

Porter于1991年首次提出了绿色竞争力的概念,即在符合环境保护和健康安全观念的基础上,将可持续发展理念纳入企业生产,从而使企业在市场中获得竞争优势。这一概念虽然最初是针对企业提出的,但随着研究的深入,学者们逐步将其应用扩展到行业、区域以及城市层面。本文着重关注有关区域绿色竞争力以及城市绿色竞争力的相关文献。诸大建(2001)认为绿色竞争力是衡量城市竞争力的重要因素之一,城市综合竞争力就是一种用可持续发展眼光来衡量的绿色竞争力。华逢梅等(2008)首先给出城市绿色竞争力的定义:绿色竞争力是指某城市相对于特定区域的其他城市,通过技术或管理创新,改变其资源利用模式并注重环境保护,从而具备更有效配置资源并维持自身可持续发展的一种综合能力。在此基础上,刘司梦(2013)把城市绿色竞争力的概念界定为一个城市在生态环境保护的前提条件之下,相对于国内外市场中的其他城市,在其发展过程中所具备的集聚、控制和转化自然资源,从而创造社会财富、获取绿色价值收益、改善居民生活水平并维持自身可持续发展的综合能力。孙潇慧和张晓青(2017)认为,区域绿色竞争力是指区域在发展过程中以绿色为核心,通过区域内资源的合理有效配置与创造,为区域发展提供一个更具竞争力的绿色平台。黄玲丽(2020)提出,区域绿色竞争力是指在绿色化背景下,为吸引有限的资源、提高市场占有率,最终实现地区经济、社会、环境的和谐可持续发展目标,按空间分布、经济发展水平、社会特征等方面的同质性,形成一个相对联系密切的整体区域,通过区域内部资源的优化配置与交流合作,提高区域间协同能力,使整体在市场化进程中获得竞争优势的同时带动地区经济绿色、循环、可持续发展。2018年,由首都科技发展战略研究院和城市绿色发展科技战略研究北京市重点实验室合作完成的《中国城市绿色竞争力指数报告》发布,报告中将城市绿色竞争力定义为一个城市在竞争和发展过程中,基于可持续发展目标,以资源节约、环境友好的方式创造物质和生态财富,增进社会福利,进而获取竞争优势的系统合力。随着研究的不断深入,对于绿色竞争力的定义也越来越丰富。

(2)绿色竞争力的评价指标体系。

聚焦于区域、省市层面,诸多学者提出了丰富的绿色竞争力的评价指标体系。华逢梅等(2008)遵循系统性原则、科学性原则、可比性原则、可操作性原则、针对性原则等,选取了人均公共绿地面积、污水处理率、人均GDP等23个能够体现绿色竞争力的指标,将其分为经济因子、资源环境因子、科技因子、文卫因子以及对外开放因子,采用主成分分析法来构建城市绿色竞争力评价指标。廖华军(2016)基于绿色经济、绿色治理和绿色环境3个层面构建出区域绿色发展竞争力的评价指标体系,涵盖了6个二级指标、15个三级指标。陈运平等(2016)设定环保、生态、低碳、循环、健康和持续六大因子和95个基础指标,对我国省域绿色竞争力进行测算。孙潇慧和张晓青(2017)建立了可持续潜力以及环境管理水平2个一级指标,涵盖了经济发展、科教发展、环境治理等6个二级指标和人均GDP、工业固体废物处理率等34个三级指标,测算了"一带一路"沿线18省市的绿色竞争力。伍鹏和景思江(2018)从增长质量、资源利用、环境治理、生态保护4个方面选取了16个指标,并且运用因子分析法对湖北省县域绿色竞争力进行测度。李健等(2022)运用频度计数法,从经济发展、社会进步、生态资源环境3个维度选取30个指标构建绿色竞争力评价指标体系对京津冀、长三角以及珠三角城市群49个城市的绿色竞争力进行测度。李金晶和李君(2021)采用因子分析的方法从生态文化、生态保护、环境治理、经济实力选取了31个指标对云南省16个州(市)进行测度。《中国城市绿色竞争力指数报告》(2018)则将城市绿色竞争力划分为经济基础与科技进步、自然资产与环境压力、资源与环境效率以及政策响应与社会福利四大子系统,并遵循逻辑性、代表性、可比性以及导向性原则选取了44个三级指标对2015年中国290个城市绿色竞争力指数进行测度,在该体系下,北京、深圳、上海分列前三位。除了采用指标合成的方法,还有学者采用其他指标来衡量城市绿色竞争力。耿天召等(2014)用单位工业GDP的环境代价来表征城市绿色发展竞争力。而黄小勇和查育新(2022)则采用SBM方向性距离函数与 Luenberger 生产率指数测度绿色全要素生产率,以此来表征城市绿色竞争力。

(二)研究意义

第一,本文丰富了城市绿色竞争力的领域。目前关于城市绿色竞争力的直接研究仍然较少,本研究在现有研究的基础上进一步拓展了这一主题。本文采用了主成分分析法和熵值法,通过选取绿色生产竞争力、绿色环境竞争力、绿色治理竞争力和绿色创新竞争力4个一级指标,再根据一级指标的内涵选取9个二级指标对厦门市绿色竞争力综合指标进行测算并进行研究分析。本文分析了厦门市绿色竞争力的现状和短板,也为城市绿色竞争力的测算及影响因素的研究提供了有益的补充。

第二,为厦门市城市绿色竞争力提升提供了新思路。本文不仅通过指数测算量化分析了厦门市城市绿色竞争力现状以及不足之处,且通过实证验证了绿色金融对于城市绿色竞争力的促进作用,从而为政府提升厦门市城市绿色竞争力提供政策着力点。

三、城市绿色竞争力:内涵及评价指标体系构建

(一)城市绿色竞争力概念界定

由前所述,城市绿色竞争力是城市竞争力在绿色发展领域的具体体现,是城市竞争力和绿色竞争力的融合,虽然对城市绿色竞争力的直接研究较少,但是仍然有部分学者对城市绿色竞争力的概念进行定义,如华逢梅等(2008)、刘司梦(2013)以及《中国城市绿色竞争力指数报告》(2018)。由于城市在广义上也属于区域的一部分,因此可以借鉴区域绿色竞争力的相关研究。城市绿色竞争力不仅是衡量一个城市整体竞争力的重要指标,更是推动城市实现可持续发展、提升居民生活质量以及吸引外部资源的关键手段。城市绿色竞争力是以可持续发展为目标,以绿色发展为核心,通过对城市区域内资源的合理有效配置,促进经济发展与生态环境的和谐共生,从而增进社会福祉的综合能力。

在如今强调绿色可持续发展的时代,如果一个城市能够尽快完成经济转型,提升自身绿色竞争力,那么不仅能够促进经济的可持续发展,减轻环境污染和资源消耗,还能在全国乃至全球竞争中占据有利地位。一个绿色竞争力强的城市,不仅能够吸引更多的绿色投资和高素质人才,还能带动周边地区的共同发展,形成一个良性循环。

厦门自改革开放以来,经济实现了快速发展。这座城市的繁荣不仅体现在经济增长率上,更在于其产业结构的优化和创新能力的增强。然而,在当前

提倡绿色、可持续发展的时代背景下,厦门面临着新的挑战和机遇。作为福建省的绿色建设高地,提升绿色竞争力不仅是响应国家政策的需要,更是提升城市综合竞争力的关键。通过提高绿色竞争力,厦门能够吸引更多的绿色投资,促进经济结构的优化升级,从而提高经济发展的质量和效益,不仅能实现自身的可持续发展,还能帮助周边城市加快绿色转型步伐,对福建省内其他城市乃至整个东南地区具有重要的示范和带动作用,推动区域内的协同发展和生态环境的整体改善,为中国绿色发展贡献力量。

(二)城市绿色竞争力评价指标体系和测度方法

城市绿色竞争力不能仅反映一个城市在自然基础、环境保护、生态建设等方面的竞争力,它应该是一个包容性的概念,其内涵需要通过综合度量及比较来体现,因此可将城市绿色竞争力视为一个复杂系统。这个复杂系统与绿色发展和可持续发展目标一致,应涵盖经济、环境和社会三大维度,且需要满足逻辑性、代表性、可比性以及导向性4项选择。尽管目前学界对于城市绿色竞争力的评价指标体系尚未形成一致的观点,但是已有部分文献对城市绿色竞争力、城市绿色发展竞争力以及区域绿色竞争力等进行评价指标体系的研究,对本文构建城市绿色竞争力的评价指标具有一定的参考价值。在此基础上,不少学者结合研究目的、数据可得性和测度方法可行性构建了多样化的城市绿色竞争力评价指标体系。如华逢梅等(2008)构建5种因子的指标体系,廖华军(2016)从绿色经济、绿色治理和绿色环境3个层次构建的区域绿色发展竞争力指标体系,陈运平等(2016)构建的六大因子指标体系等。在测度方法方面,大部分文献采用主成分分析法、熵值法和专家审议等方法对综合得分进行测算,主要是因为上述评价体系维度多样,指标数量多,需要进行降维处理。

四、厦门市绿色竞争力:测度与评价

(一)厦门市绿色竞争力指标体系设计和数据来源

需要指出的是使用多指标体系来测度城市绿色竞争力时,需要考虑到指标的可比性问题。采用相同评价指标构造出的指标体系在不同城市之间很可能没有办法进行比较,但目前学术界对于城市竞争力或城市绿色竞争力的测度与评价均是基于指标合成的方法进行。因此,本文将结合已有城市绿色竞争力指标并结合厦门市实际情况对指标有选择地进行研究分析。

城市绿色竞争力的内涵丰富,涵盖了社会运行的诸多方面,受到多个方面因素的影响,目前尚未形成统一的测度和评价体系,但是国内外学者基于不同的研究视角对绿色竞争力评价指标体系进行探索,主要涵盖经济、社会、生态文明、政府治理等层面。其中,由首都科技发展战略研究院和城市绿色发展科技战略研究北京市重点实验室(下称"报告课题组")合作完成的《中国城市绿色竞争力指数报告》一经发布便引起了广泛关注,受到众多地方媒体的报道,并在社会各界引发了热烈的讨论。这份报告在2023年5月28日成功入选《智库报告群(1.0版)》,在一定程度上表明了其在学术界和政策制定领域的重要地位和参考价值。报告的发布不仅为评估中国城市的绿色竞争力提供了重要参考,也为各地政府在绿色发展战略中的决策提供了科学依据。

在"十一五"期间,为切实提升城市环境治理水平,生态环境部制定并下发了《"十一五"城市环境综合整治定量考核指标实施细则》和《全国城市环境综合整治定量考核管理工作规定》,这项"城考"工作覆盖全国所有设市城市,旨在通过科学量化的指标体系对城市环境治理成效进行系统评估,为城市环境管理提供有力支撑。在此背景下,厦门市环保局积极响应国家政策,严格执行考核要求,并在"十一五"期间的环境质量状况公报中,详尽披露了城市环境综合整治定量考核的结果汇总。该考核体系通过环境质量、污染控制、环境建设和环境管理四大维度,对厦门市的环境治理成效进行了全方位的量化评估,也为本文对厦门市绿色竞争力综合指标的选取与构建提供了一定的参考。

综合已有研究以及厦门市实际情况,本文主要参考报告课题组、廖华军(2016)以及厦门市环保局公布的城市环境综合整治定量考核结果汇总表的指标划定方式,从绿色生产竞争力、绿色环境竞争力、绿色治理竞争力以及绿色创新竞争力4个方面来考察厦门市绿色竞争力水平。

综合考虑指标的合理性以及数据的可得性,本文具体的指标选取如下:

(1)绿色生产竞争力作为城市经济增长与环境保护的结合点,是衡量城市在低碳经济、循环经济和清洁生产方面成效的核心指标,能够真实反映城市的绿色转型进展。此要素层关注的是企业和产业部门在生产过程中资源利用效率的提升和污染物排放的情况,反映厦门市在生态友好型经济活动中的表现。为全面评估绿色生产竞争力,结合数据可得性和指标的科学性,选取了以下具体指标:万元GDP工业废水排放量、万元GDP工业废气排放量以及万元GDP工业固体废物产生量。这3个指标分别从水污染、大气污染和固体废物3个方面全面考察厦门市绿色生产的环境效益,覆盖企业生产过程中主要的污染排放类别。这3个指标越低,意味着企业在生产过程中产生的液、气、固废物量较少,资源利用和循环利用水平较高,也意味着厦门市绿色生产竞争力水平越高。

(2)绿色环境竞争力反映了城市生态环境质量的整体水平,是衡量城市宜居性、环境承载力以及生态可持续发展能力的重要指标。此要素层的核心在于评估厦门市在环境保护和生态治理方面的实际表现,关注环境质量的提升以及生态系统的健康状况。结合数据可得性和指标的科学性,选取了以下具体指标:可吸入颗粒物年均值、二氧化硫浓度年均值、二氧化氮浓度年均值、集中式饮用水水源地水质达标率、区域环境噪声平均值、建成区绿化覆盖率。其中,用可吸入颗粒物年均值、二氧化硫浓度年均值以及二氧化氮浓度年均值来衡量厦门市空气质量,这3个指标数值越低说明厦门市空气质量越好。集中式饮用水水源地水质达标率,反映了集中式饮用水水源地的水质情况,可以直观衡量水体环境质量和水污染防治水平。需要特别说明的是,由于厦门市为滨海城市,在衡量水环境质量时,应当将近海水质指标纳入评价体系。然而,实际操作中,由于厦门市环保局披露的近海水质监测数据存在较多年份缺失,导致该指标的数据连续性和可获得性较差。因此,考虑到数据的完整性和可得性,未将近海水质指标纳入本次评价体系。区域环境噪声平均值用于评估城市环境噪声污染情况,如果该指标值较低则反映了厦门市在噪声控制、城市规划和交通管理方面的治理成效。建成区绿化覆盖率反映了城市绿地面积占建成区总面积的比例,衡量了厦门市绿化水平以及在生态环境建设方面的成就,较高的绿化覆盖率意味着厦门市在改善生态环境、提升生物多样性和建设宜居城市方面成效显著。本要素层选取的指标涵盖了空气质量、水体质量、噪声污染和绿化水平等关键环境要素,能够系统、全面地反映城市生态环境水平。

(3)绿色治理竞争力作为城市绿色发展战略的核心维度,能够反映政府在推动环境保护、应对生态环境问题以及引导社会各界参与绿色发展方面的综合能力。基于数据的可得性以及连续性,本文聚焦于对厦门市绿色治理效果的评估,选取一般工业固体废物综合利用率、污水处理率以及生活垃圾无害化处理率来作为基础指标,这3个指标涵盖了工业废物治理、污水处理和生活垃圾处理3个重要领域,衡量厦门市在环境基础设施建设、污染治理和资源管理方面的综合能力。

(4)与以往研究相比,本文引入绿色创新竞争力作为城市绿色竞争力的指标构成之一,仅凭传统的经济指标难以全面衡量城市的竞争力,加入绿色创新指标能够反映出城市在新兴绿色经济中的潜力和前景。绿色创新竞争力可以反映一个城市在技术创新、环保技术研发和可持续发展方面的能力并且创新是推动城市绿色发展的长期动力,因此将其纳入指标体系是合理且必要的,这将进一步丰富城市绿色竞争力的内涵。这一基础层的要素指标选取人均绿色发明专利年度获取数以及人均绿色实用新型专利年度获取数,分别从技术创新和应用创新两个维度反映城市在绿色技术研发方面的综合表现。

党的十八大以来,我国推动生态环境保护决心之大、力度之大、成效之大前所未有,大气、水、土壤污染防治行动成效明显,我国环境保护进入深度治理阶段。同时由于2023年各比较城市的环境保护相关数据尚未公布,考虑到数据的连续性和完整性,本文选取厦门市 2003—2022 年的年度数据。对于部分数据缺失值,本文运用移动平均法以及线性回归预测予以补足。

数据来源为厦门市统计年鉴、厦门市环境质量状况公报以及福建省统计年鉴。上述要素层指标共由 14 个基础指标间接测度,除衡量绿色环境竞争力的分项指标采用绝对值指标衡量外,其余各项指标均为比值指标,一定程度上可以减小不同城市经济发展水平及人口规模对于指标的影响。

各项基础指标的测量方式以及对于指标的影响见表 1。

表 1 厦门市城市绿色竞争力评价指标体系

要素层	指标层	指标测算方式	指标方向
绿色生产竞争力	万元 GDP 工业废气排放量	工业废气排放量/万元 GDP	−
	万元 GDP 工业废水排放量	工业废水排放量/万元 GDP	−
	万元 GDP 工业固体废物产生量	工业固体废物产生量/万元 GDP	−
绿色环境竞争力	建成区绿化覆盖率	公园绿地面积/常住人口数	+
	可吸入颗粒物年均值	可吸入颗粒物年均值	−
	二氧化硫浓度年均值	二氧化硫浓度年均值	−
	二氧化氮浓度年均值	二氧化氮浓度年均值	−
	集中式饮用水水源地水质达标率	集中式饮用水水源地水质达标率	+
	区域环境噪声平均值	区域环境噪声平均值	−
绿色治理竞争力	一般工业固体废物综合利用率	一般工业固体废物综合利用量/工业固体废物产生量	+
	生活垃圾无害化处理率	生活垃圾无害化处理量/生活垃圾产生量	+
	污水处理率	污水处理量/污水产生量	+
绿色创新竞争力	人均绿色发明专利年度获取数	当年获取的绿色发明专利数量/常住人口	+
	人均绿色实用新型专利年度获取数	当年获取的绿色实用新型专利数量/常住人口	+

需要特别说明的是,由于指标体系不仅存在正向关联指标,即该指标越大越有利于城市绿色竞争力的形成和发展,如建成区绿化覆盖率、生活垃圾无害化处理率等。同时指标体系中还存在着负向关联的指标,即指标数值越大越会阻碍城市绿色竞争力的形成和发展,如衡量绿色生产竞争力各分项指标以及可吸入颗粒物年均值。为了统一指标影响方向以及消除度量单位

的影响,本文将数据进行标准化处理,其中对于正向指标,标准化公式如下所示:

$$X_i = \frac{x_i - x_{\min}}{x_{\max} - x_{\min}} \tag{1}$$

而对于负向指标,标准化公式则如下所示:

$$X_i = \frac{x_{\max} - x_i}{x_{\max} - x_{\min}} \tag{2}$$

式中,X_i 为标准化之后的指标;x_i 为指标原始值;$x_{\min}$ 为样本最小值;$x_{\max}$ 为样本最大值。

利用经过标准化之后的数据对城市绿色竞争力指标体系进行合成,所得到的指标值越大则说明该城市的绿色竞争力越强;反之,则绿色竞争力越弱。

(二)模型测算与厦门市城市绿色竞争力

1.厦门市城市绿色竞争力综合得分分析

为了对厦门市城市绿色竞争力得分进行综合评价,本文分别使用主成分分析法和熵值法对2003—2022年厦门市城市绿色竞争力综合指数进行测算。考虑到自党的十八大以来,我国环境保护进入深度治理阶段,因此在这一部分内容中,只展现2012—2022年的测算结果,在基准回归部分则使用2003—2022年的测算结果进行分析。具体测算结果分别如图1和图2所示。

从图1和图2可知,使用主成分分析法和熵值法进行计算的得分绝对值存在差异,但总体趋势保持一致。

整体来看,厦门市该指标在过去20年间呈现出稳步上升的趋势,特别是在2015年后,增长速度显著加快,表明厦门市在绿色治理和环境保护方面取得了显著成效。同时说明这些年来,厦门市坚决贯彻落实党中央提出的加强生态环境保护和坚决打好污染防治攻坚战重大决策部署,在生态环境保护和污染防治方面取得了积极进展,为建设美丽中国先行示范市奠定了坚实基础。

2.绿色竞争力各要素层指标得分分析

为了进一步探究厦门市城市绿色竞争力上升可能的原因,本文使用熵值法对厦门市城市绿色竞争力的4个基础层要素指标(绿色生产竞争力、绿色环境竞争力、绿色治理竞争力以及绿色创新竞争力)分别进行测度、分析。需要特别说明的是,由于本文对所有基础指标数据进行了标准化处理,因此采用熵值法合成的各分项指标值也均分布在0~1之间,且分项指标的值越大,则说明厦门市在当前基础要素层的竞争力越强。

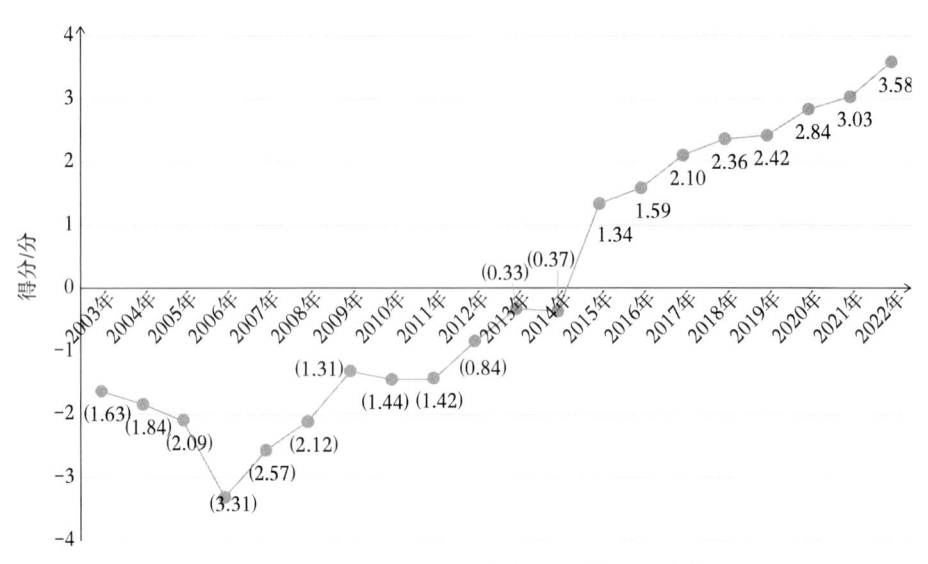

图 1　2003—2022 年厦门市城市绿色竞争力综合得分(主成分分析法)

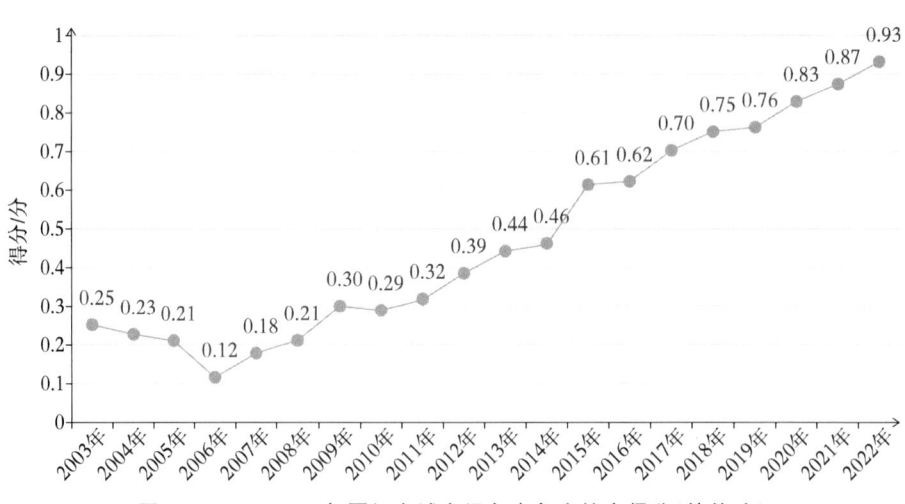

图 2　2003—2022 年厦门市城市绿色竞争力综合得分(熵值法)

(1)绿色生产竞争力和绿色环境竞争力。

图 3 展示了 2003—2022 年厦门市在绿色生产以及绿色环境方面竞争力得分的变化情况。在 2012—2022 年期间,绿色生产竞争力和绿色环境竞争力总体均呈现上升趋势,其中,绿色生产竞争力得分的提升波动较大。本文通过选取万元 GDP 下的工业废气、废水排放量及工业固体废物产生量来衡量绿色生产竞争力,以此有效反映厦门市在生产过程中对环境的影响,尤其是在废

气、废水和固体废物排放控制方面的表现。绿色生产竞争力得分的提高表明，厦门市在生产活动中对废物排放的管理更加重视，在提升生产效率的同时，减少了对环境的负面影响。

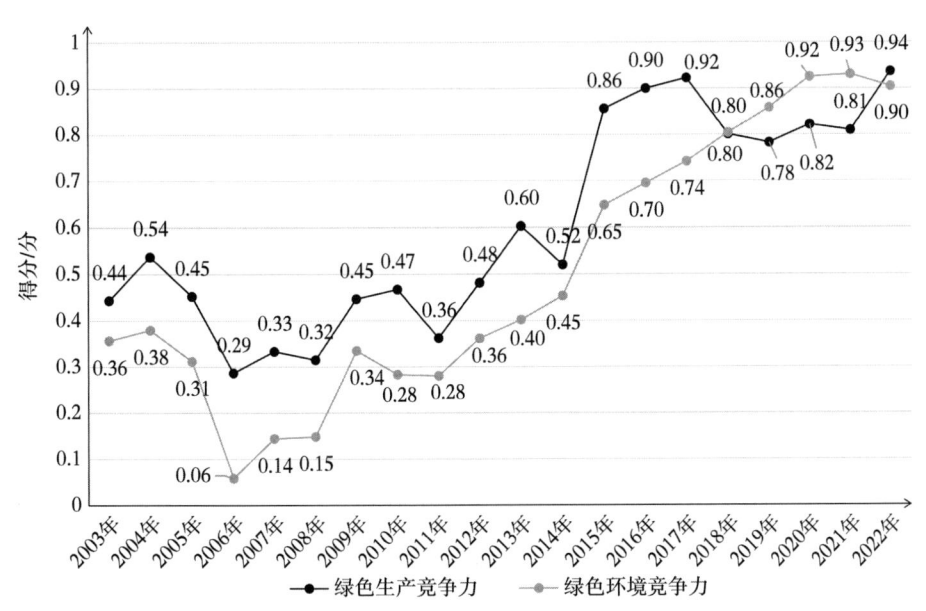

图 3　2003—2022 年厦门市城市绿色生产竞争力和绿色环境竞争力得分

从整体上看，厦门市的绿色生产竞争力在 2003—2022 年间经历了稳步提升，特别是在 2015 年后增速显著加快。2003—2010 年，绿色生产竞争力在 0.29～0.54 之间波动，表明这一阶段工业污染控制和绿色生产转型相对缓慢，从具体指标来看，万元 GDP 下的工业废气、废水以及固体产生与排放量先降低再升高，反映了初期环保政策和治理措施的效果逐步显现，但随着经济增长和工业化加速，污染排放压力再次增加，导致环境治理效果减弱。2011—2014 年，绿色生产竞争力出现回升，表明工业企业的环境友好程度逐步提升。从 2015 年起，绿色生产竞争力指数迅速上升，表明厦门市在这一阶段实施了更为严格的环境治理政策，推动工业企业向环境友好型生产转型。

而绿色环境竞争力得分的提升更加稳定。绿色环境竞争力则是由可吸入颗粒物年均值、二氧化硫浓度年均值、二氧化氮浓度年均值、集中式饮用水水源地水质达标率、区域环境噪声平均值、建成区绿化覆盖率指标来表征。其中，用可吸入颗粒物年均值、二氧化硫浓度年均值以及二氧化氮浓度年均值直接体现厦门市空气质量的好坏，较低的空气污染物浓度表明厦门市空气质量较好，对居民的健康影响较小。而建成区绿化覆盖率的提高不仅能增强城市的景观美观，还能有效改善空气质量，提供更舒适的生活环境。同时，集中式饮用水水源地水质达标率反映了城市水环境治理的成效,而区域环境噪声平均值则从噪声污染角度衡量了城市的生活环境质量。总体上来看,厦门市城市绿色环境竞争力得分呈现上升趋势,展示了厦门市在创造健康、宜居环境方面的努力和成效。

(2)绿色治理竞争力和绿色创新竞争力。

由图4可知,厦门市城市绿色治理竞争力在2012—2022年期间总体呈现上升趋势,但是部分年份存在下降的现象。本文通过一般工业固体废物综合利用率、生活垃圾无害化处理率以及污水处理率来衡量厦门市在绿色治理方面的竞争力得分。其中,一般工业固体废物综合利用率反映了厦门市在工业废物处理和资源化利用方面的能力,而生活垃圾无害化处理率以及污水处理率则显示了厦门市在垃圾处理和环境保护方面的措施与成效。自2015年起,生活垃圾无害化处理率在2016年降至98%外,其余年份保持在100%;污水处理率在2016年以及2019年降低外,其余年份也保持在100%。与前两项指标相比,一般工业固体废物综合利用率波动较大,且未能稳定维持在较高水平。这反映了厦门市在工业废物的资源化利用和处理方面存在一定的不足。

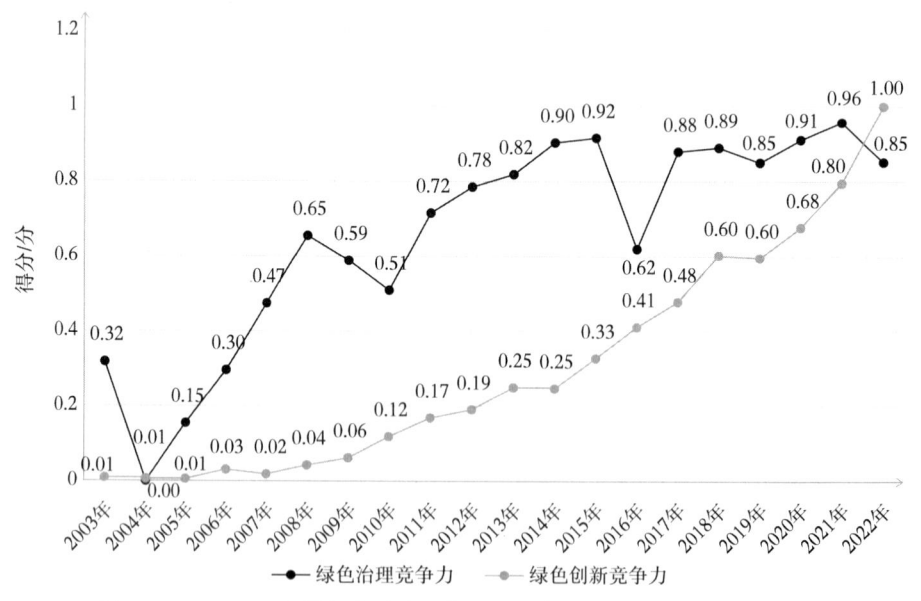

图4 2003—2022年厦门市城市绿色治理竞争力和绿色创新竞争力得分

本文采用人均绿色发明专利年度获取数和人均绿色实用新型专利年度获取数来衡量厦门市城市绿色创新竞争力。总体上,厦门市城市绿色创新竞争力得分在2003—2022年间总体呈上升趋势,但各阶段提升速度存在明显差异。在2003—2014年得分上升幅度不大,而自2015年开始上升幅度较大,且上升速度较快,反映了厦门市在绿色创新领域的显著进步,显示了其在推动绿色技术和创新方面所作的努力和取得的成效。

五、绿色金融与城市绿色竞争力:研究假说

(一)概念界定

绿色金融是现代金融发展的新领域,学界对其内涵展开了大量的研究和讨论,但尚未形成对绿色金融内涵的统一定义。《美国传统词典(第四版)》定义绿色金融为金融业根据经济社会可持续发展需要所进行的金融创新,通过使用多样化的金融工具来保护环境和生物多样性。和秀星(1998)认为绿色金融政策是指金融业在贷款政策、贷款对象、贷款条件、贷款种类与方式上,将"绿色产业"作为重点扶持项目,从信贷投向、投量、期限及利率等方面给予第一优先和倾斜的政策,使金融优先支持"绿色产业",成为规范银行信贷管理活动的方针,对银行信贷活动发挥指导性和制约性作用。高建良(1998)则认为绿色金融是指金融部门把环境保护这一基本国策作为自己的一项基本政策,通过金融业务的作用来体现"可持续发展"战略,从而促进环境资源保护与经济协调发展,并以此来实现金融可持续发展的一种金融营运战略。曾学文等(2014)将绿色金融与传统金融进行比较,认为相对于传统金融经营理念和活动,绿色金融将可持续发展原则融入金融机构的管理、服务以及监管过程当中,在追求经济收益的同时,更加关注人类社会的生存环境和长远发展。除了学界的大量讨论,我国政府文件中也给出了对绿色金融的官方定义。2016年中国人民银行联合财政部、国家发展改革委等七部委发布《关于构建绿色金融体系的指导意见》中将绿色金融定义为,为支持环境改善、应对气候变化和资源节约高效利用的经济活动,即对环保、节能、清洁能源、绿色交通、绿色建筑等领域的项目投融资、项目运营、风险管理等所提供的金融服务。

根据上述对绿色金融内涵的丰富讨论,本文对厦门市2000—2022年厦门市绿色金融进行了测算[①],结果如图5所示。从图5中可以看到在2000—2022年期间,厦门市绿色金融水平总体上呈现上升趋势。

---

① 指标具体测算详见第六部分中的"变量选择与数据来源"。

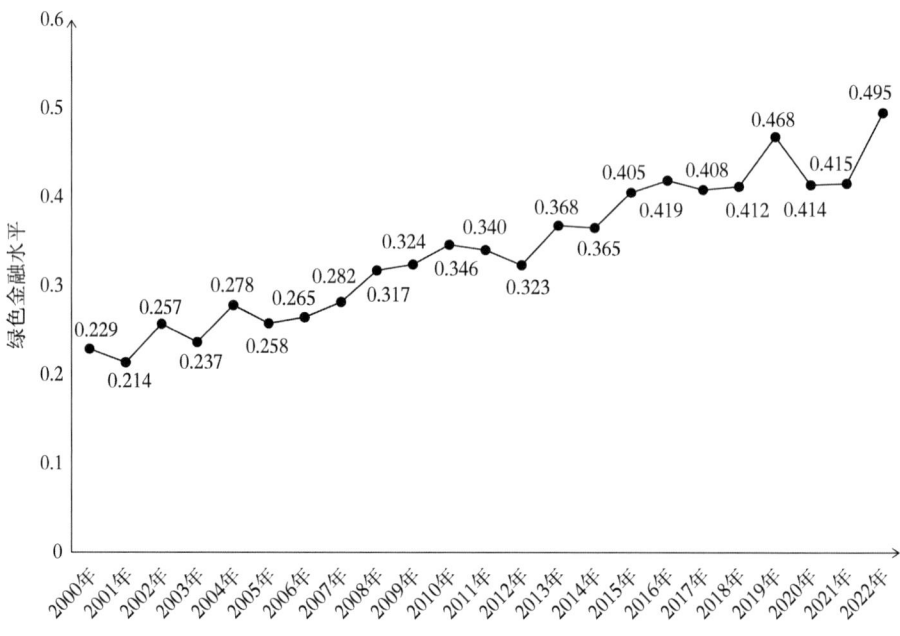

图 5　2000—2022 年厦门市绿色金融水平变化趋势

(二)绿色金融对城市绿色竞争力的影响

本文认为绿色金融从以下 4 个方面影响城市绿色竞争力:

一是绿色金融通过资金引导,促使企业在生产过程中更加注重废物的排放控制和环保措施的实施,从而提升城市绿色竞争力。一方面,绿色金融为企业提供专门的环保融资渠道,如绿色债券、绿色贷款等,减轻了企业在环保技术研发和设备升级中的资金压力,推动企业主动减少污染物的排放。另一方面,绿色金融的优惠政策(如低利率、税收减免)降低了企业的资金成本,鼓励企业投资于环保技术和设施。同时,企业在获得绿色金融支持的同时,也必须遵循严格的环保标准,促进企业主动减少废物产生,从源头上降低了废物的排放,进而提升了整座城市在生产过程中污染物的排放,有效提升了城市绿色生产水平。

二是绿色金融通过为污染治理和环境修复项目提供资金支持,有效提升了城市环境质量,从而提升城市绿色竞争力。一般而言,绿色金融支持的项目大多具有较强的环境保护效应,如城市绿化、空气质量改善等。城市面临的空气污染、水污染和土壤污染等问题可以通过绿色金融支持的环保项目得到缓解。例如,绿色债券和绿色贷款可以用于支持清洁能源项目、污水处理设施建设、土壤修复等,使城市的生态环境逐步得到改善。环境质量的提升不仅为居民提供了更健康的生活环境,还提升了城市的绿色竞争力,吸引更多的人才和投资流入。

三是绿色金融通过提升环境治理的效果,进而有效提升城市的绿色竞争力。一方面,绿色金融为企业提供了专门的资金支持,帮助其投资于废物管理和环境治理项目。绿色贷款、绿色债券等金融工具为企业改进废物处理设备、提高生产过程中的资源回收效率、建设环保设施等提供了必要的资金来源。通过绿色金融,企业能够更高效地处理废物,减少对环境的负面影响。另一方面,绿色金融中的部分绿色支持项目促进了城市居民生活产生的废物管理与利用,这种财政支持补充了城市在环境治理方面的投入,如城市废物处理中心、垃圾分类系统和废物回收设施的建设与运营。这不仅推动了废物的综合再利用,助力城市实现可持续发展,还有效减少了废物对环境的危害,降低了环境污染,提升了城市绿色竞争力。

四是绿色金融通过资金引导,推动城市绿色创新水平,从而有效提升城市的绿色竞争力。绿色金融通过提供长期低息贷款、绿色债券等金融工具,支持企业在绿色技术研发和应用上的投资。这些资金可以帮助企业加大对清洁能源、节能环保、废物处理技术等领域的研发投入,推动更多绿色技术的商业化应用。同时,绿色金融不仅支持单个企业的绿色创新,还通过资金引导,促进了绿色产业链上下游企业之间的协同发展。金融机构可以通过定向支持绿色项目,推动企业之间在技术研发、资源共享和生产协作上的深度合作。这种协同效应在提高了产业链整体绿色水平的同时,还加速了绿色技术在不同领域的推广和应用,使城市的绿色竞争力得以全面提升。

综上,本文提出假说1。

假说1:绿色金融能够提升城市绿色竞争力。

根据以上假说,本文首先对绿色金融和城市绿色竞争力两者之间的相关性进行初步检验,结果呈现在图6和图7中,其中,图6的城市绿色竞争力为采用熵值法的结果,图7则为采用主成分分析法的结果。

由图6和图7呈现的结果可知,绿色金融与城市绿色竞争力呈现显著的正相关关系,初步验证了本文提出的假设1。

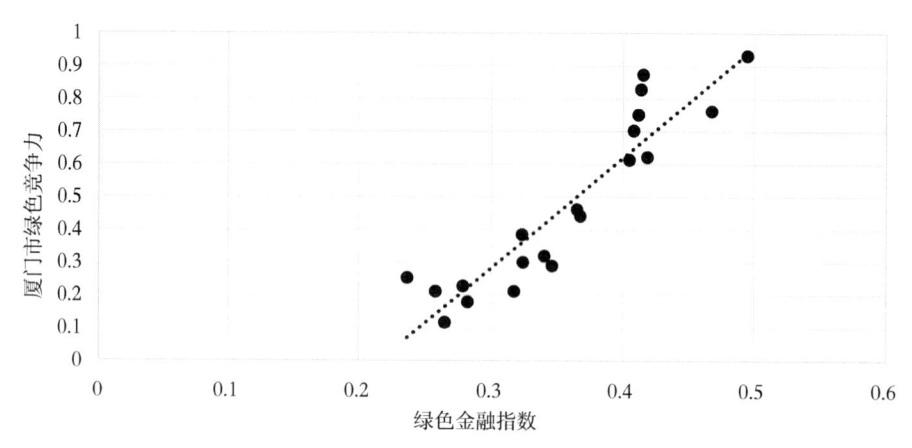

图6 厦门市绿色金融与城市绿色竞争力(熵值法)相关关系

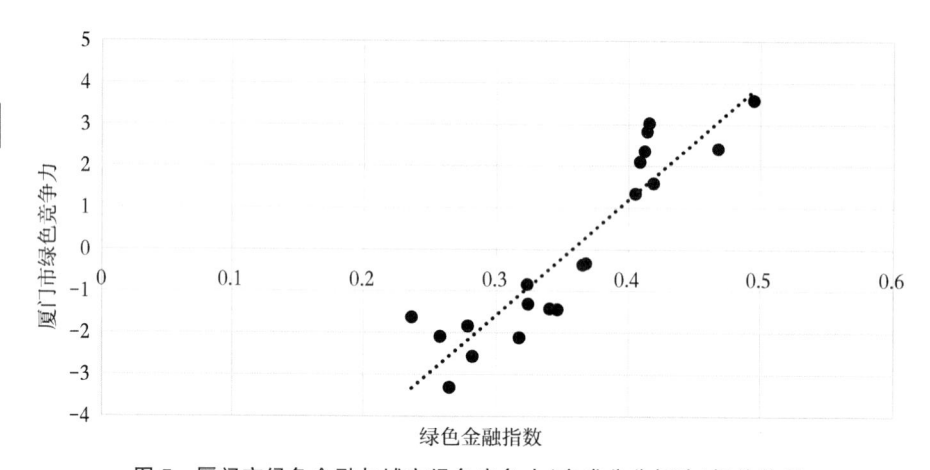

图7 厦门市绿色金融与城市绿色竞争力(主成分分析法)相关关系

六、绿色金融与厦门市城市绿色竞争力:实证分析

(一)变量选择与数据来源

1.绿色金融

本文的核心解释变量为绿色金融,由前面对于绿色金融内涵的梳理可知,绿色金融为促进城市绿色可持续发展的一系列金融工具,涵盖绿色信贷、绿色债券等相关工具。由于目前我国相关金融机构并未给出绿色金融相关数据及测度方法,考虑到数据的可得性和完整性,本文参考郑兰祥等(2024)对绿色金融发展的衡量体系指标,从绿色信贷、绿色投资、绿色保险、绿色债券、绿色支

持、绿色基金、绿色权益 7 个方面,采用熵值法进行指标合成得到绿色金融指数,对厦门市绿色金融发展水平进行测度。具体指标测度方式见表 2,相关数据主要来源于《中国环境统计年鉴》《中国科技统计年鉴》《中国金融年鉴》以及《中国能源统计年鉴》等。

表 2 绿色金融评价指标体系

一级指标	二级指标	三级指标	指标测度方式
绿色金融	绿色信贷	环保项目信贷占比	城市环保项目信贷总额/城市信贷总额
	绿色投资	环保污染投资占 GDP 比重	城市环境污染治理投资总额/城市 GDP
	绿色保险	环境污染责任保险推广程度	城市环境污染责任保险收入/城市总保费收入总额
	绿色债券	绿色债券发展程度	城市绿色债券发行总额/城市债券发行总额
	绿色支持	财政环境保护支出占比	城市财政环境保护支出/城市财政一般预算支出
	绿色基金	绿色基金占比	城市绿色基金总市值/城市基金总市值
	绿色权益	绿色权益发展深度	城市(碳交易、用能权交易、排污权交易)/权益市场交易总额

2.绿色竞争力

城市绿色竞争力是本文的被解释变量。具体测算方式如前面所述,采用绿色生产竞争力、绿色治理竞争力、绿色环境竞争力以及绿色创新竞争力 4 个基础要素层,运用 14 个指标测算厦门市城市绿色竞争力水平。本文将采用第三部分主成分分析法和熵值法测度的厦门市城市绿色竞争力综合得分对被解释变量进行测度。

(二)模型设定和基准回归分析

本文主要关注厦门市绿色金融与绿色竞争力之间的关系,因此本章选取 2003—2022 年厦门市时间序列数据进行基准回归分析。

1.绿色金融和城市绿色竞争力回归结果

为验证假说 1,本文构建如下基准回归模型:

$$\text{city\_green} = \beta_0 + \beta_1 \times \text{greenfin} + \beta_2 \times \text{controls} + \varepsilon_t \tag{3}$$

式中,city_green 表示城市绿色竞争力;greenfin 表示绿色金融;controls 表示控制变量,包括经济发展水平、金融发展水平等城市层面控制变量;ε_t 表示随机扰动项。基准回归结果见表3。

表3 绿色金融对厦门市绿色竞争力回归结果

变量	（1）厦门市绿色竞争力（主成分分析法）	（2）厦门市绿色竞争力（熵值法）
绿色金融	26.76***	2.943***
	(3.85)	(3.60)
常量	−11.44	−1.404
	(−1.12)	(−1.17)
控制变量	是	是
样本量	20	20
R^2	0.8476	0.8559

注:括号内的数值为 t 统计量,***、**和*分别表示1%、5%和10%的显著性水平。下同。

表3的回归结果表明,在两种测度方法下,厦门市绿色金融和城市绿色竞争力间具有显著的正相关关系,说明厦门市绿色金融能够促进城市绿色竞争力提升。

2.绿色金融和城市绿色竞争力分项指标回归结果

为了验证本文在研究假说中提出的绿色金融通过4个方面影响城市绿色竞争力,使用OLS模型对4个分项指标进行回归分析:

$$\text{sub\_citygreen} = \beta_3 + \beta_4 \times \text{greenfin} + \beta_5 \times \text{controls} + \varepsilon_t \tag{4}$$

式中,sub_citygreen 表示城市绿色竞争力4个分项指标;其他变量与式(3)含义相同。绿色金融对各分项指标的影响见表4。

表4 绿色金融对各分项指标的影响

变量	（1）绿色生产	（2）绿色环境	（3）绿色治理	（4）绿色创新
绿色金融	3.251***	4.229***	−0.873	4.010***
	(3.15)	(3.48)	(−0.87)	(4.16)
常量	0.517	−0.912	−4.405***	−2.526*
	(0.35)	(−0.53)	(−3.08)	(−1.84)

续表

变量	（1）绿色生产	（2）绿色环境	（3）绿色治理	（4）绿色创新
控制变量	是	是	是	是
样本量	20	20	20	20
R^2	0.7350	0.7717	0.8398	0.8703

从表4的(1)~(4)列可知,对于厦门市来说,绿色金融对于绿色生产竞争力、绿色环境竞争力、绿色创新竞争力均具有显著的正相关关系;但是绿色金融和绿色治理竞争力具有不显著的负相关关系。为了探究其背后的原因,本文在不加入控制变量的情况下,采用绿色金融对绿色治理进行回归,回归结果显示两者之间呈现显著正相关关系。因此,在加入控制变量的情况下,绿色金融对于绿色治理竞争力呈现负相关的可能原因是:①相比于绿色金融,厦门市的其他特征变量与厦门市绿色治理具有更密切的相关关系。②本文仅采用一般工业固体废物综合利用率、生活垃圾无害化处理率以及污水处理率来衡量厦门市绿色治理效果,其中厦门市一般工业固体废物综合利用率并未随着城市的发展而上升,可能是随着工业生产的变化,固体废物的组成可能变得更加复杂或难以处理,固体废物处理和综合利用的技术创新滞后,导致企业在利用废物时面临技术瓶颈。

七、结论与政策建议

绿色竞争力是城市可持续发展的风向标,是城市品牌形象的重要内涵,在城市未来发展中将起到至关重要的作用。为了研究厦门市城市绿色竞争力发展现状和不足,本文根据2003—2022年厦门市数据,运用主成分分析法和熵值法,测算了厦门市的绿色竞争力综合得分并进行分析研究,并运用最小二乘法实证分析厦门市绿色金融和城市绿色竞争力之间的关系,得出以下结论。

作为习近平生态文明思想的重要孕育地和先行实践地,厦门市立足新发展阶段,全面贯彻新发展理念,积极推动绿色低碳发展模式的构建,不断提升城市绿色发展水平。在总体发展趋势上,通过熵值法和主成分分析法的测算结果可以看出,2003—2022年间,厦门市城市绿色竞争力综合指数呈现稳步上升趋势。具体分析如下:

第一,厦门市具备较高的绿色生产水平,拥有优良的城市环境质量。从单项指标来看,2003—2022年间,厦门市在绿色生产竞争力和绿色环境竞争力的得分总体上呈现上升趋势,但存在部分年份得分有所下降的现象。

第二，厦门市在绿色治理得分方面总体呈现上升趋势，但部分年份的得分出现显著下降，除部分年份由于3项基础指标均下降外，值得关注的是厦门市一般工业固体废物综合利用率波动较大，未能随着城市发展逐步提高。这反映出厦门市在废物管理和资源综合利用领域仍面临较大挑战。尽管厦门市在生活垃圾无害化处理和污水处理方面取得了一定成效，但绿色治理的整体水平仍有较大的提升空间。为进一步提高绿色治理水平，厦门市需要加强废物管理政策的执行力度，并加大在相关领域的技术创新力度，以促进城市绿色转型和可持续发展。

第三，厦门市的绿色创新水平持续提升，营造了良好的绿色创新氛围。2003—2022年间厦门市在绿色创新竞争力综合得分方面显著提高，根据测算，厦门市城市绿色创新竞争力综合得分从2003年的0.01提升至2022年的1.00，说明厦门市在2022年与以往相比，城市绿色创新竞争力最强，在绿色创新领域取得了显著进展，构建了较为优越的绿色创新环境。

第四，厦门市绿色金融能够推动厦门市城市绿色竞争力的提升，其中对绿色生产竞争力、绿色环境竞争力、绿色创新竞争力的正向提升较为显著。本文通过实证验证了厦门市绿色金融与城市绿色竞争力之间的关系，无论是用主成分分析法还是用熵值法进行城市绿色竞争力的测算，结果均显示绿色金融与城市绿色竞争力间呈现正相关关系。进一步地，通过绿色金融对绿色竞争力各分项指标构建回归，发现绿色金融和绿色生产竞争力、绿色环境竞争力、绿色创新竞争力具有显著的正相关关系，这说明厦门市绿色金融主要是通过促进绿色生产水平提升、优化城市环境以及推动绿色创新来促进厦门市城市绿色竞争力。

基于对厦门市城市绿色竞争力现状与发展趋势的分析，本文发现，厦门市在绿色发展领域取得了一定进展，但仍面临若干挑战。为了进一步增强厦门市的绿色竞争力，推动城市的可持续发展，本文提出如下政策建议，以期为厦门市的绿色发展提供具体的实施路径和参考依据。

第一，持续推进绿色生产技术的应用，以减少生产过程中的废物排放，进一步提升城市环境质量。厦门市现有的绿色生产水平虽表现良好，但仍具备提升空间。厦门市政府应持续优化现有环境政策，着力推动对环境影响较大的工业企业实施转型升级。同时，需加大对企业采用先进绿色生产技术的引导和支持力度，如推广节能减排、清洁生产等技术，进一步降低生产活动中的环境负担。通过政策与技术的双重推动，有望持续提升厦门市的绿色生产水平，助力城市环境质量的改善与提升。

第二，聚焦废物循环利用，提升城市绿色治理水平。由所获数据可知，厦门市在绿色治理水平方面存在较大的改进空间，尤其是在工业废物的循环利用上。厦门市政府应加强对废物特别是工业废物利用的政策引导和监管,制定和实施更为严格的废物管理和利用标准,确保企业在处理废物时符合环保要求。同时,鼓励企业采用先进的废物循环利用技术和管理模式。

第三,持续鼓励和提升厦门市的绿色创新能力,进一步营造良好的绿色科研氛围。厦门市在绿色创新领域总体呈现稳步上升的趋势。为进一步提升绿色创新能力,打造东南地区乃至全国绿色创新高地,厦门市政府应加大对绿色创新项目的资助力度,如设立专门的绿色创新基金,支持绿色科技领域的研究与开发。同时,厦门市政府应积极推动产学研深度合作,构建系统化的绿色创新生态环境。借鉴其他城市,如深圳市在集聚高水平高校和科研机构方面的成功经验,加强企业、高等院校和科研机构之间的协同合作,推动在绿色技术研发、成果转化和应用推广等环节的深度协作,以加速绿色科技成果的市场化应用,助力城市绿色转型和可持续发展。

第四,创新绿色金融服务,促进厦门市绿色竞争力的提升。绿色金融是支持可持续发展和绿色经济的重要工具,对推动绿色竞争力具有关键作用。首先,扩展绿色金融产品和服务的种类。厦门市政府应鼓励金融机构开发和推出更多的绿色金融产品,如绿色债券、绿色信贷、绿色基金等,支持绿色项目和企业,帮助其获得所需的资金支持。其次,优化绿色金融政策和激励机制。建立和完善绿色金融政策体系,提供税收优惠、财政补贴和风险补偿等激励措施,鼓励金融机构和投资者投入绿色项目。同时,还应加强绿色金融信息披露和透明度,推动企业和金融机构定期披露绿色金融活动和环境效益信息,增加市场的透明度。通过建立绿色金融信息平台,提供相关数据和案例,帮助投资者和企业更好地评估和选择绿色投资机会。

参考文献

[1]诸大建.提高上海大都市绿色竞争力的几点思考[J].上海综合经济,2001(3):39-41.

[2]华逢梅,周俐,李静芝.长株潭"3+5"城市群绿色竞争力分析[J].国土与自然资源研究,2008(4):19-21.

[3]刘司梦.长沙市绿色竞争力研究[D].长沙:湖南师范大学,2013.

[4]孙潇慧,张晓青."一带一路"沿线18省市区域绿色竞争力时空演变[J].湖北经济学院学报,2017,15(4):38-46.

[5]黄玲丽.长江经济带绿色竞争力研究:测算、时空分异特征及优化路径[D].南昌:江西师范大学,2020.

[6]宁越敏,唐礼智.城市竞争力的概念和指标体系[J].现代城市研究,2001(3):19-22.

[7]徐康宁.论城市竞争与城市竞争力[J].南京社会科学,2002(5):1-6.

[8]PORTER M E. The competitive advantage of nations[M]. Cambridge:The Free

Press,1990:73-91.

[9]李丽莎,钱秀杰,马志正.浅论提高武汉城市竞争力的捷径[J].山西师范大学学报(自然科学版),2009,23(3):112-116.

[10]于涛方,顾朝林,涂英时.新时期的城市和城市竞争力[J].城市规划汇刊,2001(4):12-14,17-79.

[11]线实,陈振光.城市竞争力与区域城市竞合:一个理论的分析框架[J].经济地理,2014,34(3):1-5.

[12]倪鹏飞.中国城市竞争力的分析范式和概念框架[J].经济学动态,2001(6):14-18.

[13]倪鹏飞.中国城市竞争力报告[M].北京:社会科学文献出版社,2008.

[14]董旭,吴传清.城市竞争力评价的理论模型、体系与方法——一个文献综述[J].湖北经济学院学报,2017,15(1):66-72.

[15]吴金群,巫诺雅.中国都市圈竞争力的评价体系与实际测度[J].党政研究,2021(6):107-117.

[16]许学强,程玉鸿.珠江三角洲城市群的城市竞争力时空演变[J].地理科学,2006(3):257-265.

[17]徐继军.河南省城市竞争力评价指标体系研究[J].中国统计,2012(3):58-60.

[18]赵国杰,赵红梅.基于网络层次分析法的城市竞争力评价指标体系研究[J].科技进步与对策,2006(11):126-128.

[19]陈运平,宋向华,黄小勇,等.我国省域绿色竞争力评价指标体系的研究[J].江西师范大学学报(哲学社会科学版),2016,49(3):57-65.

[20]廖华军.基于改进突变级数法的中国区域绿色发展竞争力空间分异研究[J].财务与金融,2016(5):78-85,95.

[21]李健,李彦霞,张杰.三大城市群绿色竞争力指数测度及演化分析[J].统计与决策,2022,38(20):93-97.

[22]黄小勇,查育新.中国环境政策创新对城市绿色竞争力的影响研究[J].中国软科学,2022(8):140-150.

[23]李金晶,李君.云南省绿色发展区域竞争力评价及空间格局分析[J].文山学院学报,2021,34(3):57-61.

[24]中国城市蓝皮书[M].北京:中国时代经济出版社,2003.

[25]耿天召,朱余,王欢.城市绿色发展竞争力评价研究[J].环境监控与预警,2014,6(1):60-62.

[26]伍鹏,景思江.绿色发展理念下县域经济绿色竞争力研究——以湖北省为例[J].特区经济,2018(4):127-130.

[27]和秀星.实施"绿色金融"政策是金融业面向21世纪的战略选择[J].南京金专学报,1998(4):22-25.

[28]高建良."绿色金融"与金融可持续发展[J].金融理论与教学,1998(4):20-22.

[29]曾学文,刘永强,满明俊,等.中国绿色金融发展程度的测度分析[J].中国延安干部学院学报,2014,7(6):112-121,105.

[30]郑兰祥,高彩芹,郑飞鸿.绿色金融发展对碳排放的影响研究——以长三角区域为例[J/OL].华东经济管理,1-11[2024-08-18].

[31]KRESL P K,SINGH B.The competitiveness of cities:the United States[J].Cities and the new global economy,1995:424-446.

[32]KRESL P. The determinants of urban competitiveness[J]. Urban Affairs Annual Review,1995,44(5):45-68.

[33] WEBSTER D,MULLER L,WEBSTER D, et al. Urban competitiveness assessment in developing country urban regions:the road forward[M]. Hoboken:John Wiley & Sons,Inc.,2000.

[34]BEGG L.Cities and competitiveness[J].Urban studies,1999,36(5-6):795-809.

课题负责人、统稿:李文溥
执　　　　笔:余长林　陈　宇

厦门市城市管理水平与城市竞争力

"十四五"规划指出,要改革和完善城市管理体制,进一步提高城市治理水平。"十四五"和即将来临的"十五五"时期是厦门市全方位推动高质量发展、实现超越和跨越式发展的关键阶段,也是厦门市向着高素质、高颜值、现代化、国际化城市建设迈进的关键时期。《厦门市国民经济和社会发展第十四个五年规划和二〇三五年远景目标纲要》(下文简称《纲要》)明确,到2035年,厦门市将成为高素质、高颜值的现代化国际化中心城市,率先基本建成社会主义现代化强国的样板城市,并成为市域社会治理现代化的示范城市。因此,如何进一步提升厦门市的城市管理水平,增强其综合竞争力,推动厦门市朝高素质、高颜值、现代化国际化城市迈进,是一个亟须深入探索的现实问题。

城市管理水平的提升不仅体现在硬件设施的完善上,还应在公共服务、经济发展、环境保护、国际化水平等方面同步推进。特别是在"十四五"规划背景下,厦门市作为国家发展战略中的重要节点城市,肩负着实现高质量发展的重要使命。本文在已有研究基础上,结合主成分分析法,系统分析厦门市近年来城市管理水平的动态演变过程,并从公共服务管理、经济管理、环境管理、国际化管理和基础设施管理5个核心方面,进行横向对比研究,同时兼顾厦门市作为文明城市的特殊性。不仅将厦门市与福建省其他重点城市进行对比,还将与全国的计划单列市以及全球高水平的国际化城市进行比较,深入探讨厦门市在城市管理过程中所面临的短板和挑战,识别在城市管理领域可以进一步改善的空间,并根据实际情况,提出有针对性的完善建议。

一、城市管理水平和城市竞争力

(一)城市管理水平和城市竞争力的关系

城市管理水平与城市竞争力密切相关,是城市实现可持续发展和提升其吸引力的关键因素。城市管理水平高,意味着城市在基础设施建设、公共服务提供、社会治理、环境保护等方面具有良好的协调能力和执行效率,从而直接影响城市的竞争力。首先,城市管理水平的提升能够优化城市的基础设施和公共服务。完善的交通系统、高效的公共服务、智能化的城市管理系统,能提高城市的运行效率和市民的生活质量。这不仅提升了城市的宜居性,还能吸引更多的投资和高素质人才,为城市的经济发展引进资源、注入活力。其次,良好的城市管理有助于维护社会稳定和促进社会和谐。通过加强社会治理、提高治安水平、优化法治环境,城市管理者能够有效解决社会问题,降低犯罪率,提升居民的安全感和幸福感。稳定的社会环境是经济发展的基础,也为企业营造了良好的经营氛围,促进了产业的发展和创新能力的提升。最后,现代城市管理注重生态环境保护和可持续发展,环境治理和绿色发展理念已经成为城市竞争力的重要衡量标准。城市管理者通过推行环保政策、改善城市生态环境,能够提高城市的宜居性和吸引力,促进绿色经济的发展。

(二)城市管理水平评价指标体系

1.高度综合性的客观评价指标体系的构建

城市管理是城市运转的关键支撑,是巩固城市建设成果、提升城市竞争力的重要保证。城市管理是一个动态变化过程,要求对城市各领域进行精细化调控,对城市管理水平进行测度时,需要综合考虑多方面因素。另外,精准测度城市管理水平存在一定的困难,在实际操作中,大多数研究根据相应的投入要素和产出结果进行估计。邹凯等(2011)借鉴顾客满意度测评理论,通过测算公众的满意度这样的主观指标来分析城市管理状况。翟国涛和刘苗苗(2013)从效率、效果和效益3个方面建立了城市网格化管理评价指标体系,剖析了影响该区城市网格化管理效能的原因。赵继敏和杨波(2014)建立了由城市行政管理、经济管理、社会管理、环境管理、空间管理、基础设施管理、文化管理7个子系统组成的中国城市管理水平的评价指标体系,并采用综合评价法和因子分析法相结合的方式进行分析。吴晓惠(2019)构建了涵盖城市经济、社会、资源、环境以及基础设施状况5个维度共15个指标的城市管理绩效综合评价体系,然后利用熵值法对我国30个城市的管理绩效进行了测算。这些评价方法基于不同的理论视角和着眼点,都具有一定的价值。本文的主要目的在于综合评价厦门市在公共服务、经济、环境、国际化、基础设施等诸领域的管理水平,因而力图建立一个具有高度综合性的客观评价指标体系。

2.全国文明城市评选指标是对客观评价指标体系的有效补充

全国文明城市评选指标是对传统城市管理与竞争力评价的重要补充,不仅涵盖硬件设施,还注重软实力的发展,如社会治理、生态环境与市民素质等。该评选指标通过多维度的标准推动城市的全面协调发展。①基础设施与生态环境作为城市硬实力的体现,是文明城市评选的重要组成部分。评选要求城市具备完善的公共服务设施和良好的生态环境,以提升城市的宜居性和长期竞争力。文明城市创建鼓励城市管理者持续投入基础设施建设和环保政策,促进社会与经济的可持续发展,成为对传统以经济指标为主的评价体系的有效补充。②社会治理与市民参与是城市软实力的核心。文明城市评选注重提升城市的社会治理水平和市民的参与度,通过提升治安管理、法治水平和市民的责任感,增强城市的吸引力与经济活力。广泛的市民参与促进了公共事务的透明化,提升了社会凝聚力与城市治理效率,使得文明城市的创建成为全社会共同推动城市进步的重要机制。③思想道德建设与文化软实力的提升也是文明城市评选的重点。评选标准强调城市的思想教育和道德建设,不仅关注物质文明,还重视精神文明的培养。一个拥有高素质市民的城市,在社会氛围上更具凝聚力与责任感,能减少社会冲突并推动文化与经济的可持续发展。④文明城市的创建过程也是城市品牌影响力提升的过程。获得文明城市称号的城市,不仅展现了其在基础设施与公共服务方面的优异表现,还通过提升社会、文化和生态环境的综合实力,显著提高了城市的知名度与美誉度。这种品牌效应能够吸引更多的投资、人才与游客,进一步增强城市的竞争力。⑤文明城市评选的标准广泛且综合,要求城市在多个领域同步发力。与传统评价体系相比,文明城市评选更强调多维度的协调发展,促使管理者在基础设施与软实力方面同时投入。城市管理者需通过系统化策略、多部门合作和市民广泛参与来实现城市的全面发展目标。这种多领域的评估标准使得城市管理更加精细化,推动了城市的综合竞争力提升。

本文在研究厦门市城市管理水平与城市竞争力时,主要采用高度综合性的客观评价指标体系,同时兼顾厦门市作为全国文明城市的特殊因素。客观评价指标体系包括公共服务质量、经济发展、生态环境保护、国际化和基础设施建设等"硬实力"因素,有助于全面衡量厦门市的城市管理水平。全国文明城市的评选标准则提供了对软实力的补充,重点关注市民文明素质、社会治理水平、道德建设以及市民参与度等方面。厦门市作为全国文明城市,不仅在经济与基础设施方面表现出色,还在文化软实力和社会治理方面具有较强的竞争优势。这种软硬结合的分析框架,有助于全面评估厦门市在全国和国际上的城市竞争力,为其未来发展提供重要的参考依据。

二、厦门市城市管理水平的初步分析

改革开放40多年以来,厦门市经济飞速发展,人民群众物质生活水平的不断提高,对城市生活质量的要求也不断提高,特别是对城市环境是否整洁优美、城市交通是否顺畅、城市公共设施、公共事业是否给人们的衣食住行提供方便舒适的服务等问题越来越关注。随着城市化进程的逐步加快、城市规模的不断扩大和城市功能的不断强化,城市管理面临的新课题越来越多。现代化城市不仅应有现代化的城市基础设施,更应有现代化的城市管理。本文首先从教育、社会保障、经济发展、创新投入、生态环境、国际化、基础设施建设和文明城市创建等方面,选取一些代表性指标对厦门市的管理水平进行初步统计分析。

(一)教育

《纲要》指出,厦门市要全面解决"有学上、上好学"问题,率先基本实现教育现代化,进入教育强市行列;推动基础教育、职业教育、高等教育的全面发展,建设高质量的教育保障体系。图 1 展示了 2012—2023 年厦门市教育支出占财政支出比重的年度变动情况,可以发现,厦门市政府在建设"现代化教育强市"的投入强度总体上越来越大。① 2012—2018 年厦门市教育支出占财政支出比重在 15% 的水平上下浮动,2018—2023 年厦门市教育支出占财政支出比重逐年攀升,从 15.28% 增加至 18.72%。

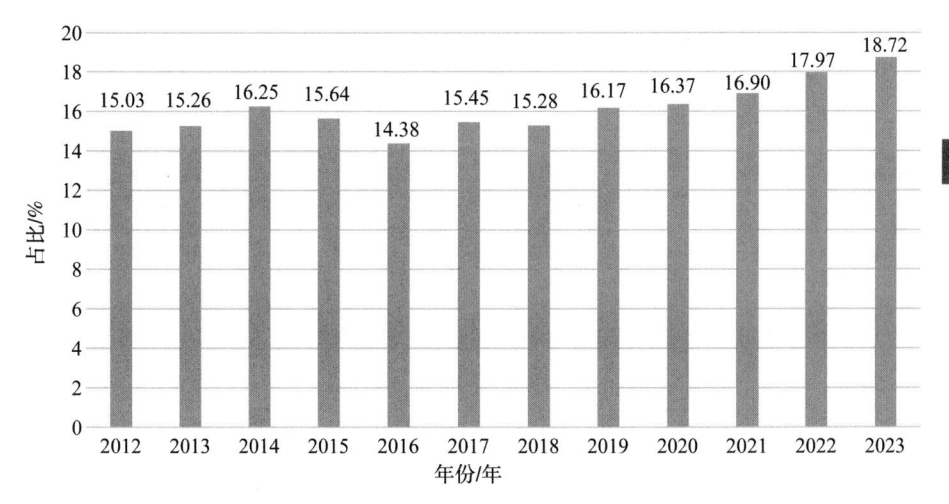

图 1　2012—2023 年厦门市教育支出占财政支出比重

厦门市拥有丰富的教育资源,涵盖了综合性大学、专业学院、职业技术学院等多种类型的高等教育机构,源源不断地为社会发展输送高素质人才。图 2 展示了 2012—2022 年厦门市普通高等学校生师比的变动情况,以普通高等学校的在校生数与教师数的比值衡量。2012—2017 年厦门市普通高等学校生师比在 16 的水平上下波动,2018—2022 年厦门市普通高等学校生师比有所增加,从 17.43 上升至 18.87。

---

① 数据来源:CEIC 数据库。下文中未特别表明数据来源的,皆来自该数据库。

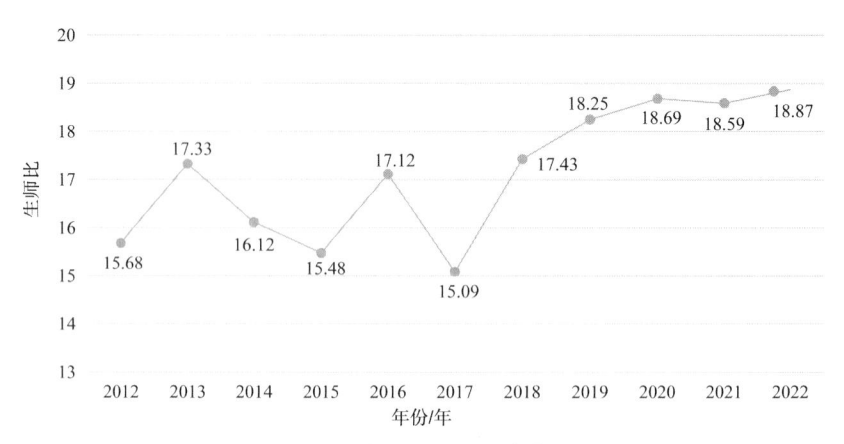

图 2　2012—2022 年厦门市普通高等学校生师比

(二)社会保障

图 3 展示了 2012—2023 年厦门市社会保障和就业支出占财政支出比重的变动情况,可以发现,厦门市政府在提升社会保障服务水平、促进就业等方面的投入越来越大。具体来看,2012—2021 年期间,厦门市社会保障和就业支出占财政支出比重均低于 8% 的水平,2022 年和 2023 年厦门市社会保障和就业支出占财政支出比重分别为 8.94% 和 10.76%,远远高出往年水平,显示在再就业培训和就业援助等方面的支持力度持续提升。厦门市政府统计公报数据显示,厦门市 2023 年城镇新增就业 16.47 万人,基本养老、工伤、失业保险参保人数分别同比增长 4.7%、2.3% 和下降 4.1%,基本医疗保险参保人数同比增长 0.3%。

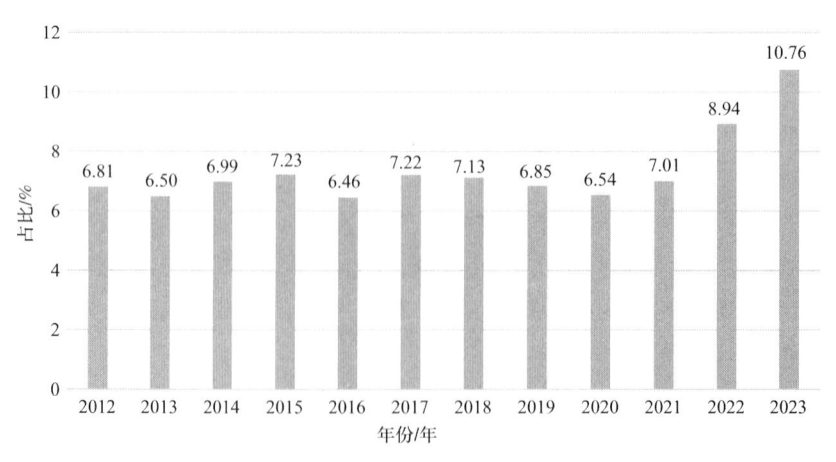

图 3　2012—2023 年厦门市社会保障和就业支出占财政支出比重

(三)经济发展

《纲要》指出,构建以高端制造业和现代服务业为主体的现代产业体系。高水平的服务业,可以吸引人才和投资,提升城市竞争力。厦门作为福建省的中心城市,厦漳泉都市圈的核心城市,发展第三产业具有特殊重要的意义。图4展示了2012—2023年厦门市第三产业占GDP比重的变动情况,可以看出,近年来第三产业比重稳步上升,从2012年到2023年,占比从50.71%上升至64.10%,2020—2022年受新冠疫情影响,第三产业占比略有下降,2023年第三产业占比超过疫情前水平。

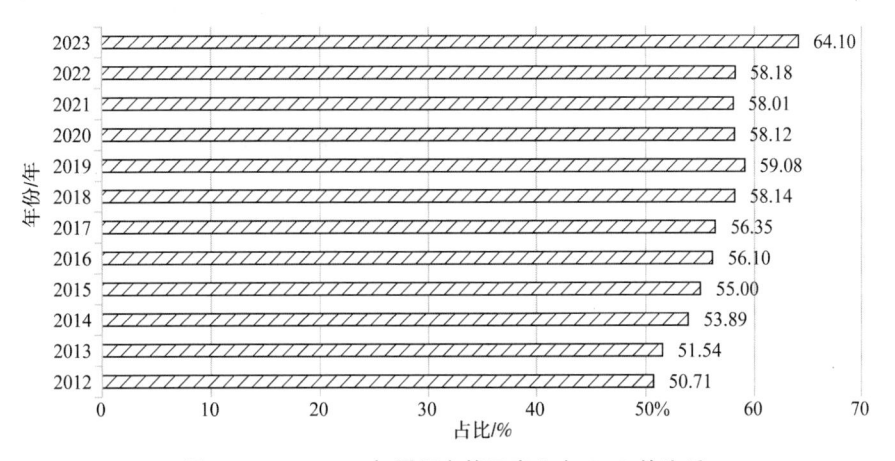

年份	占比/%
2023	64.10
2022	58.18
2021	58.01
2020	58.12
2019	59.08
2018	58.14
2017	56.35
2016	56.10
2015	55.00
2014	53.89
2013	51.54
2012	50.71

图4 2012—2023年厦门市第三产业占GDP的比重

(四)创新投入

创新是经济增长的重要引擎,是提升城市竞争力的关键。《纲要》明确指出,深入实施创新驱动发展战略,加快推进以科技创新为核心的全面创新,充分发挥"多区叠加""双自联动"等制度创新优势,打造具有国际影响力的区域创新中心。图5展示了2012—2023年厦门市科学技术支出占财政支出比重的变动情况。具体而言,2012—2023年厦门市科学技术支出占财政支出比重总体上呈现上升趋势,从2.94%增加至5.67%。2012—2018年科学技术支出占财政支出比重均维持在4%以下,增速相对平缓,2018年起科学技术支出占财政支出比重的增长速度显著加快。图6显示了2012—2021年厦门市R&D经费支出占GDP比重的变动趋势,总体同样呈现上升趋势,2012年R&D经费支出占GDP比重为2.70%,2021年R&D经费支出占GDP比重达到3.03%。厦门市《2023年国民经济和社会发展统计公报》数据显示,2023年,国内专利授权量31454件,年均增长32%(2012—2023年),其中,发明专利授权量5375件,年均增长48%(2012—2023年)。

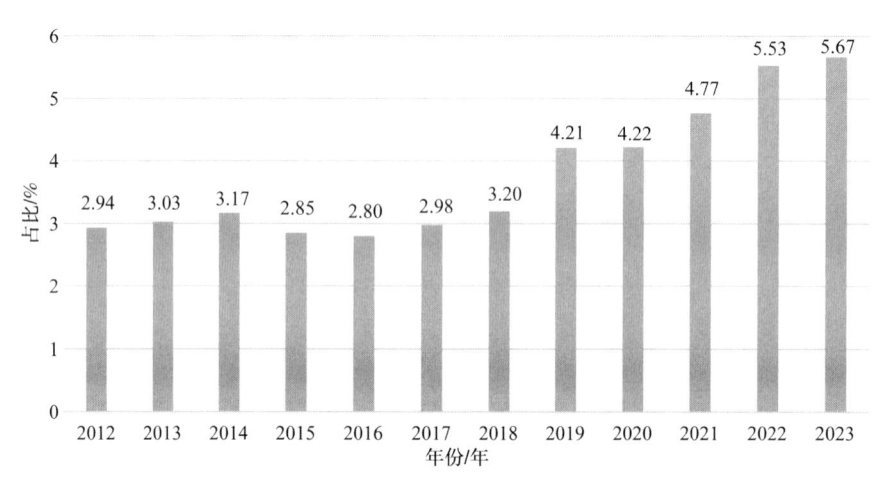

图 5　2012—2023 年厦门市科学技术支出占财政支出比重

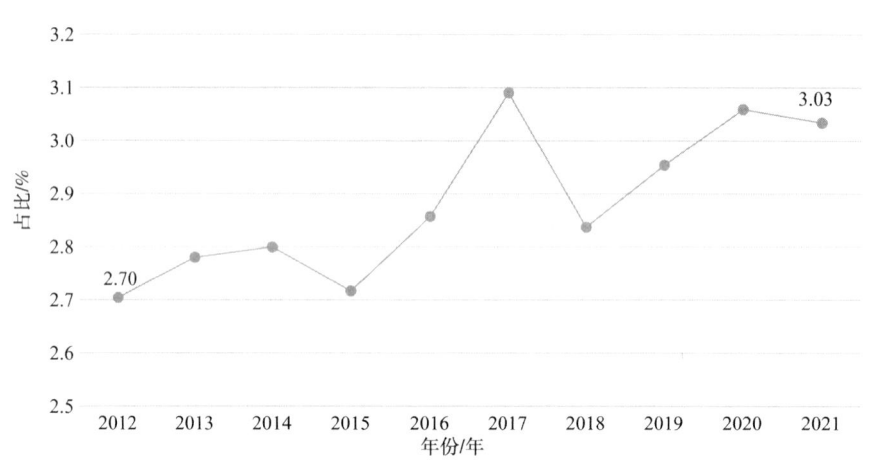

图 6　2012—2021 年厦门市 R&D 经费支出占 GDP 比重

数据来源：《厦门经济特区年鉴》。

(五) 生态环境

绿水青山就是金山银山，城市生态环境关乎居民的生活质量，良好的生态环境会增强城市的吸引力和宜居性。图 7 展示了 2012—2023 年厦门市生活垃圾无害化处理率的变化趋势，2012—2016 年厦门市生活垃圾无害化处理率有所波动，2017—2023 年厦门市生活垃圾无害化处理率均达到 100%。2016 年以来，厦门市的垃圾分类工作取得了显著成效，垃圾分类工作连续 24 个季度位居全国前列，垃圾分类"厦门模式"被国家发展改革委作为典型向全国推广，低值可回收物回收利用模式入选联合国气候变化大会"中国角"边会优秀案例,资源化利用率由44%提升至91%。2017—2023年,可回收物日均分出量增长1.7倍;有害垃圾日均分出量增长80倍;厨余垃圾(含餐厨)日均分出量增长2.6倍。①

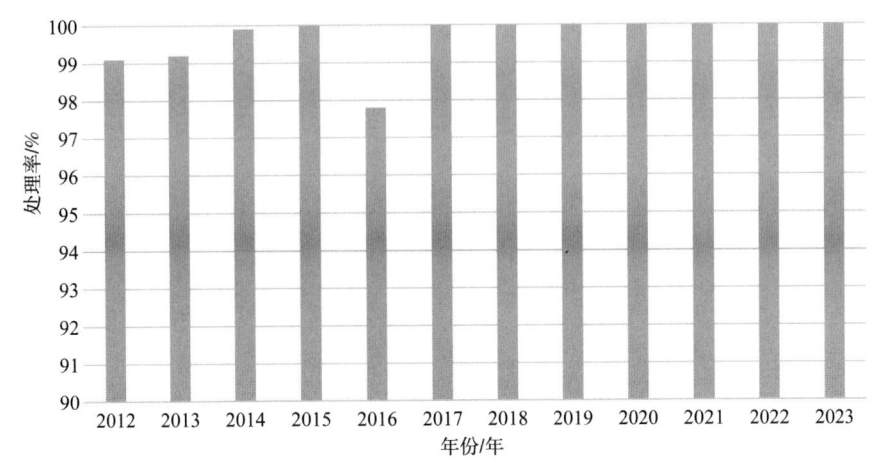

图7　2012—2023年厦门市生活垃圾无害化处理率

图8展示了2012—2022年厦门市建成区绿化覆盖率的变动趋势,2012—2021年建成区绿化覆盖率总体上呈现不断上升趋势,从41.8%提高至45.65%,2022年建成区绿化覆盖率为44.11%。2023年厦门市全市公园个数198个,公园面积4030.84公顷。② 全市自然保护区面积13897.38公顷,全市森林覆盖率29.3%,大陆自然岸线保有率达18.3%(含厦门岛)。2019年以来,厦门市海滩垃圾总数、总质量、数量密度和质量密度逐年下降。厦门市建立"四化"机制打造碧海银滩被国家发展改革委作为地方塑料污染治理典型经验,推广全国。③

同样,声环境也属于生态环境的重要部分之一,本文进一步对厦门市声环境状况进行了考察。图9展示了2012—2023年厦门市昼间区域环境噪声等效声级的变化情况,可以发现,噪声等效声级不断降低,从2012年的67.8分贝降至2023年的55.9分贝,声环境状况不断改善。具体来看,2012—2017年厦门市区域环境噪声等效声级整体上处于高位水平,2018—2023年均小于60分贝,较为稳定。2023年厦门市夜间区域声环境等效声级为48.3分贝,环境质量一般,与2018年相比污染水平持平。昼间道路交通声环境质量为好,

---

① https://www.xm.gov.cn/tpxw/202408/t20240814_2884885.htm。
② 数据来源:《2023年厦门经济特区年鉴》。
③ 数据来源:《2023年厦门市生态环境质量公报》。

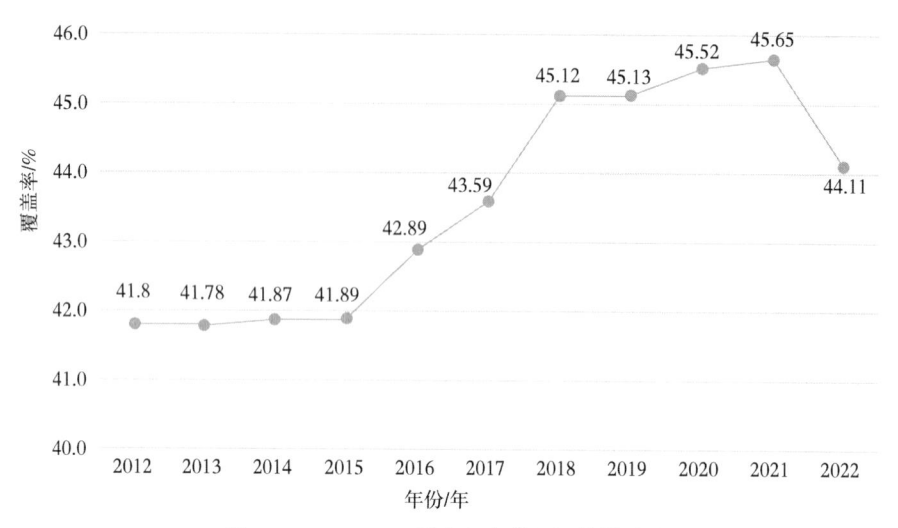

图 8 2012—2022 厦门市建成区绿化覆盖率

数据来源:《中国城市统计年鉴》。

平均声效等级为 67.4 分贝,其中等效声级超过 70 分贝路段长为 25.9 公里,同比增加 15.9 公里。与 2022 年相比,城市昼间道路交通噪声污染程度趋于稳定;夜间道路交通声环境质量为好,平均等效声级为 55.7 分贝,与 2018 年相比略有上升。①

(六)国际化

在全球化进程不断推进的过程中,世界各城市均在不断提升自身辐射力、影响力、控制力,提高城市能级,以期在全球城市体系中占据有利地位。图 10 展示了 2012—2024 年厦门市与深圳市全球 500 强公司数量的对比情况。具体来看,2017 年之前,厦门市在全球 500 强企业名单上无一席位,2017 年上榜企业为 2 家,分别是厦门建发集团有限公司、厦门国贸控股集团有限公司。2018 年及之后,500 强企业数量稳定在 3 家,分别是厦门建发集团有限公司、厦门国贸控股集团有限公司和象屿集团。与之对比明显的是,深圳市在全球 500 强名单中成绩斐然,近年来上榜名单的企业数量不断增加,2012 年全球 500 强企业名单数量仅为 3 家,2023 年上榜数量已经达到了 10 家,2024 年上榜数量为 9 家。

全球 500 强公司数量是衡量城市国际贸易水平的重要指标之一。本文进

---

① 数据来源:《2023 年厦门市生态环境质量公报》。从废物管理、绿化覆盖率以及声环境等方面来看,厦门市在生态环境管理上的成绩较为突出。当然,生态环境的优异还体现在其他更多方面,如空气质量、水质和水资源、生物多样性等。

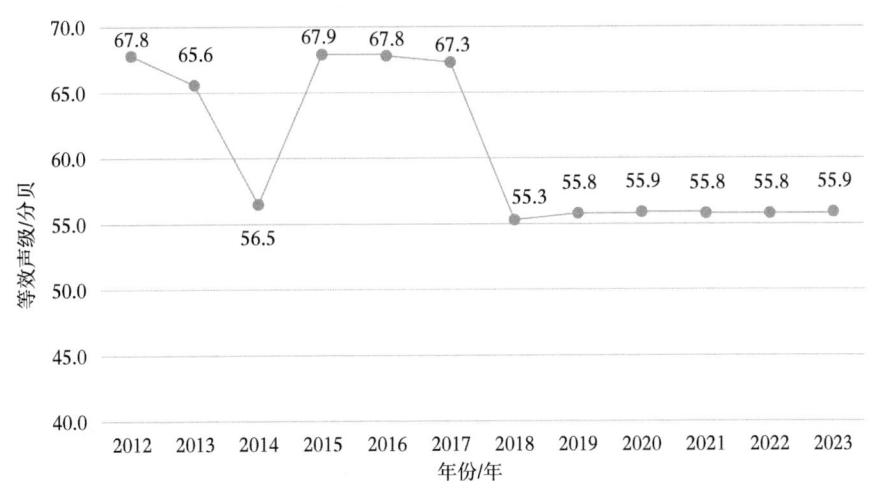

图 9 2012—2023 年厦门市昼间区域环境噪声等效声级

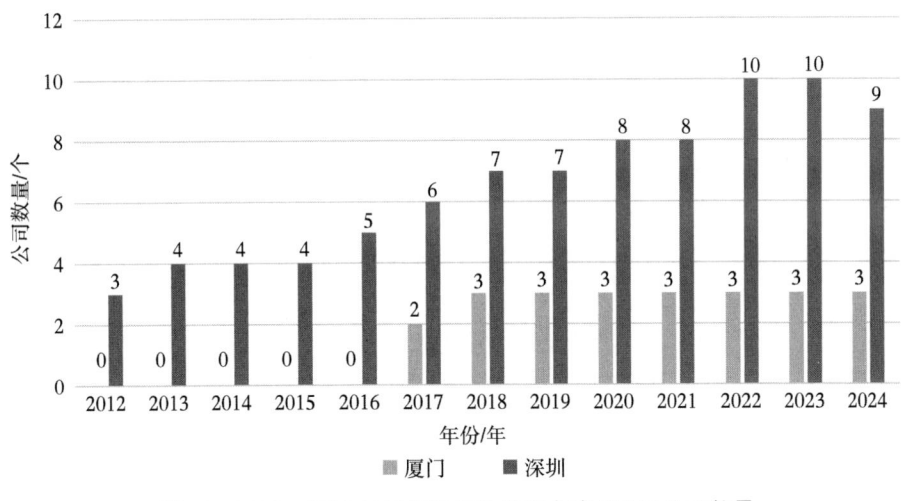

图 10 2012—2024 年厦门市与深圳市全球 500 强公司数量

数据来源：财富中文网。

一步从进出口总额的视角探讨厦门市的国际贸易水平情况。图 11 显示了 2012—2022 年厦门市进出口总额变动情况，2012—2022 年，进出口总额总体上呈现不断上升的趋势。具体来看，2012—2016 年进出口总额在 800 亿美元的水平上下浮动，这段时期内国际贸易活动相对稳定，但未有显著增长。2017—2020 年稳步上升态势，进出口贸易规模逐渐扩大，2021—2022 年上升势头明显。2023 年，厦门市规模创新高，在 15 个副省级城市中稳居第四，外贸经营主体活力强劲，民营企业"主力军"作用突出。2023 年与全球 230 个国家及地区建立贸易往来,较 2022 年增加 11 个贸易伙伴。[①]

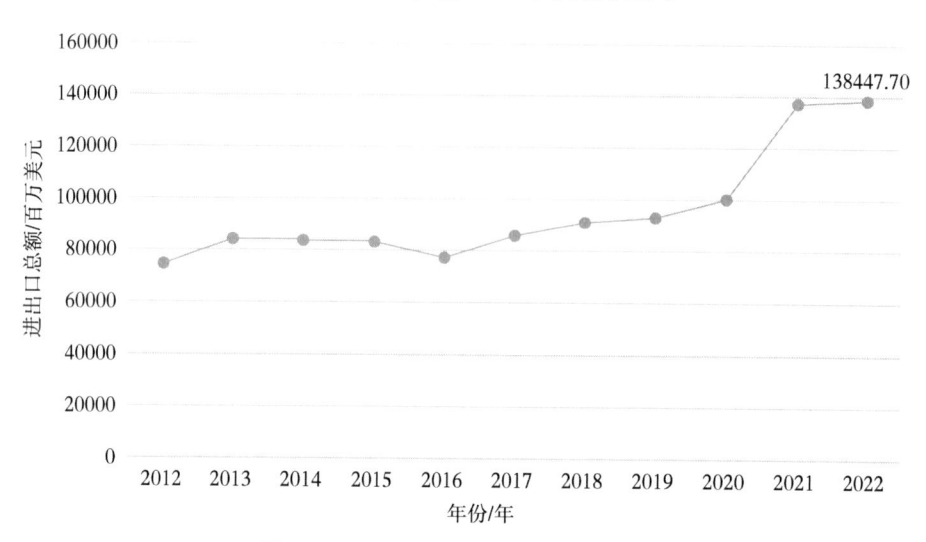

图 11　2012—2022 年厦门市进出口总额

国际贸易水平是反映城市国际化水平的其中一个方面,而体现城市国际影响力的另一个方面是国际旅游水平。厦门市作为一座享有盛誉的滨海花园旅游城市,每年都吸引着大量国内外游客前来观光游览。图 12 展示了 2012—2023 年厦门市国际游客年接待规模,本文以入境游客人次作为代理指标。从图 12 中可以发现,2012—2019 年间,厦门市国际游客接待规模稳步上升,从 2012 年的 212.42 万人次增加至 2019 年的 376.51 万人次。这一增长趋势不仅反映了厦门市作为旅游目的地的吸引力逐渐增强,也展示了其在国际旅游市场中的地位不断提升。2020 年新冠疫情的暴发对全球旅游业造成了巨大冲击,厦门市国际游客接待规模也随之骤然下降,在随后的 2020—2022 年间,接待规模连续 3 年下降,2022 年接待规模仅为 27.35 万人次。2023 年国际游客接待规模有所恢复,为 76.82 万人次,厦门市作为国际旅游目的地的吸引力正在逐渐恢复。[②]

---

①　https://www.xm.gov.cn/jdhy/xwfbh/2023xmsqnjckqk_20240116/202401/t20240117_2810695.htm。

②　城市国际化管理水平还体现在其他众多方面,如国际资本市场、国际文化交流等,结合数据可得性,这里仅分析了国际贸易水平和国际旅游水平。

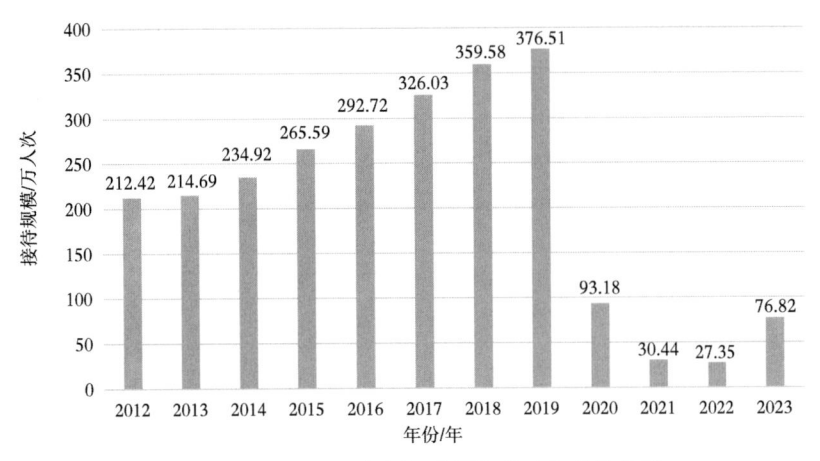

图 12　2012—2023 年厦门市国际游客年接待规模

(七) 基础设施建设

城市基础设施建设是一个城市发展的基石,是城市管理水平的重要体现,是城市竞争力的重要组成部分。图 13 展示了 2012—2022 年厦门市人均城市道路面积的变动情况。[①] 2012—2019 年,厦门市人均城市道路面积均在 8 平方米以上,并且呈现上升趋势。2020 年厦门市人均城市道路面积降低至 7.07 平方米,此后逐年增加,2022 年厦门市人均城市道路面积上升至 11.42 平方米。

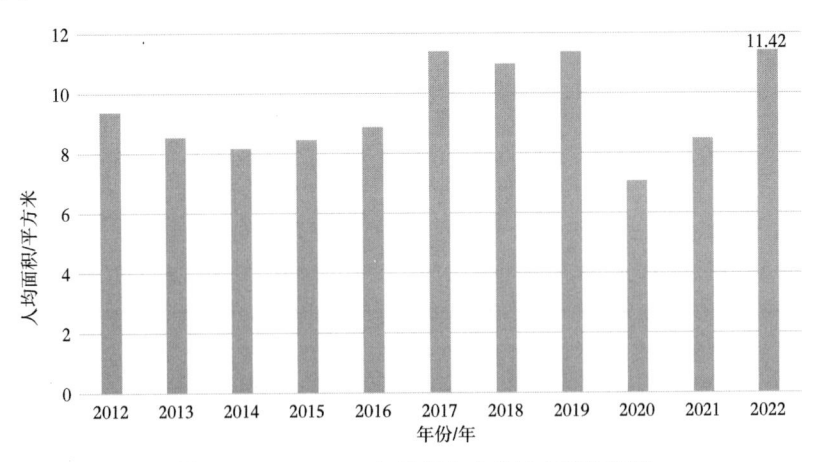

图 13　2012—2022 年厦门市人均城市道路面积

[①] 衡量方式:道路面积/常住人口数。下文所用到的人口数据除特殊说明外,均为常住人口数。

图 14 展示了 2012—2022 年厦门市和深圳市的公共交通建设情况，以每万人拥有的公共交通车辆作为代理指标。可以发现，2012—2016 年间，厦门市每万人拥有公共交通数总体呈现不断增加的趋势，2017—2022 年间，这一趋势开始逆转，每万人拥有公共交通数呈现不断下滑的趋势。这一下滑趋势同样可以在深圳市发现，其主要原因在于，近年来中国的城镇化速度加快，越来越多的人选择到城市生活。据厦门市《2023 年国民经济和社会发展统计公报》的数据，常住人口城镇化率 90.81%，户籍人口城镇化率 87.8%，2012 年分别为 88.3% 和 80.93%，而公共交通数量的增长速度却慢于城市人口的增长速度。

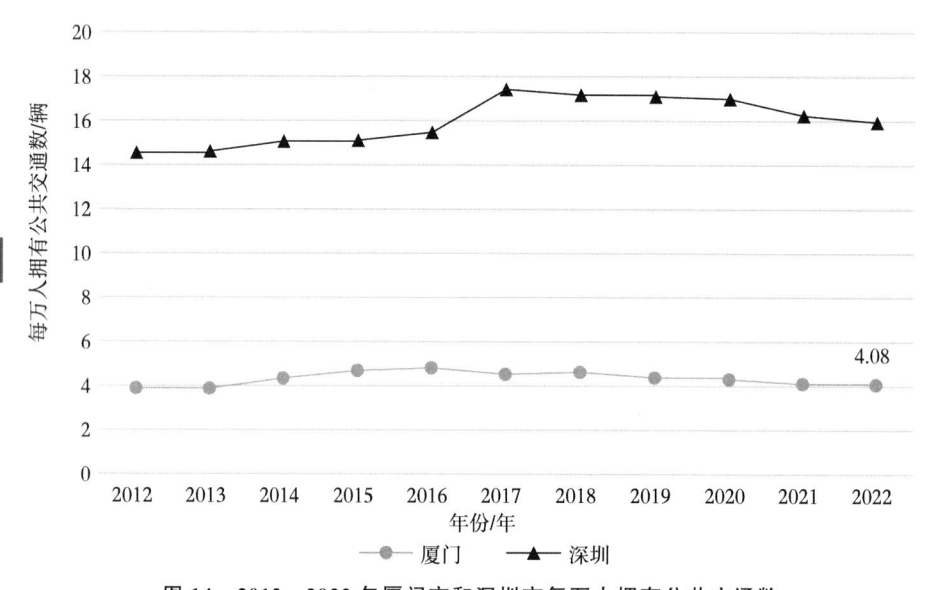

图 14 2012—2022 年厦门市和深圳市每万人拥有公共交通数

图 15 展示了 2012—2023 年厦门市人均互联网用户数的变动趋势，互联网用户数以宽带接入用户数衡量。2012—2023 年厦门市人均互联网用户数总体上呈现不断增加的趋势，2012 年人均互联网用户数为 0.32 户，2019 年前后有所波动，2023 年这一指标上升至 0.56 户。根据厦门市《2023 年政府统计公报》数据，2023 年邮政行业寄递业务量比上年增长 11.4%，电信业务总量增长 12.1%，5G 移动电话用户增长 36.2%。[①]

---

① 城市基础设施建设管理水平除了上述提到的道路交通设施管理水平、邮电通信设施管理水平，还体现在其他众多方面，如水电气设施管理水平等。

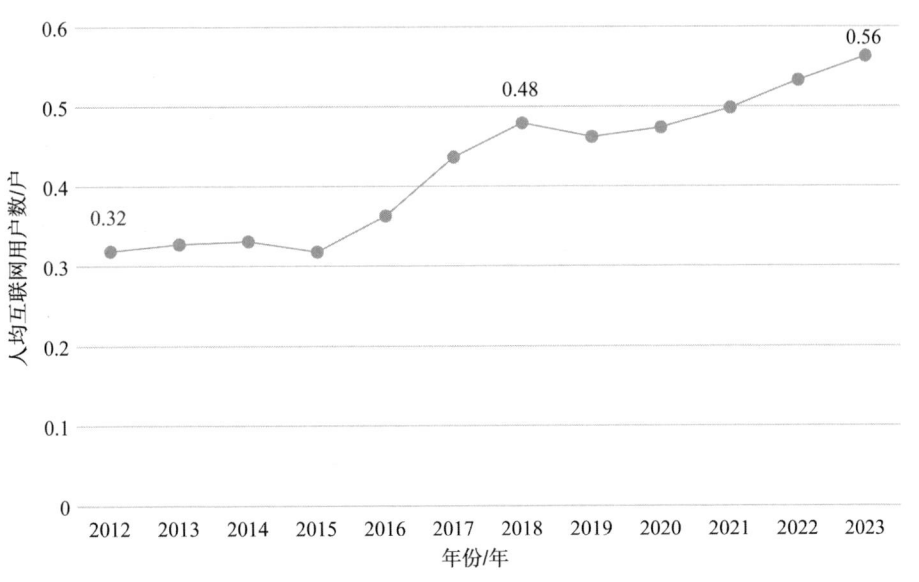

图 15　2012—2023 年厦门市人均互联网用户数

(八) 文明城市创建

厦门市在全国文明城市创建过程中取得了显著成效,多次蝉联全国文明城市称号,其城市管理水平和整体形象得到了大幅提升。自 2005 年首次入选全国文明城市以来,厦门市不断推进城市基础设施建设和改造,涵盖了市政道路、公共交通和城市绿化等多个方面。这些基础设施的改进不仅提升了市民的生活质量,还极大改善了城市面貌,使得厦门的城市形象更加现代化、宜居化。同时,厦门市在创建文明城市的过程中,通过广泛开展市民文明教育和志愿者活动,显著提升了市民的整体文明素质,文明意识逐步在市民心中扎根。这些努力使得文明行为逐渐成为市民日常生活的一部分,为城市的长远发展奠定了良好的社会基础。

在生态环境保护方面,厦门市也进行了多项卓有成效的举措。通过水污染治理和空气质量改善等工程,厦门的生态环境质量得到了显著提高,市民居住环境更加宜居。这些措施不仅增加了城市的绿化面积,也大幅度降低了环境污染,促使厦门市的生态宜居形象深入人心。此外,厦门在全国文明城市的复查过程中,始终坚持不断提升和完善城市管理体系。2008 年和 2011 年,厦门市顺利通过复查,并借此机会进一步强化了环境卫生、交通秩序和社会治安的管理水平,从而逐步实现了城市管理的精细化。

随着全国文明城市创建工作进入新阶段,厦门市在 2015 年和 2017 年文明城市建设中提出了新的目标。在这一阶段,厦门不仅在城市治理和社会服务体系方面取得了显著进展，还积极推动了智慧城市和绿色发展的理念。智慧城市的发展使得城市管理的效率大幅提高，信息化手段的引入让城市管理更加智能化、科学化，市民也能更加便捷地享受到高效的城市服务。而绿色发展理念的贯彻落实，不仅使得厦门市的生态环境进一步改善，也增强了城市的可持续发展能力。

2020年，厦门市再度通过全国文明城市复查，充分巩固了多年文明城市创建的成果。通过持续开展文明宣传和创新社会治理方式，厦门市民的文明素质进一步提升，社会治理水平的现代化得到显著增强。文明城市建设与厦门的旅游业也实现了协同发展，有力提升了城市的国际知名度，使厦门不仅成为全国文明城市的典范，也在国际上展现了良好的城市形象。

三、厦门市城市管理水平与城市竞争力分析

城市管理是城市运转的关键支撑，是巩固城市建设成果、提升城市竞争力的重要保证。城市管理涉及经济、社会、文化和生态等方方面面，是一项复杂的系统性工程。城市管理是一个动态变化的过程，需要对城市各个领域进行精细化调控。因此，在测量城市管理水平时，应综合考虑多方面因素。本文将对厦门市在公共服务、经济、环境、国际化和基础设施等领域的管理水平进行综合评价，旨在建立一个高度综合且客观的评价指标体系，并通过该体系分析厦门市城市管理中存在的问题，以此为提升厦门市城市管理水平和增强城市竞争力提供可行的思路。

（一）城市管理水平指标评价体系构建

本文参考社会科学文献出版社出版的《中国城市管理报告（2023）》《广州城市国际化发展报告（2023）》及相关文献，选取公共服务、经济、环境、国际化、基础设施5个方面的指标（见表1）。结合主成分分析法测算厦门市的城市管理水平，并进一步与福建省重点城市、计划单列市进行比较分析。本文采用的5个方面的评价体系包含以下二级指标和三级指标：

（1）公共服务管理水平。公共服务包括教育、医疗、社会保障、文化等，与城市居民的日常生活息息相关，高质量的公共服务能够显著提高居民的生活质量，增强市民的幸福感和归属感。提供高效、公平的公共服务需要政府具备较强的组织协调和管理能力。城市公共服务的管理水平，能够体现一个城市政府在资源配置、政策执行和服务提供方面的综合管理能力。本文从城市的教育、卫生和社会保障、公共文化等方面考察城市的公共服务水平。以教育支出占财政支出比重、普通高等学校生师比作为代理变量，衡量城市的教育水平；以每万人医院床位数、社会保障和就业支出占财政支出比重作为代理指

标,衡量城市的卫生和社会保障水平;以人均拥有公共图书馆图书藏量作为代理指标衡量城市的公共文化水平。

表 1 城市管理水平评价指标体系

一级指标	二级指标	三级指标
公共服务管理水平	教育	教育支出占财政支出比重(X1)
		普通高等学校生师比(X2)
	卫生和社会保障	每万人医院床位数(X3)
		社会保障和就业支出占财政支出比重(X4)
	公共文化	人均拥有公共图书馆图书藏量(X5)
经济管理水平	经济发展水平	人均地区生产总值(X6)
		第三产业占GDP的比重(X7)
	市场活跃度	限额以上批发零售商贸企业数(X8)
		社会消费品零售增长率(X9)
	创新投入水平	科学技术支出占财政支出比重(X10)
环境管理水平	废物管理水平	生活垃圾无害化处理率(X11)
		工业固体废物综合利用率(X12)
	生态绿化管理水平	建成区绿化覆盖率(X13)
	噪声环境管理水平	区域环境噪声等效声级(X14)
国际化管理水平	国际贸易水平	全球500强公司入驻数量(X15)
		进出口总额(X16)
	国际旅游水平	国际游客年接待规模(X17)
基础设施管理水平	道路交通设施管理水平	人均城市道路面积(X18)
		每万人拥有公共交通数(X19)
	邮电通信设施管理水平	人均移动电话用户数(X20)
		人均互联网用户数(X21)

注:表中所采用的人口数据为"常住人口数"。

(2)经济管理水平。经济管理水平的重要性体现在多个方面,其高低直接反映了政府在分配和利用资源方面的效率。高水平的经济管理体系能促进各项经济活动的协调发展,优化产业结构,提升城市生产力。同时,高质量的经济管理为市场打造优异的营商环境,通过简化行政程序、降低企业运营成本,推动城市经济竞争力的提升和经济的持续繁荣。另外,促进技术创新是经济管理的关键任务之一,通过政策支持、资金投入和人才引进,政府可以鼓励企业进行技术研发和创新,从而提升整体经济的创新能力和发展潜力。本文从多个维度分析城市的经济管理水平,包括经济发展水平、市场活跃度、创新投入水平等方面。以人均地区生产总值、第三产业占GDP的比重作为代理指标,衡量城市的经济发展水平;以限额以上批发零售商贸企业数、社会消费品零售增长率作为代理指标,衡量城市的市场活跃度;以科学技术支出占财政支出比重作为代理指标,衡量城市的创新投入水平。

(3)环境管理水平。城市环境管理水平直接影响到居民的健康状况和生活质量,还对城市的可持续发展起着至关重要的作用。例如,饮用水安全、噪声污染控制等因素都与公共健康水平有显著关联。同时,环境管理与经济管理相辅相成、互相促进,良好的生态环境能够提升城市形象和国际声誉,增强城市的吸引力和竞争力,积聚人才、吸引国际游客和投资,为城市注入经济活力,推动城市可持续、长远发展。本文从废物管理水平、生态绿化管理水平、噪声环境管理水平3个方面进行分析,其中,废物管理水平以生活垃圾无害化处理率、工业固体废物综合利用率作为代理指标;生态绿化管理水平以建成区绿化覆盖率作为代理指标;噪声环境管理水平的代理指标采用区域环境噪声等效声级。

(4)国际化管理水平。国际化管理水平反映了城市在全球经济和文化交流中的地位和影响力。国际化管理水平较高的城市有利于吸引外资和跨国公司入驻,不仅能够带来资金,还可以引进先进的技术和管理经验,从而提高城市的生产力和竞争力。另外,全球高素质人才更倾向于选择到国际化水平较高的城市工作和生活,为城市带来多样化的知识和文化,促进不同文化之间的交流和融合,丰富城市的文化氛围,提升市民的文化素养和拓宽市民的国际视野。多元文化的碰撞与融合,为城市增添独特的魅力,推动城市在各个领域的发展和进步。本文从国际贸易水平与国际旅游水平两个方面进行分析。国际贸易水平采用全球500强公司入驻数量、进出口总额作为代理指标;国际旅游水平采用国际游客年接待规模作为代理指标。

(5)基础设施管理水平。基础设施是经济活动的基石,高效的交通系统、稳定的通信网络等,是企业运营和经济增长的基础。基础设施管理水平直接影响市民的生活条件,关乎市民的生活舒适度和满意度。基础设施的完善水平是城市竞争力的重要组成部分,基础设施管理水平的提升可以有效增加城市对优质企业和高素质人才的吸引力。同时,基础设施的建设和维护是城市社会稳定的重要保障。可靠的邮电通信设施和道路交通设施能够有效应对自然灾害和突发事件,维护社会的正常运行和稳定,高效的基础设施管理能够减少社会动荡的风险。本文从道路交通设施、邮电通信设施两个角度考察城市的基础设施管理水平,采用人均城市道路面积与每万人拥有公共交通数作为道路交通设施管理水平的代理指标;以人均移动电话用户数与人均互联网用户数衡量邮电通信设施管理水平。

(二)评价方法

城市管理水平是一个系统性概念,需要综合多方面的指标。赵继敏和杨波(2014)在评价中国44个重点城市的城市管理水平时,采用综合评分法和因子分析法相结合的评价方法,通过集合专家意见,对各项指标进行设定和赋权。王岱凌和蒋国瑞(2009)评价城市管理绩效时,运用层次分析法确定各项指标权重,即通过专家打分确定各项指标的权重。翟国涛和刘苗苗(2013)在探讨城市网格化管理时,同样采用层次分析法确定各个指标的权重,邀请10名城市管理的领域专家,完成了对城市网格化管理效能评价指标对比矩阵的确定。主观赋权方法,具有较强的主观随意性,受评价者主观上重视程度的影响,局限性较大。主成分分析法是多元统计分析中的一种最为重要、最为常用的方法,主成分分析的核心思想是通过降维技术把多个变量化为少数几个主成分的方法,这些主成分保留原始变量的绝大部分信息,它们通常表示为原始变量的线性组合。主成分分析法在综合评价问题中具有广泛的应用,不受主观重视程度差异的影响,权重选择更为客观,含义十分清晰(杨永恒 等,2005)。程玉鸿和程灵云(2014)以大珠江三角洲地区为实证案例,采用主成分分析等方法,进行了城市竞争力评价。李琳等(2011)运用主成分分析法对长沙和东部主要城市创新竞争力进行了实证分析,揭示了主要城市创新竞争力的动态变化特征。

因此,本文首先基于主成分分析法,测算厦门市城市管理水平得分,从时间维度探讨厦门市城市管理水平的变动趋势。其次,将厦门市与福建省其他重点城市、计划单列市进行对比分析。结合数据可得性,本文选取2012—2022年作为分析区间,所使用的数据来源于CEIC数据库、《中国城市统计年鉴》、各省份统计年鉴、各城市统计年鉴、政府统计公报等。数据缺失值采用线性插值法进行补充。

(三)厦门市城市管理水平综合得分分析

图16展示了利用主成分分析法得到的厦门市城市管理水平的综合得分,2012—2022年厦门市城市管理水平综合得分总体上呈不断上升趋势,综合得分从-0.53上升至1.60,表明城市管理水平持续提高,赋能城市竞争力。在综合得分的测算时,提取了前6个主成分,累计方差贡献率达到82.23%,较好地反映了所选取的城市管理水平各指标所包含的信息。主成分分析法测算得到的负值是因为运用该方法计算时,对数据做了标准化处理,0表示平均水平,得分为负值表示该市当年得分低于比较对象的平均分。

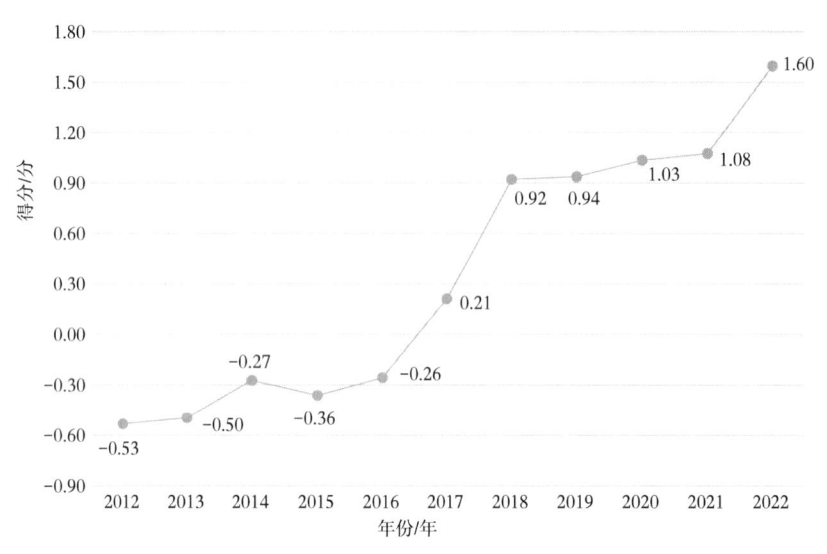

图 16　2012—2022 年厦门市城市管理水平综合得分

表 2 展示了 2012—2022 年厦门市城市管理水平综合得分的历年排名，并包括福建省其他重点城市（福州市、泉州市），以及计划单列市（大连市、宁波市、青岛市、深圳市）的排名情况，均采用主成分分析法进行测算。从结果来看，2012—2022 年厦门市城市管理水平综合得分稳居第二，但始终低于深圳市的综合得分。本文所选取的这些比较城市均位于中国东部沿海地区，并且具有相似的城市定位。福州市、泉州市是福建省的重要城市，与厦门市在区域经济合作和竞争中有很多相似之处；深圳市和宁波市在国际化方面有较高的水平，通过对比可以更客观地反映出厦门市在相似发展环境中的表现。

根据最近发布的《中国城市管理水平报告（2023）》数据，厦门市城市管理水平同样显著提高，2021 年厦门市位列中国城市管理水平第九名，排名相较 2020 年（第十三名）有大幅提升。厦门市在城市管理水平上的成就有目共睹，连续 6 次获得全国文明城市荣誉称号，在经济建设、文化建设、社会建设、生态文明建设等方面成绩斐然，城市治理能力和治理水平不断提高。

表 2　2012—2022 年厦门市城市管理水平综合得分历年排名

年份/年	大连市	宁波市	福州市	厦门市	泉州市	青岛市	深圳市
2012	5	3	6	2	7	4	1
2013	5	3	6	2	7	4	1
2014	6	4	5	2	7	3	1
2015	5	3	6	2	7	4	1
2016	5	3	6	2	7	4	1

续表

年份/年	大连市	宁波市	福州市	厦门市	泉州市	青岛市	深圳市
2017	4	3	6	2	7	5	1
2018	3	4	6	2	7	5	1
2019	6	3	5	2	7	4	1
2020	6	3	5	2	7	4	1
2021	6	3	5	2	7	4	1
2022	6	4	5	2	7	3	1

(四)厦门市城市管理水平与国内城市比较分析

为了进一步分析厦门市城市管理水平的相对优势与不足,本文横向比较其与福建省其他重点城市(福州市、泉州市)、计划单列市(大连市、宁波市、青岛市、深圳市)在城市管理水平综合得分和公共服务管理、经济管理、国际化管理、基础设施管理等关键分项得分的动态差异,均采用主成分分析法分析。

1.厦门市与国内城市管理水平综合得分比较分析

图17显示了2012—2022年福州市、厦门市、泉州市城市管理水平综合得分,与福州市、泉州市相比,厦门市城市管理水平综合得分一直名列前茅,并且

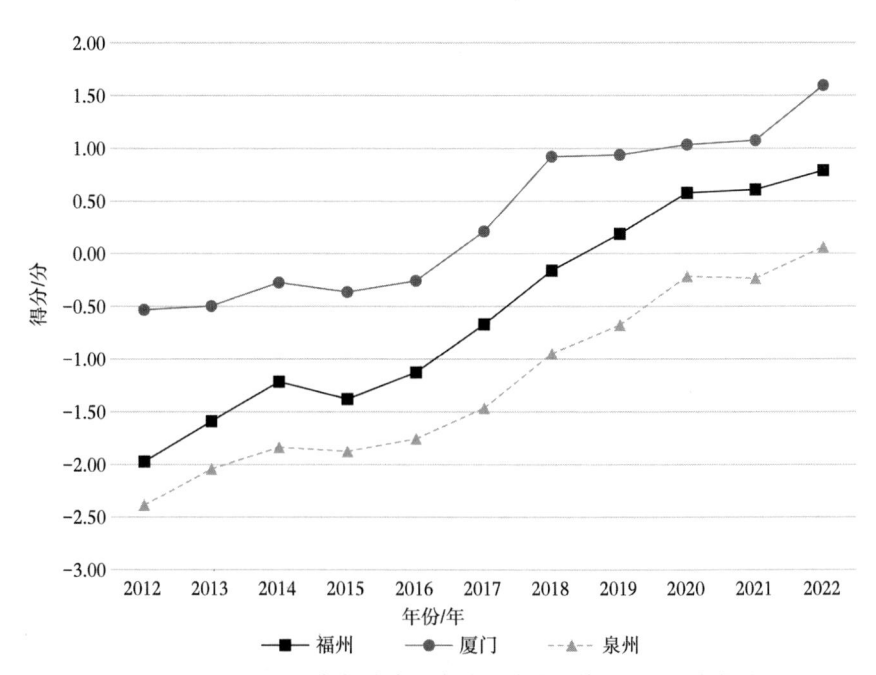

图17 2012—2022年福建省重点城市的城市管理水平综合得分

稳步上升。2017年后,厦门市城市管理水平综合得分由负转正,逐渐高于平均水平。福州市城市管理水平综合得分位列第二,泉州市城市管理水平综合得分位列最后,总体变动趋势与厦门市相似。值得指出的是,厦门市与福州市和泉州市在城市特征上存在一定差异,厦门市下辖6个市辖区,无下辖市县,城市化水平高于福州市和泉州市,其城市管理水平高于福州、泉州一定程度上是与此密切相关的。

图18显示了2012—2022年间5个计划单列市(大连市、宁波市、厦门市、青岛市和深圳市)的城市管理水平综合得分的变化趋势。从图18中可以看到,在这10年间,厦门市的城市管理水平综合得分始终位居前列,高于大连市、宁波市和青岛市。这反映出厦门市在城市管理方面的持续努力和优异表现。需要指出的是,尽管大连、宁波、青岛与厦门一样,都是计划单列市,但从辖区范围看,大连、宁波、青岛除下辖区之外,尚有部分辖县与代管的县级市。与辖区范围一样的深圳市相比,厦门的城市管理水平综合得分则存在较大差距。

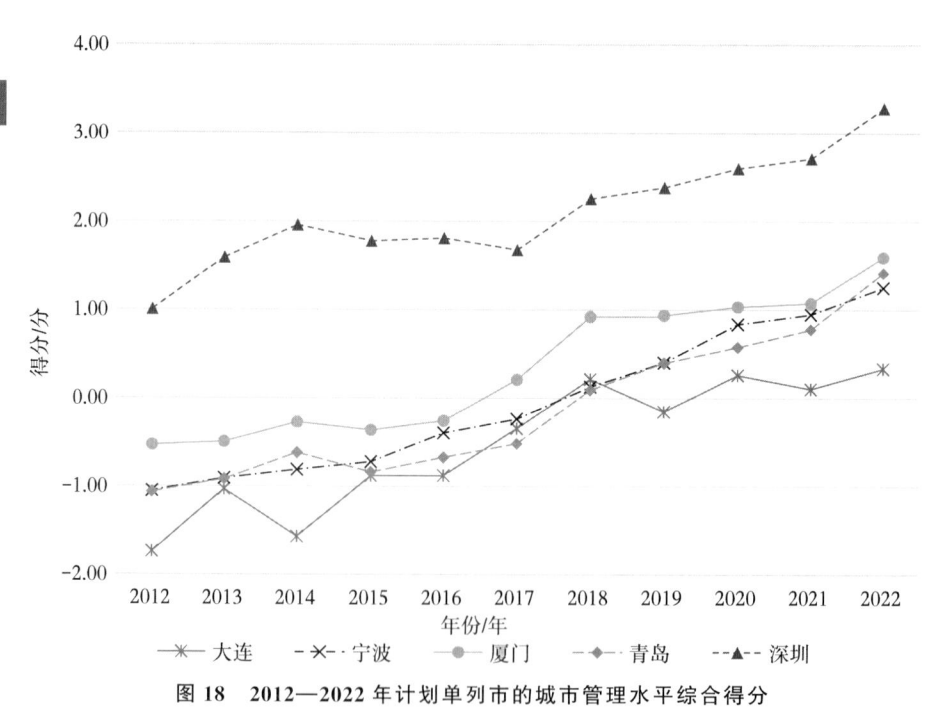

图18 2012—2022年计划单列市的城市管理水平综合得分

2. 厦门市与国内城市公共服务管理水平得分比较分析

本文从教育、卫生和社会保障、公共文化等方面衡量城市的公共服务管理水平(见表1),以教育支出占财政支出比重、普通高等学校生师比作为教育的代理指标,以每万人医院床位数、社会保障和就业支出占财政支出比重作为卫生和社会保障的代理指标,以人均拥有公共图书馆图书藏量作为公共文化的代理指标,利用主成分分析法进行测算。

图19清晰地展示了2012—2022年厦门市与福建省其他重点城市在公共服务管理水平得分上的差异。从图19中可以看出,厦门市这10年间的公共服务管理水平得分总体上呈现出不断上升的趋势,但对比发现,厦门市公共服务管理水平得分均低于福州市和泉州市。2022年,福州市公共服务管理水平得分为0.60,厦门市公共服务管理水平得分为-0.08,泉州市公共服务管理水平与福州市较为接近,得分为0.71。相比福州市和泉州市,厦门市人口流动性更大,而本文的公共服务管理水平评价体系中较多指标利用常住人口数进行了标准化处理,这是厦门市公共服务管理水平得分相对较低的原因之一。

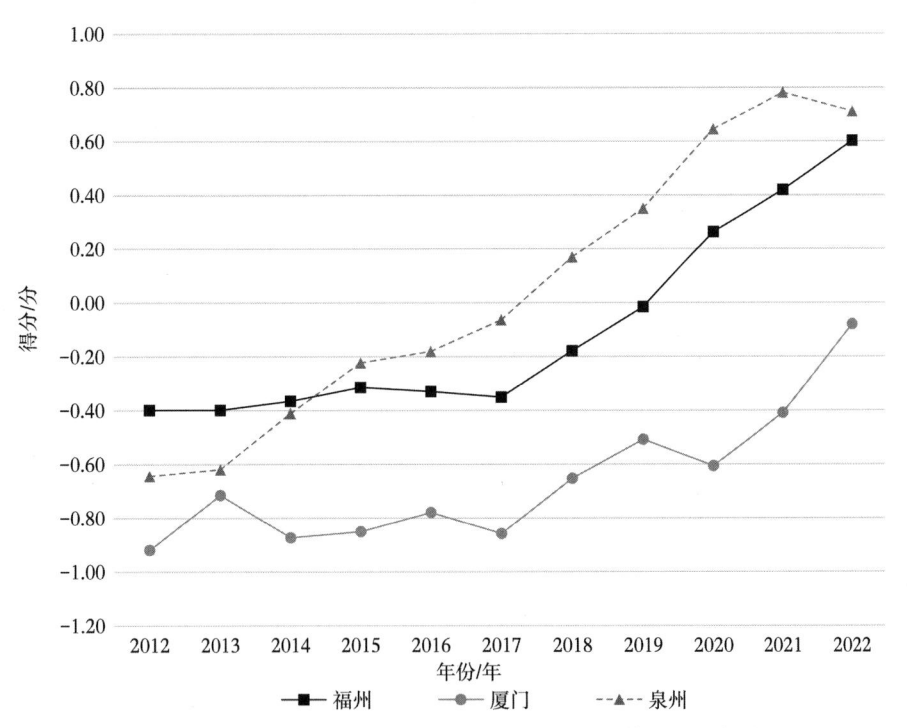

图19 2012—2022年福建省重点城市公共服务管理水平得分

图20明确展示了2012—2022年厦门市与其他4个计划单列市在公共服务管理水平得分上的差异。从图20中可以发现,厦门市公共服务管理水平与大连市、青岛市、宁波市相比,始终处于低位,但厦门市始终高于深圳市公共服务管理水平。2012年,厦门市公共服务管理水平得分为-0.92,深圳市得分为-1.09,2022年深圳市得分为-0.67。这反映了厦门市和深圳市在教育、卫生和社会保障、公共文化等方面的资源紧缺。例如,2012—2022年间,厦门市

每万人医院床位数平均值为 32.06,深圳市为 26.59,而大连市为 61.81,青岛市为 53.71;2012—2022 年,厦门市普通高等学校生师比平均值为 17.15,深圳市为 17.85,大连市为 16.27。与其他城市相比,深圳市人口流动性更大,得分同样处于低位。

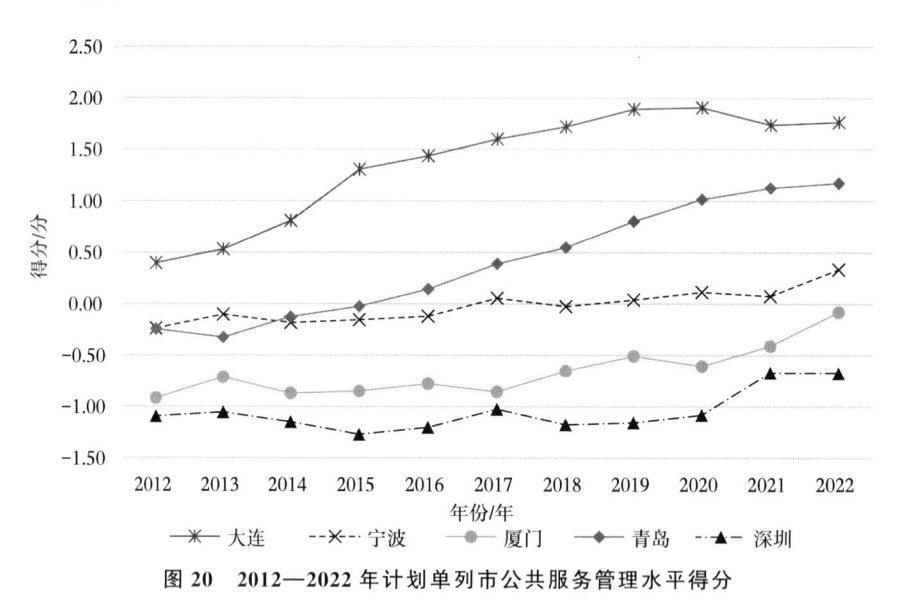

图 20　2012—2022 年计划单列市公共服务管理水平得分

3.厦门市与国内城市经济管理水平得分比较分析

本文从经济发展水平、市场活跃度、创新投入水平等方面(见表 1),结合主成分分析法,测算城市的经济管理水平得分。以人均地区生产总值、第三产业占 GDP 的比重作为经济发展水平的代理指标[①],以限额以上批发零售商贸企业数、社会消费品零售增长率作为市场活跃度的代理指标,以科学技术支出占财政支出比重作为创新投入水平的代理指标[②]。

图 21 显示了福州市、厦门市、泉州市在经济管理水平得分上的差异。从图 21 中可以看出,2012—2022 年间福州市、厦门市、泉州市的经济管理水平得分均不断提高。2012—2020 年间,厦门市与福州市经济管理水平得分差距不断缩小,主要归功于福州市在经济管理方面的快速提升,然而 2020 年后,福州市经济管理水平提升速度放缓,而厦门市则继续保持稳步上升的趋势,导致两城市之间的差距再次拉大。

[①] 第三产业占比不仅仅是经济总量的体现,更是经济结构合理性和可持续发展的综合反映。

[②] R&D 经费支出数据缺失严重,这里以科学技术支出占财政支出比重衡量。

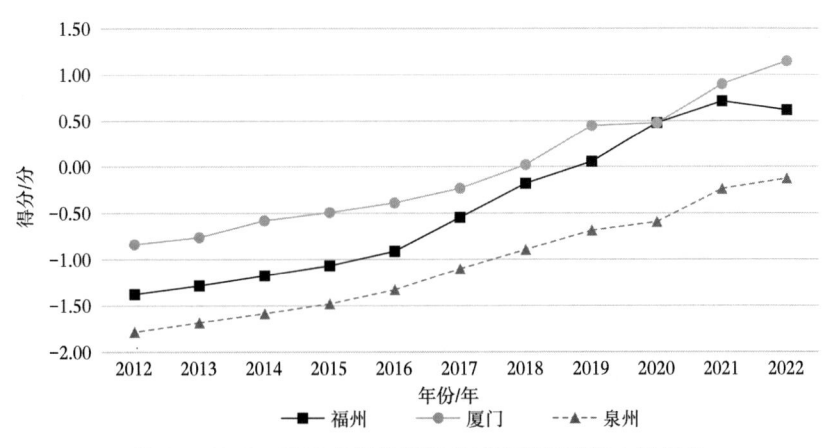

图 21 2012—2022 年福建省重点城市经济管理水平得分

图 22 展示了 2012—2022 年大连市、宁波市、厦门市、青岛市、深圳市 5 个计划单列市在经济管理水平得分的动态变化趋势。从图 22 中可以明显发现，宁波市、厦门市、青岛市、深圳市经济管理水平得分总体上呈现不断提升的态势，大连市经济管理水平得分在 -1.0 至 -0.4 之间波动，与其他城市相比，增长态势不明显。具体来看，2012—2022 年间，厦门市经济管理水平得分与青岛市得分较为接近。然而，与宁波市相比处于劣势并且差距逐渐扩大；与深圳市相比，存在较大距离。深圳市一直在经济管理水平上保持领先地位，其得分不断攀升，远超其他城市。

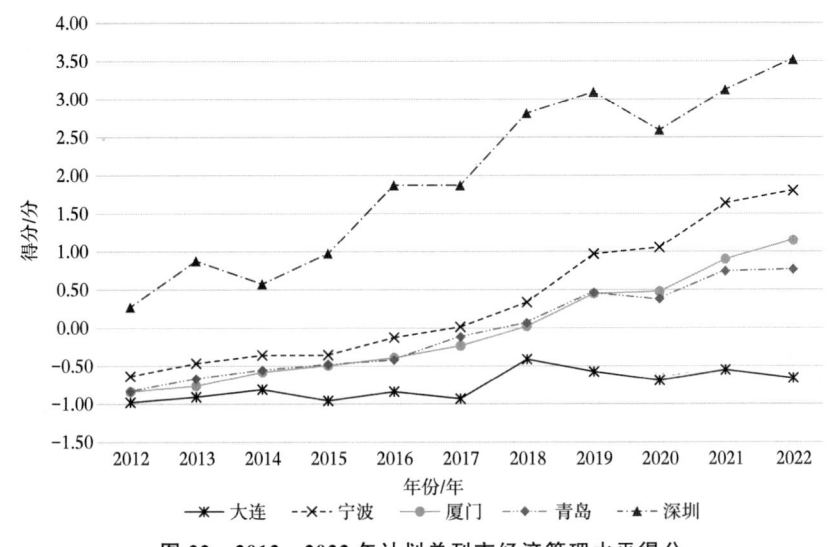

图 22 2012—2022 年计划单列市经济管理水平得分

4.厦门市与国内城市国际化管理水平得分比较分析

本文采用主成分分析法,从国际贸易水平和国际旅游水平衡量城市的国际化管理水平。城市中全球500强公司入驻数量直接反映了城市在全球生产体系中的坐标和在区域中的地位,进出口总额从规模的角度反映了城市经济活动的开放性,国际游客年接待规模从客源角度衡量了城市旅游国际吸引力(易斌 等,2013)。因此,本文以全球500强公司入驻数量、进出口总额作为衡量一个城市的国际贸易水平的代理指标,以国际游客年接待规模作为衡量一个城市的国际旅游水平的代理指标(见表1)。

福建省重点城市国际化管理水平得分的测算结果显示在图23中。2012—2019年,福州市、厦门市、泉州市的国际化管理水平得分稳步提升,2020年新冠疫情暴发对国际贸易和国际旅游都产生了巨大的负面冲击,3个城市的国际化水平得分均在2020年出现了大幅下降,对城市国际化进程产生了严重干扰。2020年之后国际化管理水平开始逐步恢复,但仍低于疫情前的水平。10年间,厦门市国际化管理水平远远高于福州市和泉州市。

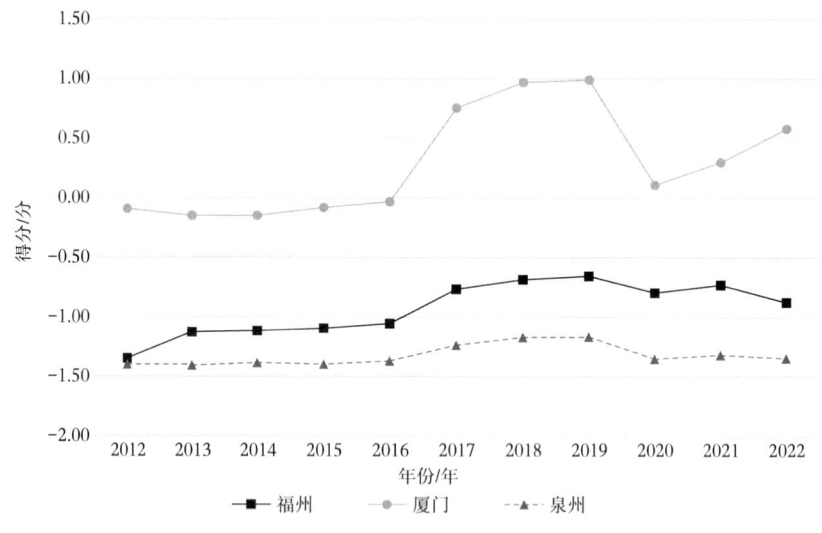

图23 2012—2022年福建省重点城市国际化管理水平得分

图24显示了5个计划单列市的国际化管理水平得分情况。2012—2020年,大连市、宁波市、青岛市等城市的国际化管理水平得分表现出一定的上升态势,但提升速度明显低于厦门市,深圳市国际化管理水平在此期间有所波动。2020年,深圳市、青岛市、大连市的国际化管理水平均受到新冠疫情的负向冲击,明显下滑。具体来看,厦门市国际化管理水平始终领先于大连市、宁波市、青岛市,并且近几年的提升速度也更为明显。然而,与深圳市相比,厦门

市国际化管理水平仍存在巨大的提升空间。2012—2022年,深圳市国际化管理水平得分在3.06—4.83之间波动,而厦门市国际化管理水平得分最高仅为0.99(2019年)。

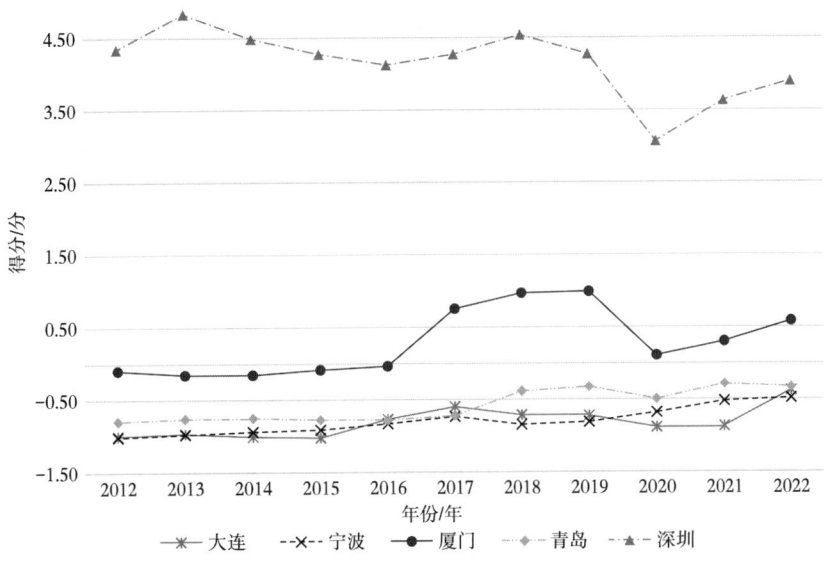

图 24　2012—2022计划单列市国际化管理水平得分

5.厦门市与国内城市基础设施管理水平得分比较分析

本本从道路交通设施管理水平、邮电通信设施管理水平两个方面衡量城市的基础设施管理水平(见表1),采用主成分分析法。以人均城市道路面积、每万人拥有公共交通数作为道路交通设施管理水平的代理指标,以人均移动电话用户数、人均互联网用户数作为邮电通信设施管理水平的代理指标。

图25展示了福州市、厦门市、泉州市基础设施管理水平得分的变动情况。2012—2022年福州市和泉州市基础设施管理水平得分不断上升,福州市从−1.30上升至0.68,泉州市从−1.87上升至−0.05。对厦门市而言,2012—2018年基础设施管理水平呈现稳步上升,2019—2020年基础设施管理水平略有下降,但总体变动幅度不大,保持在较高水平。相比福州市、泉州市,10年间厦门市基础设施管理水平与两城市的差距不断缩小,但仍领先较大距离,无论是在道路交通设施管理水平,还是在邮电通信设施管理水平,厦门市相比福州市、泉州市均有较大优势。

厦门市与其他4个计划单列市在基础设施管理水平得分展示在图26中。结果表明,2012—2022年间,大连市、宁波市、青岛市基础设施管理水平得分平稳上升,这体现了各城市在基础设施建设方面取得的可观成绩。厦门市基

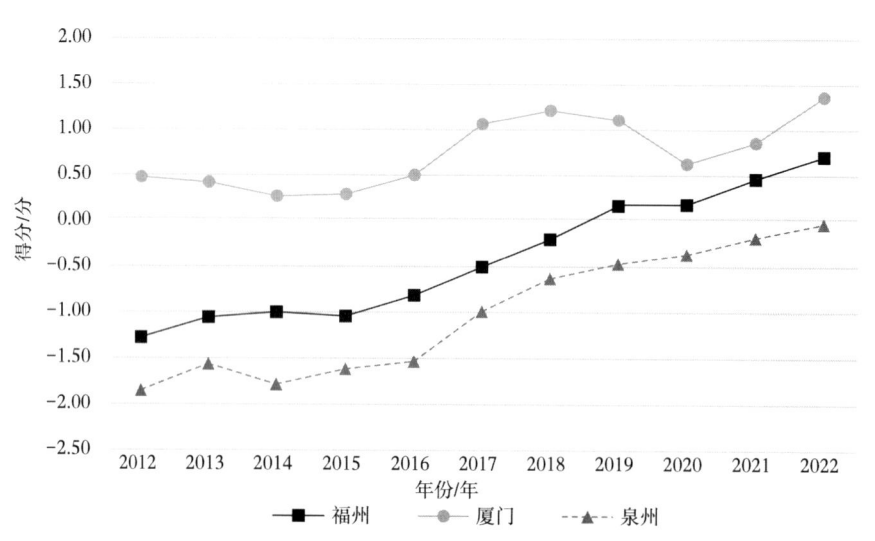

图 25　2012—2022 年福建省重点城市基础设施管理水平得分

础设施管理水平得分整体上领先于大连市、宁波市和青岛市。深圳市基础设施管理水平得分在这 10 年间却表现出明显的下降趋势。近年来深圳市发展迅速，大量人才涌入，而本文主要以人均指标衡量基础设施管理水平的各指标，基数的增加可能直接导致了得分水平的下降。因此，本文认为这并不一定反映出深圳市基础设施的绝对质量下降，可能是由人均分配的资源相对减少所致。

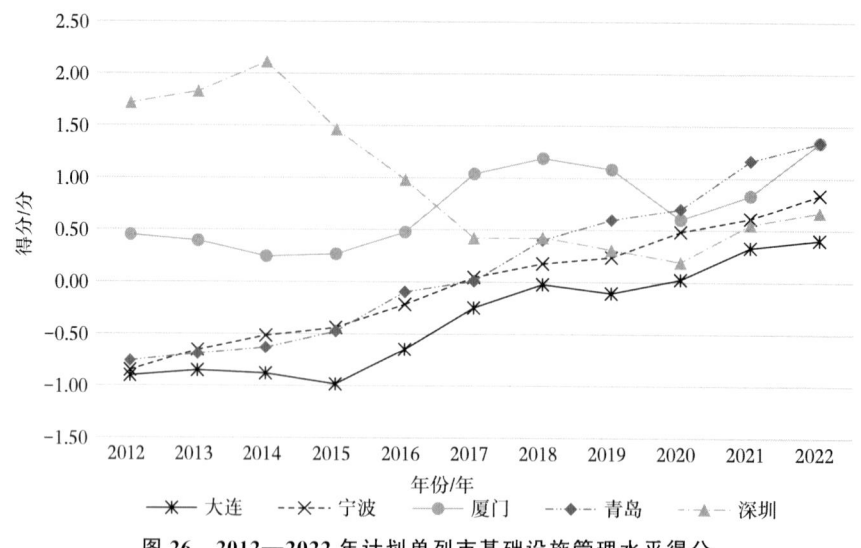

图 26　2012—2022 年计划单列市基础设施管理水平得分

(五)厦门市与新加坡城市管理水平的比较分析

新加坡是一个城市管理十分成功的国家,建国以后从一个"脏乱差"的国家变成了国际公认的"花园城市",形成了一套比较成熟和完善的城市管理模式和方法,成功地在世界上树立了它的城市品牌。新加坡拥有繁忙的国际贸易活动,由于地处马六甲海峡入口,是连接亚洲和太平洋地区的重要交通枢纽,地理位置上的先天优越,使其成为一个天然的货物转运站。新加坡是一个充满活力和吸引力的商业中心,新加坡政府致力于提供良好的投资环境和商业条件,实行积极的经济自由化政策,推动市场开放和贸易自由化。另外,新加坡积极推动高科技和创新产业的发展,其经济结构更加多元化。新加坡拥有公认的世界一流的教育体系,政府高度重视教育,投入大量资源发展教育事业。同时,新加坡还积极吸引外国科技企业和研发机构,鼓励本地企业进行创新,并提供支持和政策保障。这种创新氛围使得新加坡在科技领域取得了显著的成就。

尽管与国内城市相比,厦门市城市管理水平在综合得分上处于前列,但这种优势与高水平国际化城市——新加坡相比是否还存在?为此,本文进一步对比分析厦门市与新加坡在城市管理水平上的差异,从国际视野汲取先进的管理经验,探讨厦门市在建设高素质、高颜值、现代化、国际化城市中可以进一步改进的空间。考虑到数据可得性[①],本文从教育、服务业、国际贸易、国际旅游等方面对比分析厦门市与新加坡存在的差距。通过与国际城市对比,有助于更清晰地了解厦门在城市管理方面的优势和短板,从而制定更有针对性的改进措施,以提高城市管理水平,提升城市的全球竞争力。

图27显示了2012—2023年厦门市与新加坡教育支出占财政支出比重的历年变动情况。2012—2023年,厦门市教育支出占比尽管在部分年份有所波动,但总体上呈现稳步上升的态势,2012年教育支出占比为15.03%,2023年这一比重上升至18.72%,特别是从2018年至2023年,教育支出占财政支出比重连续递增。与此相对应的是,新加坡在教育支出比例上连续多年的下滑态势,2012年新加坡教育支出占财政支出比重为23.07%,2023年这一比重下降至12.46%。新加坡教育支出占财政支出比重下降并不代表政府对于教育的重视程度下降,2023年新加坡教育支出为13061百万新加坡元,同比增长1.22%,而2012年这一数字是10740百万新加坡元,新加坡政府在教育支出上的投入实际上是越来越大的。新加坡教育支出占财政支出比重下降的主要原因是政府收入的上升,2023年政府收入104855.30百万新加坡元,同比增长10.61%。

---

① 本章所使用的新加坡的数据来自CEIC数据库。

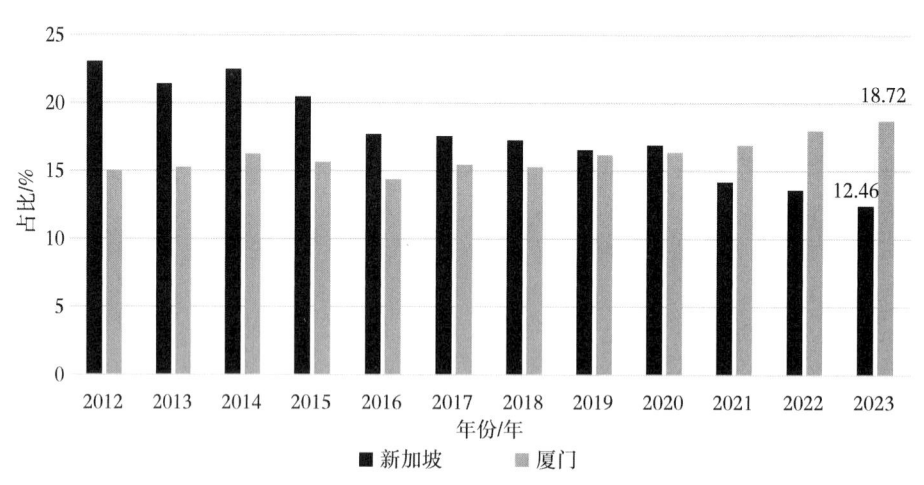

图 27 2012—2023 年厦门市与新加坡教育支出占财政支出比重

图 28 展示了 2012—2023 年厦门市与新加坡第三产业占 GDP 比重的动态变化趋势。2012—2019 年厦门市第三产业占 GDP 比重总体上呈现稳步上升的趋势,2012 年占比为 50.71%,2019 年占比上升至 59.08%。2020 年新冠疫情暴发对服务业发展造成了较大的负面影响,厦门市第三产业占 GDP 比重略有下降,2020 年为 58.12%,2021 年为 58.01%,2022 年开始有所恢复,2023 年厦门市第三产业占比升至 64.10%,高于疫情前水平。新加坡第三产业占 GDP 比重近年来整体上也呈现上升的态势,变化趋势并不如厦门市明显。2012—2020 年新加坡第三产业占 GDP 比重在 70% 的水平上下波动,2021 年受新冠疫情冲击略有下滑,2022 年及 2023 年上升势态较好,2023 年增加至 72.45%。对比来看,厦门市第三产业占 GDP 比重始终低于新加坡,并且在新冠疫情期间所遭受的负面冲击明显更大。新加坡作为全球金融中心之一,拥有强大的金融服务业,同时新加坡是亚洲的数字和科技中心之一,政府积极推动人工智能、金融科技和电子商务等领域的发展。

图 29 显示了 2012—2024 年厦门市与新加坡全球 500 强公司数量的动态变化趋势。2017 年之前,厦门市在全球 500 强榜单中数量为 0,2017 年上榜 2 家——厦门建发集团有限公司、厦门国贸控股集团有限公司;2018—2024 年在榜单中数量均为 3 家——厦门建发集团有限公司、厦门国贸控股集团有限公司、象屿集团。2012—2015 年期间,新加坡全球 500 强公司数量为 2 家——丰益国际、伟创力;2016—2019 年,全球 500 强公司数量增至 3 家——丰益国际、伟创力、托克集团;2020 年托克集团跌出榜单;2021 年全球 500 强企业数量增至 4 家——丰益国际、托克集团、新加坡奥兰国际有限公司、伟创力;2022—2024 年全球 500 强公司数量稳定在 3 家——托克集团、丰益国际、新

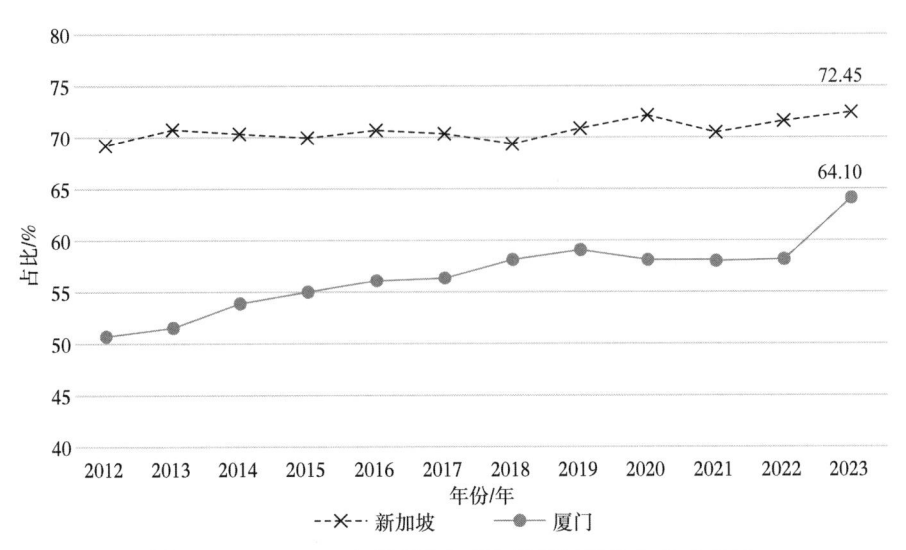

图 28 2012—2023 年厦门市与新加坡第三产业占 GDP 比重

加坡奥兰国际有限公司。从公司规模来看,2024 年全球 500 强公司榜单中,厦门建发集团有限公司营收 110665.6 百万美元,厦门国贸控股集团有限公司营收 85818.8 百万美元,象屿集团营收 69286.9 百万美元;托克集团营收 244280.2 百万美元,丰益国际营收 67155.3 百万美元,新加坡奥兰国际有限公司营收 35952.8 百万美元。

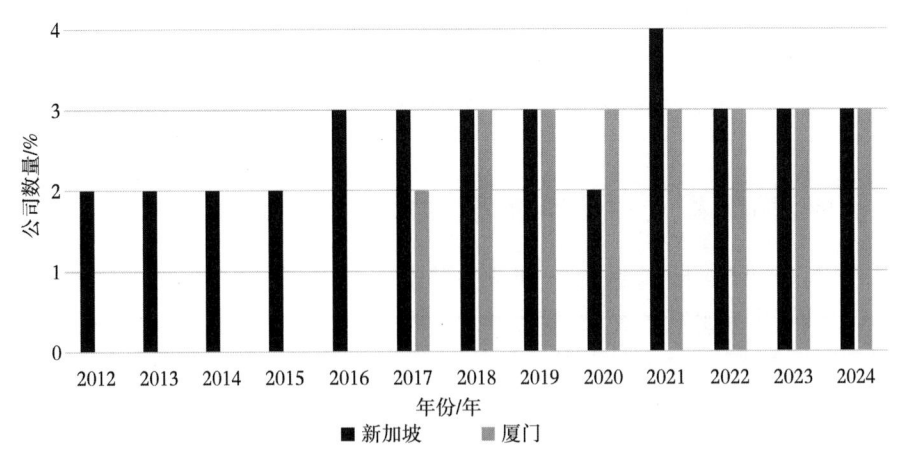

图 29 2012—2024 年厦门市与新加坡全球 500 强公司数量

数据来源:财富中文网。

图 30 展示了 2012—2023 年厦门市与新加坡国际游客接待规模的动态差异,以年入境游客数量进行衡量。2012—2019 年厦门市国际游客接待规模逐

年递增,2012年为212.42万人次,2019年上升至376.51万人次。2020—2022年受新冠疫情影响,全球旅游业遭受巨大冲击,在此期间,厦门市国际游客接待规模连年递减,2020年接待规模为93.18万人次,2021年接待规模为30.44万人次,2022年接待规模为27.35万人次。2023年厦门市国际游客接待规模恢复至76.82万人次。对新加坡而言,国际游客接待规模与厦门市有相同的演变趋势,新冠疫情期间,新加坡国际游客接待规模大幅下降,2019年接待规模为1911.60万人次,2020年骤减至274.24万人次,2021年继续减少,2023年上升至1360.22万人次,但仍显著低于疫情前水平。对比来看,无论是在新冠疫情前还是近2年,厦门市国际游客接待规模都远远低于新加坡。

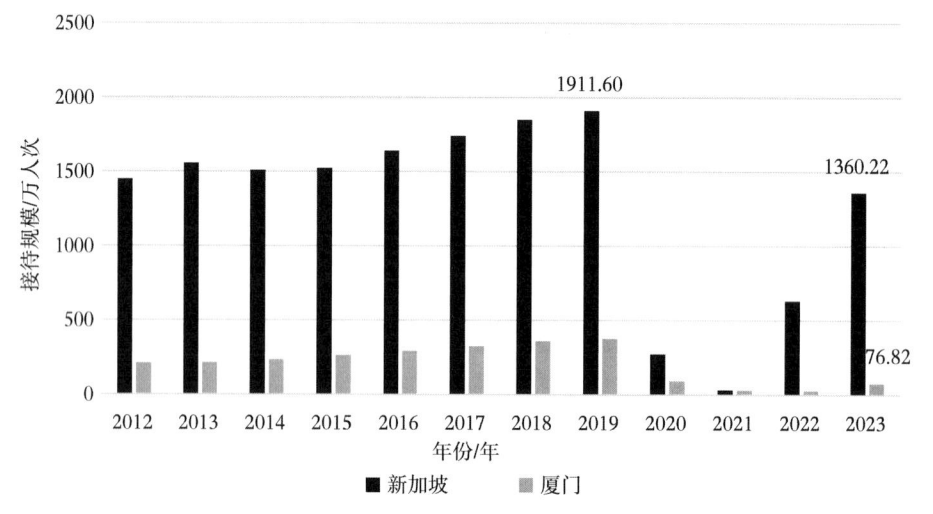

图30 2012—2023年厦门市与新加坡国际游客接待规模

四、现阶段厦门市城市管理的进一步完善空间

《纲要》明确指出,到2035年成为高素质、高颜值、现代化、国际化中心城市,经济实力再上新台阶,改革开放迈出新步伐,绿色发展拓展新优势,人民生活达到新水平,城市文明达到新高度,治理能力实现新提升等。为实现上述发展目标,本文认为,现阶段厦门市可以从以下几个方面进一步提升城市管理水平:

第一,公共服务管理仍存在短板。本文通过在时间维度上分析厦门市教育支出占财政支出比重、普通高等学校生师比发现,尽管近年来教育支出占财政支出比重不断提升(见图1),但普通高等学校生师比在不断升高(见图2),这部分反映了厦门市高等学校教育资源的紧缺。由于高校在校学生人数的快

速增长,教师资源的供给却未能跟上学生数量的增长速度,学生接受的个性化指导和关注减少,可能会对教学质量产生负面影响。提高教师的数量和质量需要时间,尤其是在高等教育领域,优秀教师的引进和培养更是一个长期的过程。同时,主成分分析法测算公共服务管理水平得分发现,厦门市公共服务管理水平与其他城市存在差距(见图19和图20)。因此,厦门市公共服务管理水平仍存在短板,尤其是高等教育质量需要进一步提升。

第二,经济管理水平有待提升。主成分分析法测算各个城市的经济管理水平发现,厦门市经济管理水平得分与深圳市、宁波市存在一定差距(见图22),这种差距反映出厦门市在经济管理方面仍有许多可以提升的空间。进一步考察厦门市与新加坡第三产业占GDP比重发现(见图28),厦门市第三产业占比明显低于新加坡。传统服务业在厦门市服务业结构中仍占据主导地位,现代生产性服务业(包括信息传递、软件和信息技术服务业,科学研究、技术服务,金融业等高附加值行业)发展较为缓慢。传统服务业虽然在当前的服务业结构中占据主导地位,但其增值能力和创新能力相对有限,难以满足现代经济发展的需求。与之相比,现代生产性服务业不仅能够带动相关产业链的发展,还能通过技术创新和服务升级,推动整个经济结构的优化和升级。提升经济管理水平、促进新质生产力发展、增强城市竞争力,未来的关键在于服务业产业转型升级。

第三,国际竞争力有待进一步提升。通过厦门市与深圳市全球500强公司数量对比分析发现(见图10),厦门市远远落后于深圳市。基于主成分分析法测算的各城市国际化管理水平得分结果显示,厦门市国际化管理水平得分明显低于深圳市(见图24)。另外,厦门市与国际化水平较高的新加坡对比分析发现,厦门市在国际贸易以及国际旅游方面都存在较大的提升空间(见图29和图30),厦门市全球500强公司数量以及国际游客年接待规模均落后于新加坡。因此,厦门市在融入全球经济、提升城市国际化影响力方面仍有很大的改进余地。提升全球企业的吸引力、增强国际贸易水平、扩大国际旅游吸引力,是未来工作的重点之一。不断提升国际化管理水平,推动厦门市在全球城市网络中占据更重要的位置,进一步提升其国际竞争力和影响力。

第四,基础设施管理难度加大。对厦门市和深圳市道路交通设施管理水平对比分析发现(见图14),厦门市基础设施面临的压力越来越大。主成分分析法测算各城市基础设施管理水平得分(见图25和图26),发现厦门市基础设施管理得分高于福州市、泉州市、大连市、宁波市等,但近几年低于青岛市得分。进一步分析发现2020年厦门市基础设施管理得分出现了下滑趋势,这一现象可能是由多方面原因造成的,包括城市快速扩张带来的基础设施建设滞后、现有设施的维护和更新不足以及交通拥堵和公共服务压力增大等。这些问题如果得不到有效解决,可能会对城市的整体发展和居民生活质量产生不利影响。

第五,文明城市建设过程中存在挑战。厦门市在全国文明城市创建过程中,尽管取得了显著的成绩,但也暴露出了一些问题和挑战。这些问题主要集中在公共资源压力、市民文明素质、旅游业管理、老旧社区治理以及长效机制的建设等方面。

(1)公共资源压力加大。随着厦门市的快速发展和人口增长,尤其是作为热门旅游城市,每年接待大量游客,导致公共资源面临巨大压力。厦门市在基础设施建设方面尽管取得了长足进展,但随着人口规模的不断扩大,部分区域的公共资源供需不平衡问题日益凸显。例如,在旅游高峰期,交通、医疗、教育等公共服务设施的负担加重,特别是在老旧社区,公共资源配置较为紧张,难以满足居民日常生活的需求。每年黄金周期间,鼓浪屿、曾厝垵等知名景区的游客数量剧增,导致这些区域的交通拥堵、垃圾处理能力不足,以及公共卫生设施无法承受高强度使用。游客与当地居民的矛盾加剧,进一步加重了公共资源的压力。

(2)市民文明素质参差不齐。尽管厦门市在提升市民文明素质方面取得了较大进展,但个别不文明行为仍然较为突出,特别是在旅游景区和公共场所。这些不文明行为影响了城市整体形象,也给城市管理带来了挑战。例如,在景区和商业区,乱丢垃圾、随地吐痰、乱停车等现象时有发生。曾厝垵和中山路步行街等热门旅游区,不文明现象较为普遍。游客在公共场所随意丢弃垃圾,或者在公共交通工具上不按规定排队等问题屡见不鲜。这些行为不仅影响了其他游客的旅游体验,还给环境管理和市容维护增加了难度。

(3)旅游业发展带来的环境与管理挑战。作为全国知名的旅游城市,厦门市的旅游业快速发展带来了经济增长的同时,也对生态环境和城市管理提出了严峻挑战。在旅游高峰期,热门景区的环境保护压力巨大,垃圾处理、环境维护等任务繁重,部分景区甚至出现了过度开发的问题。如何在保障旅游经济效益的同时,保持环境可持续发展,成为厦门市文明城市建设中亟待解决的问题。鼓浪屿作为世界文化遗产地,在旅游旺季常常"人满为患",过度的商业化开发和游客的大量涌入对岛屿的生态环境和文化保护带来了巨大的压力。

(4)老旧社区治理存在短板。厦门市部分老旧社区在城市化进程中逐渐暴露出基础设施落后、社区管理薄弱的问题。这些区域的垃圾分类、环境卫生和公共设施维护等方面存在明显不足,影响了居民的生活质量和整体文明城市的形象。尽管厦门市推行了社区网格化管理和老旧社区改造计划,但在执行过程中,部分老旧社区的治理水平仍未达到预期效果。

(5)文明城市建设长效机制有待完善。虽然厦门市在文明城市建设方面取得了阶段性成果,但在可持续性和长效机制建设方面仍有改进空间。文明城市创建是一项长期的系统性工程,然而在实际操作中,部分政策和措施缺乏连续性,一些文明行为在短期内有较好表现,但在评选活动结束后,容易回归原状,导致创建成果难以固化。

五、加强城市管理水平、提升城市竞争力的政策建议

作为中国经济特区和沿海重要中心城市,厦门市正朝着建设高素质、高颜值、现代化、国际化城市的目标迈进,以高水平全面扩大开放,推动全方位的高质量发展。为全面提升城市管理水平和增强城市竞争力,本文采用主成分分析法,对厦门市2012—2022年间的城市管理水平进行测算,包含综合得分及各关键分项得分。研究结果显示,厦门市近年来的城市管理水平不断提高,综合得分超越福州、泉州、大连、宁波和青岛等城市,但与深圳相比仍存在差距。在公共服务管理、经济管理、国际化管理和基础设施管理等方面的分项分析表明,厦门市在部分领域仍有提升空间。此外,通过对标新加坡,厦门在服务业和国际化发展等方面尚存不足,同时在文明城市创建中,城市精细化管理水平也有待提升。针对这些问题,本文提出以下政策建议:

第一,推动高等教育高质量发展,补齐公共服务管理短板。厦门市的高质量发展需要高素质的人才支撑,因此教育在城市竞争力中占据重要位置。厦门市应坚持教育优先发展的战略,推动现代化教育强市建设,提升高品质教育资源的供给,培育高水平教师队伍。人才培养是高等教育的核心任务,衡量教育质量的关键标准就是人才培养的效果。为此,应强化人才培养在高校工作中的中心地位,确保所有教育工作服务于学生的成长,培养学生的创新精神和实践能力。面对厦门市高等学校生师比不断上升的问题,政府应加强财政支持,引进优质师资,扩大教师队伍规模与质量。同时,要加快产学研结合,优化课程设置,使教学紧密结合市场需求和产业发展趋势,推动教育教学的创新改革,从而提高人才培养质量。

第二,加快向现代生产性服务业转型,提升经济管理水平。服务业作为现代产业体系的重要组成部分,是我国构建双循环新发展格局的重点。针对厦门市服务业目前的不足,建议继续巩固传统服务业优势,通过信息、知识和技术等现代要素的投入,推动传统服务业现代化。例如,引入信息技术和数据管理系统,提高服务业运营效率和服务质量,并通过大数据和人工智能优化客户服务流程,提升客户满意度。还需强化从业人员的技能培训,使其更好地适应新技术需求,为客户提供更专业的服务。同时,推动现代生产性服务业的发展,提升数字基础设施建设,以支持服务业数字化转型。此外,应加强技术研发支持,通过创新平台和孵化器,提升服务业的技术含量和附加值,支持金融

科技的创新应用，提供便利的金融服务，推动中小企业和个人创业者的发展。

第三，提升城市国际影响力，增强国际化管理水平。在全球化背景下，城市逐渐成为国际经济、文化和科技交流的枢纽。厦门市应进一步加强国际交流合作，吸引国际组织、跨国企业和人才，营造开放包容的城市环境。通过举办国际性会议、展览等活动，加强与全球各国的联系与合作；在城市规划中引入国际元素，打造国际商务区和高端商业中心，吸引更多国际品牌和企业落户厦门。提升城市国际影响力还需优化营商环境，推动国际化金融业、商贸业和文化创意产业发展，实现经济多元化和国际化。对外资企业和国际机构提供优惠政策支持，加强知识产权保护和贸易便利化，促进国际投资和贸易活动。创新国际化治理模式，吸收国际先进经验，提高城市信息化、智能化水平，优化公共服务和管理效率，同时加强市民素质和社会文明建设，营造更加宜居的国际化城市氛围。

第四，建设现代化综合交通运输体系，增强基础设施管理效率。交通运输是国民经济中具有基础性、先导性、战略性的产业，是重要的服务性行业和现代化经济体系的重要组成部分。《厦门市"十四五"综合交通运输发展规划》指出，至2025年，厦门市将基本建成"安全、便捷、高效、绿色、经济"的现代化综合交通运输体系。未来要继续完善城市道路网络，进一步加快衔接区域、支撑全域、通达便捷、环湾放射的快速路网骨架建设，结合重要产业园区，完善全域主干路体系，推动完善路网"毛细血管"，确保交通运输体系的畅通无阻。推进公交网络多层次发展，建立轨道交通、常规公交、出租车和水上公交等多维度的公共交通体系，提升公共交通的整体运行效率，通过增加公交线路和优化公交站点布局，提升公共交通的覆盖率和便捷性。强化全市交通综合数据共享，深化提升数据分析能力，增强综合性大数据分析技术应用，提升交通行业的社会服务能力。通过一系列综合措施，不断提升厦门市交通运输管理水平，确保交通运输体系的现代化、智能化和高效化发展，增强基础设施管理效率。

第五，为充分发挥厦门与台湾地缘相近、血缘相亲、文缘相承、商缘相连、法缘相循的"五缘"优势，提升厦门在推动两岸关系和平发展中的战略地位，建议加快厦金融合发展，推动厦金在经济、科技、文化和生态等领域的合作，实现资源和市场的高效联动。在经济方面，加速建设跨境电商、物流和冷链配送等基础设施，提高金门、台湾岛内商品和要素进入大陆市场的便利性，打造"两岸商品服务快速流通圈"，并通过产业链对接吸引台湾高新技术产业、绿色制造业和先进服务业落户厦门，推动两岸产业创新合作；在生态与旅游方面，加快打造厦门与金门"生态文化旅游带"，实现景区资源和文旅标准的对接，通过在厦金联合举办两岸文化节、艺术展等活动，吸引游客并强化中华文化输出，打响"厦金台"旅游品牌的国际知名度。此外，加快启动"厦金一日生活圈"计划，改善交通设施、优化通关流程,探索厦金跨海通道的可能性。通过设立台湾居民在厦就业、就医、子女教育、公共服务等绿色通道,构建包含教育、医疗、住房、养老的"两岸生活共享区",打造多元包容的两岸生活示范点,提升厦门对台湾民众的吸引力,进而将厦门建设成为"两岸融合发展示范区"的样板城市。

第六,采取切实有效的措施解决厦门市文明城市创建中存在的问题,提高城市精细化管理水平。

(1)加强公共资源的规划和调配。随着厦门市人口增长和旅游业的快速发展,公共资源供需不平衡的问题日益突出。因此,政府应制定更加合理的公共资源规划,确保基础设施、医疗、教育等公共服务能够满足本地居民和游客的需求。应继续加大对老旧社区的投入,改善其基础设施,同时优化交通管理,尤其是在旅游旺季,采取更有效的交通分流和疏导措施。政府可以利用智能化城市管理手段,结合大数据分析,实时监控和预测城市公共资源的需求变化。例如,扩展公共交通网络,增加绿色出行工具,缓解交通压力,并在医院、学校等基础设施领域扩大服务能力。

(2)提升市民文明素质教育与社会参与。虽然厦门市民的文明素质整体有所提升,但个别不文明行为仍然存在。应进一步推广文明教育,通过更为广泛的宣传教育活动,将文明意识渗透到日常生活中。此外,增强市民参与文明城市创建的主动性,将志愿服务与市民日常生活紧密结合,促进全民参与。可以在学校、社区和企业开展长期性的文明主题活动,如举办文明讲座、文艺演出、志愿者培训等,培养市民的社会责任感。政府还可以通过奖励机制,鼓励更多市民参与志愿服务,并表彰表现突出的个人和团体,形成全民共创文明的良好氛围。

(3)平衡旅游业发展与环境保护。厦门市作为旅游城市,在文明城市创建中面临着旅游业发展带来的环境压力,尤其在一些热门景区,如鼓浪屿和曾厝垵,过度开发与生态保护之间的矛盾明显。要解决这一问题,政府应在旅游开发和生态环境保护之间找到平衡,避免过度商业化。政府应严格执行环境保护政策,对过度开发的景区进行生态修复,并限制游客流量,确保景区环境的可持续发展。同时,应大力推广绿色旅游,提倡环保旅行模式,引导游客遵守文明旅游规范,减少旅游对环境的负面影响。

(4)改进老旧社区治理。老旧社区是厦门市文明城市创建中的薄弱环节,存在基础设施老化、管理水平低下等问题。政府应加大对老旧社区的改造力度,提升其公共服务水平和生活环境质量。在老旧社区推行社区网格化管理,强化居民自治,同时加大对基础设施的投资,尤其是在垃圾分类、污水处理等方面。通过引入社区志愿者队伍,加强对社区环境的监督和维护,逐步改善老旧社区的整体面貌。

(5)完善文明城市创建的长效机制。厦门市文明城市创建虽然取得了阶段性成果,但长效机制尚未完善,部分文明创建成果未能得到持续巩固。要解决这一问题,政府应建立健全的监督和反馈机制,确保文明城市创建工作的可持续性。政府可以建立常态化的文明城市考核制度,定期对各地区的文明建设情况进行评估,并通过民意调查等方式收集市民的反馈意见,及时调整政策。同时,政府应制定文明行为的奖惩制度,确保文明城市创建工作能够持续推进,文明成果得到长期巩固。

参考文献

程玉鸿,程灵云.基于竞合视角的城市竞争力源泉及其变动——以大珠江三角洲地区为实证案例[J].经济学家,2014(9):50-57.

姜玲.新加坡城市规划建设管理的经验与启示[J].城市管理与科技,2017,19(3):26-27.

李琳,韩宝龙,李祖辉,等.创新型城市竞争力评价指标体系及实证研究——基于长沙与东部主要城市的比较分析[J].经济地理,2011,31(2):224-229,236.

刘承水.中国城市管理报告(2023)[M].北京:社会科学文献出版社,2023.

曲华林,翁桂兰,柴彦威.新加坡城市管理模式及其借鉴意义[J].地域研究与开发,2004(6):61-64.

王岱凌,蒋国瑞.基于模糊层次分析法的城市管理绩效评价研究[J].中国管理信息化,2009,12(22):66-70.

吴晓惠.我国城市管理绩效评估体系的构建与应用——基于熵值法分析[J].无锡商业职业技术学院学报,2019,19(5):48-52.

杨永恒,胡鞍钢,张宁.基于主成分分析法的人类发展指数替代技术[J].经济研究,2005(7):4-17.

尹涛.广州城市国际化发展报告(2023):中国式现代化与城市国际化[M].北京:社会科学文献出版社,2023.

翟国涛,刘苗苗.城市管理评价指标体系研究——以城市网格化管理为例[J].西北工业大学学报(社会科学版),2013,33(2):60-64.

赵继敏,杨波.中国城市管理水平评价的初步研究——以44个重点城市为例[J].宏观质量研究,2014,2(1):84-93.

邹凯,张瑜,杨雅惟.城市管理信息化公众满意度指数模型实证研究[J].图书情报工作,2011,55(8):67-70,120.

易斌,于涛,翟国方.城市国际化水平综合评价体系构建与实证研究[J].经济地理,2013,33(9):37-42.

课题负责人、统稿:李文溥

执　　　　笔:陈贵富　袁红威　朱若然

专题二 健全厦门市多层次养老服务体系研究

导　言

　　加快健全养老服务体系是践行以人民为中心的发展思想，让老年人更好共享改革发展成果、安享幸福晚年的必然要求。民政部、全国老龄办发布《2023年度国家老龄事业发展公报》显示，截至2023年末，全国60周岁及以上老年人口29697万人，占总人口的21.1%；全国65周岁及以上老年人口21676万人，占总人口的15.4%。全国65周岁及以上老年人口抚养比22.5%。据测算，2035年左右我国60岁及以上老年人口将突破4亿人，占比将超过30%；2050年左右达到峰值4.87亿人，占总人口的34.8%，届时，平均每3人中就至少有1人是老年人。习近平总书记指出："要积极发展养老服务业，推进养老服务业制度、标准、设施、人才队伍建设，构建居家为基础、社区为依托、机构为补充、医养相结合的养老服务体系，更好满足老年人养老服务需求。"2023年5月，习近平总书记在二十届中央财经委员会第一次会议上强调，"推进基本养老服务体系建设""大力发展银发经济""努力实现老有所养、老有所为、老有所乐"。《"十四五"国家老龄事业发展和养老服务体系规划》明确"老龄事业和产业有效协同、高质量发展，居家社区机构相协调、医养康养相结合的养老服务体系和健康支撑体系加快健全"的发展目标。党的二十大报告提出"实施积极应对人口老龄化国家战略，发展养老事业和养老产业，优化孤寡老人服务，推动实现全体老年人享有基本养老服务"。由此可见，加快健全养老服务体系，以高质量养老服务满足规模庞大老年群体的多层次、多样化养老需求，不仅是满足老年人美好生活需要、让改革发展成果更多惠及老年人的民生保障问题，还是体现我们党坚守初心使命的重大政治问题；不仅是提高公共服务可及性和均等化水平、促进社会公平正义的有效手段，也是发展银发经济，实施积极应对人口老龄化国家战略、以人口高质量发展支撑中国式现代化的有益举措。

　　长期以来，厦门市委、市政府全面落实中央战略部署，积极应对人口老龄化挑战，着力完善养老服务相关制度、机制和政策，推动构建分级分类、普惠可及、覆盖城乡、持续发展的养老服务体系，让广大老年人享受可感、可及、可享的养老服务，取得显著成效，先后被评为"全国养老服务业综合改革试点城市""社区居家养老服务试点城市""全国居家和社区养老服务改革试点优秀城市"

"第一批国家级医养结合试点单位",入选全国居家和社区养老服务改革试点、全国居家和社区基本养老服务提升行动项目地区。本课题聚焦制度建设、社区居家养老和机构养老 3 方面的改革谋划和实践发展审视厦门市养老服务体系建设的举措、成效、经验、问题。

子课题"厦门市养老服务体系发展的制度供给"主要从养老服务领导制度、管理制度,以及居民养老保险福利政策、财政政策、基础设施供给政策、人才政策、医养康养结合政策等层面观察厦门市养老服务体系发展的制度供给的变迁、现状、成效和问题,既充分展示了厦门市在养老服务模式持续优化、养老设施网络持续完善、养老保障水平持续强化、财政支持养老力度持续加大、养老服务人才队伍持续壮大的有力举措和显著成效,也客观分析了部门协同共治、供需匹配程度、政策实施绩效等方面的问题,提出完善多元主体协同治理机制、实施精准服务、着力提升服务绩效、健全综合监管制度、提升服务质量、优化人才队伍、提升农村养老服务供给水平、平衡城乡发展的若干建议。

子课题"厦门市社区居家养老服务的功能优化"从厦门市社区居家养老服务的现实需求客观优势出发,较系统地梳理了社区居家养老服务政策、设施载体、人才队伍、服务模式、整合资源与养老事业产业协同发展方面的创新和成效,剖析了相关制度、政策、机制和监管方面存在的问题,以及实践中面临的困难,提出要持续健全社区居家养老服务政策体系,审慎确定社区居家养老服务内容供给,不断更新社区居家养老服务认知观念,培育壮大社区居家养老服务人才队伍,引进科技和社会力量,创新赋能社区居家养老服务发展模式。

子课题"厦门市机构养老服务的高质量发展"从机构养老服务高质量发展的基本要求入手,回顾厦门市机构养老服务发展历程,以及在配套政策制度、养老机构网络、多样服务运作模式、可观服务供给规模方面的建设成效和发展经验,指出机构养老发展过程中存在着支撑不够有力、供需矛盾多点凸显、多元主体服务结合不够紧密、养老机构自身建设滞后等突出问题,强调基于现实和未来考量,必须加强顶层设计与政策支持,增强服务多元供给与协调发展,强化养老机构人才保障,提升机构规模和服务能力,加大宣传力度,树立新型养老观念。

当然,养老服务体系内涵丰富,就厦门市而言,上述 3 个方面虽不能涵盖一切,但从一个侧面反映了厦门市养老服务体系建设的概貌。我们今后可以进一步深入研究若干问题:一是发展银发经济,满足老年人多样化、高品质养老服务需求,促进养老服务消费,深入挖掘老年人口人力资源潜力,实现"老有所养"和"老有所为"有效结合;二是优化基本养老服务供给,有效稳定人民群众养老预期,凝聚各方合力,推动养老服务资源下沉、服务延伸,推动实现广大老年人享有方便可及的基本养老服务;三是加快补齐农村养老服务短板,因地制宜加大农村养老服务供给,促进城乡养老服务融合发展,满足农村广大老年人养老服务需求;四是改善特殊困难老年人的养老服务,切实兜牢兜实特殊困难老年人的基本养老服务需求,加强长期护理保险与社会福利、社会救助制度的衔接,健全完善多层次养老服务保障体系;等等。

  从更广泛的意义上说,面对厦门市养老服务体系建设的新形势、新特点,应该坚持党对深化养老服务领域改革的全面领导,聚焦基本养老服务需求,加强整体性改革谋划,统筹养老和健康服务,优化养老服务资源配置和养老服务供给格局,强化养老服务要素保障,充分发挥市场机制作用,推动银发经济快速发展,推动养老事业和养老产业高质量发展,稳步提升健康养老服务水平。

厦门市养老服务体系发展的制度供给

多年来,厦门市紧紧围绕党中央、国务院关于养老服务体系建设发展规划和具体要求,坚持"积极老龄观、健康老龄化"理念,综合考虑未来一个时期厦门养老服务发展的趋势和现实条件,对养老服务体系建设作出系统谋划和部署,以实际问题为导向探索具有厦门特色的新型养老服务模式,以制度供给保障养老服务体系可持续健康发展,为我国养老服务体系制度创新提供了独特的经验。

一、厦门市养老服务制度建设与政策支持

随着经济快速发展和社会急速转型,厦门市人口老龄化步伐日渐加快。根据老龄化划分标准,1994年厦门市步入老龄化社会。截至2023年底,厦门市共有60岁及以上户籍人口44.8万人,占总人口比重14.9%。第七次全国人口普查公报显示,厦门市平均家庭户的人口数为2.33人,家庭结构由传统多代同堂的大家庭转向现代"421"小家庭,家庭的养老功能不断弱化,传统的家庭养老模式难以满足日益增长的养老服务需求。目前,厦门市已形成"973"的养老服务格局,即全市约97%的老年人倾向于依托社区实现居家养老,约3%的老年人倾向于选择机构养老。与此同时,人民日益增长的对美好生活向往对于社会养老服务需求提出了更高的要求。面对人口快速老龄化和养老服务需求迅速增长的挑战,厦门市积极发挥政府主导作用,结合本地实际,加大养老服务投入,完善制度和政策供给,满足老年人多元化、多层次的养老服务需求,探索具有厦门本地特色的养老服务体系建设之路。

(一)养老服务体系及其发展

1.养老服务体系的内涵

养老服务是指为老年人提供必要的物质和精神生活服务,使其老有所养、老有所医、老有所安、老有所学、老有所为和老有所乐。养老服务体系是指以保障老年人生活为核心,在生活中为老年人提供经济保障、生活照料、医疗护理、精神慰藉、社会参与、法律权益保障、信息技术支持、社会网络支持等全方位服务支持的系统。当前党和政府对养老服务体系建设目标的政策定位是"构建居家社区机构相协调、医养康养相结合的养老服务体系"。其中,居家养

老服务是为满足老年人养老需求,保证老年人生活质量,在尊重老人选择意愿的基础上,以自理和居家为主、社区与机构为辅,以家庭为主、政府与社会支持为辅的养老服务方式。[①] 社区养老服务是指老年人住在自己家庭或自己长期生活的社区里,在得到家人照顾的同时,由社区的相关组织承担养老工作或托老服务的养老方式。[②] 在实践中,居家养老服务和社区养老服务联系愈发紧密,两者功能深度融合、难以分割,两者也逐渐被合并在一起称为"居家社区养老服务"。机构养老服务是以福利院、老年公寓、养老院和老年服务活动中心等养老服务机构为依托,提供专业化养老服务的养老方式。

养老服务体系的基本框架主要包括以覆盖年满60周岁的全体老年人为目标的服务对象体系,以政府机构、家庭成员、企事业单位、社会组织为责任主体的服务供给体系,以居家养老、社区养老、机构养老和新型养老为主要模式的服务结构体系,以生活照料、医疗护理、精神文化和法律服务为主体的服务内容体系,以资金、设施、人员、技术等为基础的资源配置体系,以政府调控监督和市场自主运营为核心的管理运行体系,以国家及地方层面出台的有关养老服务制度和政策为依据的制度政策支持体系。

养老服务体系的类型可分化为基本养老服务体系和非基本养老服务体系,其中,基本养老服务体系是由政府直接或间接提供,旨在满足所有老年人最基本的养老服务需求,包括生活照料、精神关爱、护理康复、紧急救援和社会参与等内容,具有基础性、普惠性和兜底性特征的养老服务体系;非基本养老服务体系是指由市场提供,专注于满足老年人更高层次、品质化、享受型的养老服务需求的养老服务体系。两种养老服务体系相互补充、相互联系,共同构建多层次养老服务体系。在养老服务体系中,政府始终发挥着主导作用,其提供的基本养老服务是保障全体老年人基本生活需要的公共服务。政府鼓励支持社会力量发展公益性、非营利性的养老服务机构,增加服务供给,满足大多数老年人的养老需求。市场力量则借助市场机制,运营并发展高端、营利性的养老服务机构,致力于为部分拥有较好经济实力的老年人提供高层次、个性化和品质化的养老服务,以满足其多元化的养老需求。

综上所述,养老服务体系是一个涵盖生活照料、医疗护理、社会参与、经济保障、权益保障和信息技术支持等多方面内容,与经济社会发展水平相适应,以保障老年人生活为核心,由政府主导、多元主体共同参与的综合性公共服务供给体系。构建和完善这一体系,可以有效提升老年人的生活质量,满足老年

[①] 丁建丁.居家养老服务:认识误区、理性原则及完善对策[J].中国人民大学学报,2013,27(2):20-26.

[②] 黄少宽.我国城市社区养老服务模式创新研究综述[J].城市观察,2018(4):101-113.

人多层次、多样化的养老服务需求。

2.国家养老服务体系的发展历程及建设目标

步入老龄化社会后,我国实施"积极应对人口老龄化"战略,陆续出台了一系列养老服务政策文件,加快推动具有中国特色的养老服务体系建设。在此过程中,居家、社区和机构养老被纳入养老服务体系建设中。2000年8月,中共中央、国务院印发《关于加强老龄工作的决定》,首次提出"建立以家庭养老为基础、社区服务为依托、社会养老为补充的养老机制",这一概括逐步演变为对养老服务体系的专门表述。2006年2月,全国老龄委办公室联合发展改革委、民政部等部门联合印发《关于加快发展养老服务业的意见》,明确提出"发展养老服务业要按照政策引导、政府扶持、社会兴办、市场推动的原则,逐步建立和完善以居家养老为基础、社区服务为依托、机构养老为补充的服务体系"。同年8月,国务院印发《中国老龄事业发展"十一五"规划》,对养老服务体系的建设目标采用了相同的表述,即"建立以居家养老为基础、社区服务为依托、机构养老为补充的老年人社会福利服务体系"。2011年9月,国务院印发《中国老龄事业发展"十二五"规划》,重新定位了机构养老的功能,即"建立以居家为基础、社区为依托、机构为支撑的养老服务体系"。同年12月,国务院办公厅印发《社会养老服务体系建设规划(2011—2015年)》,明确提出"我国的养老服务体系主要由居家养老、社区养老和机构养老等三个有机部分组成"。

在解决老年人基本生活照料问题的同时,国家也考虑到老年人生理机能下降和慢性病患病增多的问题,开始统筹养老服务和医疗服务,构建医养结合的多层次养老服务体系。2015年10月,党的第十八届五中全会通过的《中共中央关于制定国民经济和社会发展第十三个五年规划的建议》,明确提出"建设以居家为基础、社区为依托、机构为补充的多层次养老服务体系,积极推动医疗卫生和养老服务相结合"。同年11月,国家卫计委联合民政部等部门出台《关于推进医疗卫生与养老服务相结合的指导意见》,提出将"医养结合"作为国家积极应对人口快速老龄化的重要举措。2017年2月,国务院发布《"十三五"国家老龄事业发展和养老体系建设规划》,同样明确将"医养结合"纳入多层次养老服务体系建设目标,即"居家为基础、社区为依托、机构为补充、医养相结合的养老服务体系"。这种医养结合的改进模式有效解决了长期以来我国养老服务体系医养分离的问题,有效改善养老服务治理水平。[①]

随着养老服务体系建设的深入推进,其建设目标进一步拓展到居家社区机构相协调和医养康养相结合。2019年10月,党的十九届四中全会通过《中

---

① 马姗伊,王辉.深度老龄化视角下吉林省养老服务体系建设[M].北京:中国社会科学出版社,2020:68.

共中央关于坚持和完善中国特色社会主义制度　推进国家治理体系和治理能力现代化若干重大问题的决定》，对养老服务体系的建设目标进行了新的定位，在医养结合的基础上提出"医养康养相结合"。2020年12月，《中华人民共和国国民经济和社会发展第十四个五年规划和2035年远景目标纲要》中再次明确提出，构建居家养老、社区养老和机构养老相协调，医养和康养相结合的养老服务体系。2022年2月，国务院发布《"十四五"国家老龄事业发展和养老服务体系规划》，在提出养老服务体系的发展目标时沿用了这一表述，并概括为"居家社区机构相协调、医养康养相结合"的养老服务体系。

可见，党和国家积极应对人口老龄化社会的挑战，致力于推动多层次养老服务体系渐进式发展。在这个过程中，我国养老服务体系建设的政策支持不断完善和丰富，服务对象拓展到全体老年人，服务模式拓展为居家社区机构相协调、医养康养相结合，服务主体发展为政府、市场和社会多元主体，服务目标转向满足老年人多层次、多样化的健康养老服务需求。

（二）厦门市养老服务制度建设与政策发展

进入新时代以来，厦门市养老服务系统在市委、市政府的坚强领导下，深入贯彻国家、福建省关于促进养老服务体系建设的法律、法规和政策各项要求，连续多年将养老服务体系建设纳入为民办实事项目和政府工作议事日程，统筹协调市民政局、财政局、人社局、教育局、卫健委、住建局、医保局、建设局、总工会、市场监管局、商务局、农业农村局及各区政府等相关责任单位，出台系列政策法规及文件，推动多层次养老服务体系建设。为贯彻落实《"十四五"国家老龄事业发展和养老服务体系规划》，推进养老服务体系高质量发展，更好满足老年人的多元化养老服务需求，依据《中华人民共和国老年人权益保障法》，厦门市于2022年12月制定《厦门市"十四五"老龄事业发展和养老服务体系规划》，明确提出未来五年厦门将以构建覆盖城乡、惠及全民、均衡合理、医养融合、优质规范的养老服务供给体系为目标，通过持续强化养老服务领导制度、管理制度、福利制度、财政政策、基础设施供给政策、人才政策和税费政策等制度政策，稳步推进多层次的养老服务体系建设。

1.健全养老服务领导制度体系

一是加强组织领导，建立老龄工作机制。为推动养老服务体系高质量发展，厦门市优化顶层设计、强化制度建设，立足厦门实际情况，建立了"党委领导、政府负责、民政牵头、部门协同、社会参与"的老龄工作机制。厦门市成立由市政府主要领导牵头的养老服务工作领导小组，设置由市民政局、卫健委、老干部局、财政局、教育局、人社局、建设局、发展改革委、市场监督管理局等33家成员单位组成市老龄工作委员会，合力推进老龄工作，形成党委领导、政府主导、民政牵头、成员单位合力推进的老龄工作格局。比如，民政部门负责组织拟订并协调落实积极应对人口老龄化、促进养老事业发展的政策措施，拟订并组织实施养老服务体系建设规划、法规、政策、标准，承担老年人福利和特殊困难老年人救助等工作；市卫生健康委员会负责拟订医养结合政策措施，承担老年疾病防治、老年人医疗照护、老年人心理健康与关怀服务等老年健康工作。[①]

二是加强顶层设计，强化政策法规引领。厦门市加强顶层设计，制定系列重要政策法规，充分发挥政策规划、法律法规等引领和保障作用，整体规划布局养老服务业，同时有序引导商业部门、社会组织和家庭等多元力量积极参与开展养老服务，逐步健全高质量养老服务体系。具体而言，厦门市出台《厦门经济特区老年人权益保障规定》，为养老服务体系建设提供法治保障。同时，将养老服务体系建设纳入《厦门市国民经济和社会发展第十四个五年规划和二〇三五年远景目标纲要》，成为厦门市高质量城市经济和社会发展的重要组成部分，相继制定出台《厦门市贯彻〈中共中央、国务院关于加强新时代老龄工作的意见〉实施方案》《厦门市"一老一小"整体解决方案》《厦门市"十四五"老龄事业发展和养老服务体系规划》《厦门市"十四五"民政事业发展专项规划》《推进基本养老服务发展若干措施》《厦门市基本养老服务清单》《厦门市养老服务设施专项规划（2020—2035年）》等政策规划和实施纲要，推动居家社区机构相结合的养老服务体系建设，明确建设目标、指导思想、基本原则、主要任务、保障措施和服务项目等（见表1）。

表1 "十四五"期间厦门市养老服务供给体系建设主要目标

指标名称	单位	2025年规划
养老服务床位总量	万张	2.3
养老机构护理型床位占比	%	70
区级社会福利中心数量	所	6
新增家庭养老床位	万张	0.3
新建城区、新建居住区配建养老服务设施达标率	%	100
乡镇（街道）范围具备综合功能的养老服务机构覆盖率	%	65
特殊困难老年人月探访率	%	100
累计建设老年人助餐点数量	个	150

数据来源：《厦门市"十四五"老龄事业发展和养老服务体系规划》。

---

① 厦门市民政局.厦门市民政局主要职责[EB/OL].(2021-07-02)[2024-06-03].http://mzj.xm.gov.cn/xxgk/jgsz/jgzn/202107/t20210702_2562568.htm.

2. 优化养老服务管理制度体系

一是加强养老服务设施管理，建立专项管理制度。厦门市出台《厦门市养老服务设施规划建设实施细则》，明确指出养老服务设施包括养老机构、养老服务照料中心、农村幸福院和居家养老服务站，并从整体上对养老服务设施规划、建设、移交和监督管理4个方面进行统筹布局。与此同时，针对各类养老服务设施及其运营管理制定了专项管理制度。具体而言，在社区居家养老设施管理方面，出台《养老服务照料中心运营管理办法》，提出区、街（镇）和社区照料中心由区民政局、街道办事处（镇政府）管理的基本原则，并从服务配置、制度建设、监督管理等方面规范养老服务照料中心的日常运营与管理。出台《农村幸福院运营管理办法》，提出实行"村级主办、互助服务、群众参与、政府支持"基本原则，从功能配置、服务与收费、制度建设等方面规范农村幸福院运营与管理。出台《关于做好居家社区养老服务设施备案及公告工作的通知》，规范居家社区养老服务设施登记备案，加强已建设施监管，确保养老服务用途。在养老机构管理方面，出台《养老机构消防安全专项整治三年行动实施方案》，与市消防救援支队联合印发《全市养老机构消防安全标准化达标创建工作实施方案》，同步推进养老服务设施的消防安全标准化管理，为老年人安享晚年提供安全保障；出台《关于做好取消养老机构许可后有关工作的通知》，取消养老机构设立许可申请，并规范已取得设立许可证的养老机构的经营行为；出台《厦门市养老服务机构预收资金管理暂行办法》，规范养老机构在经营过程中收取预订金、质押金、服务费等经营行为，保障老年人养老消费权益。

二是加强养老服务质量管理，建立综合监管制度。在服务标准化方面，厦门市编制了《社区公益性养老服务基本要求》《居家养老紧急事件应急助援规范》《海峡两岸养老服务术语对照》《养老机构老年人心理疏导服务规范》《社区老年人巡访关爱服务规范》等地方性标准，有力推动养老服务业专业化和规范化，提升养老服务质量。出台《深化"整治公建民营等养老机构服务不规范问题 推动养老服务质量提升"工作实施方案》，对厦门市公建民营、公建公营、民办等登记备案运营的养老机构在登记管理、运营管理、监督管理、安全生产管理、第三方评估管理和绩效管理等环节中存在的问题进行整治，建立养老服务机构质量监督管理长效机制。

三是加强养老服务信息化管理，建立资源共享制度。厦门市出台《关于建立养老信息化指挥调度机制的通知》，推动养老服务信息化监管，构建养老服务数字信息共享制度。比如，通过搭建厦门市"鹭邻享老"智慧康养平台，整合各方资源，提供"财政资金监管、人才奖补、老年人慰问金、高龄津贴、床位监管、安全监督、机构备案、业务监督、人员监管、老年人意外保险和金民工程"等功能模块,满足市、区、街道(乡镇)政府及社区的内部信息化管理和线上监督管理的需求。

3.完善居民养老保险福利政策

一是完善居民养老保险政策。城乡居民基本养老保险待遇由基础养老金、个人账户养老金和缴费年限养老金构成。出台《关于完善城乡居民基本养老保险待遇确定和基础养老金正常调整机制的通知》,提出自2024年起规范市居民享受基础养老保险金的资格条件和享受养老保险金的待遇标准,本市户籍满5年和不满5年居民享受基础养老金分别调整为370元和160元。出台《进一步做好被征地人员参加基本养老保险有关工作》《关于进一步做好被征地人员参加基本养老保险有关工作的通知〉的政策解读》等政策文件,调整被征地人员养老保险政策,将被征地人员合规纳入"企业保",未纳入"企业保"的人员纳入城乡居民基本养老保险,并过渡执行福建省统一"企业保"计发办法。出台《关于做好厦门市老年人幸福安康险实施工作的通知》,明确指出由区财政为本市户籍60周岁以上的老年人统一代缴"厦门市老年人幸福安康险"参保费用。

二是完善居民养老福利政策。在高龄补贴方面,出台《关于调整高龄补贴和重阳节慰问金标准的通知》《关于统一发放老年人高龄津贴实施意见的通知》《高龄津贴发放管理办法》等政策文件,建立高龄老人生活津贴发放制度,向年满80周岁及以上的本市户籍老年人每月发放高龄津贴,用于保障年满80周岁及以上老年人基本生活需求。在养老服务补贴方面,出台《关于进一步做好社区居家养老服务工作的通知》《厦门市居家和社区养老服务改革试点行动方案》《关于加快推进养老服务机构拓展居家养老服务试点工作的补充通知》《厦门市建立完善老年健康服务体系实施方案》等政策文件,对符合条件的困难老年人提供无偿和低偿养老服务,对经济困难的高龄、残疾、失能老年人家庭设施改造给予补贴,为65岁及以上老年人免费建立健康档案和体检,为轻度、中度和重度失能老年人提供半护理补贴或全护理补贴。

4.加大财政资金投入政策保障

一是强化财政补贴。出台《厦门市养老服务机构财政扶持资金管理办法》《厦门市推进养老服务发展(2020—2022年)行动方案》《厦门市养老服务机构拓展居家养老服务试点工作方案》《关于加快推进养老服务机构拓展居家养老服务试点工作的补充通知》《推进基本养老服务发展若干措施》《厦门市发展老年助餐服务实施方案》等政策文件,统筹市、区两级财政资金渠道,建立基本养老服务财政资金保障制度。对新建、改建和扩建养老机构给予一次性建设补贴、运营补贴,对照料中心、农村幸福院、居家养老服务站提供运营补贴。对养老服务机构床位建设、床位运营、床位综合责任险、特定服务对象、内设医疗机构一次性医疗设备、土地结算成本银行贷款贴息、定向培养毕业生和引进专业人才提供财政补贴。对养老机构床位建设、运营、综合责任险、特定服务对象、医疗设备、贷款贴息和人才培养引进等给予财政补贴。对纳入家庭养老床位试点项目的养老服务机构，提供设置家庭养老床位一次性建设补贴、长期性运营补贴和护理补贴，并对服务对象满意度达95%的给予一次性奖励。对新建的长者食堂或社区助餐点给予1万元设备补助。此外，将市级福利彩票公益金60%以上用于支持全市养老服务体系建设。

二是配套税费政策。税费政策是政府调控经济的重要财政手段，厦门市政府运用减税、免税、退税和调整费用等税费政策支持养老服务体系建设。在配套税收政策方面，出台《厦门市推进养老服务发展（2020—2022年）行动方案》，提出减轻养老服务税费负担的税收优惠政策，具体包括：对非营利性养老服务机构取得的收入，符合规定的免征企业所得税；对符合条件的养老服务机构在国家、省规定的期限内提供社区养老服务取得的收入，免征增值税，并在计算应纳税所得额时，减按90%计入收入总额；符合条件的养老服务机构用电、用水、用气享受居民价格政策。在配套费用政策方面，出台《推进基本养老服务发展若干措施》，在用地租金方面给予减租、免租优惠政策以支持养老服务机构发展，具体包括：对承担市、区社会福利中心功能的"公建民营"养老服务机构，可按规定予以减免租金或承包运营租金；对承租运营"公建民营"养老服务照料中心的养老服务机构，每连续承租运营5年的，由所在地政府无偿提供场所3年。

5.增加基础设施供给政策支持

一是统筹规划养老服务设施空间布局和配建。编制《厦门市养老设施专项规划（2020—2035年）》，提出远期规划目标，即到2025年全市每千名老年人养老床位数不少于40张，城乡养老设施总用地指标按照人均用地不低于0.1平方米的标准控制，护理型床位数占比养老总床位数超过90%，并根据居家、社区和机构养老设施的服务半径和老年人口分布等因素，就近设置各类养老服务设施，实现居住用地全覆盖。出台《厦门市居家和社区养老服务改革试点行动方案》，新建住宅小区高标准配套建设养老服务设施，做到"四同步"，即同步规划、同步建设、同步验收、同步交付。出台《厦门市推进养老服务发展（2020—2022年）行动方案》，将养老服务基础设施建设规划纳入城市建设、旧城改造和居住区建设中，全面推进养老机构、养老服务照料中心、居家养老服务站和农村幸福院等各类养老服务设施建设。出台《厦门市抓好"三农"领域重点工作提高农村养老服务水平实施方案》，坚持优先发展农村居家社区养老服务，推进镇（街）级养老服务照料中心和农村幸福院建设。

二是加强养老服务设施用地用房保障。出台《关于印发社会资本举办高端养老服务机构指导意见的通知》，为高端养老服务项目建设的项目规划、土地供给、功能设计、选址用地、建设标准及数量、保障机制等提供政策保障。印发《厦门市养老服务设施规划建设实施细则》，明确了养老服务设施用地可采取划拨方式供地，或依法实行出让、租赁等有偿使用方式，并为党政机关和国有企事业单位举办的培训中心、疗养院及具有相关功能的机构转向养老服务业、培训疗养服务设施场地提供养老服务的提供支持；为相关闲置厂房、社区用房、城市经济型酒店、商业办公用房、农村集体用房和存量房产改造为养老服务设施提供规范引导，为充分盘活社会闲置资源及存量房产、增加养老服务设施用房供给提供保障，为推动养老服务新建、配建和改建项目指明方向。

6.完善养老服务行业人才政策

一是加强教育培训力度。出台《关于加快养老事业发展的实施意见》《厦门市推进养老服务发展（2020—2022年）行动方案》《关于印发厦门市居家和社区养老服务改革试点行动方案的通知》等系列政策文件，为推动专业人才教育和培训提供政策支持。具体而言，在专业教育方面，与高等院校和职业学校合作，在厦门城市职业学院、厦门东海职业技术学院、厦门安防科技职业学院等职业院校开设养老保健与管理、老年服务与管理等养老服务相关专业或课程，在厦门医学院、厦门华夏学院等普通高校开设健康服务与管理、中医养生学、中医康复学等相关专业，提供减免学费、补助生活费等资助政策，并在养老服务机构搭建学生培训实习基地。在技能培训方面，自2022年起每年制定《养老服务从业人员分级分类培训实施方案》，实施"养老从业人员培训计划"，建立分级分类人才培养体系，按照养老机构培训、区级培训、市级培训的分级培训模式，定期组织养老服务管理人员、护理员、助老员、志愿者、老年人家庭成员等养老服务从业人员进行生活照料、基础护理、健康护理、心理慰藉等养老护理知识和养老服务政策法规以及基本安全规范等技能培训，并积极组织参加国家级、省级养老护理职业技能竞赛。

二是建立人才激励机制。出台《厦门市养老服务人才奖励补助办法》，设置养老服务人才奖补专项资金，为养老服务从业人才提供入职奖励、学历继续教育补助、职业技能等级提升和稳岗奖励、职业技能等级培训补助、专项职业能力培训补助5个奖补项目，其中仅职业技能等级提升奖励一项就达单人最高21万元，有效激励专业人才工作积极性，吸引更多有学历、有职业能力的人才进入养老服务行业，从而建立起更高水平、更专业化和职业化的养老服务人才队伍。出台《关于加快养老事业发展的实施意见》，提出提高养老服务从业人员薪酬水平。按照初级、中级、高级、技师四级分类管理，畅通养老护理员晋级渠道，逐步建立与职业技能相挂钩的薪酬和奖励制度。此外，厦门市依托

"志愿汇"平台建立志愿服务积分制度,对长期参与养老服务的志愿者给予表彰和奖励,大力发展为老助老志愿服务。

三是加大专业人才引进。出台《关于进一步做好社区居家养老服务工作的通知》《关于印发社区居家养老服务相关规定的通知》《厦门市推进养老服务发展(2020—2022年)行动方案》等政策文件,通过政府购买社区养老服务方式,在每个社区设置1~2个为老服务专业岗位,由服务方派遣助老员在岗位提供服务,其工资待遇参照机关事业单位非在编人员标准,并可放宽助老员的入职条件,年龄放宽至男55岁、女50周岁(含)以下,学历放宽至高中或中专(含)以上,并逐步建立起社区助老员制度,详细制定社区助老员日常为老服务工作内容及标准,包括紧急救援、入户关怀、建立档案、文化活动、精神慰藉、社区参与、老年教育和咨询保障等。此外,养老护理员已纳入《厦门市部分急需紧缺职业(工种)指导目录》,符合条件的养老护理员纳入技能人才管理,并可通过技能人才政策办理落户。出台《厦门市促进两岸养老服务从业人员交流政策及办理流程》文件,通过提供入职奖励、学历继续教育补助、职业技能提升奖励、岗位津贴和专项职业能力培训补助等经济支持,积极引进台湾地区养老服务领域的专家、学者和职业技能人才。厦门市各区也纷纷出台奖补政策,吸引养老服务高级技术人才,提升了养老服务机构的专业护理水平。

7.加大医养康养结合政策支持

一是推动养老机构与卫生医疗机构合作。出台《厦门市推进养老服务发展(2020—2022年)行动方案》,鼓励医疗资源丰富的部分二级医疗机构增设养老机构,同时鼓励医护人员到医养结合机构执业,并在职称评定等方面与医疗机构享受同等待遇。与市卫生健康委员会联合印发了《关于推动医疗卫生机构与养老服务机构做实签约健康服务工作的通知》,支持养老机构与医疗卫生机构签约合作,为入住老年人提供医疗卫生服务,具备条件的更进一步建立双向转诊机制。

二是推动居家社区养老服务设施与卫生医疗机构合作。出台《厦门市推进养老服务发展(2020—2022年)行动方案》,推进养老服务照料中心与社区卫生服务站、护理站等邻近设置,并支持就近的医保定点医疗机构与居家社区养老服务照料中心签订合作协议,开展延伸医疗服务。出台《厦门市居家和社区养老服务改革试点行动方案》,推动居家服务组织与社区卫生服务中心、乡镇卫生院等开展合作,提高医生签约服务覆盖率,给老年人提供上门出诊服务。出台《关于加快推进养老服务机构拓展居家养老服务试点工作的补充通知》,开展家庭养老床位建设,提出了家庭病床管理和服务规范要求,包括明确服务内涵及主体、把握收治对象、细化服务内容、规范服务流程、确保质量安全、规范资料管理、规范服务收费等,建立动态监管及退出机制和管理沟通机制。出台《关于转发我省家庭病床管理和服务的通知》,支持医疗机构开展家庭病床服务。

二、厦门市养老服务体系建设的成效与问题

(一)厦门市养老服务体系建设成效

"十三五"时期以来,厦门市有效应对人口老龄化发展趋势,深入学习贯彻习近平总书记在厦工作期间倡导的"远亲不如近邻"理念,充分发挥特区精神,坚定不移地推进制度建设和政策创制,探索出一条具有地方特色的"近邻＋养老"服务模式,建立健全以居家社区机构相协调、医养康养相结合的多层次养老服务体系,并先后被评为"全国养老服务业综合改革试点城市""社区居家养老服务试点城市""全国居家和社区养老服务改革试点优秀城市""第一批国家级医养结合试点单位",入选全国居家和社区养老服务改革试点、全国居家和社区基本养老服务提升行动项目地区。

1.养老服务模式持续优化

在国家政策指引下,厦门市积极回应社会多元化的养老服务需求,坚持兜底线、促普惠和市场化的工作原则,着力构建"居家社区机构相协调,医养康养相结合"的养老服务体系,积极开展养老服务各项工作,持续打造并优化具有厦门本土特色的"邻近＋养老"服务供给模式。

一是居家社区养老服务快速发展。居家社区养老既符合中国人的传统文化及思想观念,也符合老年人的居住意愿和日常生活习惯。厦门市约97％的户籍老年人选择居家社区养老,居家社区养老的基础性作用日益凸显。为进一步加强居家社区养老服务供给能力,厦门市、区两级财政持续加大对养老服务事业投入,积极打造"一刻钟养老生活圈",实现"区均建有一个社会福利中心、所有镇(街)均建有一个以上养老服务照料中心、所有村(居)均建有一个以上农村幸福院或居家养老服务站"的全覆盖目标。截至2023年底,已建成居家社区养老服务照料中心53家、居家养老服务站447家、农村幸福院149家,建成社区床位5148张、家庭养老床位2049张,实现居家社区养老服务设施全覆盖,配备近千名助老员,扎根社区、上门入户提供养老服务,已成功入选全国居家和社区基本养老服务提升行动项目地区。政府通过向企业或社会组织购买"社区公益性为老服务"方式,创建社区助老员制度,在城镇和农村社区设置专职养老护理员,按照平均每400位老年人配备一位专职助老员的标准,已派出超过千名社区助老员入驻全市所有村(居),开展关怀慰问、资源对接等服务。2023年社区助老员通过电话和入户相结合的方式巡访近30万人次,实现遍访孤寡、独居、空巢老人等特殊老年人。

二是机构养老服务稳步发展。首先,供给主体日趋多元。厦门市发挥政府主导作用,整合各类社会资源,有效引导企业、养老社会组织、家庭及个人等社会力量投资养老事业和养老产业项目,近5年已吸引社会总投资近50亿元。厦门市积极引进泰康养老、太保养老、国寿养老等国内养老行业龙头企业落地厦门,投资建成全省首个由政府主导、由企业进行市场化运营的泰康医养健康综合体高端养老项目,并陆续推进太保家园·国际颐养社区、国寿嘉园·厦门乐境等高端养老项目建设;在全国率先实行公办养老机构"公建民营"运营模式,由政府投资建设、企业运营管理,比如建发溢佰养老中心;鼓励支持建发、象屿、夏商等本地国有企业及社会组织投资养老行业,有效促进养老服务的资源投入多样化发展;积极招商中民养老、中交集团、江苏禾康、山东青鸟等外地龙头企业和智宇、老来俏、德善堂等本地优秀企业建设运营居家社区养老服务设施。其次,供给数量稳步提升。截至2023年底,全市养老服务机构达44家,包括8家公办机构和36家民办机构,其中,五星级机构8家、四星级机构11家、三星级机构6家、二星级机构6家、一星级机构4家、未评级机构9家。全市养老机构床位数达12381张,其中,公办养老床位2812张,民办养老床位9569张,每千名户籍老年人床位数43.7张。最后,服务层次不断拓宽。厦门市持续提供财政资金支持,鼓励多元社会力量参与,加大资金、土地、技术和人员等核心资源要素投入,在增加普惠型养老服务供给的同时,着力打造养老服务行业示范,推动养老服务机构服务实现高端、中端和低端养老机构建设全覆盖。2023年,厦门市社会福利中心和龙人伍心养老服务有限公司两家养老机构获评"全国养老服务先进单位"。

三是医养深度融合发展。作为全国首批被纳入医养结合试点范围的城市,厦门市统筹整合医疗资源和养老资源,持续推动养老服务医养深度结合,为老年人提供医疗、养老、康复和护理一体化的综合服务。在推进机构医养结合方面,截至2023年底,全市共有41家医养结合机构,其中,养老机构内设医疗机构29家,医疗机构设立养老机构12家,均已纳入市医保定点服务范围;19家综合性医院设立老年医学科,为老年人提供特色疾病诊疗服务;积极推动老年友善医疗机构建设,全市共评选出80家老年友善医疗卫生机构,包括39家综合性医院和41家基层卫生医疗机构,这些机构能够为老年人提供优质且友善的医疗服务;推动养老服务机构与医疗卫生机构100%签约合作,已建立从养老服务机构到基层社区卫生服务中心再到三级医院的转诊制度,初步形成以医带养、以医进养、以医托养和以医联养的机构医养结合模式。在推进社区居家医养结合方面,厦门打造一刻钟的社区医疗健康服务,鼓励社区养老服务照料中心开设医务室;开展家庭医生签约服务,为65岁以上老人提供免费体检、建立健康档案,为80岁以上高龄老人及失能和半失能老年人提供上门就诊服务,已建立综合医院专科医师、基层全科医师和健康管理师为服务团队的"三师共管"服务模式;出台《厦门市养老服务机构拓展居家养老服务试点工作方案》《关于加快推进养老服务机构拓展居家养老服务试点工作的补充通知》等政策文件,推动家庭养老护理床位建设。此外,厦门注重老年医学学科建设工作,全市有条件的19家二级及以上综合性医院已设立老年医学科,重点为高龄、失能和半失能老年人提供疾病预防、临床诊断治疗、康复照护等日常健康服务。

四是智慧养老服务创新发展。厦门市以"数智"赋能养老服务体系建设,依托互联网、大数据、人工智能、物联网等数字技术,全面提升养老服务信息化水平,推进养老服务数字化、精准化、便利化和专业化发展,打造"互联网+养老"养老服务模式。出台《关于建立养老信息化指挥调度机制的通知》,建立养老信息化指挥调度机制,实现养老服务过程公开化、服务质量可量化和服务监管可视化。具体做法包括:建成市级统一的"鹭邻享老"智慧养老信息平台,实现财政资金监管、床位监管、安全监管、业务监管和人员监管等养老服务全要素监督;建立包括社区老年人基本信息和养老服务信息的综合型数据库,涵盖全市45万名老年人群体、近700个社区服务站点和超过3800名服务人员,并依托数字平台链接老年人、服务站点和社区助老员,实现养老服务供需有效对接;开发出全市养老电子地图,对老年人分布和养老机构、照料中心、养老服务站及农村幸福院等各类养老服务设施分布进行可视化,实时呈现出可使用的养老服务资源。创建"邻安康"长者守护平台,安排人员24小时值守,为有需要的困难老年人佩戴健康监测设备,并在其家庭住所安装智能感应设备,实现对老年人生命体征数据进行健康监测,对意外跌倒、长时间滞留、心率异常等突发情况进行远程预警和应急救助,有效化解居家养老风险。此外,还开通了长者呼叫中心和24小时助老服务热线,通过线上关怀与线下服务相结合的方式,为居家老年人提供养老咨询、应急救援、保健康复、餐饮配送、送药上门、陪诊陪聊、心理慰藉等便民惠民服务,仅2023年就完成23万个互联网养老服务订单。

2.养老设施网络持续完善

《厦门经济特区老年人权益保障规定》指出,"市、区人民政府应当加强养老服务设施建设"。厦门市致力于加强养老机构、养老服务照料中心、居家养老服务站和农村幸福院等养老服务基础设施建设,先后出台《2020—2035年养老设施专项规划》《厦门市"一老一小"整体解决方案》等一系列法规政策,合理规划布局养老服务基础设施网络,大力推动全市养老服务设施建设,并取得了显著成绩(见表2)。截至2023年底,全市拥有兜底性、普惠型和高端型等各类养老机构44家,机构养老床位12381张,其中护理型床位达78%,比较好地满足了老年人的不同层次的养老照护需求。

表2 "十三五"以来厦门市养老服务基础设施建设成果概览

年份/年	养老服务重大项目建设成果
2016	1.爱心护理院扩建工程、爱鹭老年养护中心建设加快。 2.实现居家养老服务全覆盖,获批国家医养结合试点城市
2017	1.居家养老实现城区全覆盖、农村基本覆盖。 2.医养结合试点不断深化,养老机构床位中护理型占比达83.7%
2018	1.39家农村幸福院和居家社区养老服务照料中心加快建设。 2.新增各类养老床位1612张,每千名老人养老床位数达37.7张。 3.全市27家正式运营的养老机构内设医疗服务,养老机构医养结合覆盖面超过四分之三
2019	1.建成6个社区养老服务照料中心、25个农村幸福院,爱心护理院改扩建等项目竣工,泰康医养综合体加快建设,养老机构医养结合覆盖率达到100%。 2.镇(街)和农村养老服务设施覆盖率分别达79%和87%
2020	新增居家社区养老服务照料中心9家、农村幸福院34家、养老床位1642张,每千名老年人养老床位数达41张,居家和社区养老服务改革试点获评全国优秀
2021	建成2个镇(街)级养老服务照料中心、9个农村幸福院,新增普惠型养老床位1472张
2022	建成养老服务照料中心、农村幸福院、居家养老服务站、"长者食堂"633个,获评全国居家和社区基本养老服务提升行动试点地区
2023	1.新增29个四星级养老服务设施,获批全国健康城市建设试点。 2.建成家庭养老床位900张,入选全国居家和社区基本养老服务提升行动项目地区。 3.市老年大学改扩建工程竣工投用

数据来源:相关年份厦门市政府工作报告,表为作者自制。

3.养老保障水平持续强化

厦门市高度重视老龄事业发展,在持续提升全市老年人社会保障水平的道路上久久为功,不断完善养老服务制度及政策体系,强化养老服务供给数量,提升养老服务质量,致力于为老年人创造美好、安全和健康的养老环境,不断增强老年人的获得感和幸福感。

一是基本养老保险保障水平逐渐提高。基本养老保险是养老保险体系的核心。近些年,厦门市坚持以人民为中心的发展理念,持续完善基本养老保险制度政策体系,加大财政补贴,优化服务内容,着力扩大基本养老保险的保障覆盖范围,提高基本养老待遇水平,以保障参保居民的老年基本生活。2019年以来,厦门市城乡居民基本养老参保人数逐年稳步增加(见图1)。截至

2023年底,全市基本养老参保人数达652.3万人。与此同时,厦门机关事业单位基本养老保险基金收入也稳步增长(见表3)。

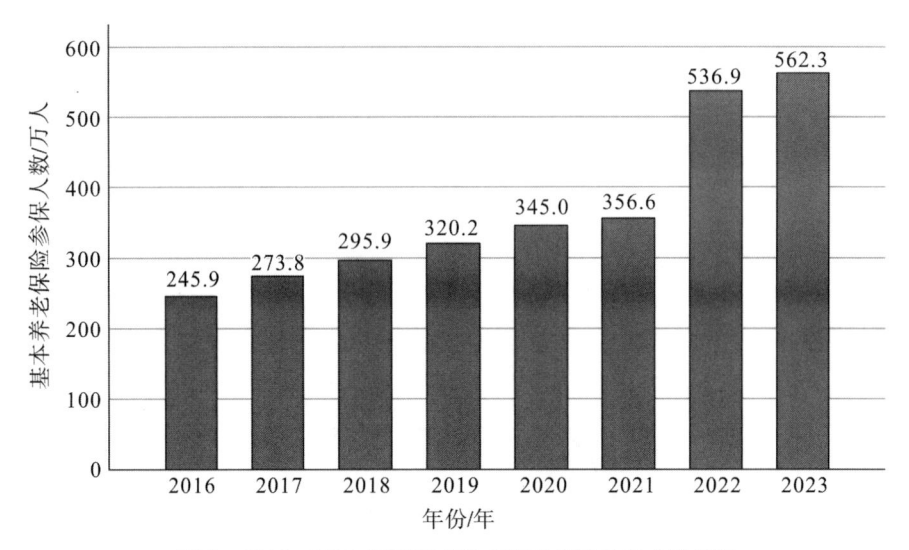

图1　2016—2023年厦门市基本养老保险参保人数情况

数据来源:相关年份厦门市国民经济和社会发展统计公报,图为作者自绘。

表3　2019—2023年厦门市城乡居民和机关事业单位基本养老保险基金收支情况

单位:亿元

年份/年	2019	2020	2021	2022	2023
城乡居民基本养老保险基金收支情况					
基金收入	2.1	2.4	1.8	2.0	2.3
基金支出	1.5	1.5	1.4	1.6	1.8
基金结余	4.6	5.5	6.0	6.3	6.8
机关事业单位基本养老保险基金收支情况					
基金收入	20.7	24.2	29.6	46.9	38.1
基金支出	20.7	33.9	28.2	45.5	40.3
基金结余	41.2	31.5	32.9	34.3	32.0

数据来源:相关年份厦门市级财政决算报告及数据整理,表为作者自制。

二是老年人健康体系不断完善。随着厦门市积极开展家庭病床、上门巡诊、家庭医生签约等居家医疗服务,组织医护人员和社区助老员提供心理咨询和心理辅导服务,老年人的身体健康和心理健康需求得到了全面而有效的满足,全市老年人的身心健康状况呈现稳步提升的趋势。"十三五"时期以来,厦门市居民平均预期寿命逐年增加,到 2023 年市居民平均预期寿命达到 81.23 岁(见图 2)。

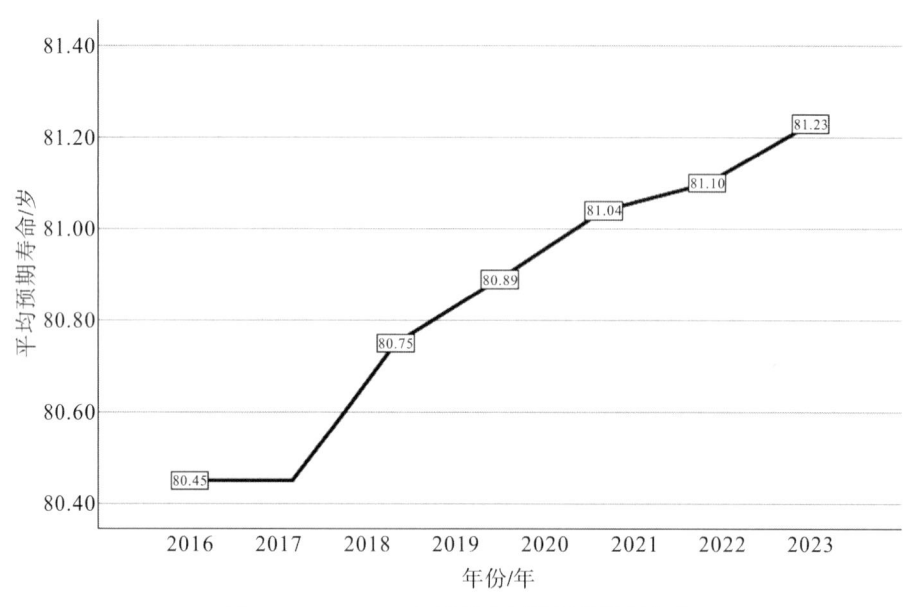

图 2　2016—2022 年厦门市居民平均预期寿命

数据来源:相关年份厦门经济特区年鉴,图为作者自绘。

三是老年友好型社区创建成效明显。厦门市着力倡导"积极老龄观、健康老龄化、幸福老年人"的理念,扎实推动老年友好型社区创建工作,持续开展"敬老月"、圆"微心愿"、重阳节等系列主题活动和特殊困难老年人探访关爱服务,陆续举办金婚庆典、百家宴、中秋节传统节日和文化娱乐等活动,并依托老年学校开设音乐、绘画、养生等课程项目,以社区老年活动中心为基地拓展健身室、图书室、棋牌室、舞蹈室、书画室等功能场所,通过政府购买居家社区助老服务为老年人提供探访、关爱等六助服务,培育志愿者队伍为独居、失能、高龄等困难老年人提供生活照料和心理慰藉服务。厦门市持续改善老年人居住环境、扩大老年人社会参与、丰富老年人精神生活和提升养老服务质量,切实满足老年人在日常出行、居住环境、照料护理、健康安全、社会参与和精神慰藉等方面的需求,多举措全面推进老年人友好社区建设。2021—2023 年,厦门市共有思明区开元街道溪岸社区、湖里区禾山街道禾山社区等 14 个社区被评为全国示范性老年友好型社区。

4.财政支持养老力度持续加大

为充分发挥财政职能作用,厦门市、区两级财政持续加大资金投入力度,优化养老服务政策体系,采取政府补贴或购买服务等多种方式支持社会、市场力量开展养老服务,切实解决老年人急难愁盼的养老问题。

一是持续发放养老服务扶持补贴。厦门市、区两级财政大力支持社会力量和市场力量兴办养老机构、社区日间照料中心、农村幸福院等服务机构,设置长者食堂、敬老餐厅等老年人助餐点,对符合条件的给予建设和运营补贴。目前,全市共有41家养老机构采用公建民办、民办公助方式开展运营管理,占养老机构总数的95%;全市49家养老服务照料中心均已实现公建民办、民办公助的运营管理方式。依托养老机构和社区养老服务设施,全市已设置敬老餐厅约500个。在"十四五"期间,2021—2023年市级财政对区转移支付的养老服务机构财政扶持资金分别为3640万元、1705万元和1923万元,合计转移支付财政扶持资金7268万元;2022年、2023年市级财政连续两年对区转移支付社区老年人日间照料中心和农村幸福院建设补贴1200万元,累计发放2400万元。①

二是持续扶持医养康养融合发展。为保障老年人基本生活和医疗需求,厦门市连续多年将老龄卫生健康事务纳入市级政府预算,市财政每年财政支出约2000万元(见表4)。

表4 2019—2023年厦门市级财政对老龄卫生健康事务支付和基本养老金保险补助情况

单位:万元

年份/年	2019	2020	2021	2022	2023
老龄卫生健康事务	3077	2100	1980	2141	1947
基本养老保险金补助	9025	60259	6698	48944	51335

数据来源:相关年份厦门市本级财政预算报告,表为作者自制。

三是持续落实老年人福利待遇政策。厦门市给60周岁及以上户籍老年人投保"厦门市老年人幸福安康险",截止到2023年底全市共有45.75万老年人参保,总保费超过3150万元;给90周岁及以上户籍老年人发放老年节慰问金,仅2023年发放金额就达587万元;2019—2023年市财政累计发放基本养老保险基金补助17.6亿元。

5.养老服务人才队伍持续壮大

专业化的养老服务人才队伍建设是养老服务体系发展的核心内容。厦门市采取多元化举措,全面强化养老服务专业人才队伍建设,通过引进高端人才、加强内部培养或政府购买服务等途径提升人才数量与质量,从而提高养老服务行业的整体效能和水平。

---

① 资料来源:相关年份厦门市级财政决算报告。

一是分层分类培养专业人才效果显著。为优化养老服务事业和产业人才供给，厦门市建立分层分类培训制度，常态化举办系列养老从业人员培训班，全面提升全市养老从业人员的专业水平和综合素质。比如，开展社区助老员培训，仅2020年就举办了15期职业技能培训，共组织545个社区1005位社区助老员参与培训，累计培训9000人次。又比如，持续开展医院的老年医学人才和养老机构的医护人员、护理员培训，自2021年以来，已组织培训医疗机构和医养结合机构的医疗护理员1224人次。

二是"以赛促训"提升技能水平成效明显。厦门市连续多年举办并积极参与养老服务领域的职业技能比赛，"以赛促学、以赛促训"，提升养老护理从业人员的职业技能水平，打造高素质养老服务人才队伍。比如，2021年全市选派5名选手参加全省养老护理职业技能大赛荣获一、二、三等奖，其中，3名选手继续参加全国比赛荣获三等奖、优胜奖。2022年举办"厦门市第二十八届职工技能竞赛医养结合机构急救技能大赛"，组织全市医养结合机构的14支队伍参赛，以"先培训，后比赛"的方式提升医养结合机构从业人员的应急救护能力。同年，还举办"厦门市第二十八届职工技能竞赛养老护理员职业技术比赛"，组织全市养老服务机构的养老护理员参赛，采取理论＋实践考核的方式，提升养老机构护理员的生活照料、基础照护和康复服务等职业技能水平。2023年举办"厦门市养老护理职业技能大赛"，培养一批技能过硬、素质较高的优秀护理骨干。同年，举办了"厦门市高等职业院校技能竞赛（健康养老照护赛项）"，组织厦门本地的厦门城市职业学院、厦门兴才职业技术学院等高等职业院校师生参赛。

三是人才政策激励效应日益凸显。近年来，厦门市落实《厦门市养老服务人才奖励补助办法》，发放各类养老服务人才专项奖励补助，以奖励补助政策吸引有学历、有技术的年轻人加入养老服务队伍，激发养老服务从业人员的工作主动性和能动性，为选优配强专业人才队伍提供强有力的政策保障。比如，2022年度全市发放奖励补助共计25人次、26.61万元，2023年度全市发放奖励补助共计113人次、121.942万元，2024年度预计发放共计300人次、310万元。2022年全市共有479名劳动者经培训取得养老护理有关技能证书，市人社局发放培训补贴33万元。

（二）厦门市养老服务体系建设存在的问题

在各级党委、政府的高度重视下，厦门市养老服务体系建设取得了阶段性成果，养老服务的相关政策体系日益完善，养老服务供给规模不断扩大，养老服务行业更加规范化标准化，养老服务基础设施建设日益丰富，老年人的身心健康状况逐渐提升等。然而，不容忽视的是，厦门市养老服务体系发展仍面临着诸多问题和挑战，尤其是养老服务供给与广大老年人日益增长的养老服务需求之间还存在明显的缺口,这些发展过程中凸显出来的问题尚待进一步解决。

1. 部门协同共治水平有待加强

随着政府职能转变,建立多层次的养老服务体系,需要进一步划分政府、市场及家庭等各类养老服务供给主体的职能边界,满足老年人的多元化养老服务需求。在强化政府主导作用,抓好"兜底线、保基本"的保障责任的同时,要有序引导各类主体参与,规范养老服务体系的运行秩序。目前,在厦门市养老服务体系构建过程中,政府相关部门间存在不同程度的职责界定模糊,管理交叉重叠、条块分割等碎片化现象。

一是"条条分割"导致不同职能部门之间管理碎片化问题。养老服务体系建设是一项复杂的、长期的系统性工程,涉及民政局、医保局、卫健委、发展改革委和人社局等诸多政府职能部门,涵盖医疗卫生、土地供给、税费减免、财政补贴等领域。但相关部门之间还未能形成有效的协调管理机制,政策间缺少连续性、系统性,这就导致不同政策之间衔接不顺畅,政策执行过程中出现多头管理、各自为政现象。民政部门作为养老服务体系建设的首要职能部门,在管理实践中需要其他部门的协调配合,但不同部门长效协作机制尚未完全建立,难以形成有效合力。比如,在医养结合机构建设方面,医院内部设立的养老机构归属民政部门监管,而养老机构内部配置的医务室则隶属于卫生健康委员会管理。这种分割的管理体制导致了管理上的碎片化现象,严重影响了资源的整合效率。又比如,在社区照料中心建设方面,依据《养老服务照料中心运营管理办法》的政策导向,照料中心的管理或业务指导由民政局负责。然而,对于所有涉及医疗卫生范畴的服务项目,则必须遵循医疗卫生部门的相关规定来执行。这一规定导致照料中心在配置相关医疗资源上投入了大量精力,从而在一定程度上制约了照料中心自身的可持续发展,难以迅速且充分地满足当前老年人日益增长的养老服务需求。

二是"条块分割"导致养老服务政策落地执行遭遇一定困难。一系列的养老服务政策只有得到有效执行才能落到实处。事实上,由于作为"块"的区、街道(乡镇)等基层政府执行政策动力不足,导致部分养老服务政策的执行效果未达到预期目标。对于市政府而言,发挥政府主导作用,领导其他职能部门做好制度及政策的顶层设计是养老服务体系建设的关键;对于基层政府而言,更为重要的是如何推动上级政府的政策有效落地。然而,现阶段基层政府还停留在被动的"政策"执行者角色,行动目标集中在顺利完成上级考核指标,并未转向主动的"服务"供给者角色,积极满足老年人日益增长的多层次、多样化养老服务需求,进而导致"政策高效执行,服务低效供给"的现象。在实践中,厦门市政府通过逐级分配的方式,将各项工作指标分解并落实到街道(乡镇),但基层政府在执行政策过程中会遇到各种实际问题,比如用地用房、资金筹措、人才配置等问题。在压力型体制下,基层政府表现出明显的被动"指标导向"式解决问题的模式,即采取短期的方式来整合资源,解决实际问题,以完成上级的考核指标,而忽视了长期的资源可持续性问题。比如,在政府出台的《农村幸福院运营管理办法》政策文本中指出,农村幸福院所提供的服务涵盖相聚交流、餐饮休憩、短期托养、助洁助浴、医疗照护、文体娱乐、精神慰藉等。但在指标考核导向下,基层政府建设农村幸福院,数量达到了上级要求,但部分已建成的农村幸福院处于低效运作状态,提供的服务主要集中在相聚交流、餐饮服务等基础性服务上,更高层次的养老服务需求,比如医疗照护、文体娱乐则相对不足。

2.基础设施供给不够平衡

随着各项养老服务政策逐步落地,厦门市养老服务设施总量呈现逐年增长的趋势。基础设施数量的增长是保障养老服务供给充足的前提,养老服务均等化则是保障公民"老有所养"基本权利的关键衡量标准。因此,在推动养老服务设施建设的过程中,既要注重服务供给的效率,提高设施建设数量,也要关注服务供给的公平,推动基本养老服务体系建设均等化。根据厦门市养老服务电子图显示,当前全市可使用的养老机构、照料中心、养老服务站和农村幸福院这4类养老服务设施,均存在一定程度的不平衡问题。

一是养老服务设施供给存在区域差异。长期以来,厦门市存在着不同区域间和城乡间经济社会发展不平衡问题,进而导致养老服务供给的区域差异化。首先,从养老服务机构供给来看,呈现出思明区和湖里区明显多于其他辖区的特征:思明区和湖里区辖区内养老服务机构的数量分别为13家和10家,两区的养老机构占总数的52.27%,超过全市总数的五成。[①] 养老机构是养老服务供给的组织基础,也是养老、医疗和康养资源的汇集之所,这代表着更多的优质资源还是集中在思明区和湖里区。若将各地区的老年人口数量考虑进来,根据第七次人口普查60岁及以上老年人口统计数据,每千名常住老年人拥有养老机构床位数湖里区明显高于其他区域,大约是翔安区和海沧区的5倍,大约是思明区、集美区和同安区的3倍(见图3)。其次,从养老服务照料中心供给来看,思明区占据明显优势,辖区内登记的养老服务照料中心数量达12家,湖里区和同安区均为9家,明显多于海沧区和集美区的3家和5家(见表5)。养老服务照料中心是街道(乡镇)一级设置的养老服务设施,为社区老年人提供生活照料、助餐配餐、保健康复、文化娱乐、上门服务、短期托养等服务。照料中心的数量是衡量一个地区居家养老服务水平的重要指标,也是构建"一刻钟养老生活圈"的基础。可见,相比于其他区,海沧区和集美区的居家

---

① 资料来源:市民政局提供的2024年度厦门市养老机构信息表。

养老服务基础设施供给存在不足。

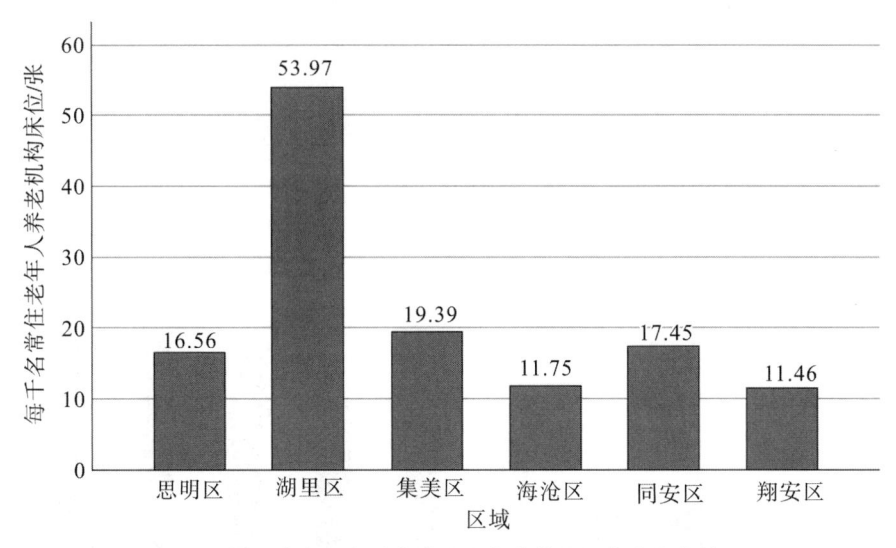

图 3　厦门市各区每千名常住老年人养老机构床位数情况

思明区 16.56　湖里区 53.97　集美区 19.39　海沧区 11.75　同安区 17.45　翔安区 11.46

数据来源：厦门养老服务机构大地图 2024 年 8 月线上显示信息、厦门市各区第七次人口普查公报①及作者整理，图为作者自绘。

表 5　厦门市各类养老服务基础设施分布情况

单位：家/个

区域	思明区	湖里区	集美区	海沧区	同安区	翔安区
养老机构	12	9	5	2	5	4
照料中心	12	9	5	3	9	7
养老服务站	94	52	71	31	70	88
农村幸福院	0	0	16	14	68	22

数据来源：厦门养老服务机构大地图 2024 年 9 月线上显示信息及作者整理，表为作者自制。

二是养老服务实施供给存在城乡差异。长期以来，厦门市城镇和农村老年人的收入水平差距较大。根据《厦门市 2023 年国民经济和社会发展统计公报》显示，2023 年厦门市城镇居民人均可支配收入 72880 元，比上年增长 3.4%；城镇居民人均生活消费支出 47411 元，增长 5.0%。农村居民人均可支配收入

---

① 考虑到厦门市第七次人口普查数据中 2020 年 11 月各区常住人口与厦门市统计局反馈的 2023 年各区常住人口指标非常接近，以及数据的可及性，故采用第七次人口普查数据中各区老年人数据作为计算基数。

34206元，同比增长5.8%；农村居民人均生活消费支出28273元，增长5.9%。从"十三五"时期以来厦门市历年的城镇居民和农村居民人均可支配收入（见图4）可以看出，长期以来厦门市农村居民可支配收入不到城镇居民的一半，城乡间居民人均可支配收入差距较大。据此可以推断，厦门市农村地区的养老服务消费水平远低于城镇地区，农村地区的养老服务水平明显低于城镇，城乡养老服务设施供给差异明显。

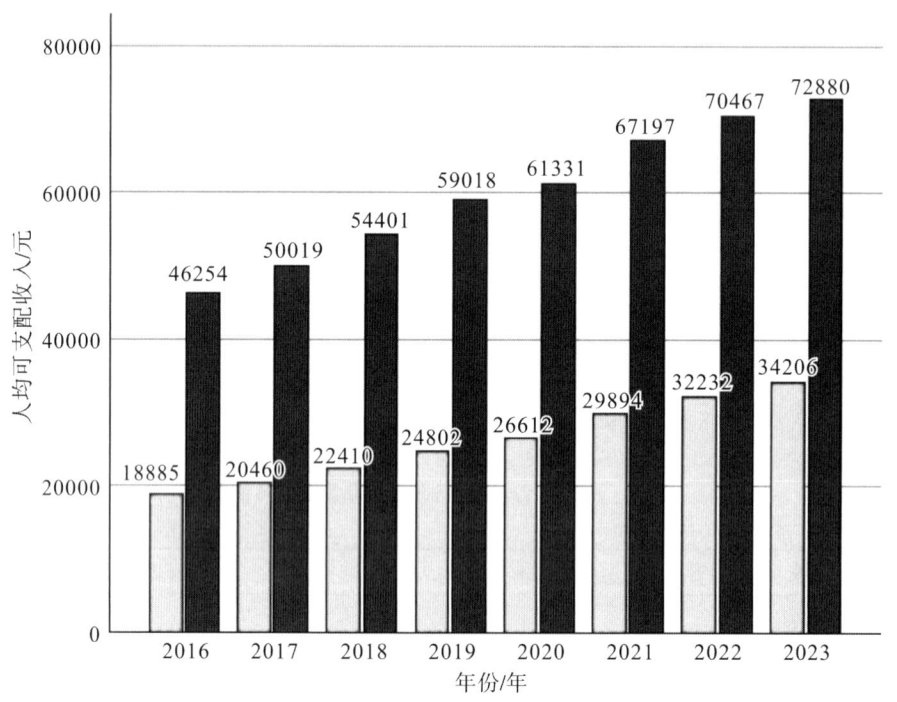

图4 2016—2023年厦门市城镇和农村居民人均可支配收入

数据来源：厦门市国民经济和社会发展统计公报相关年份，图为作者自绘。

3.需求与供给匹配度有待优化

随着厦门市经济社会的不断快速发展，老年人生活和健康水平不断提高，其养老服务需求也更加多元化。尽管城市社区居家养老实施已实现100%覆盖，但是社区居家养老服务的供给差异大，难以适应老年人多样化的需求。

一是养老服务供给总量仍存在一定程度的不足。伴随着外来人口大量流入厦门市，全市老年人口数量日益庞大，人口老龄化趋势明显加速。相比于2010年，2020年全市60岁及以上人口数量增加24.87万人，人口比重上升2.62个百分点，65岁及以上人口数量增加15.75万人，人口比重上升1.61个百分点(见表6)。随着生活质量要求的提高,老年人健康、文化、娱乐、法律等更高层次的养老服务需求快速增长,生活照料、护理康复等基本养老服务需求也不断提高。此外,城镇和农村老年人的养老需求存在一定差异,城镇老年人更急需生活照料、提供就餐服务、兴趣爱好活动和体育锻炼等服务项目,而农村老人则更急需医疗保健服务、老年人学习培训等。[①] 这就使得厦门市养老服务个性化供给跟不上老年人快速增长的多样化需求。

表6 厦门市人口老龄化趋势情况

不同年龄段	2010年		2020年	
	人口数/人	占比/%	人口数/人	占比/%
0～14岁人口	453504	12.84	886282	17.16
15～59岁人口	2832976	80.22	3784109	73.28
60岁及以上人口	244867	6.94	493579	9.56
65岁及以上人口	160963	4.56	318513	6.17

数据来源:厦门市第六次、第七次全国人口普查公报,表为作者自制。

二是社会养老服务供给专业化不足。一方面,居家社区养老服务供给专业性不够。尽管厦门市已实现城市居家养老服务站全覆盖,但社区居家养老服务网络还不完善,服务专业化程度低,提供的居家养老服务主要还集中在助餐、助洁和助行上,社会参与、心理慰藉、文化娱乐等更高层次的需求则供给不足。对半失能和失能老人的助医需求也难以有效满足。比如,社区照料中心的养老服务人员队伍主要由社区助老员、志愿服务者和兼职服务人员构成,其中,社区助老员是政府通过购买服务派驻到社区工作的,但是每个社区所配置的助老员人数并不一致,且助老员普遍年龄偏大、文化程度偏低。此外,专职助老员除了为老人提供照料服务,还承担着社区其他工作,影响到养老服务供给。志愿服务者提供的养老服务都是基础性服务,缺少养老专业相关知识。兼职服务人员则稳定性差。这就导致社区居家养老服务专业化程度低,难以满足老年人个性化的养老服务需求。另一方面,民办养老机构服务供给专业性不足。从养老机构数量来看,全市现有44家养老机构,其中,公办机构(包括公办民营机构)8家,占比18.18%,公办养老机构床位2677张,占比23.48%,民办养老机构36家,占比81.92%,民办养老机构床位8725张,社会力量开展养老机构服务已占据绝大部分。然而,民办机构受限于资金、土地、技术和人员等资源要素,其经营管理水平和服务供给质量远低于公办养老机构。在8家公办养老机构中,机构评级三星级和三星级以上的6家,占比75%,未评级

---

① 黄浩.养老模式发展调查研究:以厦门市为例[M].北京:经济管理出版社,2020:135.

的2家,占比25%;在36家民办养老机构中,机构评级在三星级和三星级以上的有19家,占比52.78%,机构评级在二星级和二星级以下的有17家,占比47.22%(见图5)。可见,尽管民办养老机构的数量更多,但公办养老机构中评级在三星级以上的比例远远高于民办机构。民办养老机构服务供给专业性明显低于公办养老机构。

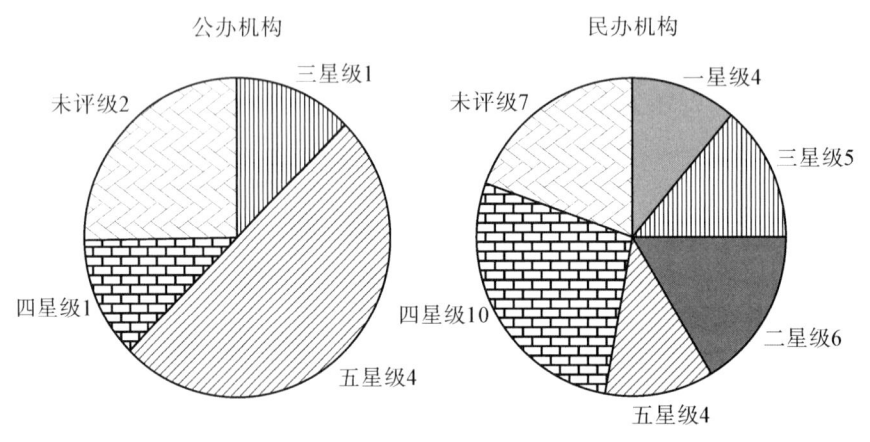

图5 厦门市公办和民办养老服务机构的评级情况

数据来源:2024年度厦门市养老机构信息表,图为作者自绘。

三是养老服务专业人才供给不足。养老服务人才是养老服务体系建设的核心要素,也是养老服务供给的重要保障。尽管厦门市已制定并实施了一系列旨在引进和培育养老服务人才的制度和政策,但是养老服务人才的供给与需求之间的缺口依旧明显。一方面,从养老服务产业发展现状来看,现阶段养老服务行业工作强度大且薪资待遇低,社会对养老服务职业认可度不高,养老服务行业的吸引力不足。这导致厦门市养老从业人员整体呈现年龄偏高、文化程度偏低的特征,养老服务行业难以吸引到年轻的专业人才。与城镇相比,农村更加难以留住人才,农村地区养老服务人才供给不足的问题更为突出。农村养老服务人才短缺已影响到农村养老服务的供给质量。另一方面,医养结合所需的专业人才短缺。随着年龄的增长,老年人普遍都患有高血压、糖尿病等慢性疾病,养老机构、日间照料中心在慢性病治疗方面能力有限。此外,对于80岁以上高龄老人,其身体机能下降更加明显,导致行动不便。但社区周边配套的医疗资源相对不足,尤其是老年医学医师、医疗护理员等专业人员配给不足,难以满足老年人医养结合需求。这就导致高龄老年人在养老机构等养老服务设施和医院之间往返,既增加了老年人的支出负担,同时可能引起潜在的家庭矛盾纠纷和医患纠纷。

4.财政政策实施绩效有待提高

财政资金是养老服务体系建设的重要物质基础。在老龄化进程加速背景下,厦门市政府主动担负起基本养老服务的供给责任,积极制定财政政策,加大财政资金投入,满足老年人的养老服务需求。但财政政策的制定及执行环节还存在着一些问题,影响到财政政策的实施绩效。

一是财政政策的供给导向明显,需求导向不足。当前厦门市出台的各类养老服务体系建设的财政支持政策主要是支持社会、市场力量开展养老服务,对养老服务设施建设、运营、维护及养老从业人员进行补贴,或者是对基本养老服务保险金进行补贴。财政资金基本投入养老服务的供给方,而养老服务的需求方即广大老年人群体所享受的财政补贴还比较薄弱。财政资金投入与养老服务需求匹配不足,难以有效带动老年人群体的养老服务消费。

二是政府购买养老服务绩效尚待提高。在养老服务供给方日益多元化背景下,政府职能不仅仅是养老服务的直接提供者,更重要的是为市场、社会组织及家庭等不同主体有效供给养老服务提供良好的制度政策环境。近年来,厦门市创新财政投入方式,积极采用政府购买养老服务方式,比如购买长者食堂或社区助餐点等老年助餐服务。但许多养老服务供给方高度依赖财政补贴,难以适应市场竞争环境,进而陷入经营困境。此外,政府购买养老服务标准尚不完善,且监督机制尚未完全建立,政府难以平衡好激发供给方的积极性与确保服务供给方所提供的养老服务质量达标,这就导致政府购买养老服务绩效并不理想。

三、优化厦门市养老服务制度供给的路径

健全完善养老服务体系是厦门市积极应对人口老龄化的必要举措,优化制度供给是养老服务体系建设的基础工程。优化制度供给的重点是针对现存的问题和薄弱环节,进一步完善相关的制度框架、体制安排、运行机制以及具体的政策措施,倡导并支持政府、社会、市场和家庭等各类主体积极有序地参与养老服务事业。

(一)完善多元主体协同治理机制,推进协同合作

面对未富先老的快速老龄化趋势,家庭或政府单一主体供给模式难以满足老年人日益增长的多样化养老服务需求。厦门市需要加强制度顶层设计,从制度和政策层面打破跨部门、跨领域合作障碍,建立政府、社会、市场及家庭多元主体协同治理的养老治理格局。协同治理强调多元主体间需要有机衔接、有机统一,在各自的边界内强有力地高效运行,形成多元协同的治理体系

并服务于共同的目标,[①]进而推动政策制定和执行的协同效应。协同合作的形式包括政府职能部门间协同、各级政府间协同和政府与社会及市场主体间协同等。

一是明确相关部门的职能边界,构建"横向协同"治理机制。在政府职能转变的背景下,进一步明晰、厘清政府及相关部门在养老服务体系建设中的职能边界,充分发挥出政府统筹、集中力量办大事的制度优势。首先,建立政府及职能部门责任落实清单。明确市、区级政府责任,市、区直部门(单位)责任,街道(乡镇)责任,社区及村级责任是实现协同合作的前提和基础。统筹协调横向职能部门的功能,打破各自为政的制度壁垒,建立起各职能部门间横向协同的工作机制,使得民政局、卫健委、人社局和财政局等诸多职能部门实现资源优化与高效协同。其次,职能部门设立养老服务窗口,责任到人,安排专职人员负责养老服务相关事宜的处理,建立起有效的沟通机制。最后,建立全市养老服务政策落实清单。由于养老服务政策诸多,需明确不同职能部门出台的养老服务政策,并在职能部门设置政策业务咨询科室,做到政策之间有效衔接、协同落实。

二是强化各级政府的主体责任,构建"纵向协同"治理机制。首先,建立养老服务政策落实清单制。政策发挥的效果关键在于政策执行。街道(乡镇)、社区及村级是基层的政策执行者。通过建立政策落实清单,细化、量化目标任务,将任务分解到各项指标,压实责任到人。其次,精准推动基本养老服务。精准对接老年人的养老服务需求,提供个性化的养老服务。比如,针对失能、半失能老年人,提供家庭养老床位,开展家庭适老化改造。依托数字技术、数字平台,开展菜单式服务,老年人本人或家属可以通过数字平台进行精准选择服务。最后,引入第三方考核评估。政策落实精准率和群众满意度是政策执行成效的重要指标。通过引入第三方考核评估机构,以考核制度倒逼基层精准执行养老服务政策,使得政策落到实处,真正解决老年人的养老实际困难。

三是强化政府的主导作用,构建"内外协同"治理机制。高质量的养老服务体系建设必须发挥"一核多元"的治理优势,坚持"党委领导、政府主导、社会参与、全民行动"的多元主体协同治理的机制,[②]形成多元共治共享的治理格局。从政策制定的角度来看,政府的主导作用主要体现在营造良好的政策环

[①] 龙玉其.智慧居家养老服务协同治理的逻辑机理与实践路径[J].行政管理改革,2023(7):50-58.

[②] 彭希哲,苏忠鑫.构建高质量发展的养老服务体系战略思考[J].人口与发展,2022,28(6):17-24.

境,制定土地出让、税收扶持、运营补贴、人才激励等方面的利好政策,鼓励并支持市场、社会、家庭等主体参与到养老服务供给。此外,厦门市政府还需系统地建立养老服务标准体系,分类分层规范、细化养老服务行业标准,包括基础通用标准、居家社区及机构养老设施建设、服务质量、管理保障、等级评估、收费标准等,进而为社会、市场主体参与提供有力的政策支撑,促进风险共担机制的构建和资源共享平台的搭建。

(二)瞄准老年群体养老服务需求,实施精准服务

服务的出发点是满足需求,养老服务体系建设的出发点则是满足老年人的养老服务需求。由于厦门市老年群体数量庞大且内部结构复杂,老年人个体间在年龄、身体健康状况、经济条件、居住区域和家庭成员支持状况等方面存在差异,这就导致老年人对养老服务的需求存在一定的差异性。因此,准确掌握老年人的养老需求是实现养老服务精准供给的重要前提。实施精准养老服务需要建立起有效的需求瞄准机制。厦门市需要因地制宜创新制度和政策,在养老服务体系中建立起需求导向的养老服务供给制度和养老服务需求评估体系,着力瞄准老年人的实际养老需求,并根据老年人自身情况及需求提供服务,实现养老服务需求和供给精准匹配。

一是建立养老服务需求评估制度。根据马斯洛的需要层次理论,人的需要由低到高依次分为5个层次:生理需要、安全需要、社交需要、尊重需要和自我实现需要。这一理论为评估老年人的多层次养老需求提供了基本思路。老年人的养老服务需求既包含基本的日常生活照料、医疗保健需求,也包含更高层次的文化娱乐、精神慰藉、社会参与及法律维权等需求。[1] 养老服务需求评估的重点是对老年人的年龄、身体、心理、经济、居住状况、养老服务需求意愿等进行调查评估,形成评估结果,并作为精准提供养老服务的依据。需求评估的主要内容包括:首先,完善养老服务需求评估指标。养老服务需求评估是多维度的评估,要结合厦门实际情况,制定老年人的服务需求评估指标。评估指标应当涵盖日常行为能力、精神卫生情况、感知觉情况、社会参与情况、经济状况、居住环境等内容。其次,要规范养老服务需求评估工作流程。养老服务需求评估的调查时间、调查人员配备、评估工具、评估标准、评估分析、评估审核、评估结果公示和部门备案等环节要进行细致、合理规定,建立规范的评估流程,保障评估质量和公平公正性。再次,培养专业性需求评估机构。养老需求评估的准确性、科学性是建立在评估机构及评估人员的专业性基础上的。开展评估培训,使评估人员具备医学、心理学、社会保障、护理、社会工作和数据

---

[1] 李勇,刘东生,李理.新时代养老服务供给研究[M].天津:天津人民出版社,2022:8.

分析等相应的专业知识,提高评估人员的专业性。此外,还可以通过政府购买服务方式,委托第三方专业机构评估老年人的养老服务需求。最后,科学运用养老需求评估结果。根据评估内容对老年人的养老需求进行合理、科学的分层分类,并根据现有的养老服务政策体系为老年人制定并实施相适应的养老服务项目。

二是完善养老服务需求反馈机制。在自上而下进行养老服务需求评估的同时,也要重视自下而上的养老服务需求反馈,形成上下联动的需求评估和反馈机制。一方面,要加大养老服务需求评估的政策宣传,通过线上线下相结合的方式,确保广大老年人充分了解申报养老服务需求评估的相关政策要点,以便其在遭遇困难或问题时,能够及时反馈并得到有效的解决方案;另一方面,要拓宽养老服务需求的反馈渠道,允许老年人本人或者委托他人通过多种方式进行反馈,比如向社区(村)干部反映,或拨打电话申请,或依托数字技术、数据平台进行反馈等。此外,要持续在养老服务领域深入运用大数据、人工智能、互联网、云计算等数字技术和智能硬件设施,优化软件操作"老年模式",运用智能设备的监测及自动反馈功能,进一步完善养老服务数字平台的反馈系统。

(三)优化政府购买养老服务制度体系,提升服务绩效

政府在公共服务中扮演安排者或提供者角色,通过安排公共服务生产方,决定生产服务内容,以及如何实施服务监督,有效供给公共服务。政府购买养老服务是社会养老服务供给的重要补充方式,缓解了养老服务供需失衡的困境。厦门市通过财政资金购买养老服务,向全市老年人提供基本生活保障。为提高政府购买服务绩效,厦门市需完善政府购买养老服务政策,确保财政资金使用合法合规、公平高效,同时激发社会组织、私人企业、养老机构等多元主体的参与积极性。

一是完善政府购买养老服务制度。首先,规范政府购买程序和标准。根据厦门实际情况,以政府职能转变、法律制度和老年人需求为导向,坚持公平、公正、公开的原则,规范政府购买养老服务的流程和服务标准,完善政府购买养老服务清单,践行法律法规要求,切实满足老年人的养老服务需求,不断提高政府购买养老服务的规范化水平。其次,加强政府对服务方的全过程监督,设立由财政、审计、民政等部门工作人员组成的监督小组,负责审核、运行、验收等环节的监督管理,常态化提升服务方履行合同的效率与质量,并提出意见建议。最后,拓宽资金来源渠道,提高资金投入。在充分利用财政资金和福利彩票公益金的基础上,积极引入社会组织和市场力量进行投资并承接项目,着力激发养老服务市场的活力。

二是完善政府购买养老服务绩效评估制度。精准评估养老服务质量是促

进养老服务提质增效的有效措施。首先，构建政府购买养老服务绩效评估指标体系，重点围绕经济性、效率性、服务管理、服务质量、老年人满意度和公平性等方面进行评估。其次，建立社会监督机制，引入第三方机构定期开展服务绩效评估，并充分发挥民众、自媒体及微博等平台的监督作用。最后，加强评估结果的运用，尤其是重视老年人照护需求的满意度指标，确保政府购买养老服务切实符合老年人的实际需求。

（四）健全养老服务综合监管制度，提升服务质量

制度建设是养老服务综合监管的保障，养老服务综合监管制度体系能够筑牢养老服务安全底线，有效防范和化解养老服务领域的各类风险隐患。厦门市应以养老服务体系建设中的重点、难点和堵点问题为导向，加强综合督导检查，持续完善综合监管制度，积极回应老年人对高质量和安全养老服务的需求，为推动养老服务高质量发展提供制度保障。

一是完善政府综合监管制度。健全跨部门协调配合机制，继续聚焦建筑安全、消防安全、食品安全、服务安全、防诈骗、养老机构非法集资等重点，加强养老机构入住老年人安全保障监管，结合"安全生产月""消防安全日"等时间节点，加大宣传教育，充分发挥信息平台智能化、专业化的辅助作用，运用信息化手段对养老服务项目绩效情况开展数据化评价和监督，持续开展养老机构等级评定，推动养老服务高质量发展。[①]

二是建立健全社会监督制度。充分发挥社会力量的监督作用，继续维护养老服务投诉专线，为市民反馈养老服务问题提供稳定渠道。制定相关社会监督管理办法和细则，设置养老服务质量和安全社会监督员，可以借鉴其他城市的先进经验，如北京市制定《北京市养老服务质量和安全社会监督员管理办法》文件，赋予社会监督员以下权限和职责：掌握养老机构或居家照护服务的有关制度规定，参与养老服务质量、安全管理、满意度监督管理和评议指导工作，通过电子邮件、来信或电话等方式，向民政部门反映养老机构运营管理、服务质量、安全管理等方面或居家照护服务方面存在的风险隐患或问题，客观、公正评价养老机构有关情况并提出意见和建议等。同时，加强养老服务行业信用体系建设，对养老服务机构信用状况和履约能力进行全面评估，供社会查询和参考。健全养老服务信息公开制度，逐步公开全市各类养老机构、日间照料中心等养老设施的运行情况，接受公众监督。

---

① 厦门市民政局.厦门市民政局关于印发《2024年全市民政工作要点》的通知[EB/OL].（2024-04-17）[2024-10-16]. http://mzj.xm.gov.cn/xxgk/ghjh/gzzj/202404/t20240418_2841973.htm.

(五)完善专业人才引进培养办法,优化人才队伍

人才兴则养老服务事业兴,养老服务人才是养老服务体系高质量发展的源泉。以制度和政策创新吸引养老服务人才,是推进养老服务体系高质量发展的关键。厦门应秉承特区先行先试的精神,在养老服务人才政策供给领域勇于开拓,打破养老服务业发展的政策壁垒,加快创新养老服务人才政策支持体系。

一是健全多层次养老服务人才引进机制。一方面,提升养老服务人才薪酬待遇和职业地位,增强行业吸引力。当前,养老服务人才,尤其是社区居家养老服务领域,供不应求问题突出,但薪资水平并未见显著提升。因此,政府需建立养老服务职业化薪酬体系,增设行业特殊津贴,并提供优惠准入政策。同时,制定激励措施,鼓励养老服务人才与雇佣单位签订长期劳动合同,保障人才合法权益,降低人才流失率。此外,加强养老文化宣传,弘扬养老孝老敬老传统,提升社会对养老服务行业的职业认同和价值认同,吸引更多年轻人才投身养老服务事业。另一方面,规范养老服务职业标准与资格认证体系,保障从业者合法权益。鉴于养老服务人才需求多元,涵盖健康照护、医疗护理、信息技术、运营管理、心理咨询等多个领域,应细化各职业等级标准,明确从业规范。实施职业资格认证制度,推行持证上岗,为岗前技能考核合格者颁发从业资格证书,强化其专业知识、职业道德和服务理念。对于已持证且有意愿提升职业等级的养老从业人员,制定职业等级奖补政策及培训补助政策,对通过考核者给予培训补贴,并在取得更高等级证书后,按照相应政策提高其薪酬待遇。

二是构建多主体养老服务人才培养机制。首先,加大政府扶持力度。加强制度顶层设计,推进政府体制改革,以助力民政局、人社局、卫健委等部门开展养老服务人才培训。通过线上线下相结合、邀请业内专家授课及现场实践教学等培训模式,引导从业人员逐步掌握老年人的养老服务需求与养老服务专业技能,提供高质量、专业化的养老服务。同时,加大财政投入,以资金政策扶持公办和民办院校增设并办好养老服务相关专业尤其是紧缺型专业,通过扩大招生补贴、提供学费减免、设置助学金与奖学金等措施,吸引更多优质生源就读护理学、养老服务等专业;教育与人社部门应指导院校建立多层次养老服务人才的培养方案,兼顾理论学习和操作实践培养,全面提升人才素质。其次,大力发挥院校主渠道作用。鼓励厦门市本地职高、中专和技校等开设养老护理专业,培养从事基础养护工作和管理工作的养老服务一线人才;高等院校则发挥科研优势,培养研究型和高端型人才,推动养老服务的产学研一体化发展;支持院校与养老产业对接,依托社会组织搭建合作平台,促进校企和医企合作,安排学生到养老机构、日间照料中心和农村幸福院等地进行实践学习,提升业务水平；创新退休返聘政策，积极吸纳医院退休医生、护士等医务人员到养老机构、养老服务照料中心或居家养老服务站执业或提供技术指导和培训。同时，鼓励低龄健康老年人、家庭成员、社区党员干部、在校学生及灵活就业人员加入养助老服务志愿者队伍，建立爱心积分兑换和志愿服务时间银行等激励机制，定期组织医疗养护、心理慰藉等养老服务培训，提升助老服务志愿者的积极性和业务水平。最后，充分激活市场力量。通过制定养老行业培训标准、减免税负和资金补助等措施，鼓励民办养老机构、企业等市场主体以实际需求为导向开展养老服务培训，形成市场规模效应。同时，强化政策引导作用，加强养老服务与物业、家政、餐饮、社工等与老年人家庭相关领域的合作，有序引导养老关联领域的人才进入养老服务行业。

（六）提升农村养老服务供给水平，平衡城乡发展

推进养老服务体系建设与乡村振兴战略有效结合，是持续提升农村养老服务水平的重要内容。一方面，整合城乡资源，推进城乡一体化养老服务体系建设，充实社区养老服务站、农村幸福院和社区助老员队伍，缩小城乡老年人享受基本养老服务的差距，确保服务供给公平性。另一方面，拓展农村养老服务，补齐供给短板。首先，坚持将资源政策优先向农村地区倾斜，加强农村养老服务供给与乡村建设等惠农政策衔接，提升农村养老服务设施数量，丰富服务内容。其次，系统推进农村养老服务能力提升工程，具体包括[①]：①区域性养老服务中心建设，整合片区资源，有条件的区域性养老服务中心，独立式智能火灾探测器等智能消防预警设备安装率应达到全覆盖，成立微型消防站的数量应满足初期火灾的扑救需求。②农村幸福院提质工程，继续加强农村幸福院建设和运营管理，开展农村幸福院质量提升行动。③建立定期探访制度，以农村空巢、留守老年人为重点，明确探访对象、探访内容、探访程序及工作要求；开展农村空巢、留守老年人排查，掌握基本信息，做到精准到村、到户、到人。以区为单位，镇（街道）政府统筹指导，村民委员会协助实施，建立空巢、留守老年人信息台账，及时了解和评估农村空巢及留守老年人的生活情况、家庭赡养责任落实情况，提供相应援助服务。

四、结　语

构建养老服务体系是贯彻积极应对人口老龄化国家战略的关键措施，同

[①] 厦门市人民政府.厦门市人民政府关于印发厦门市"十四五"老龄事业发展和养老服务体系规划的通知[EB/OL].(2022-12-16)[2024-10-17].https://www.xm.gov.cn/zfgb/99833462.

时也是确保广大老年人享有美好生活的重要支撑。制度和政策是养老服务体系的坚固基石,其在推动多层次、多样化的养老服务体系建设中发挥了积极的引导效能,促进了厦门市养老服务体系的完善。作为一项老年人生活福利的框架性制度安排,养老服务体系给老年人提供了基础性、普惠性的养老解决方案,并有效回应老年人个性化、多元化的养老需求。只有加快优化养老服务体系建设的制度及政策供给,完善基本养老服务政策,创新非基本养老服务政策,进一步巩固养老服务体系建设成果,推进养老服务事业与养老服务产业协同发展,才能实现构建内容完善、模式多样、主体多元和格局合理的养老服务体系。在"十四五"后期和即将到来的"十五五"时期,厦门市应立足新发展阶段,紧扣"远亲不如近邻"理念,坚持基础性、普惠性、多样性和整体性相结合的原则,持续拓展养老服务政策空间,不断改进养老服务政策定位、政策目标、政策重点和政策内容,形成一揽子养老服务政策体系,积极适应社会老龄化进程加快和中国式现代化发展的形势,推动机构养老、社区居家养老、医养康养相结合、智慧养老等模式迭代升级,不断提升养老服务供给能力,以解决老年人急难愁盼问题为突破口,以提升养老服务可持续发展能力为核心,以政府、家庭、市场及社会多元主体协同共治机制为支撑,打造出富有厦门地方特色的养老服务新格局。

参考文献

[1]王碧英.新时代养老服务体系建设研究[M].厦门:厦门大学出版社,2022.

[2]丁建丁.居家养老服务:认识误区、理性原则及完善对策[J].中国人民大学学报,2013,27(2):20-26.

[3]黄少宽.我国城市社区养老服务模式创新研究综述[J].城市观察,2018(4):101-113.

[4]马姗伊,王辉.深度老龄化视角下吉林省养老服务体系建设[M].北京:中国社会科学出版社,2020.

[5]厦门市民政局.厦门市民政局主要职责[EB/OL].(2021-07-02)[2024-06-03]. http://mzj.xm.gov.cn/xxgk/jgsz/jgzn/202107/t20210702_2562568.htm.

[6]厦门日报.今年预计补助310万元!我市出台入职奖补政策,吸引养老服务人才扎根[N].厦门日报,2024-07-05.

[7]黄浩.养老模式发展调查研究:以厦门市为例[M].北京:经济管理出版社,2020.

[8]龙玉其.智慧居家养老服务协同治理的逻辑机理与实践路径[J].行政管理改革,2023(7):50-58.

[9]彭希哲,苏忠鑫.构建高质量发展的养老服务体系战略思考[J].人口与发展,2022,28(6):17-24.

[10]李勇,刘东生,李理.新时代养老服务供给研究[M].天津:天津人民出版社,2022.

[11]厦门市民政局.厦门市民政局关于印发《2024年全市民政工作要点》的通知[EB/OL].(2024-04-17)[2024-10-16].http://mzj.xm.gov.cn/xxgk/ghjh/gzzj/202404/t20240418_2841973.htm.

[12]厦门市人民政府.厦门市人民政府关于印发厦门市"十四五"老龄事业发展和养老服务体系规划的通知[EB/OL].(2022-12-16)[2024-10-17].https://www.xm.gov.cn/zfgb/99833462.

课题负责人、统稿:朱仁显
执　　　　笔:况　伟

厦门市社区居家养老服务的功能优化

厦门市委、市政府切实贯彻落实中央应对人口老龄化国家战略，坚持"统筹规划、因地制宜"，通过就近配置养老服务资源，积极推动养老事业和养老产业协同发展，持续构建"居家社区机构相协调、医养康养相结合"的养老服务体系，让老年人享有"身边、家边、周边"的社区居家养老服务，共享改革开放和经济特区的发展成果。

一、厦门市社区居家养老服务的现实需求

（一）社区居家养老的内涵

居家养老是指老年人在家中居住，但由社会提供养老服务的一种社会化养老服务模式。社区居家养老服务则是以家庭为核心、社区为依托、专业化服务机构为载体，通过政府购买服务、社会参与、非政府组织实体承办的运作方式，采取上门、日托或邻里互助等服务形式，为居家养老的老人提供以生活照料、医疗保健、心理慰藉等为主要内容的社会化服务。[①] 社区居家养老的概念最早可以追溯到二战以后西方福利国家所提出的"去机构化"的"社区照顾"理念，并由英国在1993年首先推出"社区照顾养老模式"。该照料模式的特点是，老人居住于社区内，家庭、专业护理人员和社区志愿者都承担相应的照料责任。[②] 相较于社区养老和家庭养老，社区居家养老更强调社区的整合作用和居家的意义。它属于公共服务范畴，由政府主导制定发展规划、进行政策引导和支持，社会参与提供服务，并由市场推动促进服务供给。其服务的主体是在家中居住的老年人，服务的内容是老年人的养老需要，具体包括生活照料服务、医疗护理服务和精神慰藉服务等。

我国于2004年在北京、上海、广州、南京、杭州等经济发达城市率先开始

[①] 章晓懿,刘帮成.社区居家养老服务质量模型研究——以上海市为例[J].中国人口科学,2011(3):83-92.

[②] 陈伟.英国社区照顾之于我国"居家养老服务"本土化进程及服务模式的构建[J].南京工业大学学报(社会科学版),2012,11(1):93-99.

"居家和社区养老服务"探索。[①] 2006年,厦门市思明区成为全国首批24个养老服务社会化示范活动试点单位之一。2007年,厦门市在思明区实施具有居家养老服务性质的"安康计划",为贫困老人社会化养老服务提供补贴。2009年起,厦门市正式在全市各区开展社区居家养老服务试点工作,通过建立以政府指导、社会参与等为特点的养老服务模式,为居住在家中的高龄老人、空巢老人和特殊困难老人提供生活照料、家政服务、康复护理等方面的服务。

(二)厦门市社区居家养老的优势

1.优越的生态居住环境

厦门市地处中国东南沿海,是著名的国际旅游城市,素有"海上花园"美誉。年平均气温20.7 ℃,气候温和湿润,拥有公园超过250个(含街旁绿地等,见表1),绿化覆盖率为44.11%,[②]是老年人生活和养老的理想之地。温和的气候条件和良好的空气质量不仅使老年人免受极端天气的困扰,还为他们的户外活动提供了良好的环境基础。此外,厦门市的自然环境得天独厚,拥有众多知名的景区,如鼓浪屿、植物园、南普陀寺等,这些景区不仅吸引了大量外地游客,也为本地老年人提供了宁静的休憩空间和休闲娱乐的重要场所,让他们能够在大自然的怀抱中放松身心,继而改善他们的健康状况。

表1 厦门市各区公园分布情况

区域	数量/个	公园名录
思明区	92	白鹭洲公园、环筼筜湖带状公园、南湖公园、松柏公园、海湾公园等
湖里区	47	仙岳公园、湖里公园、五缘湾湿地公园、五缘湾感恩公园、江头公园等
集美区	40	南堤公园、日东公园、敬贤公园、杏东公园、洪厝公园、园博苑公园等
海沧区	35	海沧湾公园、海沧市民公园、海沧自贸公园、海沧儿童公园、洪塘公园等
同安区	22	大轮山公园、苏颂公园、双溪公园、雪樵公园、清风园、美峰生态公园等
翔安区	16	劳动公园、宋坂公园、新圩滨溪公园、鼓锣公园、翔安大道公园等
合计		252

资料来源:作者根据相关资料自制。

---

① 成海军.我国居家和社区养老服务的发展与展望[M]//谭日辉,宋梅,李金娟.中国社区发展报告(2018—2019).北京:社会科学文献出版社,2019:1-11.

② 厦门市人力资源和社会保障局.厦门市情[EB/OL].[2024-07-13].https://app.hrss.xm.gov.cn/ggfwwt-auth/yxbyszt/intomain? code=sq.

2.完善的社区基础设施

厦门市在社区基础设施建设方面进行了大规模的资源投入。据厦门市民政局统计，截至2023年，市、区两级5年共投入10.6亿元建设城乡基础服务设施，建设社区基础设施面积达97.5万平方米，城市社区综合用房平均面积达1156平方米，农村社区综合服务场所平均面积达2000平方米左右。城乡社区综合服务设施覆盖率达到100%，"15分钟便民生活圈"基础持续夯实（见表2）。多数社区设有公园、健身设施、社区服务中心等设施，既有适合老年人的慢跑道、健身步道，也有专门为他们设计的健身器材。许多社区还设有老年活动中心，提供棋牌室、书画室、舞蹈室等多种活动场所，不仅满足了老年人日常生活的需要，还为他们提供了丰富的活动空间和社交场所。此外，厦门市各个社区普遍设立有社区服务中心，提供一站式的社区服务。老年人可以在这里享受到各种便民服务，如医疗咨询、家政服务、法律援助等。服务中心还会定期组织各种文化娱乐活动和健康讲座，帮助老年人了解健康知识，提高生活质量。

表2 厦门市社区服务基础设施建设情况

序号	社区服务基础设施建设	数量/个
1	市级文明实践指导中心	1
2	区级文明实践指导中心	6
3	文明实践指导所	37
4	文明实践指导站	512
5	公共场所志愿服务驿站	117
6	社区志愿服务站	264
7	爱心志愿服务驿站	419

资料来源：作者根据相关资料自制。

3.专业的居家养老服务

厦门市在社区居家养老方面提供了专业的养老服务，以全面提升基本养老服务信息化水平为重点，汇集基本养老服务对象、服务需求、服务供给、行业监管等信息，建立"一人一档、分类管理"管理机制，提升基本养老服务的便利化、精准化、数字化水平。通过探索建立全市统一的智慧养老信息平台和养老信息化指挥调度机制，建立包含全市40多万老年人、近700个农村及社区服务站点、3900多位服务人员的养老大数据库，依托网络和养老服务热线，链接各类养老服务，进一步提升养老便民服务水平。除了鼓励老年人家庭增设防滑地垫、扶手等适老化设施,厦门市还创新打造了"邻安康"长者守护平台,通过"数智"赋能,有效化解居家养老安全风险。例如,为孤寡、独居老年人住所安装毫米波雷达智能感应设备,全天候实时监测老年人健康情况,老人一旦出现心率异常、意外跌倒等突发状况,则立即触发警报,协调家属、助老员、网格员等多方力量联合上门救援,提升老人居家安全系数。

4.便捷的医疗资源服务

厦门市的医疗资源丰富且分布合理。截至2023年底,厦门市共有医疗卫生机构2644个(不含部队医院)。医院中,公立医院20个,民营医院50个。基层医疗卫生机构中,社区卫生服务中心31个,乡镇卫生院8个,村卫生室293个,门诊部581个,诊所、卫生室、医务室1609个。实有床位总数22941张,每千人口实有床位数4.31张(见表3)。卫生人员总数达56364人,每千人口拥有卫生技术人员8.61人、执业(助理)医师3.54人、注册护士3.80人(见表4)。[①] 岛内先后建成投用复旦中山厦门医院、厦大附属心血管病医院、厦门弘爱医院等一批高水平三级医院,现代化的五缘湾医疗园区基本成型。同时,推动新增卫生资源向岛外倾斜并稳步提质,新建成或在建4家大医院(川大华西厦门医院、厦门市苏颂医院、复旦肿瘤厦门医院、妇幼保健院集美院区)均在岛外新城,将有力推动全市医疗卫生资源布局更加均衡。[②] 一方面,社区卫生服务中心和各类医疗机构遍布全市,不仅提供常见病、多发病的诊治服务,还开展慢性病管理和健康教育,帮助老年人了解和管理自己的健康状况。社区医生会定期上门为老年人进行健康检查和随访,确保他们的健康得到及时关注和管理。此外,社区卫生服务中心还与大医院建立了转诊绿色通道,老年人在需要专科诊治时,可以快速得到转诊和治疗,为老年人提供了便捷的基础医疗服务和公共卫生服务。另一方面,厦门市的大型综合医院和专科医院也为老年人提供了高水平的医疗服务。市内多家三甲医院,医疗设施先进,医务人员素质高,能够为老年人提供全面的诊疗服务。特别是针对老年人常见的心血管疾病、糖尿病、骨关节病等慢性疾病,这些医院设有专门的老年病科室和专家门诊,提供专业的诊疗和护理。此外,厦门市还注重医疗服务的创新和发展,推动"互联网+医疗"模式的发展。通过远程医疗和线上咨询,老年人可以随时随地获取专业的医疗建议和服务,减少了就医的时间和成本。智能医疗设备的应用,如远程监测设备、智能健康管理系统等,也为老年人的健康管理

---

① 厦门市卫生健康委员会.2023年厦门市卫生健康事业基本情况[EB/OL].(2024-03-20)[2024-10-18].https://hfpc.xm.gov.cn/zfxxgk/ml/04/202403/t20240320_2829759.htm.
② 厦门市人民政府.全力促进优质医疗资源扩容提质布局均衡[EB/OL].(2023-12-26)[2024-10-18].https://www.xm.gov.cn/jdhy/rdhy/202312/t20231227_2806557.htm.

提供了更多的便利和保障。

表3　厦门市医疗卫生机构和床位情况

序号	医疗卫生资源	医疗卫生机构/个		医疗卫生床位/张
1	医院	公立医院	20	21701
		民营医院	50	
2	基层医疗卫生机构	社区卫生服务中心	31	440
		乡镇卫生院	8	
		村卫生室	293	
		门诊部	581	
		诊所、卫生室、医务室	1609	
2	专业公共卫生机构	24		790
4	其他卫生机构	28		10
	总计	2644		22941

表4　厦门市医疗卫生人员情况

序号	医疗卫生人员	数量/人
1	卫生技术人员	45882
2	执业（助理）医师	18842
3	注册护士	20261
4	药师（士）	2391
5	技师（士）	2877

资料来源：作者根据相关资料自制。

5.有力的政府政策支持

厦门市委、市政府始终高度重视养老服务工作，连续15年开展全市"敬老月"活动（见表5），坚持以老年人为中心，构建老年友好型社会；连续6年将新建养老服务设施纳入为民办实事清单，每年投入财政资金超2亿元，推动全市基本养老服务高质量发展。首先，厦门市通过税收减免和财政补贴等优惠政策，鼓励企业和社会组织参与社区居家养老服务，降低运营成本，进而提升社会力量的参与积极性。同时，政府还通过简化审批流程，提供便利的行政服务，支持养老服务机构的发展和壮大。其次，厦门市政府设立专项基金用于改善养老服务设施、提升服务质量及开展人员培训,以支持社区居家养老服务的发展。政府还通过购买服务的方式,直接向社会组织和企业购买养老服务,提供给社区老年人。例如,政府与专业的养老服务机构签订合同,由这些机构提供具体的养老服务项目,如生活照料、康复护理、精神关怀等。通过这种方式,不仅提高了养老服务的专业化和规范化水平,也减轻了政府的管理负担。此外,厦门市政府还制定了全面的养老服务体系建设规划,明确了社区居家养老服务的发展目标和实施路径。政府通过出台相关政策文件,规范养老服务标准,保障养老服务质量。为了促进社区居家养老服务的可持续发展,厦门市政府还加强了对养老服务从业人员的培训和管理。政府组织定期的职业培训和技能提升活动,提高养老服务人员的专业素质和服务水平。政府的政策支持为厦门市的社区居家养老服务提供了坚实的保障,使得老年人能够在家门口享受到高质量的养老服务。政府与社会力量的紧密合作,共同推动了社区居家养老服务的发展和进步。

表5 厦门市"敬老月"活动清单

序号	服务类别	活动项目
1	关爱帮扶	走访慰问困难老年人、开展老年节慰问、宣传老年人幸福安康险等
2	体育健身	开展老年体育健身活动、普及科学健身知识技能、开放体育场地等
3	教育文旅	开设老年文体课程、开发适老文旅产品、优化旅游景区优待等
4	权益保障	提供法律援助、开展普法宣传、加强涉老反诈宣传和涉老产品监管等
5	健康促进	普及老年健康知识、提供老年健康义诊保健、加强老年人体重管理等
6	适老宜居	困难家庭适老化改造、保障无障碍出行、落实门票费减免等
7	敬老宣传	宣传敬老典型、开展广电惠民活动、举办敬老文娱活动等

资料来源:作者根据相关资料自制。

6.健全的社会志愿服务

厦门市志愿者服务体系在组织数量和覆盖面方面表现出较高的完备性。截至2023年底,厦门全市注册志愿者数量已达108万,志愿服务团队7000多个。这一庞大的志愿者群体为社区居家养老服务的日常运作提供了重要的人力支持,体现了市民对养老事业的广泛参与。"有时间就当志愿者"已是很多厦门市民的生活方式,许多社区都设有志愿者队伍,这些志愿者来自各行各业,为老年人提供多种形式的帮助和支持。首先,志愿者为老年人提供生活照料服务。志愿者会定期上门探访老年人,帮助他们处理日常生活事务,如购物、打扫卫生、做饭等。对于行动不便的老年人,志愿者还会提供陪伴和护理服务,帮助他们解决生活中的实际困难。这些服务不仅有效减轻了老年人的生活负担,还显著提升了其安全感和生活满意度。其次,志愿者还为老年人提供精神关怀服务。例如,陪伴老年人聊天、读书、下棋等,丰富他们的精神生活,缓解他们的孤独感和焦虑感。志愿者还会组织老年人参加各种文化娱乐活动,如文艺演出、兴趣小组、健康讲座等,帮助他们建立社交网络,提升生活质量。志愿者服务还包括医疗和康复服务。例如,志愿者中的医护人员会定期上门为老年人进行健康检查,提供医疗咨询和健康指导。对于需要康复治疗的老年人,志愿者会提供专业的康复训练和护理,帮助他们恢复身体功能,提高生活质量。厦门市政府对志愿者服务也给予了大力支持,通过制定志愿者服务管理办法,规范志愿者的管理和服务。政府设立了志愿者服务培训中心,定期为志愿者提供专业培训,提高他们的服务能力和水平。同时,政府还鼓励和支持企业、社会组织和个人参与志愿者服务,在全市形成了全社会关心和支持老年人养老服务的良好氛围。

(三)厦门市社区居家养老的需求

1.应对人口老龄化加剧

厦门市统计局人口统计数据显示,截至2023年底,厦门市共有户籍人口301万人,其中老年人44.8万人,老龄化率14.88%(老龄化速度详见图1)。80周岁以上高龄老年人5.87万人,占老年人总数的13.10%。[①] 国际上通常把60岁以上的人口占总人口比例达到10%作为国家或地区进入老龄化社会的标准,据此标准,厦门已步入老龄化社会。特别是随着生活水平的提高和医疗条件的改善,人们的预期寿命普遍延长,老年人口的比例逐年增加,人口老龄化的速度也会不断加快。加上独生子女政策的实施使得许多家庭在照顾老年人方面力不从心,传统的家庭养老模式面临巨大的压力和挑战。此外,人口老龄化不仅增加了家庭的养老负担,也对社会和经济发展提出了新的要求。老年人口的增多意味着需要更多的养老资源,包括医疗、护理、生活照料等服务。传统的养老方式难以满足这种日益增长的多样需求。通过提供专业的养老服务,缓解家庭的养老压力,满足老年人多样化的养老需求,社区居家养老服务应运而生。

---

① 厦门市统计局.厦门市2023年国民经济和社会发展统计公报[EB/OL].(2024-03-20)[2024-10-18].https://tjj.xm.gov.cn/zfxxgk/zfxxgkml/tjsjzl/ndgb/202403/t20240320_2829912.htm.

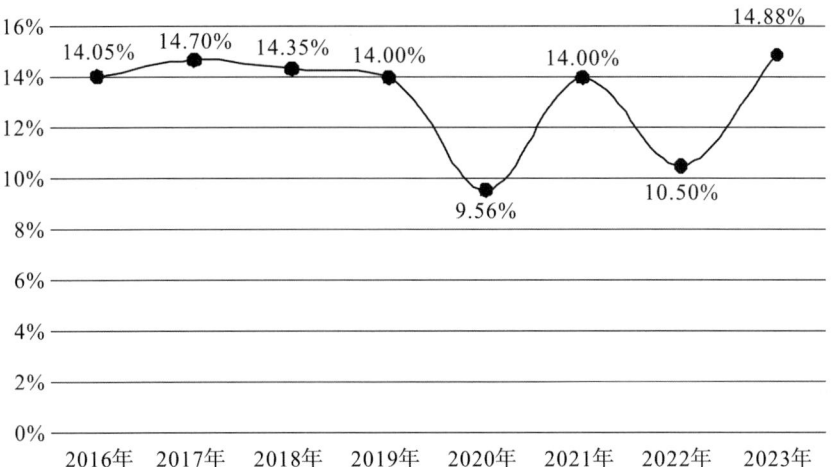

图 1　2016—2023 年厦门市人口老龄化增长速度

资料来源：作者根据相关资料自绘。

2.减轻家庭养老负担

厦门市第七次全国人口普查公报显示,截至 2020 年 11 月,全市共有家庭户 1969770 户,集体户 202928 户;家庭户人口 4591047 人,集体户人口 572923 人。平均每个家庭户的人口为 2.33 人,比 2010 年第六次全国人口普查减少 0.09 人（见表 6）。[①] 家庭平均人口规模不断下降反映出传统大家庭模式的衰落,社会家庭结构正逐渐转变为小型化家庭结构模式。一代户家庭取代二代户家庭成为家庭户规模的主流,老年单人家庭和老年夫妇家庭数量及比例不断攀升,核心家庭、小家庭日益普遍。[②] 家庭结构的小型化和家庭成员数量的减少导致能够分担老年人经济和照料负担的人数下降,从而减弱了家庭内部养老资源的供给能力,并直接造成家庭养老负担的加重。同时,也存在一些养老能力本身相对较弱的家庭类型,如夫妇核心家庭、单人户家庭等,这些家庭在家庭内部养老资源供给上存在明显的劣势,能够照顾老人的时间和精力都十分有限。[③] 社区居家养老服务通过提供上门护理、日间照料、健康管理等服务,有效分担了家庭的养老负担,让子女能够安心工作、生活,同时也能保证老年人

[①] 厦门市统计局.厦门市第七次全国人口普查公报[EB/OL].(2024-10-18)[2024-10-18].https://tjj.xm.gov.cn/tjzl/ndgb/202105/t20210527_2554550.htm.

[②] 宋全成,王宏治.家庭结构变迁背景下中国老年人居住模式偏好研究[J].山西师大学报(社会科学版),2024,51(4):50-61.

[③] 胡湛.家庭建设背景下中国式居家社区养老模式展望[J].河海大学学报(哲学社会科学版),2022,24(6):11-17.

得到良好的照顾。

表 6 厦门市第七次全国人口普查数据

区域	家庭户/户	集体户/户	家庭户人口/人	集体户人口/人	平均家庭户人口/人	对比第六次人口普查变化/人
思明区	384659	36510	969035	104280	2.52	−0.02
湖里区	446981	43515	937487	99487	2.10	−0.08
集美区	376842	53175	855187	181800	2.27	+0.02
海沧区	228175	24267	523237	59282	2.29	−0.04
同安区	331340	20364	798910	57010	2.41	−0.45
翔安区	201773	25097	507191	71064	2.51	−0.25
全市	1969770	202928	4591047	572923	2.33	−0.09

资料来源:作者根据相关资料自制。

3.贴合老年人养老偏好

大多数老年人愿意就近获取"家门口"的社区居家养老服务。鉴于厦门市老人传统观念的根深蒂固,而且机构养老的价格相对较高,且老年人一般需要面临离土的养老,因而在厦门市居家养老仍然为养老模式的主要选择。社区养老由于其"离家不离土"的"嵌入式"优点,逐步受到独居、生活不能完全自理等老年人的青睐。这种模式让老人可以生活在熟悉的家庭和社区环境中,同时享受社区带来的包括日常生活照料、医疗护理、康复训练、心理支持、文化娱乐等多种专业服务。社区居家养老通过提供多样化的生活照料和心理支持服务,不仅有助于老年人的身体健康,还能有效保障其精神健康,因而受到老人们的普遍欢迎。

4.缓解养老机构不足

养老机构数量有限且床位资源紧张是目前许多城市面临的问题。截至2024年7月18日,针对不同的人群,在厦门市委、市政府为市民和企业提供的一站式惠民服务平台"i厦门"的智慧养老板块已上线的养老机构有38家,照料中心53家,养老服务站407家,农村幸福院120家;可提供服务的助老员1110人,服务人员6257人。但是对人数体量达44.8万的厦门市老年人来说,养老机构可以提供的养老服务仍然不足。随着老龄化程度的加深,传统养老机构只会越来越难以满足日益增长的养老需求。而社区居家养老服务作为一种有效的补充,可以为更多老年人提供就近、便捷的养老服务。一方面,社区居家养老服务不用像传统养老机构那样需要大量的土地和建设投入,而是通过在现有社区资源基础上进行适当改造和提升,便能提供专业的养老服务。

这种模式不仅成本较低,财政负担较少,而且服务范围够广,可以覆盖更多的老年人群体。另一方面,社区居家养老服务中心可以根据社区老年人的实际需求,提供个性化、定制化的服务,灵活性和适应性更强。因此,通过发展社区居家养老服务,厦门市可以在有效缓解养老机构床位紧张问题的同时,提供更多的养老服务选择,满足老年人多样化的养老需求。

5. 推动社会经济发展

养老服务的发展不仅是老年人的福祉所在,也是社会经济发展的重要推动力。一方面,随着社区居家养老服务的不断发展,养老社区等服务机构不断壮大。这些机构的建设和发展使得专业护理人员、医疗服务人员、康复治疗师等专业人员的需求增加,为社会提供了大量就业机会。同时,社区居家养老服务的提供也带动了相关培训和教育产业的发展,提高了社会整体的职业技能水平。另一方面,智能科技等在社区居家养老服务中的应用,也推动了科技产业的发展。智能穿戴设备、远程监控系统、健康管理平台等技术产品的研发和应用,不仅提高了养老服务的质量和效率,也推动了科技创新和产业升级。此外,社区居家养老服务产业的发展,还带动了老年用品市场的繁荣。老年人专用的生活用品、医疗设备、康复器材等产品需求增加,为相关制造业和零售业提供了新的市场机会,促进了消费升级和经济增长。因此,养老服务与社会经济发展密切相关。通过推行社区居家养老服务,厦门市不仅能够满足老年人的多样化需求,提高老年人的生活质量,还能够推动相关产业的发展,创造就业机会,从而促进社会经济的可持续发展。

6. 符合国际化养老发展趋势

从欧美等老龄化先行国家经验看,在老龄化初期曾大力发展机构养老,伴随着老龄化加深,在积极、健康老龄化理念指引下,逐步"去机构化",回归社区居家养老,以消除老年人的社会隔离和孤立。[①] 特别是新冠疫情以后,国际上叠加老龄化加速,积极、健康理念深入人心,养老的"居家"概念整体均有所增强。具体表现为:机构养老的"居家化"改造、居家养老的"专业化"升级、社区支持下的居家养老模式创新、老年健康服务体系的重构,资源进一步从综合医院转向社区医院,以及老年友好宜居环境建设相关产业蓬勃发展等趋势。因此,厦门市通过加强居家适老化和智慧化改造,优化社区公共设施与城市空间的全龄友好设计,推动医养、康养的融合发展,使社区居家养老成为应对多样化养老需求的主要模式,符合国际养老发展趋势。

---

① 杨宜勇,韩鑫彤.提高我国养老服务质量的国际经验及政策建议[J].经济与管理评论,2020,36(1):5-14.

二、厦门市社区居家养老服务的发展现状

厦门市社区居家养老目前以政府主导,依托社区来提供居家养老服务的供给模式为主,即政府和社会力量依托社区,为家庭经济困难的失能老年人、80周岁以上重度失能老年人以及其他居家养老的老年人等群体提供生活照料、家政服务、康复护理、精神慰藉等方面的服务。它是对传统家庭养老模式的补充与更新,是厦门市发展社区服务,完善养老服务体系的一项重要内容(见图2)。自2009年厦门市正式在全市各区开展社区居家养老服务试点工作以来,厦门市从本市养老现实出发,以构建社会主义和谐社会为目标,坚持政府主导和社会参与,不断加大工作力度,积极推动社区居家养老服务在城市社区普遍展开,同时积极向农村社区推进。目前已经基本建立起多种形式、广泛覆盖的社区居家养老服务网络,社区居家养老服务设施不断充实,服务内容和形式不断丰富,专业化和志愿者相结合的社区居家养老服务队伍不断壮大,社区居家养老服务的组织管理体制和监督评估机制逐步建立、健全和完善。

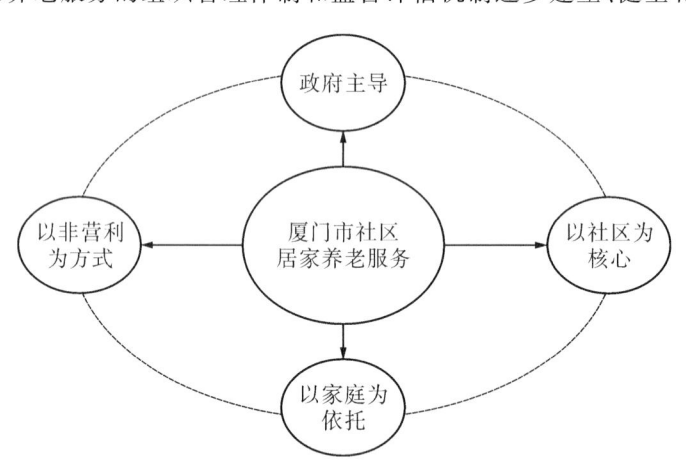

图2 厦门市社区居家养老供给模式

图片来源:作者根据相关资料自绘。

(一)不断完善社区居家养老服务政策

养老关乎民生,是家事,更是国事。2000年,中共中央、国务院发布了《关于加强老龄工作的决定》,提出"建立以家庭养老为基础、社区服务为依托、社会养老为补充的养老机制"。2006年,第二次全国老龄工作会议首次提出建立"以居家养老为基础、社区服务为依托、机构养老为补充"的中国特色养老服务体系。2008年,全国民政工作会议修改为"以居家为基础、社区为依托、机构为补充",得到普遍认可。为了更加积极地应对人口老龄化程度加深和老年

群体规模扩大不断扩大的问题，2019年，中共中央、国务院印发《国家积极应对人口老龄化中长期规划》，明确提出，"健全以居家为基础、社区为依托、机构充分发展、医养有机结合的多层次养老服务体系"。2021年，国务院《"十四五"国家老龄事业发展和养老服务体系规划》明确提出发展的总体要求："以加快完善社会保障、养老服务、健康支撑体系为重点，把积极老龄观、健康老龄化理念融入经济社会发展全过程"，并设定"居家社区机构相协调、医养康养相结合的养老服务体系和健康支撑体系，加快健全全社会积极应对人口老龄化格局初步形成"的发展目标。厦门市委、市政府结合本地实际，科学研究制定本地城乡社区发展居家养老服务规划，出台一系列有关政策文件规范，统筹安排，推动社区居家养老服务快速健康发展。

在养老服务体系规划层面，2020年出台《厦门市人民政府办公厅关于印发厦门市推进养老服务发展（2020—2022年）行动方案的通知》，提出厦门市推进养老服务发展的总体目标为服务体系更加完善，实现居家、社区和机构养老服务融合发展。2021年出台《厦门经济特区老年人权益保障规定》，提出市、区人民政府应当将基本养老服务纳入基本公共服务体系，建立居家社区机构相协调、医养康养相结合的多层次养老服务体系。发展居家社区养老服务，通过购买服务、委托运营等方式，支持专业服务机构、物业服务企业、志愿服务组织以及其他组织提供包括临时或者短期的托养照顾服务，为居家的老年人提供生活照料、紧急救援、医疗护理、精神慰藉、心理咨询等多样化的上门服务，提供轮椅等辅助器具租借服务，以及其他养老服务在内的一系列服务等。2022年10月印发《厦门市居家和社区基本养老服务提升行动项目实施方案》，提出深化第四批全国居家和社区养老服务改革试点成果和"近邻＋养老"服务模式，坚持"政府主导、专业支持、家庭参与"，夯实政府保基本、兜底线、促普惠的服务保障基础，发挥社会各方力量积极性和专业技术优势，强化与失能（含部分失能，下同）老年人共同生活的家庭照护者作用，通过政府、机构、家庭三方合力，建设城乡统筹、可持续发展的基本养老服务保障体系。同年12月出台《厦门市人民政府关于印发厦门市"十四五"老龄事业发展和养老服务体系规划的通知》，提出到2025年，积极应对人口老龄化的政策体系逐步完善，老龄事业和产业有效协同、高质量发展。通过完善居家社区养老支持措施、优化社区养老服务设施布局、探索发展"全龄化"社区养老模式等提升居家社区养老服务品质。2023年出台《厦门市人民政府办公厅关于印发推进基本养老服务发展若干措施的通知》（厦府办规〔2023〕11号），提出提高城乡社区养老服务能力，持续开展居家和社区基本养老服务提升行动，提升居家养老服务水平（见表7）。同时，在养老服务设施建设、公共财政补贴及优惠、养老服务行业监管、老年人关爱、智慧养老及社区服务、行业人才培养和医养结合等细分领域也印发出台一系列政策文件规范。从无到有、从初成到完善,不断契合厦门市市情、发展阶段和养老习惯,为厦门市社区居家养老服务的发展奠定了扎实的政策基础。

表7　厦门市社区居家养老服务体系规划相关政策

序号	时间	政策
1	2013年	《厦门市人民政府关于印发加快社会养老服务体系建设实施意见的通知》
2	2016年	《厦门市人民政府办公厅关于进一步做好社区居家养老服务工作的通知》
3	2017年	《厦门市城乡社区服务体系建设规划(2016—2020年)》
4	2017年	《厦门市关于加快养老事业发展的实施意见》
5	2020年	《厦门市人民政府办公厅关于印发厦门市推进养老服务发展(2020—2022年)行动方案的通知》
6	2021年	《厦门经济特区老年人权益保障规定》
7	2021年	《厦门市人民政府关于印发厦门市"十四五"民政事业发展专项规划的通知》
8	2022年	《厦门市居家和社区基本养老服务提升行动项目实施方案》
9	2022年	《厦门市人民政府关于印发厦门市"十四五"老龄事业发展和养老服务体系规划的通知》
10	2023年	《厦门市人民政府办公厅关于印发推进基本养老服务发展若干措施的通知》

资料来源:作者根据相关资料自制。

(二)合理布局社区居家养老设施载体

自2009年开始社区居家养老服务试点工作以来,厦门市以增进人民福祉为出发点和落脚点,结合人口密度、老年人数量、社区规模等因素,科学规划社区居家养老服务设施布局。2018年起,连续6年将新建养老服务设施纳入为民办实事清单,每年投入财政资金超2亿元,推动全市基本养老服务高质量发展。其中,2023年发布实施《厦门市推进基本养老服务发展若干措施》,并同步印发《厦门市基本养老服务清单》,以确保到2025年,本市基本养老服务制度体系基本健全,服务对象、内容、标准等清晰明确,服务供给、服务保障、服务监管等机制不断健全,基本养老服务体系覆盖全体老年人。同时,厦门市大力推进"近邻+养老",以"近邻共建、近邻互助、近邻守护"为切入点,按照每百户30平方米以上的标准配建居家养老服务设施,在镇(街)级统一设置了具备日间照料、助餐配餐、短期托养、文化娱乐、上门服务等功能的养老服务照料中心,为老年人提供托养照护、康养护理、配餐送餐、文化娱乐等"一站式"服务,逐渐形成"15分钟养老生活圈"。充分利用家庭综合服务中心、文化活动中心、新时代文明实践站等资源,整合现有各类场所闲置资源,通过购置、置换、租赁、改造等方式,合理配置社区居家养老服务站,推动完善城区"一刻钟"居家养老服务圈。为了解决部分孤寡、独居、空巢、残疾等老年人群的就餐难问题,厦门市积极构建老年助餐服务网络,在各区配置了一批有厨房的社区食堂以及各类服务长者的敬老餐厅,多渠道缓解老年人的用餐难题。针对一些偏远地区,厦门市按照"政府主导、群众参与、社会捐赠、互助服务"路径,鼓励村(居)利用闲置厂房、校舍、村(居)委会等集体用房修缮改造农村幸福院,衍生出锄山村"颐年堂"、莲塘村"老人之家"等养老品牌。

截至2024年7月,厦门市共有正常运营的养老服务照料中心53家,社区养老服务站407家,建设运营助餐点435个,敬老餐厅58家,农村幸福院120家,实现了城区社区居家养老服务的全覆盖,农村居家养老服务的基本覆盖(见表8)。同时,厦门市政府成立市老旧小区改造工作领导小组,结合老旧小区改造和无障碍设施建设工作统筹推进适老化改造,重点推进水、电、气、路、消防、安防等基础类改造,补齐功能性设施短板,并将适老化改造、无障碍环境建设、体育设施建设、增设电梯等纳入完善类改造内容,将养老、助餐等设施建设纳入提升类改造内容,结合小区实际和居民需求,因地制宜纳入改造方案统筹实施。截至2022年,全市累计开工改造老旧小区289个,惠及居民4.97万户,完成投资5.9亿元,累计增设电梯约60台。改造后小区的基础设施逐步完善,居住环境显著提升,居民满意度达90%。

表8 厦门市社区居家养老服务设施场所清单

区域	服务设施场所/个				
	养老服务照料中心	社区养老服务站	助餐点	敬老餐厅	农村幸福院
思明区	14	95	69	8	0
湖里区	10	52	30	4	0
集美区	6	71	65	6	16
海沧区	6	31	22	3	14
同安区	8	70	136	16	68
翔安区	9	88	113	21	22
合计	53	407	435	58	120

资料来源:作者根据相关资料自制。

(三)加强优化养老服务人才队伍建设

为了进一步提高社区居家养老服务水平,厦门市注重优化专业化与志愿者相结合的养老服务人才队伍建设。一是积极出台养老服务人才激励政策,强化养老服务人才正向激励。2022年1月,厦门市民政局、人社局等四部门联合出台了《厦门市养老服务人才奖励补助办法》,明确了养老护理员入职奖励、学历继续教育补助、职业技能等级提升和稳岗奖励、职业技能等级培训补助、专项职业能力培训补助5项奖励补助(见表9)。经申报、核实、研究、认定,厦门市首批养老服务人才奖励补助共25人次、26.61万元,最高个人获得12万元的奖励。重大利好政策激发了全市养老服务从业人员主动提升服务技能和扎根养老服务行业的热情与信心。新奖励补助办法出台后,2022年有304人报考养老护理员职业技能等级提升,其中261人获得相应的等级证书,报考和通过人数同比均增加了10倍,吸引了更多有学历、有职业能力的年轻人进入养老服务行业就业。

表9 厦门市养老服务人才奖励补助标准

序号	类别	奖励补助标准	
1	入职奖励/万元	本科及以上	5
		大专	4
		中专	3
2	学历继续教育补助/万元	本科	2
		大专	1.6
3	职业技能等级提升和稳岗奖励/万元	一级/高级技师	8
		二级/技师	6
		三级/高级工	4
		四级/中级工	2
		五级/初级工	1
4	职业技能等级培训补助/元	一级/高级技师	3900
		二级/技师	2600
		三级/高级工	1950
		四级/中级工	1300
		五级/初级工	910
5	专项职业能力培训补助/元	650	

资料来源:作者根据相关资料自制。

二是分级分类开展养老服务人员培训,提升养老服务从业人员专业素质。制定下发《厦门市民政局关于印发2022年度养老服务从业人员分级分类培训实施方案的通知》,按照养老机构培训、区级培训、市级培训的分级培训模式,面向全市养老机构、照料中心工作人员,农村幸福院专兼职管理人员、服务人员,社区助老员,以及照护失能老年人的家庭成员,开展了养老服务政策法规、养老护理知识技能、服务安全基本规范等方面内容的培训,全年共开展养老从业人员培训达到9000多人次。

三是发展养老服务专业教育,实现养老服务专业人才的可持续发展。厦门市积极引导各类院校特别是职业院校(含技工学校)设置养老服务相关专业或开设相关课程,在普通高校开设健康服务与管理、中医养生学、中医康复学等相关专业(见表10),按规定落实减免学费、补助生活费等资助政策。2017年,厦门市民政局联合市财政局、市教育局、市人社局出台《关于开展养老医护学生定向培养引进专业人才奖励补助的实施意见》,鼓励厦门医学院、厦门华夏学院、厦门安防科技职业学院、厦门东海职业技术学院开设养老护理专业,并明确规定就读养老护理专业及方向的大专以上学历应届毕业生在厦门从事养老护理岗位给予奖励和补助,有效扩大了养老人才储备。

表10 厦门市开设养老服务及相关专业院校名单

序号	专业名称	院校数量/所	院校名称
1	智慧健康养老服务与管理	2	厦门东海职业技术学院、厦门城市职业学院
2	健康管理	3	厦门华天涉外职业技术学院、厦门兴才职业技术学院、厦门安防科技职业学院
3	护理(含老年护理)	3	厦门东海职业技术学院、厦门安防科技职业学院、厦门医学院

资料来源:作者根据相关资料自制。

四是营造养老服务人才安心就业环境,推动养老服务护理人员纳入技能人才管理。《厦门经济特区老年人权益保障规定》第三十二条明确规定"符合条件的养老护理人员应当纳入技能人才管理"。厦门市人社局每年发布《厦门市部分急需紧缺职业(工种)指导目录》,明确技能人才具体工种,确定技能人才落户的申请类型,并申请落户。目前养老护理员已纳入《厦门市部分急需紧缺职业(工种)指导目录》。养老机构引进的养老护理人才可以按照《厦门市人民政府关于深化户籍制度改革完善户口迁移政策的通知》(厦府规〔2022〕6号)、《厦门市人力资源和社会保障局关于印发〈高校毕业生等就业群体来厦落户实施细则〉的通知》(厦人社规〔2022〕1号),办理入户手续。

五是配备社区助老员,助推社区居家养老服务落地做实。2015年,厦门首创社区助老员制度,获福建省肯定并在全省推广施行。政府向企业或社会组织购买"社区为老服务",在基层社区开发一批为老服务岗位,按每400位老年人配置1名助老员的标准,为每个村(居)配备1~2名助老员。社区助老员是有志于为居家社区养老事业和老人服务的社区工作者,他们经过厦门市市民养老服务中心专业培训后,持证上岗,按照就近原则,主要从事紧急救援、入户关怀、建立档案、文化活动、精神慰藉、老年教育和咨询保障等日常为老服务工作。每位助老员上岗前都经过助老服务全方位技能培训,在岗时同样需要定期巩固强化专业知识并进行工作绩效考核。社区助老员制度是厦门先行先试,探索解决社区"最后一百米"难题的尝试。通过助老员,帮助社区各项为老服务和机构专业化服务落地并深入老年人家庭,缓解社会化养老压力。截至2024年7月,全市共有1110位助老员入驻全市所有村(居)开展服务(见表11)。

表11 厦门市社区助老员各区分布数量

区域	社区助老员/人
思明区	225
湖里区	89
集美区	168
海沧区	58
同安区	310
翔安区	260
合计	1110

资料来源:作者根据相关资料自制。

(四)探索打造智能养老服务创新模式

厦门市将互联网、数字技术支撑与地方实际相结合,积极探索"一中心统揽,一网通行、一窗通办、多线通达"的"1+3"智慧养老服务模式,整合多方力量打造智能化、多层次、全闭环、可持续的养老服务"厦门路径"(详情见图3)。

一是建立智慧养老平台。目前厦门市建立起包含全市40多万老年人、近700个农村及社区服务站点、1100多位助老服务人员的智慧养老信息平台和养老信息化指挥调度机制,建立包含全市老年人、养老服务机构、近邻服务站点及从业人员信息的养老大数据库。同时开设"互联网+养老"网上服务窗口,设置全市养老大地图,实时展示全市老年人分布热力图和各类养老服务设施分布位置、场所情况、服务星级、可提供的服务种类等,让全市养老服务资源一目了然,供社会老年人查询了解和申办相关服务。提供养老服务产品"网上

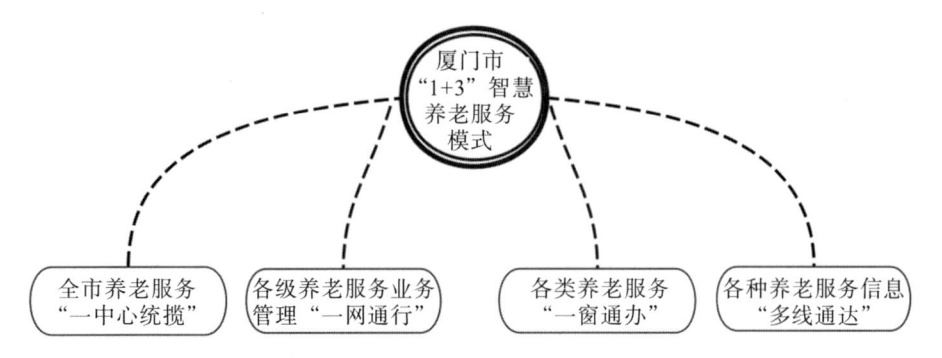

图3　厦门市"1+3"智慧养老服务模式

图片来源：作者根据相关资料自绘。

超市"（见表12），开通24小时在线服务热线，实现养老服务过程公开化、服务质量可量化、服务监督可视化，打造"没有围墙的养老院"。

表12　厦门市养老服务产品"网上超市"清单

养老服务产品	数量/种	内含清单
助洁	11	家庭保洁、整理消毒床单、打扫卫生、口腔护理、皮肤外用药擦涂等
助餐	8	喂食、午餐送餐、助餐、陪同外出就餐等
助急	13	护理员陪护、代缴、代办事务、代购、短期照护、排泄护理等
助医	74	医生出诊、陪同就医（上门接送）、中医理疗、心理咨询、注射服务等
助浴	18	理发、沐浴护理（全护理）、清洗面部和梳头剃须、床上洗头等
助行	13	无障碍车辆出行（单程）、无障碍出行（往返）、助行（爬楼机）等

资料来源：作者根据相关资料自制。

二是打造"邻安康"长者守护平台，有效化解居家养老安全风险。"邻安康"主要使用物联网技术，通过"数智"赋能，为孤寡、独居老年人住所安装毫米波雷达智能感应设备，全天候实时监测老年人健康情况，老人一旦出现心率异常、意外跌倒等突发状况时则立即触发警报，协调家属、助老员、网格员等多方力量联合上门救援，提升老人居家安全系数。截至2024年6月，厦门市已在500多家老年人家里安装了毫米雷达波的设施，有效化解了社区居家养老的老人，特别是独居老人的居家养老安全风险。

三是积极探索"智慧养老+多业态"的养老服务新方向。面对以"60后"为主的"新老年群体"对养老的多元化、个性化需求，厦门市链接企业，从健康监测、紧急求助到远程医疗、智能陪伴和休闲娱乐，积极研发多种软硬件产品，探索"智慧养老＋多业态"的养老服务新方向，如"线上远程监护＋线下到家服务"的"家庭养老床位"改造，可实现床头设备实时监测老人生命体征、床边的一键报警按钮与街道的养老平台相连、厨房的烟雾探测器和燃气报警器全天候守护环境等。为了解决老年人面前的数字鸿沟问题，部分厦企从技术入手，研发"无感化"智能终端，积极开拓智慧养老应用场景。结合大数据、人工智能等技术，对老人生活起居、健康等情况做分析，实时生成健康报告，使养老服务由被动向主动转变。此外，厦门市智慧养老还相当重视老年人的精神需求，部分企业积极开拓"智慧养老＋文化""智慧养老＋教育"等业务，通过整合后端供应链资源，开发、定制适老课程以及娱乐、旅游、康养等增值服务。

（五）整合资源推进养老事业产业协同发展

厦门市按照养老事业带动产业、产业支撑事业、事业和产业协同发展的总体思路，深化社区居家养老领域改革创新，整合多方社会力量盘活居家养老新资源，不断增进老年人福祉，让广大老年人共享经济社会发展成果。一方面，多措并举推进"医养结合"。"医养结合"指将包括医疗服务、健康咨询服务、健康检查服务、疾病诊治和护理服务、大病康复服务以及临终关怀服务等在内的医疗资源与包括生活照护服务、精神心理服务、文化活动服务在内的养老资源相结合，实现社会资源利用的最大化。厦门市积极鼓励医疗机构通过招投标的方式参与承包管理居家社区养老服务照料中心，基层医疗机构也普遍建有中医馆、康复室。同时积极利用大数据、互联网技术及智能安全报警系统、智能血压仪、智能腕表、智能床垫等智能穿戴、安全防护探测设备，实时监测老人的健康状况，开展"远程问诊"和智慧城市小区医养服务。为做好居家老人的健康管理和疾病预防工作，厦门市构建"1＋1＋N"三师共管家庭医生签约服务模式，为居民提供个性化健康管理、慢病患者延长处方用药、优先预约大医院专家门诊、日常随访、健康咨询、慢病线上续方、用药指导等"多快好省"品牌服务；为65岁以上老年人提供日常随访、定期体检及全程健康管理；为80岁以上老人及失能半失能老人提供每年不少于一次的免费上门出诊等服务。此外，厦门市还积极开展中医专家进社区活动，指导社区开展中医适宜技术服务，提升社区中医临床诊疗水平，为老年人提供便利性的基本医疗服务及中医体质辨识、中医指导等服务。在关注老年心理健康问题上，厦门市定期开展关爱老年人心理健康项目点工作，通过入户评估、心理干预等了解掌握老年人心理健康与需求，增强老年人心理健康意识，改善老年人心理健康状况。

另一方面，发动社会参与，整合各方资源，鼓励社区居家养老服务业多样化发展。厦门市积极支持通过购买服务、公建民营、民办公助、股权合作等方式，鼓励社会力量管理运营居家和社区养老服务设施。对社区养老服务设施进行网格化布局、标准化建设，整合优化现有社区公共服务设施。同时培育养老服务龙头企业及其加盟服务商。根据老年人急需的救援、家政、医疗、保健等服务需求，挖掘和筛选养老服务相关企业和机构，通过建立健全加盟商准入和退出机制，实行标准化服务，使社会力量成为提供社区居家养老服务的主体。目前全市共有11家规模较大、连锁运营的社区居家养老服务组织，其中既有智宇、德善堂、老来俏、和欣等本地龙头企业，也引进了江苏禾康等优秀外地企业来厦建设运营社区居家养老服务设施。此外，厦门市也支持养老院等有资质的养老服务机构开展延伸服务，直接提供社区居家养老服务，或为社区居家养老服务设施提供技术支撑，为老年人提供多样化、个性化的养老服务。

三、厦门市社区居家养老服务发展面临的问题

厦门市委、市政府及其有关部门深入贯彻党中央关于养老工作的决策部署和省委、市委工作要求，充分发挥社会政策兜底作用，推动社区居家养老服务高质量发展，有力增强了本市老年人的获得感、幸福感与安全感。但是随着人口老龄化进程加快演进，目前推进厦门市社区居家养老服务发展仍面临一些挑战和问题，主要体现在政策制度层面，政府的角色定位不够清晰、社区居家养老相关政策不够完善、多部门统筹协调机制不够健全、服务质量的监管不够标准；在服务实践层面，供给与需求不够匹配、养老服务资源配置不够合理、推进长效运营和维护受限以及对社区居家养老的认知不够深刻等。

(一) 政策制度层面

1. 政府的角色定位不够清晰

对于社区居家养老而言，老年人生活在社区，居住在家里，应对人口老龄化的重心在基层。因此，家庭养老是养老服务的基础和主要承担者。对于失能、失智、失独老人及孤寡老人，家庭难以承担养老服务的职责，必须由政府或社会提供基本养老服务。政府在社区居家养老中起主导作用，但是不能包办或者替代。目前厦门市在厘清政府、社会、家庭在提供社区居家养老服务中的边界问题时，仍然面临角色定位不清晰而导致政府角色和职责出现错位、越位与缺位等行为。例如，政府资源投入与实际养老需求无法适配，出现错位问题。具体表现为以日间照料中心为载体的养老服务设施普遍闲置，或者只是成为周边健康老人的打牌娱乐场所；政府的服务供给过度替代了个体及家庭的养老主体责任，忽略了政府的角色定位在于兜底性和基本性，也间接抑制了社区居家养老服务的市场化发展；政府在社区居家养老服务中重视硬件投入而忽视软件建设，重视养老服务的专业性而忽视综合性，进而导致政府在养老服务供给中缺乏统筹协调、组织动员及监督指导等关键性功能的缺位行为等。

2.社区居家养老相关政策不够完善

在推行社区居家养老服务之初,厦门市出台了许多综合性文件来推进社区居家养老,涵盖了管理和培养养老服务人才、管理和扶持社区养老服务组织等多方面的政策文件。但是目前厦门市社区居家养老政策的系统性、协调性、针对性、可操作性还不够完善,整体呈现出粗放型的政策态势。特别是因厦门市社区"点多面广"的特征,不同区域、不同社区有不同的特征及难题,缺乏全面性、系统性、前瞻性、多层次的社区居家养老服务规划作为统领,导致社区居家养老服务政策整体上缺乏引导性和衔接性。对于社区居家养老服务的标准和法规还处于待统一完善阶段,不少政策目标高、期望大,但因缺乏执行力度和明确的执行主体,一些好的养老服务政策也难以落地执行。比如,政府资金投入不足的社区,难以提供必要的养老服务设施;土地资源较为紧张的社区,难以寻找到更好的空间改善养老服务用房;不少闲置的房地产、公共空间难以享受一定的扶持政策用于社区居家养老服务,转为养老服务产业也较为困难等。

3.多部门统筹协调机制不够健全

养老是一项系统工程,需要各级各部门相互配合,但目前各部门条块分割、各自为政的现象依然存在。在国家层面,我国养老服务体系的管理格局尚未理顺,各职能部门对政策认识缺乏统一的标准,存在执行力度低和效率不高等问题。与全国情况类似,厦门市也同样存在多部门统筹协调机制不够健全问题。当前厦门市社区居家养老服务由民政部门作为牵头协调部门,在老龄工作委员的框架下与各成员单位按照职责统一行动。但是社区居家养老涉及部门冗杂,在进行任务分配、工作推进和人员协调时容易面临协调困境,导致工作进程受阻。在落地推动社区居家养老服务时,较难确定重点和主次,造成工作进展缓慢和效率低下。在多个社区居家养老项目同时进行的情况下,也会出现资源分配不均,服务标准、服务流程管理特别是居家养老服务纠纷处理办法缺位等问题。因此,在社区居家养老服务政策的实际操作中,由于政府相关部门权责的交叉,政策的落实存在偏差,缺乏有效多部门统筹协调机制。

4.服务质量的监管不够标准

标准化是助推养老服务高质量发展的重要基石。针对养老机构的服务质量监管,厦门市印发了《深化"整治公建民营等养老机构服务不规范问题 推动养老服务质量提升"工作实施方案》等政策规定,制定了统一的养老机构等级评定制度。但是针对社区居家养老,目前厦门市还没有建立健全的社区居家养老服务标准。比如,如何考核社区助老员对工作职责及相关政策常识、老年人入户及探访技巧、老年人护理保健基本常识、老年人相关政策的熟悉度;如何检查各服务承接机构的岗前培训、日常业务培训与项目督导落实是否到位；如何检验助老员日常实操服务技能水平；如何对城乡社区居家养老服务项目运营情况开展中期、末期评估等尚未形成一个统一的考核监管标准。规范的服务行为和标准的缺失，会导致服务人员的专业水平存在差异、服务内容的不透明、服务态度的不一致等服务质量风险。因此，厦门市社区居家养老服务具体应该包括哪些服务，如何监管社区居家养老服务的质量，还缺乏规范性的标准和一个标准化的社区养老服务操作指南。

(二)服务实践层面

1.供给与需求不够匹配

在社区居家养老服务的服务受众层面，按照《中华人民共和国老年人权益保障法》第二条规定，60周岁以上的公民即为老年人。但事实上，老年人作为异质性群体，由于各种原因在体能特征、智能特征等各方面都存在一定差异，本身就存在多元化的养老服务需求。目前无论是国家层面出台的政策还是厦门地方的实践经验，对于社区居家养老服务的供给数量、质量和结构上都较为趋同，多以提供日常生活照料、康复护理、家政服务和精神慰藉等日常生活服务为主，缺少专业化的医疗保健和精神文化服务。因此，面对老年人对不同类型的养老服务的需求，如体育娱乐、上门看病、文化学习和助餐等服务的需求，面对不同健康水平和不同生理能力水平的老年人的养老服务需求，面对寡居老人、高龄老人、残疾老人等不同类型的老年人的养老服务需求，以及面对男女性别不同、年龄不同的老年人的养老服务需求等，厦门市社区养老服务尚未解决供给与需求匹配不足、服务差异性和针对性不足等问题。在社区居家养老服务的供给主体层面，《厦门经济特区老年人权益保障规定》中明确规定市、区人民政府应当将基本养老服务纳入基本公共服务体系，建立居家社区机构相协调、医养康养相结合的多层次养老服务体系，即政府要在社区居家养老服务中发挥主体作用。随着时代的发展，在多元服务供给模式下，逐步开始鼓励企业、社会组织、社区和家庭等在内的社会各方力量积极参与社区居家养老服务。相关政策支持对不同主体给予同等政策支持，但缺乏资源整合与协调机制，且并未对不同性质、不同形式的市场参与主体进行明确区分，一定程度上也影响了厦门市社区居家养老服务的供给与匹配。

2.养老服务资源配置不够合理

从养老服务资源配置来看，厦门市社区居家养老存在布局不均衡、服务不充分、城乡社区居家养老服务设施功能未能有效发挥等诸多问题。首先是在空间布局上存在供需不对等、城乡不均衡等矛盾。全市各区各村(社区)养老服务站虽然已经建成，但各养老服务站水平不同，保障程度不同，相互之间发展不平衡。思明、集美和海沧区是厦门市较为发达的区,社区居家养老服务建设得比较好,服务设施也较为健全;但是在同安、湖里和翔安区,社区居家养老工作总体开展得不尽如人意。城市社区居家养老服务发展较快,站点和护老员较多,资金较为充足,管理机制健全及相关设施较为完善,但农村地区居家养老资源供需很不平衡,尤其是农村老人平均预期寿命延长,养老服务需求巨大,但农村社区居家养老服务设施和医疗资源供给不足,不能满足老年人的实际需要。其次是社区居家养老服务不充分。与庞大的社会需求相比,厦门市社区居家养老服务的有效供给明显不足,服务水平仍有差距。厦门市现有老人超44万,90%的老人均选择居家养老,但护老员只有1100多名,养老护理人员缺口大且流失严重。加上养老从业人员年龄普遍偏高,45~65岁的工作人员是养老服务队伍的主体,文化程度整体偏低,专业素养不高,服务的专业性难以保证。最后是城乡社区居家养老服务设施功能未能有效发挥。各级政府投入大量资源用于提高社区居家养老服务设施覆盖率,但是目前已建成的设施利用状况不容乐观,被替代性较强。例如,城市社区养老服务设施建设数量质量虽然明显高于农村,但农村社区的老人由于缺乏其他养老方式选择,加上农村地区的服务设施较为集中,反而造成农村社区居家养老服务设施的利用比率高出城市;很多地区社区单位的养老服务设施不对外开放,造成社区服务资源的"条块分割"和向内封闭;建成的许多棋牌室、阅览室空置率高,未得到有效利用,但是医疗护理类设施资源紧张等。

3.推进长效运营和维护受限

厦门市各个社区的养老服务资金来源主要依赖于政府拨款、财政补贴等投入。社区养老服务资金缺口大,融资渠道单一,缺乏足够的社会化、市场化资金引入,导致推进社区养老服务的可持续、长效性运营和维护受限。通常政府拨款只能保障社区居家养老服务中心最基本的运营和基础设施的建设工作,后期的长效性运营由各个街道或社区负责,而不同街道或社区对自己所管辖区的养老服务机构的政策支持也存在差异,在一定程度上会影响社区居家养老服务后期发展的公平性、长效性和可持续性。例如,照料中心内设医疗设施未纳入医保,制约其良性运营,面临着经营上的较大困难;照料中心无法与同等条件的养老机构进行竞争,造成床位利用率低,机构压力大,也面临着极大的生存压力;社区养老服务设施投入不足,设施设备建设与维护缺乏资金支持,导致许多适老化设备设施不完善,年久失修;由于资金的限制,无力雇用更专业的人员,也不能对已经雇用的人员开展更专业的培训,这对于社区居家养老服务中心的管理和维护也是巨大的挑战。特别是对比上海、北京和杭州等经济较发达地区,它们有足够的财政投入,也更为重视社区居家养老服务的质量评估和长效服务,保障了社区居家养老服务的质量。其他地区如厦门,由于社区居家养老服务相对起步较晚,发展也较为缓慢,社区居家养老仍处于成长阶段,直接影响到服务的长效性和可持续性。

4.对社区居家养老的认知不够深刻

目前厦门市对社区居家养老的认知整体还不够深刻。在社区居家养老的实践中,由于社区养老服务的宣传、沟通以及互动体验还存在不足,社区居民包括社区老年人对社区居家养老服务优点、意图、目标存在不理解甚至误解,认为政府购买服务等同于免费,或者将老人活动中心直接看作无聊时消遣娱乐的场所等。因此,存在老人对社区开展的活动不理解、不支持,对从事社区养老服务的人员不信任、不配合等现象。同时,鉴于我国几千年来形成的"养儿防老"的传统观念,在遇到养老问题时,老年人第一反应是向子女求助,并不会想到社区。在老年人看来,依靠子女养老更符合自己的养老习惯与观念,是养老成本较为低廉的一种养老方式,向社区求助则会给外界造成子女养老不周和不孝顺的不良印象。也会出于节俭的习惯,老年人对于社区的无偿服务表示欢迎,但是排斥社区提供的助餐、助洁、助浴、助医等多种有偿服务。以上种种带有局限性的认知,都会限制厦门市社区居家养老服务发展的规模和速度。此外,养老服务并不是只要社区居家服务人员的付出和老年群体的配合就够了,更需要社会不同群体的参与。但是目前厦门市整体对社区居家养老服务的认同度还不够,大部分社区志愿者和社工多来自学校、企事业单位的相关职能部门,和社区的联动性不强,缺乏长期的、连贯性的参与。商业和社会组织介入不够,社会力量参与度总体还比较低。

四、优化厦门市社区居家养老服务功能的发展路径

(一)持续健全社区居家养老服务政策体系

政策是引导和推动社区居家养老服务发展的基础。健全的养老服务政策体系能够为厦门市社区居家养老服务的发展提供有力保障和支持。

1.提高社区居家养老服务政策制定的科学性和前瞻性

一是加强社区居家养老政策的研究与分析。政策的制定应基于充分的研究与分析。对比发展时间早和政策制度建设完善的国外社区居家养老服务,我国的居家养老仍处在起步阶段,因此积极研究和分析国外社区居家养老政策对厦门市社区居家养老支持政策的完善具有借鉴意义。例如,美国将"回归家庭价值、支持家庭发展"作为社区居家养老社会政策的新支点,从促进家庭成员全面发展的角度构建政策体系,既突出"老人",也重视"家庭照料人员",以整个家庭为服务对象;日本建立全民化和多层次的社保制度能有效减轻深度老龄化阶段老人及其家庭的经济负担;芬兰在建立长期照护筹资制度的同

时,也在推动长期照护服务市场的发展等经验均值得参考。厦门市相关部门可以通过调研和试点,在研究和分析的基础上,探索适合本地的政策制度模式,以保障社区居家养老服务政策的可持续性和普惠性。

二是以数据分析驱动政策制定。大数据为社区居家养老服务政策提供了实证基础。大数据的核心价值在于其深度和广度。通过收集、整合和分析来自各种来源的养老数据,如老年人口的结构、需求和分布特点等,借助大数据分析技术,可以让政策制定者得到对厦门市社区居家养老问题更加精确的描述,以及对问题原因进行更加精细的分析,从而提出更加精准有效的对策建议。因此,厦门市政府应该建立以数据分析驱动政策制定的发展理念,建立多元的数据获取渠道,提升数据分析能力,强化数据共享与开放机制,加强跨学科研究与融合,从而动态调整政策方向,提升社区居家养老服务的前沿性、创新性、精准性和时效性。

三是注重将长期规划与短期目标相结合。厦门市社区居家养老服务政策还需要兼顾长期战略规划和短期实施目标。长期战略规划可以提供一个清晰的发展方向和愿景,确保政策的实施不会因为短期的变化而偏离轨道。短期目标则有助于在较短的时间内取得具体成果,增强政策的可操作性。随着老龄化问题的加剧,厦门市需要一个长期的战略来应对不断变化的人口结构和老年人需求,也通过短期目标的逐步实现,灵活调整政策,以适应新的老龄化挑战和发展机遇。

2.完善社区居家养老服务政策实施的协调与监督机制

一是推动多部门协同与合作。社区居家养老服务涉及多个政府部门,如民政、卫生、财政等。老年人群体的需求也是多样且复杂的,包括医疗护理、心理支持、生活照料等多个方面。单一部门难以全面覆盖所有需求,通过协同合作,可以整合医疗、社保、社区组织等多方面的资源,优化社区居家养老服务的供给。因此,需要强化部门间协作配合,建立养老服务跨部门协商机制,形成政策合力,为厦门市社区居家养老服务提供法律、资金、技术等多方面的支持和保障;也需要通过建立联席会议制度,明确参与部门和单位,以清晰的工作机制和完善的配套政策支持,确保制度的有效性和可持续性,从而在政策规划、资源配置、服务实施等方面采用更为全面和有效的应对措施。

二是注重透明度与公正性。在厦门市社区居家养老服务政策实施中确保透明度与公正性至关重要,即完善信息公开制度,通过政策文件公示、项目进展报告和数据共享平台等,及时发布与社区居家养老服务相关的政策文件和实施细则,定期公开养老服务项目的实施进展,包括资金使用情况、服务内容和覆盖范围等,让公众可以查阅相关的养老服务数据和统计信息,同时也要鼓励群众积极参与,在政策制定和实施过程中,通过听证会、公众咨询等方式进行意见征集;设立居民评议小组、引入第三方评估等,对社区居家养老服务的质量和效果进行定期评议和结果公开。此外,定期进行审计,检查养老资金使用和政策执行情况,防止腐败和滥用职权,以确保政策执行的公正和透明。

三是完善监督与反馈机制。完善监督与反馈机制是确保政策有效落实的重要环节。建立多层次的监督机制,包括政府监督、社区监督和社会监督等,确保社区居家养老服务政策实施的全过程都在监督之下。同时在各社区设立监督委员会,邀请居民代表、专业人士等参与,对社区居家养老服务的实施进行监督;畅通反馈渠道,建立快速响应机制,确保居民的反馈能够在短时间内得到回应和处理,并公开处理结果。

3.保持社区居家养老服务政策支持的多样性与灵活性

一是加大财政支持与资金供给。可持续的财政投入是厦门市社区居家养老服务发展的重要条件。要加大对社区居家养老服务基础设施建设的资金支持力度,进一步完善对社区居家养老服务的日常运作补贴、老年人服务补贴与税收优惠补贴等。同时,鼓励社会资本和企业参与社区居家养老服务市场。提供税收优惠政策、简化行政审批流程、一站式服务、提供市场信息等鼓励各类市场主体进入社区居家养老服务领域,共同推动养老服务行业的健康发展。

二是提高政策的适应性。为了确保社区居家养老服务政策能够灵活应对不同老年人群体的需求和不断变化的社会环境,需要通过加强需求调研与动态分析,定期开展老年人群体的需求调研,利用大数据分析技术,对其进行动态分析,及时识别和适时调整;也需要制定灵活的政策框架,在政策设计中留有一定的弹性空间,以便根据实际情况进行调整和优化。同时,根据不同地区和社区的经济发展水平、人口结构等特点,制定差异化的养老服务政策,以确保政策的适用性。

三是支持养老服务创新与试点。大力支持社区和企业开展养老服务创新试点,为政策完善提供实际案例和经验。设立专项资金补贴、提供技术平台支持和人员培训,鼓励不同领域的企业和组织合作,共享资源,共同开发养老服务创新项目。同时,设立创新奖项和专项基金,激励社会各界积极探索新的养老服务模式。

(二)审慎确定社区居家养老服务内容供给

内容供给是定位和落实社区居家养老服务发展的核心。明确的养老服务内容供给能够为厦门市社区居家养老服务的发展提供兜底依托和指导。

1.提高社区居家养老服务的丰富性与针对性

一方面,厦门市社区居家养老服务要从实际出发,涵盖医疗、护理、心理辅导、文化娱乐、生活照料等多个领域。提供多元化的服务项目,满足老年人多样化的养老需求。例如,在健康管理服务方面,提供定期健康检查、慢性病管理、康复护理以及家庭医生服务等。同时,引入远程医疗、智能健康监控设备等科技手段,实现健康数据的实时跟踪与评估,便于社区医护人员及时调整服务方案。在生活支持服务方面,通过志愿者、社工或专业化的社会服务机构提供家务助理、助餐服务、代购服务以及交通协助等。在精神慰藉与心理支持服务方面,社区可以定期组织社交活动、文化娱乐活动及心理咨询服务,帮助老年人减轻孤独感,保持积极的心态。在专业护理服务方面,针对失能、失智或患有重大疾病的老年人,由具备专业资质的护理人员提供,或者通过与当地医院、护理机构合作提供专业的护理服务,如长期照护、临终关怀和康复支持等。

另一方面,通过提供个性化服务方案,提高厦门市社区居家养老服务的针对性。个性化服务的基础在于准确的需求评估。厦门市社区可以通过定期健康检查、问卷调查、家庭走访等方式,全面收集老年人的健康信息、生活方式、心理状态以及社会交往状况。借助大数据分析和智能设备,持续监测老年人的健康状况和日常行为,确保信息的动态更新,并根据其身体状况、心理状态、生活习惯以及社会支持网络等因素,为其量身定制服务方案。例如,为失能老人提供专业的康复护理,为独居老人提供定期的探访服务,为失智老人提供专业的照护和心理支持等。同时,为了确保个性化服务的有效性,社区应建立持续的评估和反馈机制。采用定期回访、服务评价等方式,了解老年人对服务的满意度及需求变化,并根据反馈意见不断优化服务内容与方式,确保服务的个性化与动态调整。

2.加强社区居家养老服务标准化建设

建立标准化的社区居家养老服务操作流程,有助于确保服务的质量和一致性,从而提升厦门市社区居家养老服务的专业化水平。首先是老年人养老需求评估流程的标准化。确保需求评估涵盖老年人的身体状况、心理健康、社会支持网络及生活习惯等多维度信息,并规定评估的频率,确保老年人的需求变化能被及时捕捉,以便对服务方案进行调整。其次是服务内容与项目的标准化。通过对核心养老服务进行分类,确定社区居家养老服务的主要类别,并为每个类别制定服务标准,确保各类服务内容的规范性和一致性。例如,生活护理中的助餐服务可包含具体的送餐时间、食物质量标准等。再次是操作流程的标准化。建立清晰的服务接入流程,包括老年人申请服务、社区工作人员审核、制订服务计划、确定服务频率与内容等步骤。每个环节都应有明确的时间节点和责任人,以确保流程顺畅和高效。明确服务提供的标准步骤。例如,对于上门护理,规定护理人员的到达时间、服务内容、护理记录要求,以及服务结束后的老年人反馈和评估步骤。为突发事件制定标准应急流程,如老年人突发健康问题时的应急处理步骤,包括联系紧急医疗服务、通知家属和社区等。同时,也要制定服务质量监督与评估的标准化。建立标准化的服务监控机制和明确的服务质量评估指标,包括老年人的满意度、健康状况改善情况、服务响应速度等。定期对服务质量进行评估,并建立持续改进机制。最后是人员培训与管理的标准化。为每个服务岗位(如护理员、社工、心理咨询师等)制定明确的岗位职责说明,确保各个岗位的任务分工清晰、责任明确。对为社区居家养老服务的人员提供系统的职业培训,制定包括服务技巧、心理疏导、急救知识等内容的培训标准。同时,要求定期开展再培训,确保工作人员的知识与技能得到更新。此外,厦门市也可以参考国际养老服务标准,结合本地实际,制定适合的服务规范,确保社区居家养老服务能够实现高效、稳定且优质的服务交付。

3.注重社区居家养老服务资源的整合共享

一方面,整合国家和政府、社会与家庭提供的服务资源,实现社区居家养老服务资源共享和互补。厦门市政府应主导政策与机制支持,设立专门的协调机构,整合不同主体的养老服务资源,确保资源的有效配置与使用。出台相关政策,鼓励社会组织、企业及志愿者积极参与社区居家养老服务。同时,明确家庭的养老责任,积极推动家庭与社区的养老合作,并提供相应的支持政策,如家庭护理补贴、亲属陪护假,或将家庭成员纳入社区护理培训项目等,以减轻家庭在照护中的负担。社区应作为资源整合的枢纽,通过与政府部门、医疗机构、社会组织、企业和家庭的紧密合作,借助信息化与智能化技术支持,协调各种服务资源的配置与使用。这样一来,政府主导与政策引导为资源整合提供了制度保障,社会组织与企业的参与使服务内容更加多样化,家庭的支持则为老年人提供了情感与生活上的保障。在社区的枢纽作用下,各方资源可以实现无缝衔接,形成一个多层次、多方参与的社区居家养老服务网络。

另一方面,推动社区资源网络建设,加强不同服务主体之间的合作。建立社区居家养老合作联盟,促进社区、企业、志愿者组织等各方的紧密合作,提高资源利用效率。在明确联盟的目标与定位是致力于服务老年人,提高社区居家养老服务的质量与覆盖率的前提下,构建多方参与的开放式平台,吸引各类养老服务主体加入,形成资源共享、服务协同的养老服务网络。联盟成员共享各自的服务资源,如社区服务设施、医疗护理资源、志愿者网络等。通过整合资源,避免重复建设和浪费,同时也能优化资源的配置,满足不同老年人的个性化需求。

(三)不断更新社区居家养老服务认知观念

服务观念的更新是提高社区居家养老服务水平的关键。与时俱进的养老服务观念能够为厦门市社区居家养老服务的发展提供有效的引领。

1.提升社会对社区居家养老服务的认知

一是开展宣传教育活动。利用宣传栏、海报、横幅、问卷调查等多种渠道开展社区居家养老服务宣传教育,提高社会对养老服务的认知和重视。同时,利用微信公众号、微博、抖音等覆盖更多年轻人和中年家庭成员的社交媒介,发布社区居家养老服务相关的短视频、推文、图片及科普内容,提高社区居家养老服务在居民中的知晓度和满意度。社区也可以定期举办居家养老服务相关的讲座和培训活动,邀请专业人士如社会工作者、养老护理人员、医疗专家等为居民讲解如何为老年人提供照护服务,讲述相关政策与服务内容。还可以面向老年人及其家属,教授健康管理、心理疏导和应急护理技能,全面提升公众对社区居家养老问题的关注。

二是进行成功案例推广。展示成功案例,可以直观地向老年人、家庭以及社会传递社区居家养老服务的实际效果和好处,增强居民对参与居家养老服务的意愿。社区居家养老服务成功案例的推广应采取多渠道、多形式的策略,从真实的故事和数据入手,通过社区活动、媒体报道、新媒体传播、政策宣传等方式,提升公众对服务的认知与信任。同时,利用线上线下的分享会、案例手册、宣传片等具体工具,让成功案例在更大范围内得到推广和认可,最终推动社区居家养老服务的发展与普及。

三是发动媒体正向引导。利用媒体的影响力,引导公众形成正确的养老观念。通过与媒体建立长期合作关系、策划有吸引力的新闻事件、发布深度报道、利用新媒体平台扩大传播等多样化的策略,借助公益广告、数据发布、培训教育等方式,持续提升社区居家养老服务的社会认知度与公众支持度。结合情感化和数据化的宣传方式,可以引导媒体更好地传递社区居家养老服务的正向信息,传播积极老龄化和社会共融的认知理念,形成积极的社会舆论氛围。

2.帮助平衡家庭与社会责任

一方面,制订家庭支持计划。在综合考虑老年人口的需求、家庭和社区资源的可行性以及政府的支持能力的基础上,制定政策支持家庭承担养老责任。例如,向低收入家庭提供护理补贴、税收减免或其他经济支持,确保经济困难家庭也能获得优质的养老服务;扩展养老保险、医疗保险、长期护理保险的覆盖范围,减轻老年人及其家庭的医疗和护理费用负担;向使用社区居家养老服务的家庭提供服务补贴,激励家庭参与社区服务等。

另一方面,建设社区互助网络。建立以社区为单位的互助小组或网络,可以是正式的组织(如社区志愿者协会),也可以是非正式的邻里互助小组。推广"时间银行"模式,志愿者可以通过帮助他人积累"时间币",未来需要时也可以使用这些时间币获得帮助。鼓励和支持老年人开展社区邻里服务、低龄健康老年人与高龄老年人结对关爱等互助性养老服务,形成"助人助己"的社会氛围,也能减轻家庭的养老负担,为家庭提供多方面的支持和帮助。此外,也可以通过开展亲子活动、代际交流互动等促进跨代沟通。此类活动不仅能帮助老年人获得更多的社会支持,还能增强年轻一代对老年人现实生活和需求的理解,形成更紧密的家庭共同体和社区纽带。

3.促进养老观念的多元化与现代化

一是尊重老年人意愿。发展社区居家养老服务,必须尊重老年人的养老意愿,以老年人的需求为导向。老年人的需求只要是正当和合理的,都应当得到满足,但要"优先满足老年人最迫切的需求",鼓励其参与服务设计和决策。在服务提供过程中,重视老年人的自主性和选择权,确保其权益得到尊重和保障。

二是推广积极老龄化理念。积极老龄化理念包含三大支柱,即健康、保障和参与,其中,参与是"主体",健康和保障是"两翼"。倡导推广积极老龄化理念,一方面要加快发展社会志愿服务组织,为老年人广泛参与社会活动提供组织载体;另一方面要注重老年人社会参与的需求调查,为老年人社会参与提供现实依据。在具体实践中,利用宣传教育活动,鼓励老年人保持健康的生活方式、推动老年人参与社会活动、推广终身学习项目等,逐步改变社会对老年人的看法,帮助老年人实现健康、充实、积极的晚年生活。

三是包容文化多样性。社区居家养老服务要融入多元文化因素,满足不同文化背景老年人的需求。采用文化敏感性培训、尊重传统习俗、多元化服务设计和社区包容性建设等方式,可以有效确保不同文化背景的老年人在社区居家养老服务中获得尊重、平等和关怀。

(四)培育壮大社区居家养老服务人才队伍

人才队伍是维系和助推社区居家养老服务发展的基石。培育壮大人才队伍能够为厦门市社区居家养老服务发展提供重要抓手。

1.提高服务人员的专业化与职业化

一是开展系统的职业培训。厦门市可以和本地高校、培训机构进一步深化合作,为社区居家养老服务从业人员提供系统的分阶段职业培训。例如,为新入职的员工提供全面的入职培训,覆盖基本护理知识、卫生规范、与老年人互动的技巧等,确保其具备基本的服务能力;为有经验的服务人员提供进阶培训,着重提升他们在特殊护理、急救、沟通技巧等方面的能力;为管理人员或希望提升技能的服务人员提供高级培训,包括领导力、项目管理、培训技巧等,培养其在社区居家养老服务中的管理和指导能力。

二是建立明确的职业晋升通道。通过制定清晰的职业等级体系、提供持续的培训与发展计划、建立导师与辅导机制、设立标准化的晋升流程及激励与认可措施等,帮助社区居家养老服务人员看到职业发展的前景,继而提升从业人员的留任意愿和工作积极性。

三是推行从业资格认证体系。通过与相关政府部门、行业协会及养老服务专家合作,制定社区居家养老服务从业人员的基本资格标准。在标准的指引下,开发标准化的从业资格认证考试、建立培训与认证的衔接机制和权威的认证机构,并通过政策推动认证的普及,以此确保社区居家养老服务人员具备专业技能和职业道德,从而提升养老服务的整体质量,满足老龄化社会的服务需求。

2. 提升服务队伍的多样性与包容性

一是加强多学科团队建设。组建涵盖医疗、护理、社工、心理等领域的多学科团队,制定有效的沟通机制和综合的照护计划,通过多学科协作,为老年人提供全面的综合服务,以满足老年人多样化的养老需求。

二是丰富服务队伍结构。从招聘政策、工作环境优化、培训教育、团队文化建设、职业发展支持等多个方面入手,鼓励不同性别和年龄段的人才加入社区居家养老服务队伍,丰富团队结构。通过提供灵活的工作安排和多样化的职业选择,吸引更多年轻人参与养老服务事业。

三是关注服务队伍文化与语言的多样性。厦门作为多元文化交汇的城市,可以通过招聘多语言服务人员,满足不同文化背景老年人的服务需求;也可以为员工提供免费的语言培训课程,帮助他们学习常用的社区语言,如闽南语、普通话以及其他少数民族语言等,这样不仅有助于提升服务质量,还能改善团队成员之间的沟通效率。

3. 鼓励志愿者和社区居民积极参与

一方面,大力招募和培训志愿者。通过制定科学的招募和培训策略、提供必要的支持和激励机制、建立有效的管理体系和招募平台,有效吸引和留住志愿者,增加社区居家养老服务力量,提升志愿服务的专业性和覆盖面。

另一方面,鼓励社区居民积极参与养老服务,提高社区对居家养老事业的参与度。采用社区公告、宣传册、社交媒体等渠道宣传社区居家养老服务的意义和作用,强调社区居民参与对提升老年人生活质量的重要性。组织各种形式的志愿者活动,如陪伴、购物协助、健康监测等,吸引居民参与并了解社区居家养老服务的相关内容。同时,定期收集社区居民对居家养老服务的意见和建议,通过问卷调查、座谈会等形式,了解他们的需求和期望。建立反馈渠道,及时回应居民的意见和建议,增强居民的社区责任感和归属感。

(五)创新赋能社区居家养老服务发展模式

创新服务模式是保证社区居家养老服务不断进步的源泉,能为厦门市社区居家养老服务繁荣兴盛搭建重要引擎。

1.探索多元养老服务模式

一方面,加力发展嵌入式养老服务模式。"嵌入式"养老模式是机构养老和社区居家养老两种模式的补充和整合。厦门市可在之前的基础上,加力发展嵌入式养老服务模式,将专业养老服务进一步嵌入社区。加大对社区居家养老设施的投入,完善养老驿站、服务中心、护理站等基础设施;充分利用地处居民区的优势,整合医疗、文化、体育等资源,提供多样化惠民服务;在保障基础服务功能的前提下,拓展旅居、理疗、助浴、助医等全方位社区居家养老服务。

另一方面,深化医养结合的养老服务。当前包括厦门市在内的我国医养结合发展正处于国家试点向示范项目创建过渡阶段,需要尊重医养行业发展规律,促进医养结合有序理性发展。厦门市可在健全基层医疗卫生机构包括社区卫生服务中心和乡镇卫生院及其站点的服务网络的基础上,打造覆盖城乡的基本医养结合服务网络体系。采用不断提升基层医疗卫生机构的设施、药品及器械配置,增强基层医疗卫生机构及其站点的人力资源供给,完善家庭医生签约制度和家庭病床制度等举措,为有需要的社区居家老人提供医养结合服务。

2.加强科技赋能智慧养老

一是夯实社区居家养老大数据库,实现资源共享和信息互通。厦门市可在已建成的全市统一的智慧养老信息平台和养老信息化指挥调度机制的基础上,进一步夯实社区居家养老大数据库。消除养老信息壁垒,建立数据共融的资源平台,对包括社区内养老人口构成、老人健康状态资料、养老服务项目等在内的信息进行安全监控和管理,最大程度发挥居家养老服务的辐射作用和社区卫生团队的"健康守门人"功能。同时,依托大数据库完善以社区为单元、以居家养老的可持续性为目的、以满足社区老年群体的养老需求中急需解决的现实性主要问题为内容的智慧生活信息服务平台,旨在将科技与养老服务相融合,为老年人提供便捷的一站式养老服务。

二是加快适老型智慧社区居家养老服务产品的研发。引导和鼓励市场面向老年人的特定需求,充分考虑老年人的接受能力、使用能力以及生理和心理特点,将信息技术的先进性和产品的易操作性相结合,加快老龄数字产品研发。例如,家居日常生活类科技产品、智能安全监测产品、智能医疗保健产品、智能社交沟通产品等,在满足老年人智慧居家养老多元化需求的同时,也能依托科技创新培育新的产业增长点,将扩大消费与改善老年群体生活品质相结合,激发养老服务消费新动能。

三是建立健全智慧养老政策机制。厦门市政府可出台制定支持智慧居家养老的专门政策文件,对包括政府、社区、养老服务机构和科技企业等多方主体拥有的资源进行系统整合,实现资源和信息的互联互通。对智慧居家养老的创新项目和技术研发设立专项资金,为企业、科研机构和养老服务提供者提供财政支持。同时,建立涉及卫生、民政、科技等多个部门的跨部门协调机制,推动科技企业、科研机构、高校和养老机构的合作,联合研发适合老年人使用的科技产品和服务,共同助力厦门市社区居家养老服务智慧发展。

3. 引入社会力量破解养老难题

一方面,支持民间资本参与社区居家养老服务。以社区居家养老服务中心为依托,采取政府补助、购买服务、协调指导、评估认证等方式,从外部借力引入民间资源,为老年人提供一系列包括餐饮、日间生活照料、康养、义诊、文娱、公益讲座等在内的多元养老服务,打造"护、养、康、疗"一体化养老体系,共同破解社区养老难题,赋能社区居家养老服务工作提质增效。

另一方面,鼓励社会各界积极关注社区居家养老服务事业。扩大宣传力度,鼓励社会团体、慈善机构、企事业单位和个人等投资参与社区居家养老服务事业,在税收、水电、租金等收费上给予政策优惠。同时,建立公开、公正和透明的养老服务准入制度,积极支持共建民营、民办公助等多种方式兴办社区居家养老服务机构,推动实现社区居家养老服务全要素供给、全天候响应、全方位服务、全链条管理。不断完善政府引导支持、市场主体通过市场化运作方式构建社区居家养老市场化的运行体制,打破机构、社区、居家养老割裂困境,让"老有所养""老有优养"照进现实。

参考文献

[1]章晓懿,刘帮成.社区居家养老服务质量模型研究——以上海市为例[J].中国人口科学,2011(3):83-92.

[2]陈伟.英国社区照顾之于我国"居家养老服务"本土化进程及服务模式的构建[J].南京工业大学学报(社会科学版),2012,11(1):93-99.

[3]成海军.我国居家和社区养老服务的发展与展望[M]//谭日辉,宋梅,李金娟.中国社区发展报告(2018—2019).北京:社会科学文献出版社,2019:1-11.

[4]厦门市人力资源和社会保障局.厦门市情[EB/OL].(2024-07-13)[2024-10-20].https://app.hrss.xm.gov.cn/ggfwwt-auth/yxbyszt/intomain? code=sq.

[5]厦门市卫生健康委员会.2023年厦门市卫生健康事业基本情况[EB/OL].(2024-03-20)[2024-10-20].https://hfpc.xm.gov.cn/zfxxgk/ml/04/202403/t20240320_2829759.htm.

[6]厦门市人民政府.全力促进优质医疗资源扩容提质布局均衡[EB/OL].(2023-12-26)[2024-10-20].https://www.xm.gov.cn/jdhy/rdhy/202312/t20231227_2806557.htm.

[7]厦门市统计局.厦门市2023年国民经济和社会发展统计公报[EB/OL].(2024-03-20)[2024-10-20].https://tjj.xm.gov.cn/zfxxgk/zfxxgkml/tjsjzl/ndgb/202403/t20240320_2829912.htm.

[8]厦门市统计局.厦门市第七次全国人口普查公报[EB/OL].(2021-05-21)[2024-10-20].https://tjj.xm.gov.cn/tjzl/ndgb/202105/t20210527_2554550.htm.

[9]宋全成,王宏治.家庭结构变迁背景下中国老年人居住模式偏好研究[J].山西师大学报(社会科学版),2024,51(4):50-61.

[10]胡湛.家庭建设背景下中国式居家社区养老模式展望[J].河海大学学报(哲学社会科学版),2022,24(6):11-17.

[11]杨宜勇,韩鑫彤.提高我国养老服务质量的国际经验及政策建议[J].经济与管理评论,2020,36(1):5-14.

课题负责人、统稿:朱仁显

执　　　　笔:邓晓雅　钱　峰

厦门市机构养老服务的高质量发展

长期以来,厦门市委、市政府坚决落实国家战略部署和政策规划,坚持以人民为中心的发展思想,切实回应社会民生需求,出台一系列文件,加强顶层设计、制度保障和决策部署,明确全市养老事业和产业发展的目标任务、措施办法和相关要求,多措并举加快养老服务体系建设,优化养老机构发展环境,机构养老工作走在全省前列,机构养老服务成效显著。

一、厦门市机构养老服务高质量发展的背景

随着我国老龄化进程不断加速,养老服务成为刚需。作为我国主要养老模式之一,机构养老顺应了时代发展需求,在养老服务体系中发挥重要而独特的作用。机构养老服务的发展水平,关乎满足社会养老服务需求、保障老年人晚年生活质量、维护社会和谐稳定。为进一步激发养老服务市场活力,解决发展不平衡不充分、有效供给不足、服务质量不高等问题,有效满足人民群众养老服务需求,国家系统谋划推动养老服务高质量发展,机构养老服务高质量发展成为题中应有之义。

(一)机构养老服务的内涵和优势

1.机构养老服务的内涵

机构养老服务是老年人通过所居住的养老机构获取有偿或无偿专业性养老服务。以集中居住为前提,机构养老服务涵盖生活照料、膳食服务、休闲娱乐、精神慰藉、康复护理、医疗保健、咨询服务、临终关怀等内容,综合生理、心理、文化、卫生等层面。作为社会化养老服务的重要载体、专业化养老服务的重要平台、照护服务连续体的重要环节,养老机构是指由法人、公民个人以及其他社会组织、国有企业、民营企业、外商投资企业、混合所有制企业利用自有资产,以独资、合资、合作、联营、参股、租赁等模式建设举办,为老年人综合提供或部分提供上述服务的机构,通常包括老年社会福利院、养老院、老年公寓、

护老院、护养院、敬老院、托老所等。①

因投资主体性质及运营模式的不同,养老机构可分为5种类型:一是公办公营,由政府或公有制单位投资兴办、管理和运营,享有财政资金补贴,属非营利性。二是公办民营,政府或公有制单位将已经办成的公有制性质的养老机构改制改组,通过相应方式交由社会力量管理和运营,一般为非营利性。三是公建民营,政府或公有制单位将其拥有所有权但尚未投入运营的新建养老设施运营权,通过相应方式交由社会力量管理和运营,属营利性或非营利性。四是民办公助,社会力量自行购买土地自建或者自行租用房产,自我经营养老机构,政府给予一定的补助,属非营利性。五是民办民营,完全由社会力量投资兴办、管理和运营,属营利性。养老机构虽有营利性(向市场监督管理部门办理登记)和非营利性(向民政部门登记注册)之分,但都以提高老年人晚年生活品质、幸福感为旨向。

2.机构养老服务的优势

在整个社会层面,来自多方面的原因使得机构养老服务在社会养老服务体系中不可或缺。一是家庭结构变化。"七普"数据显示,2020年我国平均家庭户规模为2.62人,跌破"三口之家"的数量底线。据测算,2023年我国独居60岁及以上老人占全国老年人的54%。② 随着家庭规模日渐缩小、代际分开居住的模式成为潮流,家庭养老功能不断弱化,传统的家庭养老受到严峻挑战。二是人口流动陡增。2020年,我国人户分离人口达4.9亿人,比2010年增长88.52%。人口流动使子女对父母的生活照料和感情支持受到影响,居住距离的加大进一步弱化了家庭养老功能。三是养老需求攀升。2022年全国65岁及以上人口占14.9%,老年抚养比21.8%,比2010年分别上升6.0%、9.9%。老龄化加剧、老年抚养比上升,意味着我国养老需求与日俱增,劳动人口的护理负担不断加重。由此,应对养老服务从家庭外移至社会的必然趋势,需要社会力量有组织地承接。

机构养老服务的诸多优势正契合社会发展需要。其一,服务对象大众化。

---

① 本文结合民政部的划分,将养老机构限定为社会福利院、农村特困人员救助供养机构,以及在编办、民政或者市场监管部门办理了登记注册手续,为老年人提供24小时集中居住和照料服务的机构。而未登记的特困人员救助供养机构、全托服务社区养老服务机构和设施、日间照料社区养老服务机构和设施、社区互助型养老设施和其他社区养老服务设施,则归为社区养老服务机构和设施。在现阶段厦门市的政策规定与具体实践中,农村幸福院、养老服务站、养老服务照料中心的性质定位是居家社区养老服务机构和设施,故本文不纳入研究分析。

② 郭晋晖.1.6亿老年人独立居住[N].第一财经日报,2024-04-10(A06).

得益于政府职能的转变、市场经济体制的完善,我国养老机构的市场化进程不断加快,机构养老服务走向产业化发展,社会化程度越来越高。这使得养老机构可以面向全社会老年人提供服务,为减轻家庭养老的负载拓宽了选择。其二,服务条件专业化。国家制定了严格的养老机构准入门槛,其设施基础、人员配备、服务项目和流程、技术规范、安全保障等要达到一定标准才被准予开办。因此,机构养老具有家庭养老所缺乏的专业性,使得老年人能够得到专业全面的养护,从而提高养老品质。其三,服务内容多样化。养老机构的服务涵盖生活照料至临终关怀等方方面面,已形成一个综合性的产业,可以根据服务对象的条件和需求提供层次性、定制化服务,极大丰富了老年生活。

(二)机构养老服务高质量发展的必要性

1.机构养老服务高质量发展是时代趋势

我国人口老龄化问题未来一段时期将更加严峻。基本表现是老龄化的发展速度"高速化"和老龄化程度严重的"高龄化"。按照65岁及以上人口占比达14%为"深度老龄化"、20%为"超级老龄化"的通行标准,我国于2021年进入深度老龄化(14.2%),而且趋向超级老龄化的进程将快于大部分发达国家(见表1)。预计2031年我国65岁及以上人口约2.8亿人,80岁及以上的高龄老年人口约0.6亿人。中国应对老龄化的压力将大于发达国家。

表 1 人口老龄化进程的国际比较

国家	老龄化进程 14%	老龄化进程 20%	所需时间 从14%到20%	65岁及以上人口数(2023年)	65岁及以上人口比例(2023年)
法国	1975年	2016年	41年	0.15亿人	22%
德国	1970年	2006年	36年	0.19亿人	23%
意大利	1987年	2005年	18年	0.14亿人	24%
加拿大	2008年	2023年	15年	0.08亿人	20%
日本	1993年	2003年	10年	0.37亿人	30%
中国	2021年	2031年	10年	2.2亿人	15.4%

注:中国2031年预测值参见中国人口与发展研究中心发布的《中国人口中长期变动多情景预测结果数据集(2024年6月完整版)》。

数据来源:作者据"世界银行"数据、"国家统计局"数据整理制作。

党和政府对人口老龄化问题向来高度重视,不断采取多层次、多面向的系统政策规划,主动布局加强应对。2019年中共中央、国务院印发《国家积极应对人口老龄化中长期规划》,将应对老龄化上升为国家战略,并把"打造高质量为老服务和产品供给体系"作为五大具体工作任务之一,提出"健全以居家为基础、社区为依托、机构充分发展、医养有机结合的多层次养老服务体系,多渠道、多领域扩大适老产品和服务供给,提升产品和服务质量"。2021年《"十四五"国家老龄事业发展和养老服务体系规划》贯彻细化了上述要求。国家的决策部署一方面强调了机构养老是养老服务体系建设中的重要组成部分,为机构养老服务发展注入了强劲动力,同时也将高质量发展问题摆在了突出位置,表明只有机构养老服务实现高质量发展,才能更好地实现为老服务和产品的高质量供给,从而有效应对我国人口老龄化问题。党的二十届三中全会将"优化基本养老服务供给,培育社区养老服务机构,健全公办养老机构运营机制"纳入改革部署,进一步凸显了机构养老服务高质量发展的重要意义。

2.机构养老服务高质量发展契合厦门需要

厦门也不可避免要面对人口老龄化的挑战。与全国和全省相比,厦门的老龄化程度更轻(见表2),但总体趋势呈老龄化加深加快,人口老龄化、高龄化在持续增长。截至2024年1月,厦门户籍60周岁以上老年人44.8万(其中80周岁以上高龄老年人5.87万),老年化率14.9%。预计未来10年,厦门户籍老年人年均增长约4万,到2035年户籍老年人总数将超过85万,实际常住老年人数将超过100万。①

表2 人口结构的国内比较

对象 年份/年	中国			福建			厦门		
	平均家庭户规模/人	65岁及以上人口比例/%	老年抚养比/%	平均家庭户规模/人	65岁及以上人口比例/%	老年抚养比/%	平均家庭户规模/人	65岁及以上人口比例/%	老年抚养比/%
2000	3.44	6.96	9.92	3.53	6.7	9.5	3.10	4.99	6.20
2010	3.10	8.87	11.90	2.98	7.9	10.3	2.42	4.56	5.52
2020	2.62	13.50	19.70	2.68	11.1	15.9	2.33	6.17	8.05

数据来源:作者据"国家统计局"全国人口普查主要数据公报、2023年《福建统计年鉴》、厦门市全国人口普查公报数据整理制作。

伴随老龄化的加深加快,厦门的社会化养老服务需求与日俱增。厦门平均家庭户人口数低于全国和福建省的水平,表明家庭规模日趋小型化,空巢家庭不断增多,纯老住户增多的形势愈发严峻,这使得家庭养老功能不断弱化。老年抚养比的攀升,表明厦门劳动人口的养护负担不断加重。与此同时,潜在

---

① 数据整理自厦门市民政局网站。

需要专门养护照料的老年人数量在增加。据人口普查数据计算，与2010年相比，2020年厦门老年人口由24.5万人增长为49.4万人，其中"不健康但生活能自理"的老年人占比减少1％，降至3.6％，但总人数上升为1.78万人；"不健康且生活不能自理"的老年人占比减少0.3％，降至1.7％，但总人数上升为0.84万人。长远来看，照料和护理问题将会更加突出，迫切需要通过发展社会化专业化养老服务来解决。而机构养老服务作为社会化养老服务的关键构成，其能否实现提质增效、走向高质量发展，关乎厦门当前和未来社会养老服务的供给与老龄化问题的应对。

对此，厦门市委、市政府适时地将有关工作规划提上了日程。2021年3月厦门市政府印发《厦门市国民经济和社会发展第十四个五年规划和二〇三五年远景目标纲要》，以实现全方位高质量发展超越为奋斗目标，明确提出着力提升养老服务质量。相应地，《厦门市"十四五"老龄事业发展和养老服务体系规划》着眼推动厦门老龄产业和养老服务体系高质量发展，对推进机构养老服务提质增效加以细化。2022年12月厦门市委、市政府印发《厦门市贯彻〈中共中央、国务院关于加强新时代老龄工作的意见〉实施方案》，以推动厦门新时代老龄事业高质量发展为总体要求，明确规范发展机构养老的基本任务。2024年2月厦门市民政局发布《厦门市推进养老事业和养老产业高质量发展若干措施（公开征求意见稿）》，提出有关养老机构发展的诸多措施。可见，机构养老服务高质量发展，是契合厦门现实需要与发展前景的必要选择。

（三）机构养老服务高质量发展的基本要求

1.配套政策制度更加完善

完善的配套政策制度是推动机构养老服务高质量发展的重要保障，需要全面打通政策制度的"堵点"、填补"漏点"，为机构养老服务创造良好的发展环境。

第一，法律法规和标准体系的健全。制定涵盖准入标准、运营规范、服务质量、安全保障、监督管理等方面的法律法规，依托法规保障老年人的权益，为养老机构的运营提供明确指引。基于科学合理的评估体系建立统一的服务质量标准，包括基础养老服务标准、个性化养老服务标准、新型养老服务标准等，并能够根据老年人群体的需求变化进行动态调整。

第二，监督管理机制的强化。监督管理机制的有效性直接关系到养老服务的质量和安全。一是要形成多层次监督机制。采用定期检查、随机抽查、第三方评估等多种方式，加强行业内和外部监督，贯通事中事后监管，促进对机构养老服务的质量监管，及时发现并纠正问题。二是要形成跨部门的协同管理。在民政、卫生、医保、住建等多个部门之间建立协同机制，确保政策在制定和执行过程中的整体性和联动性。三是要促进信息公开。增强养老服务机构的人员、设施、服务、管理、信誉等信息的透明度,定期向社会公开检查评估结果,提高养老机构的公信力。

第三,持续性资金支持与激励。高质量的机构养老服务需要充足的资金支持与政策激励,以引导社会资本、企业和非营利组织参与到养老服务领域,形成多元化的供给格局。一是加强财政支持。政府应加大对机构养老服务的财政投入,特别是在设施建设、人员培训、服务提升等方面提供资金支持。同时,通过专项资金、补贴政策,帮助中小型养老机构缓解运营中的资金压力。二是提升税收优惠力度。通过税收减免、贷款贴息等政策,为养老机构的运营提供金融支持,降低其运营成本。三是拓宽投融资渠道。通过政策引导鼓励多元化的投融资渠道,如公私合营模式(PPP)、养老产业投资基金等,扩大养老机构资金来源。

第四,有力的人才培养与职业保障。高质量的机构养老服务离不开持续性的专业人才供给。应制定专项政策推动养老服务专业人才的培养和继续教育,采取一系列"组合拳"加大对养老服务从业人员的技能培训力度,建立起专业化、复合型、高素质的养老服务队伍。在待遇保障上,完善养老服务从业人员的薪酬待遇、社会保险等保障政策,吸引更多的人才投身养老服务行业。通过改善工作环境、提供职业发展机会,增强从业人员的职业归属感和工作稳定性。

2.机构养老定位更加清晰

机构养老服务高质量发展需要放到养老服务体系中去理解。我国"居家社区机构相协调、医养康养相结合的养老服务体系"的表述,蕴含了机构养老服务高质量发展的基本要求。

第一,高质量发展意味着机构养老与居家社区养老更协调。这种协调关系体现为服务资源的合理配置,以及服务模式的有机衔接。一是要实现资源整合与共享。机构养老和居家社区养老各有优势,前者提供了多元化、舒适化、个性化服务,适合需要专业养护的老年人;后者则能让老年人在熟悉的环境中生活,保持家庭和邻里联系。高质量发展要求打破两者之间的界限,通过资源整合和信息共享,实现服务的无缝衔接。二是要实现服务模式的多元融合。高质量发展的目标是在居家社区和养老机构之间建立起协同互补的养老服务模式,形成多元融合的服务体系。这需要建立起一个有效的服务联动机制,使得老年人在需要不同层次的照护时,能够便利地在居家社区养老与机构养老之间过渡。

第二,高质量发展意味着养老机构有效促进医养康养结合。这需要养老机构有效整合"医、护、康、养、宁"资源,建立起养老健康支持体系。一是要实现医养的深度融合。我国75%以上的老年人至少患有一种慢性病,对医疗护理需求极大。因此,养老机构需要与医疗机构进行有机贯通,充分整合养老和医疗两方面的资源,做到"有病治病,无病养老"。二是要实现康养的全面覆盖。作为对健康、养生和养老的统摄,康养包含对"身、心、神"以及全生命周期的全面养护。这需要养老机构配备先进设施和专业团队,运用科学系统的措施,为每位老年人提供量身定制的健康养生服务,增强老年人生命的长度、丰度和自由度。

3.养老机构运作更加规范

养老机构运作的规范化是高质量发展的基本前提与关键标识。一是养老设施设备齐全、安全和舒适。完善的设施设备是规范化运作的硬件基础。首先,养老机构应配备满足老年人多方面需求的设施设备,包括公共基础设施、接待设施、生活服务设施、医疗卫生设施、文体康乐设施和无障碍设施等。其次,养老机构的设施必严格执行国家和行业的安全标准,在消防、治安、食品、环卫和医疗等方面建立完善的安全要求机制。最后,设施设计应以老年人的特点和需求为中心,体现以老年人为本的宜老化、适老化要求,让休养老人与其所处环境实现良性有机互动。

二是内部管理科学化、系统化和精细化。在治理结构上,养老机构应建立科学的组织架构,明确各级管理者和员工的职责与权限,实现责、权、利的合理匹配。在制度建设上,养老机构应以老年人最大满意度为准则来建立健全内部管理制度,包括建设管理、行政管理、人事管理、财务管理、后勤管理、信息化管理、经营管理、安全管理等,确保每个环节都有明确的规章制度可依,减少机构运作过程中的随意性和不确定性。在管理过程上,要求养老机构关注每一个细节,从服务流程到日常运营都需精确到位,确保全环节精准执行。

三是服务工作专业化、人性化和亲情化。第一,服务技能的专业化。养老机构应配备具备专业资质的管理人员、生活照料人员、老年护理人员、膳食服务人员、心理护理人员、医疗保健人员等,并通过持续的专业培训,提升员工的职业技能,确保工作人员具备应对复杂需求的专业能力,以高专业水平支撑服务提供。第二,服务方式的人性化。以老年人的个体需求和心理感受为遵循,在服务设计和执行中,深度嵌合老年人的生活习惯、情感需求和文化背景,提供个性化的关怀和照料。第三,服务氛围的亲情化。养老服务不仅是照料,更是关爱。养老机构应努力营造温馨的家庭氛围,通过定期组织家庭活动、鼓励家属参与照护、建立情感交流平台等方式,使老年人感受到亲情关怀。

4.养老服务供给更加优质

机构养老服务高质量发展的最终目标就是实现养老服务供给的优质化。

一是养老服务供给要更加充分。首先是数量上的充分。高质量发展的核心是通过科学化系统性地新建、改建和扩建，增加机构养老床位、扩展服务能力、提升服务覆盖面，持续满足老年人口不同类型和层次的养老需求。其次是质量上的充分。养老机构的服务提供必须符合高标准严要求，尤其是在医疗、护理、康复等方面，必须具备专业化、规范化的服务能力。

二是养老服务供给要更加均衡。在区域间均衡上，高质量发展要求通过政策支持、资源调配和基础设施建设，缩小地区差距，健全基本养老服务体系，鼓励社会力量兴办养老机构，推动基本服务与多样化服务协调发展，保障所有地区的老年人都能享有适宜的养老服务。在群体均衡上，扩大普惠型养老服务覆盖面，提供多层次的服务选择，重点关注高龄、失能、空巢、计生特殊家庭等老年群体，积极扶持发展满足基本养老服务需求、服务高龄及失能老年人的养老机构，确保各类老年群体都能获得与其需求相匹配的服务。

三是养老服务供给要更加多元。第一，服务内容多元。老年群体数量庞大、条件迥异，养老机构要以老年人个性化需求为导向，以人性化服务理念、标准化服务流程、专业化服务团队、高效化服务手段为支撑，增加更多符合不同老年人需求的服务选项。第二，服务形式多元。在集中护理的基础上融合康复、文化娱乐、心理疏导等综合服务，同时探索新型养老模式，以更灵活的方式满足不同老年群体的需求。第三，服务提供主体多元。政府、社会、家庭、个人共同参与，形成合力，充分发挥各主体的优势，促进机构养老服务的创新和优化。

（四）厦门发展高质量机构养老服务的内在优势

1.区位优势

第一，厦门作为中心城市，吸引力逐年增强。厦门地处东南沿海，因其优越的自然环境条件与独特的历史人文底蕴，吸引了很多外来养老之人。2016年《中国城市养老指数报告》中，厦门养老指数拔得头筹，被誉为"全国最适合养老的城市"。[①] 这表明厦门具有广阔的养老服务市场需求与养老服务发展前景，具备发展高质量机构养老服务的市场驱动力。第二，厦门对外连接良好，汲取优质资源便利。作为自由贸易试验区试点和"一带一路"海丝核心区重要枢纽城市，厦门与国内外众多城市保持良好的交通连接与合作关系，为机构养老服务的优质资源流动提供了渠道。例如，厦门凭借祖国大陆与台湾往来的主要中转站毗邻的地缘与相连的区位特点，在鼓励台湾同胞在厦兴办养老服务事业中具有显著优势。

---

① 何无痕.城市养老指数发布 厦门居全国第一[N].厦门日报，2016-12-11(A01).

2.时机优势

与同类型的城市相比(见表3),厦门在发展高质量机构养老服务上存在时机优势。首先,厦门的平均家庭户规模在逐年减少,但现阶段高于大连、宁波、深圳的数值。居家社区养老仍是厦门目前主要的养老方式,厦门家庭养老基础较好,从而减轻了机构养老的部分压力,为机构养老服务的发展提供了缓冲时间。其次,厦门的老龄化率仍然相对较低。这使得厦门可以在老龄化压力完全显现之前,有更多时间来规划和建设高质量的养老服务体系,提早布局高质量的机构养老服务,逐步提高服务水平。

表3 同类型城市的人口结构比较

城市	2000年 平均家庭户规模/人	2000年 65岁及以上人口比例/%	2000年 老年抚养比/%	2010年 平均家庭户规模/人	2010年 65岁及以上人口比例/%	2010年 老年抚养比/%	2020年 平均家庭户规模/人	2020年 65岁及以上人口比例/%	2020年 老年抚养比/%
大连	2.99	8.65	11.48	2.63	10.71	13.49	2.29	16.87	23.48
青岛	2.97	9.35	12.73	2.79	10.26	13.45	2.55	14.20	20.17
宁波	2.74	8.67	11.54	2.47	8.61	10.80	2.21	12.59%	16.75
厦门	3.10	4.99	6.20	2.42	4.56	5.52	2.33	6.17	8.05
深圳	2.63	1.18	1.31	2.12	1.83	2.07	2.25	3.22	3.94

数据来源:作者据各市历年全国人口普查数据整理制作。

在人口结构上的"时间后发",有利于厦门参鉴其他城市的发展经验。较早步入老龄化社会的宁波,经过多年发展逐渐形成了机构养老的"宁波模式",特点是形成"以人为本、满足老年人需求、维护老年人权益、维护老年人尊严、肯定老年人价值"的机构养老理念,以及机构养老运行制度化、机构标准化、队伍专业化、管理现代化和医养融合等发展趋势特征。[1] 而与厦门同样作为"年轻城市"的深圳,其在应对老龄化问题上,采取了分级构建养老服务设施空间网络、全域统筹养老服务设施空间布局、充分挖潜存量资源增加服务供给、大力提升养老服务设施服务品质等规划策略。厦门可以从上述经验汲取镜鉴。

3.产业优势

厦门全市经济社会发展健康平稳,第三产业市场活跃。一般规律上,高发

---

[1] 周国明,贾让成.机构养老的宁波模式[M].杭州:浙江大学出版社,2016.

达的经济体,其第三产业通常占据整体就业的主导地位。自2012年厦门第三产业成为厦门社会经济发展的"龙头"以来,其所占比重逐年稳步上升(见图1)。2023年所占比重为64.1%,高于全省的50.0%、全国的54.6%,在目前所有计划单列市中也居于榜首。

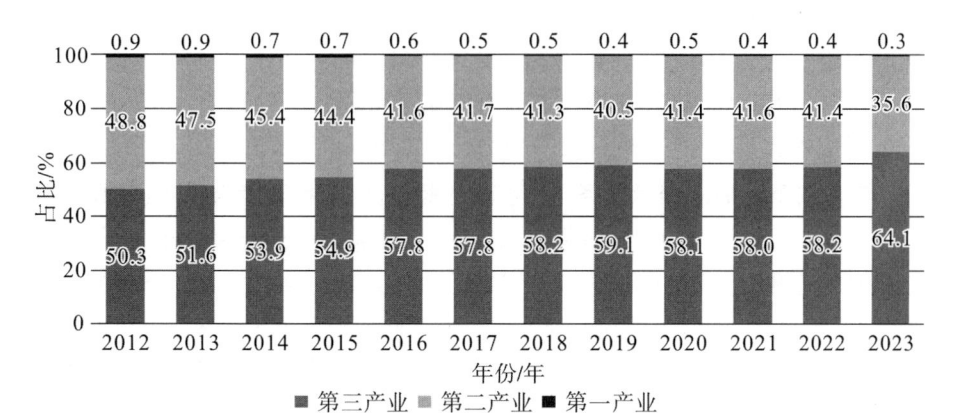

图1 2012—2023年厦门三次产业增加值占地区生产总值比重
数据来源:历年厦门市国民经济和社会发展统计公报。

厦门第三产业的良好发展水平为机构养老服务的高质量发展奠定了坚实基础。首先,高发展水平的第三产业带来了更大的经济拉动力,吸引更多的投资和资金流入,支持养老服务机构进行设施更新、技术升级和服务创新,进而提升服务的整体质量和可持续性发展能力。其次,高发展水平的第三产业积累了服务业的优秀人才储备和丰富管理经验,为提升机构养老服务的管理、运营和服务质量筑了优质的行业环境氛围。最后,第三产业通常是技术应用和创新的重要领域,高发展水平的第三产业意味着服务业的专业化和技术化程度增强。受益于服务行业的整体性进步,养老机构能够提供更专业、更高质量的养老护理和服务。

二、厦门市机构养老服务发展历程与建树

长期以来,厦门紧扣社会需求,积极求变、科学谋划,持续推进机构养老服务建设,服务规模稳步增长,不断规范繁荣,取得显著发展成效。

(一)厦门市机构养老服务的发展历程

1.机构养老服务年深月久,首家社会福利院与新中国同龄

新中国成立后,国家通过创建和设立救济性福利事业单位解决当时社会上一批城镇流离失所困难人群的收容安置问题。1956年,内务部出台文件决

定为老年人单设社会福利机构性质的残老院,后更名为养老院或社会福利院,形成与社会救济工作相分离的独立系统。总体上,这一阶段的机构养老政策以解决城市"三无"人员和农村"五保"老人的基本生活为重心,政府在机构养老服务中承担"兜底保障"责任。相应地,前身为新中国成立前的"救济院"的厦门市社会福利院于1949年11月正式成立,被纳入了统一的社会福利工作体系当中。1980年,厦门市社会福利院从梧村迁建松柏小区,成为"赢得国内外参观者的好评,被民政部领导誉为全国第一流的社会福利院"。[①] 其现直隶于厦门市社会福利中心,继续发挥作为公办养老机构的职能。

2. 与改革开放的养老服务"社会化"趋势同步,机构养老服务规模稳步增长

改革开放是我国养老服务体系进入变革发展阶段的关键契机。伴随"社会福利社会化"观念的引入与探索实践,1984年民政部提出"社会福利社会办"的发展思路,机构养老发展进入提速期。此后一系列法律政策文件陆续出台,为养老机构的性质、资金来源、责任主体、管理主体、政策扶持等软硬件方面提供明确规定,助推社会组织、企业、个人等投资主体投资发展民办养老机构,机构养老服务收养对象扩大化、供给主体多元化发展趋势增强。这一阶段,社会力量进入机构养老服务领域的积极性不断激发,民办养老机构规模高水平增长,养老机构的社会化发展进入快车道。

厦门作为改革开放的前沿阵地,其机构养老服务发展与改革进程也处在前列。1980年厦门被批准为"经济特区",为厦门机构养老服务发展与改革奠定了基础。1999年,厦门探索社会福利社会化,通过实地考察,共批复成立社会办养老机构5所。面向21世纪、研究新情况、探索新路子,厦门利用多种途径兴办养老服务事业。2001年厦门"十五"计划纲要将养老服务列为新兴服务业发展重点之一,并配套制定《厦门市老龄事业"十五"规划》细化具体奋斗目标。2006年厦门"十一五"规划纲要提出,积极发展老龄事业,建立以家庭养老为基础、社区养老为辅助、公共养老为补充、养老保险制度为保障的养老模式。随后《厦门市老龄事业发展"十一五"规划(2006—2010年)》对建立多元社会化养老发展格局进行布置。截至2010年底,厦门全市共有养老机构39家、床位5070张,其中,民办养老机构30家、床位3220张;基本形成高中低档一体,管理服务较为规范的养老服务体系。改革开放以来至厦门"十一五"收官之年,厦门养老机构规模稳步增长(见图2)。

---

① 厦门经济特区年鉴编辑委员会.厦门经济特区年鉴1986[M].北京:中国统计出版社,1986:202.

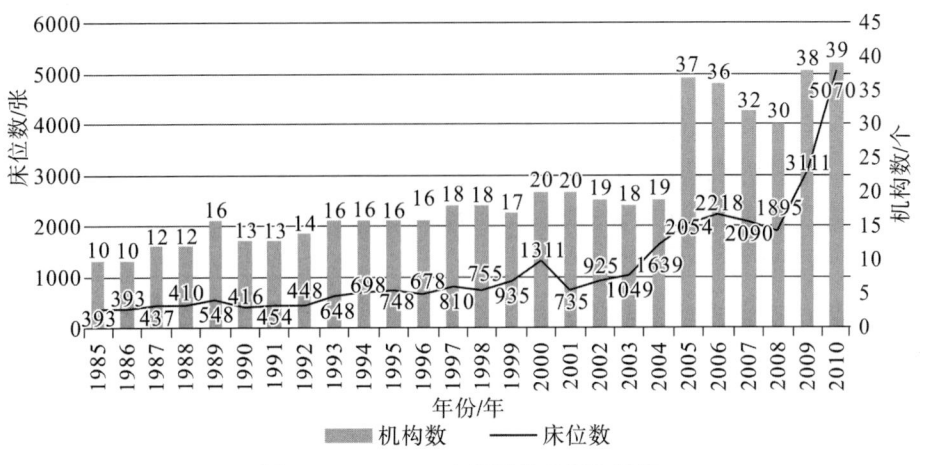

图 2　1985—2010 年厦门养老机构规模

注:1985—1989 年数值为各类社会福利院情况,1990—1998 年数值为敬老院福利院情况,1999—2010 年数值为收养性福利单位情况。

数据来源:作者据 1990—2011 年《厦门经济特区年鉴》、1997 年《厦门社会发展年鉴》、2000—2002 年《中国民政统计年鉴》整理。

3.背靠新时代国家养老服务发展新机遇,机构养老服务规范繁荣发展

中国特色社会主义进入新时代翻开了我国养老服务发展的新篇章。党的十八大以来,国家系统性推进养老服务的政策制度供给。一是加强顶层设计,确立了我国居家社区机构相协调、医养康养相结合的养老服务体系建设方向,机构养老的定位更加清晰。二是深化养老服务社会化改革,鼓励社会资本参与社会养老服务,引导社会力量开展专业化、多元化照护服务。三是优化养老机构职能定位,注重服务均等性和可及性,促进公办养老机构保基本、兜底线作用,加大普惠性养老机构扶持力度。四是构筑强制规范,引导养老机构服务规范化、标准化和精细化发展。得益于国家政策的支持,全国各类养老服务机构和设施从 2011 年的 4.1 万个增至 2022 年的 38.7 万个,床位从 353.2 万张增至 829.4 万张。

厦门背靠国家良好政策制度环境,积极主动作为,机构养老服务迈向规范繁荣发展新阶段。2013 年厦门《政府工作报告》贯彻落实党的十八大精神,明确提出加快社会养老服务体系建设,支持社会力量兴办公益性养老服务机构。对此,厦门出台一系列政策文件,力争到"十二五"末,全市民办养老服务机构床位数达到 70%,各区民办养老机构床位数达到本辖区户籍老年人口数的 20‰以上。此后,厦门持续推行"发展养老服务业,支持新建扩建养老机构"的政策取向。随着 2016 年《厦门市老龄事业发展"十三五"规划(2016—2020

年)》养老设施建设提升行动的提出,厦门加大养老机构建设力度,高端养老全面发力。"十四五"以来,厦门谋时而动、踔厉奋发,多办法、多举措系统实施,机构养老服务发展更上层楼。截至2023年底,厦门全市公办养老机构9家、床位2812张,民办养老机构36家、床位9569张,总养老机构45家、床位12381张,这些机构超70%成立于党的十八大之后。党的十八大以来,厦门养老机构数量总体稳中有进,机构床位数增幅明显(见图3)。

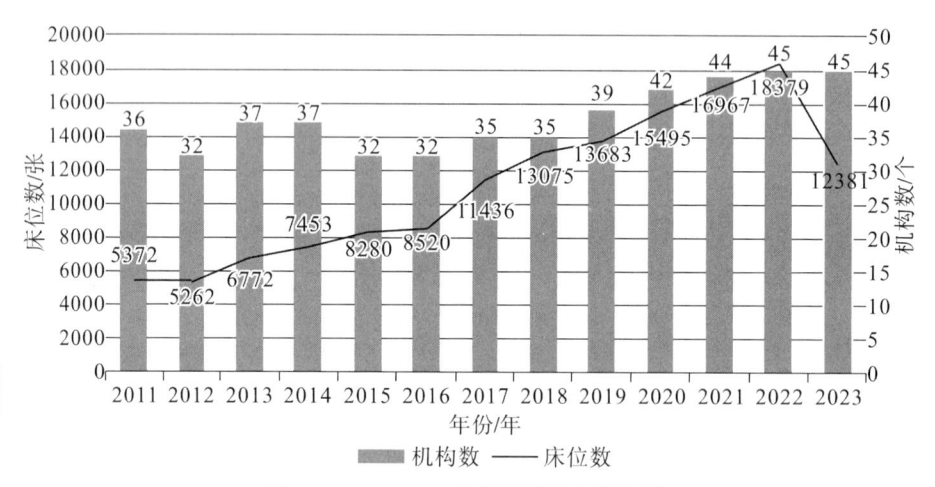

图3 2011—2023年厦门养老机构规模

数据来源:作者据2012—2020年《厦门年鉴》、2021—2023年《厦门经济特区年鉴》、《厦门市2023年国民经济和社会发展统计公报》整理。

(二)厦门市机构养老服务的发展成效

1. 形成多层次配套政策制度

一是顶层设计逐渐完善。长期以来,厦门持续加强顶层设计,探索制定有关法规、标准、办法,奠定了机构养老服务健康稳步发展的坚实基础。立足社会需求和实践发展变化,近年来厦门立法力度持续加大。为加强养老服务机构财政扶持资金管理,2019年3月厦门市民政局、市财政局印发《厦门市养老服务机构财政扶持资金管理办法》。根据新修订的《老年人权益保障法》和民政部、福建省民政厅关于取消养老机构设立许可,加强事中事后监管的相关政策文件,2019年4月厦门市民政局制定《厦门市民政局关于做好取消养老机构许可后有关工作的通知》及政策解读,梳理取消养老机构设立许可后养老机构登记、备案流程。2021年10月,厦门市民政局等部门联合印发《厦门市养老服务机构预收资金管理暂行办法》,填补了在养老服务机构预收资金监管方面的政策空白,是全国各地市出台的第一份专项政策文件。在标准体系建设上,厦门养老机构的标准已经比较系统成熟,已有养老机构建设、运营、管理方面的标准 30 余个。

二是保障支撑政策不断织密。厦门形成了涵盖养老服务设施建设、财务支持及税收优惠、行业监管、人才培养、医养结合等方面的政策支持体系,为机构养老提供了有力的全过程保障。近 3 年市级财政在机构养老方面投入资金近 2 亿元,从养老机构的硬件建设、机构运营、人才培养、信息化建设等方面予以补助。在人才保障方面,出台《厦门市养老服务人才奖励补助办法》,设立多项奖补,对相应从业人员给予重奖,政策力度居全国前列。近 3 年共发放养老服务人才奖补 390 万元,受益对象 448 人,奖励补助人次增长了 12 倍。在养老服务机构财政扶持资金方面,补贴涵盖床位建设、床位运营、床位综合责任险、特定服务对象、内设医疗机构一次性医疗设备、银行贷款贴息和养老医护学生定向培养、引进专业人才奖励等。得益于各项政策的支撑,厦门养老机构的服务供给能力和服务质量显著提升。

三是工作机制运行有序。厦门建立了多项工作机制,在机构养老服务领域形成了从政策制定到执行监督的完整链条,确保各项工作有序开展。在统揽上,成立了由市政府主要领导亲自牵头,分管领导具体主抓,民政、发改、财政、规划、住建、人社、卫健等部门及各区政府组成的厦门市养老服务工作领导小组,建立工作协调机制,定期召开工作专题推进会,高起点谋划部署、高标准推动落实。市委、市政府每年将养老服务设施建设纳入为民办实事项目和政府绩效考核范围,各成员单位按职责分工、紧密协作配合。例如,由规划部门牵头,将养老服务设施建设等纳入全市详细规划管理,按照"一年一体检,三年一评估"的方式,针对养老服务设施等专项规划实施效果进行定期分析和评价。另外,厦门建成全市统一的智慧养老信息平台,建立养老信息化指挥调度机制。此外,由民政、卫健、老干、教育、人社等 33 家成员单位组成市老龄委,强化综合协调与督促指导作用,协调成员单位共同推进全市老龄工作,主要涉老单位已初步建立起涉老数据信息共享机制。

2. 形成紧密养老机构网络

在结构分布上,养老机构层次鲜明。兼顾差异化和均衡性,厦门现阶段形成了"基础有保障、中端有市场、高端有选择"的养老机构结构层次。所谓"基础有保障",即政府投资举办的养老服务机构发挥托底保障作用,为厦门市"三无"老人、"五保"老人、低收入老人、经济困难的失能半失能老人提供无偿或低偿的供养、护理服务,由市、区政府给予相应的福利保障。"十二五"期间,厦门已实现"一市一区一中心"的机构建设目标。所谓"中端有市场",即坚持普惠性、市场化,鼓励社会资本兴办各种形式的社会养老服务机构和设施,提供方便可及、价格可负担、质量有保障的养老服务。近年来厦门普惠性养老机构占比趋增,2023年度有22家,占总数的48.9%,大幅高于2021年度的37.2%、2022年度的36.2%。所谓"高端有选择",即按国家规范标准建设,由一流团队运营管理,运用先进互联网+养老服务管理技术,专注适老化、智能化、专业化、医养融合,打造集老年人生活、医疗、文化、娱乐于一体的高品质养老服务。2022年,厦门在全省率先落地运营首个高端养老服务项目(泰康之家·鹭园),树立养老服务行业标杆,为康养服务带来高品质示范。现共有3个高端养老项目已落地,根据市政府规划,岛外选址还有2个项目正在招商引资中。

在空间分布上,养老机构覆盖全面。厦门养老机构的空间分布科学嵌合了全市老年人分布热力图,实现养老资源的精准投放、合理调度与共享,使养老机构能够覆盖更多的老年人口,保障养老服务获取便利性。在全市的43个养老机构中,除2个市级养老机构外,思明区12个、占28%,湖里区9个、占21%,集美区7个、占16%,同安区6个、占14%,翔安区4个、占9%,海沧区3个、占7%(见图4)。按照"七普"数据计算,在全市49.4万老年人口中,思明区16.0万人、占32.4%,湖里区7.5万人、占15.2%,集美区6.9万人、占14.0%,同安区8.1万人、占16.4%,翔安区6.3万人、占12.7%,海沧区4.6万人、占9.3%(见图5)。各区养老机构数量占比与其老年人口占比基本匹配。

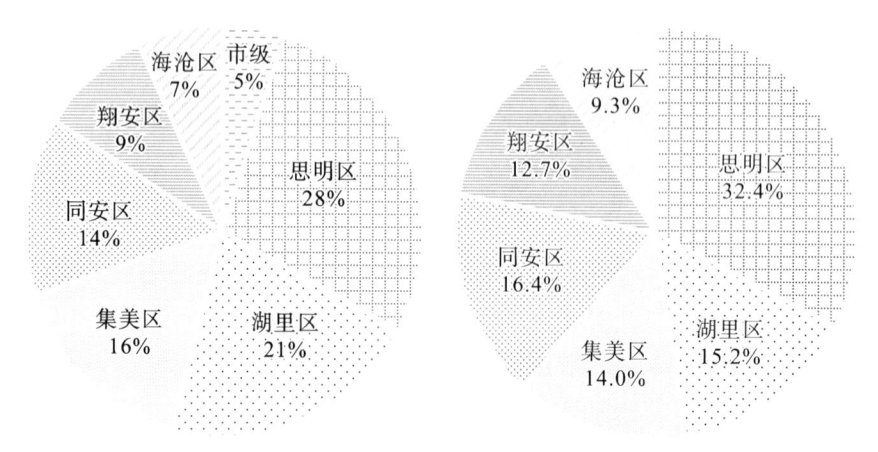

图4 厦门养老机构区域占比　　图5 厦门各区老年人口占比

图片来源:作者自绘。

在功能分布上,养老机构类型多样。针对收住老年人差异性,厦门养老机构功能定位多样化。一是5家社会福利性质的养老机构,通过政策性床位为户籍特困老人、低保老人、残疾老人、孤寡老人、失独老人等提供照护服务,满足自理、护理、认知症老年人的持续照料需求。二是8家公寓式养老机构,以老年人日常生活习惯的便捷为依托,除"住、养、学、乐"等基本服务外,部分机构还能为入住老人提供全护、半护、临终关怀等服务。三是14家医护型养老机构,集"医疗、护理、康养、营养、养生、照护、养老助具、养老社工"等服务于一体,为高龄、失能、失智、残疾、重度残疾、临终关怀等老人提供专业照护。四是16家综合性的养老机构,注重"养、医、护、学、康"等服务与"吃、住、行、游、养、娱"等需求的均衡兼顾,保障自理、介助、介护型老人的养老需求。

3.形成多样服务运作模式

机构养老服务运作模式涉及服务供给与服务结合两个层面。一方面,厦门机构养老服务供给形成了多种模式。其在建设主体上分为公办(7家)和民办(36家),在运营性质上分为营利性(18家)和非营利性(25家)。具体有公办公营、公建民营非营利性、公建民营营利性、民办非营利性、民办营利性5类(见表4)。模式的多样化具有诸多裨益:第一,不同类型的养老机构形成优势互补,为老年人提供了从公益性到市场化的多样选择。第二,通过市场化机制引入竞争,激发服务创新和优化。第三,社会力量参与提高服务效率,缓解养老资源短缺,促进养老资源的有效整合和配置。

表4 厦门养老机构运营模式

类型	机构数/家	床位数/张	主要优势
公办公营	2	1400	政府全额出资并直接运营确保了资金的持续性和运营的稳定性,提供普惠性的社会福利服务,确保基本的养老服务覆盖
公建民营非营利性	3	878	政府提供基础设施降低了运营成本,非营利性有利于满足中低收入群体的需求,保障公益性;专业化运营提高运营效率
公建民营营利性	2	1039	政府提供基础设施减少了社会资本的初始投资压力,以营利为目标,有效吸引社会资本投入运营;专业化运营提高运营效率;满足中高端老年人的个性化需求
民办非营利性	20	5265	能够通过吸引捐助和政府补贴,降低部分运营成本,为更多老年人提供普惠性养老服务;数量较多,缓解政府养老服务压力,扩大服务覆盖面
民办营利性	16	3500	能够提供多层次的服务选择,满足经济能力较强的老年人的个性化需求;营利性吸引大量社会资本投入,激发养老产业发展和技术创新

表格来源:作者自制。

另一方面,厦门养老机构在服务结合上也形成了多种模式。第一,机构养老与居家社区养老结合的模式多样。一是"居家机构化"。养老机构进行服务延伸,与社区、家庭建立合作关系,具备较强智慧养老和护理服务能力的养老服务机构扩大服务范围,将养老服务机构的专业化服务拓展到老年人家中,为周边社区老年人建立家庭养老床位,充分运用适老化、智能化设备,配备居家上门专业服务人员,为居家老年人提供生活照料、康复护理等服务。二是"机构社区化"。养老机构通过扩大规模和提升服务功能,形成一个既具有机构养老特色,又兼具社区养老功能的综合性养老社区。例如,厦门市前埔养老院力图打造一个可以与父母一同入住,既不脱离社会,但又独立、开放的高端养老社区,其在属性上是养老院,用途上则是养老社区。两种模式代表了厦门养老服务体系的多样化与创新性发展。

第二,养老机构医养结合的模式多样。多年来,厦门探索医疗卫生与养老服务资源共享共建,2017年便初步形成机构养老的4种医养结合模式。[①] 一是以医带养。实力较强的医疗机构依托自身医疗资源,兴办养老项目或护理院。2023年,全市有12家养老机构由医疗机构设置或实际运营,养老机构与医疗机构毗邻经营,构建紧密医养综合体。二是以医进养。养老机构内设医务室等医疗机构,打造专属医疗、护理队伍,配备相关药品、医疗设施,机构老人可就地获得医疗服务。作为典型之一,厦门市蔡塘金厝边养老院构建起了"小病不出楼,常病不出院,大病直通车"的三级医疗体系,为老人健康护航。三是以医托养。有的综合性医院利用优质医疗资源托管相关机构的养老服务,如厦门市爱心护理院由厦门大学附属第一医院托管。四是以医联养。一些养老机构采取就近、自愿原则与附近医疗机构、社区卫生服务中心签订协议,建立帮扶机制,开辟就诊就医绿色通道,及时转诊。例如,厦门兴锦园老年公寓与厦门锦园中医院无缝对接,打造一分钟医养圈,确保老人救治及时。近年来,厦门养老机构医养结合规模稳步上升(见图6)。

4.形成可观服务供给规模

一是养老机构规模水平处于全省前列。厦门现有在运营养老机构43家,星级情况为一星级2家、二星级2家、三星级3家、四星级7家、五星级7家。在福建省9个地级市中,厦门三星级以上养老机构数量位列第二(14家),占本市养老机构总数的32.6%,居各市比例的榜首(见图7)。星级划分是对养老机构环境、设施设备、运营管理和服务等方面的综合评价,厦门养老机构的星级情况表明,厦门机构养老服务品质总体较为良好。而护理型床位指标则有利于反映养老机构对失能老年人的护理服务能力和水平,以及床位结构的优化情况。截至2023年底,厦门全市养老机构床位数12381张,护理型床位占比达78%,已超"十四五"预定的70%的目标,超过福建省60%、国家55%

---

① 李方芳.今后怎样养老? 医养结合看"厦门模式"[N].海峡导报,2020-11-18(14).

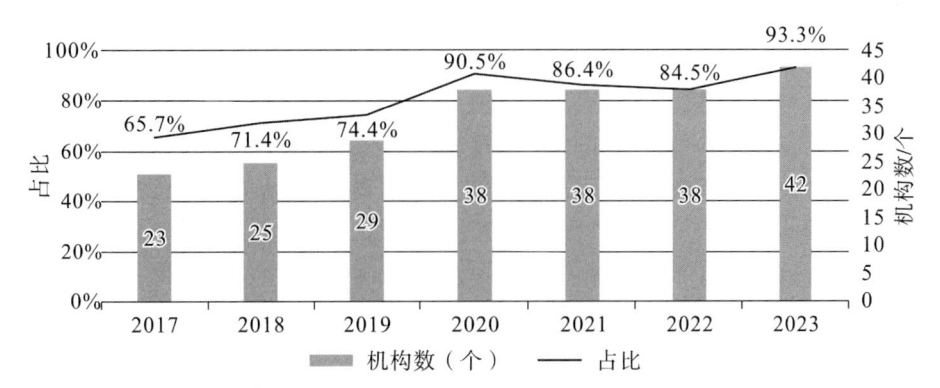

图 6　2017—2023 年厦门养老机构医养结合规模

数据来源:作者据 2018—2020 年《厦门年鉴》、2021—2023 年《厦门经济特区年鉴》、"厦门市民政局"网站数据整理。

的目标要求。机构床位整体入住率不断提高,2014 年入住率约 44.04%,截至 2024 年 1 月入住率近 50%,比全省高出约 14 个百分点,比全国高出约 5 个百分点。

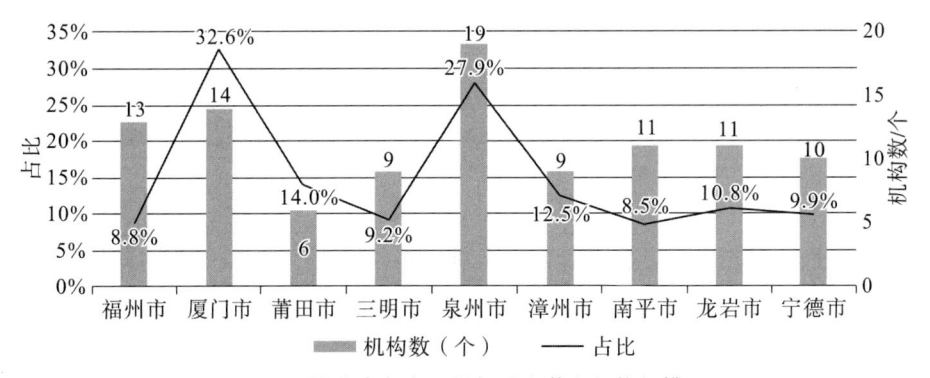

图 7　福建省各市三星级以上养老机构规模

数据来源:作者据"福建养老网"数据整理。

二是养老服务从业人员情况不断优化。厦门养老服务从业人员专业化、职业化水平持续提高,2022 年厦门市职业院校学生考取老年护理服务需求评估师 153 人、健康管理师 70 人、失智老年人照护职业技能证书 12 人;2022 年全市有 304 人报考养老护理员职业技能等级提升,其中,261 人获得相应的等级证书,报考和通过人数同比均增加了 10 倍。[①] 厦门现有养老服务从业人员

---

① 数据整理自厦门市民政局网站。

3880余人,养老机构员工人数2471人,占其中的60%以上。具体到养老机构的服务人员规模,按 $0<a<10$、$10\leq b<30$、$30\leq c<60$、$60\leq d<100$、$100\leq e$ 对养老机构进行分段,厦门各段分布比例呈"橄榄形",福建全省呈"三角形",表明厦门养老机构服务人员为中等规模的居多,福建全省中小型居多(见图8)。已有研究证实,中型养老机构的综合效率表现最佳,处于规模报酬递减的养老机构其服务效率反而会随规模增大而降低。[①] 因此,从服务质量、经济效益和可持续性发展角度来看,"橄榄形"结构更有利于养老机构服务的长远发展,特别是在城市或人口密集的地区。

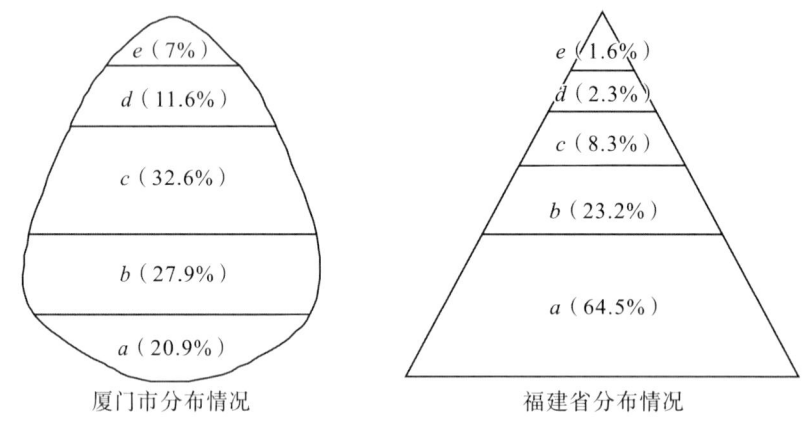

图8 养老机构服务人员规模的分布比例

数据来源:作者据"福建养老网"数据绘制。

5.形成多方良好社会评价

首先是得益于厦门各级党政部门的扎实工作。厦门服务业社会公众满意度连续多年高于全省平均水平。《2023年度厦门市服务业顾客满意度测评公报》显示,养老服务业(机构养老)在受测评的7个领域中得分最高。机构养老工作上也获誉频频。2021年11月,厦门5个养老案例获省级嘉奖,《集美区加强养老护理人才队伍建设》《湖里区多渠道扩展养老机构经营模式》等案例成为厦门养老服务工作改革创新的一个缩影。2024年4月,厦门市凭借打造的颇具地方特色的"近邻+养老"模式,以及构建居家社区机构相协调、医养康养相结合的多层次养老服务新格局等成效,入选全国基本养老服务综合平台试点。

其次是养老机构建立了良好社会信誉。2019年8月,厦门市民政局向福建省民政厅推荐的3家养老机构全部获评五星级养老服务设施称号。2023年,

---

① 任洁.机构养老服务效率研究——以厦门市为例[J].人口与经济,2016(2):58-68.

厦门市选送的厦门市社会福利中心和福建省伍心养老服务有限公司,分别作为公办养老机构和民办养老机构的服务标杆,被民政部授予"全国养老服务先进单位"称号,是福建省仅有受表彰的两家养老机构。另外,作为厦门市社会福利中心的一项工作业绩,金山养老院自2012年12月开办以来广获好评,获得多项不同层级的奖项或荣誉称号。2017年获评厦门首届"我最喜爱的养老院"的其他9家养老机构亦众口皆碑,在行业中竞争力显著。

(三)厦门市机构养老服务的发展经验

1. 坚持系统规划,一以贯之落实

习近平同志1986年领导制定完成《1985年—2000年厦门经济社会发展战略》,提出采取必要对策应对未来大量老龄人口的冲击,开启了厦门在老龄事业发展上的"系统规划"传统。厦门在机构养老服务发展上也对此加以贯彻运用。一是在历年厦门市国民经济和社会发展五年规划纲要中予以方向性确认,明确机构养老服务发展在经济社会发展全局中的定位。二是在老龄事业发展五年规划、民政事业发展专项规划中分别侧重,明确机构养老服务发展对应的基本任务。三是在养老服务体系规划中细化要求,明确机构养老服务发展与改革的具体任务。四是在养老设施专项规划中布局养老设施网络,着力改善老龄事业发展和养老体系建设支撑条件,明确机构养老设施建设的"近期目标"与"远期目标"。正是以多层次的系统规划,明确了机构养老服务发展的目标、重点任务和时间表,合理配置多要素资源,推动机构养老服务可持续发展,确保了养老服务体系的整体性和协调性。

贯彻落实是确保系统规划变现的关键。厦门持续制定相应的责任分解表、实施细则或行动方案,如2012年《厦门市人民政府办公厅关于印发厦门市"十二五"老龄事业发展规划主要任务责任分解的通知》、2020年《厦门市民政局等五部门关于印发厦门市养老服务设施规划建设实施细则的通知》等,详细规定了不同阶段的工作目标、主要任务、政策措施、保障机制、重点任务分工等内容,构筑起了机构养老服务发展的行动进路。在此基础上,明确各相关部门和单位的责任分工,形成齐抓共管的工作格局。其中,作为重要职能部门的厦门市民政局,在其年度工作计划中持续纳入有关机构养老的议题,确定全市民政系统年度"行动纲领",为全市民政系统开展有关机构养老服务的工作提供了具体抓手。正是有了具体部门的具体落实,使得机构养老服务发展从"擘画"变成"具化"。

2. 坚持动态治理,推动规范运行

动态治理强调政府部门对机构养老服务管理的即时性、灵活性和过程性。厦门在实施动态治理过程中双管齐下。一是实施"数智监管"。在床位监管、业务监管、人员监管、资金监管、安全监管等方面深化信息技术应用,对养老机构开展全要素管理,将"数智监管"覆盖养老服务全过程。结合机构消防巡查、人员值班、食品安全等安全管理内容,依靠视频监控对养老机构安全进行智能实时监管。伴随养老机构设立备案制的推行,厦门大力打造养老服务与监管信息平台,要求养老机构借助专门服务端口,按时填报、动态更新机构备案、入住老人、床位运营、从业人员等信息,而民政部门通过"双随机"检查、视频监控抽查、处理信访投诉等方式,核实信息的真实性和准确性,纳入诚信经营记录。二是强化专项治理。落实"双随机、一公开",通过随机抽查的科学方法和信息化手段,加强养老服务机构消防安全、燃气安全、建筑安全、服务安全、防诈骗等方面的排查整治。深化推动"点题整治",排查形成问题清单,督促开展立整立改。通过专项治理,及时总结梳理好经验、好做法和新情况、新问题,并由突击性的集中排查整治向依靠制度常态化监管的长效机制转变。

动态治理增强了养老机构的适应性,而规范运行则确保其服务的稳定性和标准化。厦门在推动养老机构规范运行上也多措并举。一是推行统一标准。抓《养老机构服务安全基本规范》强制性国家标准贯标达标工作;要求养老机构严格按照国家标准《老年人能力评估规范》对收住对象开展评估工作;要求公建民营养老机构严格落实《厦门市民政局关于调整普惠性养老服务机构收费标准的通知》,规范入住老年人的能力等级评估和收费价格;实行统一的养老机构等级评定制度。二是培训与督导。厦门市民政局每年印发《养老服务从业人员分级分类培训实施方案》,按照养老机构培训、区级培训、市级培训的模式,对全市养老从业人员分时段、分区域、分批次集中培训,年均培训从业人员9千多人次。三是评估考核。每年定期、不定期采取实地查看等方式,对机构的运营管理、经费投入、收费标准、收益支出、人员待遇、服务质量、公众评议等内容开展检查,并向社会公布检查结果。建立星级评定机制,根据有关标准开展星级评定,将机构星级评定结果与建设补贴、运营补贴挂钩,督促养老机构对标先进、查摆不足,努力提高服务质量。

3.坚持多元共建,促进高效发展

多元共建是指在养老服务体系中,多方主体共同参与,通过协同合作、资源整合,共同推动机构养老服务的发展。一是广泛参与,吸引和调动社会各方力量,鼓励社会资本、企业、社会组织、社区和家庭积极参与机构养老服务的建设和管理。二是协同合作,各主体根据自身的优势和资源,在政策制定、资金支持、服务供给、运营管理等方面形成合作机制,互补短板,形成协同效应。三是资源整合,对资金、人才、技术、设施等资源进行整合和共享,避免资源浪费,提高养老服务供给的效率和质量。厦门机构养老服务的多元共建进路,首要举措是政府的政策引导。厦门出台专门扶持政策,针对社会力量兴办养老服务机构细化扶持举措,鼓励社会资本和社会力量进入养老服务领域。其次是积极引入市场机制。鼓励社会资本通过公共私营合作制(public-private-partnership, PPP)模式、合作运营等形式,进入养老服务市场,参与养老机构的建设和管理。2008年,厦门在全国率先实行公办养老机构"公建民营"运营模式,该模式以"留足30%的床位给政府确定的保障对象,其余70%留给市场"为核心做法,有效兼顾公平与效率。经过多年推进,公办养老机构社会化运营率目前已超过80%。

多元共建目的在于扩大养老服务供给,注入机构养老服务高效发展的动力。多方协作和资源整合大幅提升了养老服务的质量和覆盖面,老年人能够获得更专业、更全面的服务;市场化运作与社会力量的参与激发了服务创新,为提供多样化、差异化的养老服务构筑了坚实基础,养老服务供给的效率和灵活性也大大提高。近年来,厦门积极引入泰康、太保、国寿、禾康、青鸟等国内养老龙头企业来厦设立养老服务机构,将先进的服务理念和管理经验带入厦门,以及安排财政专项资金支持智宇、德善堂、老来俏、和欣等本地民办养老服务机构连锁化、规模化发展,引导建发、象屿、国贸等具备较强实力的国有企业深度介入养老服务行业,增加普惠型养老服务供给。未来,着眼推动以高品质养老为标杆示范、与高素质高颜值现代化国际化城市相匹配的养老服务业品质化建设,多元共建仍是不可或缺的方略。

三、厦门市机构养老服务发展存在的问题

经过各阶段的持续推进、各方面的共同努力,厦门机构养老服务表现亮眼,赢得了社会各界的广泛赞誉。成绩固然可喜,问题也不容忽视。当前,厦门机构养老服务在发展支撑、供需平衡、服务结合、机构建设等方面还有不少短板,应予充分重视。

(一)机构养老发展支撑不够有力

1.法规政策供给与机制运行问题

一是养老服务法规标准不够健全。当前厦门在养老服务方面制定的多项标准更侧重于基础服务,对于个性化服务、智慧养老、医养结合等新兴服务需求的标准建设相对滞后。此外,目前养老机构中的医疗设施覆盖率和护理质量的标准化管理还需进一步加强。服务通用基础标准、服务提供标准、养老服务管理标准、服务保障标准四大养老服务体系标准仍需完善,养老服务标准化建设离"覆盖全面、结构优化、科学实用、协调配套"的要求还有较大差距,有很大的发展空间。

二是养老服务政策体系不够完善。由于老人照护风险高以及经营环境的

特殊性,养老机构经营风险较大,难免发生"医闹"等状况。尽管厦门设有"医调委"以及《医疗纠纷预防与处理办法》,但现有的调解机制大多侧重于医院的医患纠纷,对于养老机构中的医疗事故和纠纷预防,仍需进一步细化预防措施和调解机制。此外,在资金监管、信用监管和违规惩戒、安全和设施管理等方面,有待进一步改进:部分养老机构仍存在资金管理不规范的问题,对养老机构的日常运营资金和养老费用收取的监管力度还需加大;信用监管体系的执行仍不够有力,表现为对养老机构违规行为的追责和公开披露还不够广泛,未能全面震慑潜在违规行为;养老机构一些基础设施和安全管理上的漏洞大都通过"点题整治"得到整改,但也反映出对养老机构在设施管理和安全隐患排查方面的常态化监管不足。

三是多部门统筹协调机制不够顺畅。在多部门的统筹协调上,协调机制尚未完全理顺,导致执行过程中存在沟通不畅、效率偏低的问题。机构养老服务涉及医疗、康复、消防、食品安全等多方面的监管和服务,当卫生、民政、人社、公安等多部门介入对养老机构的"齐抓共管"时,由于制度原因、行业差异、行政划分和财务分割等因素,加大了协调难度。虽然民政部门已经引入信用监管机制,并试图通过信息化手段提升监管的透明度和效率,但在实际执行中,跨部门的协作和数据共享仍不够充分,尤其是在养老机构备案及服务质量的动态监管上,还需进一步整合和完善。厦门需要以新一轮机构改革为契机,重新梳理完善涉老成员单位和议事协商机制,推动各涉老部门工作的联动配合。

2.养老软件与硬件设施支撑问题

一是养老信息平台管理有所疏漏。"i厦门"APP是厦门"1+3"智慧养老服务模式的重要构成和支撑,但在平台管理上存在部分疏漏。其一是部分信息更新不及时,与"福建养老网"对比可以发现,"i厦门"APP对养老机构变化及相应的位置、场所、床位、星级、服务种类、价格等信息更新严重滞后。其二是部分板块信息展示不全面,"i厦门"APP中有的养老机构简介粗糙甚至缺失,部分机构的员工人数、收费区间、收住对象等信息还存在缺失或不完整问题。这些疏失直接影响了老年人及其家属获取养老服务信息的效率和准确性,降低了用户体验和信任度,阻碍机构品牌宣传和资源信息传递,并对平台形象造成减损。

二是养老机构布局不尽合理。厦门已实现养老机构辖区全覆盖,但从机构分布热力图看,呈现岛内稠密、岛外稀松的特点,近53%的养老机构集中于岛内。从每千名老年人床位数看,岛内为34.5‰,岛外为15.4‰,且各区分布不均衡,与各区老年人口所占比例不完全匹配:思明区为16.5‰,湖里区为54.1‰,集美区为18.9‰,同安区为18.2‰,翔安区为10.5‰,海沧区为11.8‰。

养老机构的不均衡分布潜藏着一些不利影响,如岛外老年人获取养老服务的便利性降低、岛内养老机构运转压力加重、区域间社会公平性受损等,也可能会限制养老产业的均衡发展,导致岛内养老机构竞争激烈,而岛外市场潜力未被充分挖掘。

(二)机构养老服务供需矛盾多点凸显

1.机构养老服务供给的总体效率问题

厦门养老机构的总体入住率与其他较发达城市相比仍有较大的提升空间。2022年上海养老机构总体入住率为53.7%。同类型城市的青岛,则将2024年目标设定为全市养老机构平均入住率提高到70%。厦门养老机构的入住率问题,宏观上与厦门"9901"的养老服务供给格局有关,即近99%的老年人居家社区养老,近1%的老年人机构养老。截至2024年7月,入住养老机构的老年人5756人,占全市户籍老年人总数的1.26%。同全国"9703"的格局相比,需求侧培育的不充分性严重制约了厦门市养老机构的入住率。而微观原因或是受限于老年人的经济负担能力。2023年,厦门市全体居民人均可支配收入约5920元/月。按照"i厦门"APP显示的各养老机构收费价格计算,最低平均收费约3767元/月,实际最低收费1600元/月,最高平均收费约8102元/月,实际最高收费21000元/月。由此估计,人们每月在养老机构的支出将占据可支配收入的大头,经济压力不言而喻。经济能力有限的老年人对选择到机构养老只能望而却步。养老机构入住费用超出了不少老人的实际消费能力,导致有效需求不足。入住率不够高将直接影响养老机构的经营状况与发展可持续性。

2.养老服务机构入住率的差异问题

不同类型养老机构存在明显的供需差异。在养老机构的床位平均入住率上,公办(含公建)为75.4%,民办为66.5%,非营利性为74.6%,营利性为59.6%。进一步细分:公办公营为95.1%,公建民营非营利性为71.6%,公建民营营利性为52.1%,民办非营利性为69.6%,民办营利性为61.9%。[1] 可以看到,公办养老机构床位总体入住率高于民办,非营利性高于营利性,即使同为公建或同为民办,非营利性也要高于营利性。相较而言,民办养老机构的社会接受度不如公办养老机构,在市场竞争中处于相对劣势。较高入住率的公办和非营利性养老机构在满足基本养老服务需求方面发挥了重要作用,但也面临资源紧张和服务质量压力。研究显示,养老机构的入住率越高,其服务效

---

[1] 作者据"福建养老网"的床位数据统计计算,统计时间为2024年9月13日。

率也越高。① 而民办和营利性机构的低入住率导致资源浪费和运营困难,面临"补贴少—收费高—入住率低—补贴少"的恶性循环,影响了养老服务市场的整体效率。特别是,机构差异问题若加剧将演化成马太效应,即公办和非营利性养老机构由于资源、政策和信誉等方面的优势,吸引了更多的入住者,进一步巩固其市场地位,而民办和营利性机构则可能因为入住率低、资源不足而陷入发展困境。

3.机构养老服务的人才供给问题

厦门养老服务人才紧缺问题还客观存在。养老护理人员流动性大、流失率高仍较为突出,而与此形成反差的,是产业需求旺盛,护理与康复复合型人才缺口极大,现有培养机制和模式远远无法满足需要,人才瓶颈可能影响养老产业高质量发展。② 参考上海每万人实际有39.8名养老护理人员来计算,厦门至少需要养老护理员1.2万余名,而现有实际从业者3883人,缺口明显。养老机构医护人员受工资待遇、社会认可度、工作环境、晋升机会等因素影响,部分从业人员长期从事养老照护工作的意愿不是很强烈,不乏人员入职"朝录夕辞"的状况。人才供给问题的成因,微观上受个体在考虑从事养老服务工作时的个人回报率影响,并伴随工作强度和工作待遇状况而浮动,宏观上则与地方高校的"志愿失灵",以及政府部门对此的匡正举措有效性欠缺密切相关,表现为规模不足与引导乏力的矛盾、培养标准缺失与监管缺位的矛盾、投入不足与财政支持少的矛盾。③

(三)养老机构服务结合仍需加强优化

1.养老机构嵌入居家社区养老问题

一是服务项目有限。养老机构嵌入居家社区养老的终极目标是服务功能嵌入,但部分嵌入社区的养老设施受限于场地规模,无法提供多样化的活动和服务,无法满足老年人对更高质量、更多样的养老服务需求。老旧城区和城中村的机构养老服务覆盖面还不够广,老城区老年人入住养老机构的需求得不到较好满足。二是协同性不足。"嵌入式"养老模式作为机构养老和社区居家养老两种模式上的补充和整合,对养老机构的资源投射能力和服务及时性提出了很高的要求,以支撑其将养老服务资源高效"送上门"的同时,保持服务成本在合理区间。因此,对那些较强智慧养老和护理服务能力的养老服务机构,政府在"鼓励"其扩大服务范围的同时,还需要构建协同衔接网络。厦门正在

---

① 伍小兰.中国长期照护体系的发展与思考[J].老龄科学研究,2017,5(5):3-14.
② 陈挺.如何打造"没有围墙的养老院"?[N].福建日报,2022-04-22(008).
③ 刘娜.厦门市非营利性民办养老服务机构人才供给研究[D].厦门:华侨大学,2018.

构建"一刻钟养老服务圈",以打通家庭、社区和机构养老服务的最后一公里,但在实际操作中,三者之间的协同度仍需加强,特别是在资源整合和服务衔接方面,尚未形成高效的服务网络。

2.养老机构医养康养结合问题

一是资源覆盖不均衡。整体医疗资源的覆盖还不够广泛,部分养老机构可能因地理位置或规模问题,难以获得同等水平的医疗支持。部分养老机构依赖医疗服务外包模式,这容易在利益不均衡的情况下导致合作中断,影响服务的持续性。二是资源设施配套不足。一些养老机构设施设备的现代化程度和医疗专业人员的配备仍有待提升。部分养老机构内部缺乏专业医疗设备,且医疗服务主要依赖外部医院提供,导致应急响应能力有限。部分医养结合的养老机构是由传统养老机构转型而来的,医疗服务功能较弱,与专业医疗卫生机构的衔接配合水平较低。三是服务不系统。部分养老机构医疗服务多数只涉及基础护理,未有健全的医养服务体系,医疗资源和养护资源整合协同率低,多元化、个性化的医疗康复保健服务可选项仍然较少。养老机构医务室医疗服务水平有限,还不能很好地满足老年人多样化医疗卫生服务需求,未能高效融入健康管理、疾病预防、康复治疗等医疗保健服务。

(四)养老机构自身建设存在不少弱项

1.环境设施建设问题

部分养老机构整体环境与硬件设施配备的适老化程度不佳。建设时间较早的部分养老机构环境老化现象明显,室内设计舒适性不高(如房型仅有多人间、空间逼仄、隔音效果差),硬件设施更新不及时,功能分区不够合理。以往通过对部分老机构开展"专家体检式"消防安全专项督导检查,发现共 168 处问题。[①] 目前一些机构的消防安全基础设施仍有不少细节问题,整改力度还需加强。由于机构选址、房屋结构的限制,一些机构缺乏适当的娱乐和康复设施,老年人的生活活动空间有限,难以满足多样化的文体需求。一些机构的无障碍设施配置有所欠缺,给老年人带来不便。

2.人力资源队伍建设问题

部分养老机构的人力资源配备不尽理想。通过"点题整治"发现,即使是公办、公建养老机构,也存在养老护理员配比不足的问题。"福建养老网"服务人员人数分段为"0~10"的养老机构中,以 1∶20 的最低配比来计算,便有 3 家配比不达标。因此,中小规模养老机构的养老护理员配比不足同样并非个

---

① 治理效果好不好?6 家养老机构——"体检"[N].厦门日报,2023-11-30(A12).

例。配比问题首先是受宏观上从业人员数量供不应求所致,但也和养老机构的薪资投入有关。"厦门人才网"显示在招护理员的养老机构中,设定薪资平均为4600~6600元/月,这在厦门平均工资水平中并无明显优势,加之工作内容要求细致,使得招聘难度加大。养老机构除了深受人才紧缺问题困扰,养老护理员的文化层次、职业化与专业化也总体不高。2022年,厦门全市大专以上学历养老护理员占比近20%,且养老护理人员普遍年龄偏大,超过法定劳动年龄的占35.5%。[1] 行业年轻化专业化趋势在增强(2023年大专以上学历养老护理员占30.7%),但整体结构显著改善还需要数年的推进。

3. 内部管理制度建设问题

"点题整治"排查出的问题,折射出了厦门部分养老机构在内部管理制度建设上的不足。消防和安全设施缺失、设施维护不到位、服务合同不规范、收费透明度不够、兜底保障管理不规范等诸多细节性问题[2],对养老机构的物业管理、安全与事故管理、服务质量管理、财务管理等制度的建设与运行发出了拷问。不少问题通过监管部门督促开展立整立改得到了即时性的解决,但在反馈到养老机构的内部制度修正、执行与自我监督上并非唾手可得,需要养老机构对内部管理制度建设的长期重视,从而提高养老服务的效果、效率、效益。

四、厦门市机构养老服务高质量发展的路径选择

厦门机构养老服务迈向高质量发展,既是应对人口老龄化的迫切要求,也是推动城市现代化和社会稳定的关键举措。高质量发展不仅要立足于厦门的实际条件,针对现实问题,采取新的应对措施,还应着眼于未来的发展动向,不断创新医养、康养结合的服务模式,推动智慧养老发展。

(一)加强顶层设计与政策支持

1. 制定和完善相关法规标准

中央明确提出,要建立健全高质量发展的指标体系、政策体系、标准体系、统计体系、绩效评价和政绩考核办法。因此,推进机构养老服务高质量发展,必须伴随以高质量发展观为统领的机构养老服务评价标准构建,以之为支撑手段。结合现有实际需要和未来趋势,厦门可以从两项具体的标准建设来逐渐扩展。一是养老机构长期照护服务综合评价指标。作为养老服务的立足点

---

[1] 钱玲玲.厦门发布养老服务人才奖励补助办法[N].海峡导报,2022-01-01(20).
[2] 厦门民政.完成整改!市民政局开展养老服务领域"点题整治"跟踪问效[EB/OL].(2023-12-01)[2024-10-10].https://www.sohu.com/a/740673993_121106994.

和难点,长期照护即在一段时间内给丧失活动能力或某种程度活动能力缺少的老年人提供健康护理、个人照料和社会服务。随着老龄化、高龄化和健康管理问题的日益严峻,长期照护服务需求剧增,如何评价老年人的长期照护质量也随之凸显。研究表明,综合国内外长期照护服务质量综合评价的维度、方法和指标体系来看,管理结构规范性、基础服务质量、医疗服务、心理社会支持和老年人健康管理质量5个维度及其内含的多个层级指标具有一定科学性和可行性。[1] 二是养老机构医养结合服务质量评价指标。构建评价指标全面评估养老机构在医疗服务与养老服务融合中的表现,推动医养结合服务模式的标准化和规范化,在确保服务质量和效率达标的前提下,提升养老机构在医疗与养老服务融合中的专业性和有效性。以"基础条件""人力资源""运营管理"为构成的结构指标,"生活照料""老年健康服务""院感管理""不良事件预防"为构成的过程指标,"社会评价""服务合格率""不良事件"为构成的结果指标等共同组成的评价指标体系,对评价医养结合机构服务质量有一定参考价值。[2] 厦门应当在科学论证、凸显地方特色的基础上吸收借鉴,加快建立体系化的高质量机构养老服务评价指标。

2.健全养老服务政策支撑体系

缓解机构养老服务的供需矛盾,需要健全一系列制度性保障和政策安排。一是建立有效需求的制度性保障,提高老人的照护支付能力。作为一个社会共性问题,老年人支付能力低是养老机构入住率悖论的重要因素。[3] 对此,应以优化社会保障制度为抓手,进一步提高老年人的高龄补贴、护理补贴和养老服务补贴等,为其在养老机构的支出开源。调整养老金分配结构和标准,针对低收入老年群体实行差异化补贴政策。在总结提炼开展试点工作以来各方面的成功经验做法、排查挖掘存在的不足和问题的基础上,加快推进建立长期护理保险制度,汇集各方力量共同承担老年人的护理费用。深入推进养老金融高质量发展,鼓励银行机构制定养老产业信贷政策,为有意入住养老机构的老年人设立针对性的消费信贷。二是完善税收优惠和价格调控政策,增加中低价位养老机构的供给。鼓励非营利性养老机构的发展,通过提供场地、税收优惠等政策支持其建设和运营,为中低价位养老机构扩大规模注入动力。发挥行政调节作用,引导价格较高、入住率低的养老机构进行定价策略调整,使之

---

[1] 李敏,宋冲,颜丽霞.养老机构长期照护服务现状及服务质量综合评价指标研究[M].沈阳:东北大学出版社,2021.

[2] 陶思敏,孙思露,吴仕英,等.医养结合机构服务质量评价指标体系的构建[J].卫生软科学,2023,37(11):38-43.

[3] 吴玉韶,等.中国养老机构发展研究报告[M].北京:华龄出版社,2015:121-122.

针对不同经济水平的老年人群体推出分层次的服务套餐,逐步降低入住门槛,吸引更多老年人入住。

3.构建部门职能科学配置下的监管闭环

科学配置有关部门的职能并由此构建形成监管闭环,是提升厦门养老服务领域治理效率和服务质量的外在制度保障。首先,要明确职能分工,理顺统筹机制。厘清各级政府主管部门的具体权责,制定明确的职责清单,细化各个部门在医疗、卫生、消防、食品安全等方面的监管职能,避免职能重叠或空白。其次,要优化信息共享,提升协同效率。充分应用云计算、物联网、大数据、人工智能等现代化手段,优化跨部门协作的信息共享和数据联动,加强卫生、民政、人社、公安等部门的数据互联互通。最后,要完善信用监管体系,提高动态监管能力。在现有信用监管体系基础上,推进多部门联合的信用评价机制,并通过动态监管平台,对养老机构的服务质量进行实时监控。健全完善综合监管能力建设,推动建立以"双随机、一公开"监管为基本手段,以重点监管为补充,以信用监管为基础的新型监管机制。建立"一站式"联合执法机制,实现一次性检查、一体化执法。建立跨部门的信用联合惩戒机制,将各部门的监管信息与机构评星评级挂钩,形成"一处失信、处处受限"的惩戒格局。

4.优化平台管理与设施建设布局

第一,加强智慧养老信息平台建设。继续完善智慧养老信息平台操作功能化、实用化、人性化建设,提升用户体验。针对平台管理疏漏,一方面,设立信息更新责任人制度,明确养老机构的信息更新责任人,规定定期更新机构信息的具体要求和时间节点,并对信息更新情况进行定期审查和通报,确保信息的及时性和准确性。另一方面,制定明确的信息录入标准和要求,细化信息展示内容,确保每个养老机构的展示信息内容完整、格式规范、易于理解。此外,建立健全评价和投诉机制,让用户可以随时反馈诉求和问题。继续围绕"智能化、多层次、全闭环、可持续"这一目标,推动平台的功能优化和服务升级,深化"智慧养老+"服务模式,拓展智慧养老信息平台的服务边界,打造覆盖老年人生活全场景的智慧服务体系。

第二,动态调整养老设施建设布局。以老年人需求为导向,以科学规划为指导,推进养老设施布局的合理化和均衡化。一方面,制定分区分类规划,优化空间布局。根据各区老年人口数量、经济发展水平、区域空间特点等因素,制定分区的养老设施建设目标。对岛内和岛外养老机构进行分类建设,在岛内应结合社区发展和老年人居住分布进行精细化布局,在岛外则应在交通便利、医疗资源丰富的地段优先布局大型养老综合体,以提升服务覆盖面和吸引力。另一方面,建立动态调整机制,增强资源灵活配置。建立全市老年人口及养老服务需求的动态监测和评估机制,充分利用智慧养老平台的数据支持,分析各区域老年人口的变化趋势、服务需求、入住率等数据,及时调整养老设施建设布局和资源配置。

(二)增强服务多元供给与协调发展

1.以开放性市场助推多元经营模式

养老机构增量、养老床位扩容,是厦门未来一段时间内机构养老服务发展基调。预计到2035年,厦门将建成养老机构94家。这意味着,厦门需要扩大开放养老服务市场,加大鼓励引导社会力量和社会资本投入机构养老产业,通过多元共建提升养老服务供给能力。首先,应进一步优化营商环境。正如2021年厦门市民政局印发《全国营商环境评价"养老服务"专项领域改进提升工作方案》提出,加快补齐短板和弱项,吸收借鉴国内先进地区和标杆城市的经验做法,推动全市养老服务工作提质升级,确保养老服务指标领域在营商环境评价中保持全国前列水平。秉持上述精神,持续优化营商环境,一方面,要深入破解用地空间紧张问题,对土地资源进行整合或转换,合理保障养老机构建设的土地供应;另一方面,充分落实各项优惠政策和补贴政策,解决养老机构运营成本、资金筹措等具体障碍。其次,应进一步探索多元经营模式。充分发挥市场机制,在已有公办公营、公建民营、民办等经营形式的基础上,拓展构建独资、合资、合作、民办公助、公办民营等多种经营形式并存的养老机构发展网络,对不同性质、不同形式的市场参与主体开展养老服务给予相应的政策支持,促进养老服务供给多元化。

2.推进多类型养老机构协调发展格局

养老机构发展既要增总量,也要调结构。对不同层次定位、运营性质、功能和规模的养老机构进行调控,确保各类型养老机构协调发展,形成优势互补,提高机构养老服务供给的效率和品质。一是协调3个层次定位养老机构的发展。"基础有保障"强调公办养老机构的兜底作用,在创新运营模式的过程中,必须防范偏离这一定位,杜绝以提高效率为名蚕食政策性保障床位;"中端有市场"要求普惠性养老机构兼顾基本养老服务供给与效率提升,应逐步提高自身养老服务品质;"高端有选择"既要发挥高端养老机构示范带动作用,又要限定其总体规模,避免过度挤占市场资源。二是协调5种运营性质养老机构的发展。针对公办公营、公建民营非营利性、公建民营营利性、民办非营利性、民办营利性这5种不同运营性质养老机构的服务供给效率差异,应当出台调节性措施,使五者保持在合理区间,避免养老服务供给市场马太效应的出现。三是协调4类功能养老机构的发展。社会福利性质、公寓式、医护型、综合性等不同功能养老机构的适度区分,契合了不同类型老年人的养老差异性,应当保持社会福利性质养老机构规模的稳中有进,加大医护型或综合性养老机构的覆盖面,以市场需求调节公寓式养老机构的数量。四是协调3种规模养老机构的发展。小、中、大3种规模的养老机构均有其适用场景,随着居家社区养老服务设施和机构的规模扩展,应逐步减少小规模养老机构的数量,并让其继续在社区的碎片化资源中发掘生存空间,逐步提高中型规模养老机构的数量,以保证资源整合与服务便利性,同时控制大型养老机构的总体数量,增强辐射性、降低空置率。

(三)厚实养老机构人才队伍

1. 产研结合,加强校企联培

作为一种双向促进的协同创新过程,产研结合有利于培养适应市场需求的复合型人才,是厦门厚实养老机构人才的不二之选。一方面,加大院校办学支持力度。依托厦门现有教育资源,对接机构养老服务实际需要,鼓励在厦高校、职业院校从课程设置上充分考虑行业真实情境与未来发展空间,增设老年医学、老年保健、老年教育、养老护理等相关专业,持续优化学科专业结构,扩大专业人才供给,以人才链支撑产业链。在人才培养体系上,从职业教育、本科教育、研究生教育多点发力,进一步明确培养目标、加强课程教材建设、完善实践教学体系。另一方面,扩大校企合作广度。鼓励相关学校与养老服务相关企业、机构对接,探索组建职教集团或产业学院,合作开办现代学徒制班,校企联合培养技术技能人才,完善养老服务专业人才培养体系,共同打造产教融合示范品牌。围绕完善多主体协同育人机制,加强服务产业学科专业建设、创新校企合作课程开发模式、共建校企实习实训平台、建立校企人才双向流动机制、推动大学生创新创业教育等,展开产学研合作。[①] 加强网络化学习平台运用,通过校企共建形成与养老服务机构需求相对接、教学内容与工作任务相统一的动态网络课程体系。

2. 训赛兼顾,着力能力提升

训赛结合是提升养老服务人员能力的重要手段。组织或参与各种技能比赛与培训,促使养老护理人员不断提升自己的职业技能与综合素质。一是以训促用。完善分级分类培训体系,推动落实省、市、区、养老服务机构四级培训和岗前培训、在岗培训、技能提升培训,持续完善市、区、部门、机构、院校、第三方等多级多方多平台多层次的养老从业人才培养培训体系。采取分级轮训方式,组织养老护理人员参加专业技能提升培训,以养老服务政策法规、养老护理知识技能、服务安全基本规范等方面的培训为基础,增加对新技术、新理念

[①] 陈磊.强化人才培养 高质量守护夕阳红[N].海峡导报,2022-01-19(04).

应用上的专门培训,开展适应机构实际工作需求的个性化授课,强化综合专业能力。以往,厦门每年举办全市养老护理人员、社会工作者等集训班,邀请全国民政行业养老护理领域的专家,采用"理论授课+实训操作"的方式进行,针对性、指导性和实践性显著,应当深化运用。充分发挥养老服务行业协会作用,鼓励其承办或组织养老服务人员的培训。探索建立全市性养老服务培训师资库,从一线优秀养老服务人员中选拔师资人选,免费选派外出进修。二是以赛增质。组织开展全市养老护理职业竞赛活动,"以赛带训""以赛促学""以赛促练",是厦门带动养老行业整体提升服务品质的有效经验举措。通过比赛展示个人能力,进而在全行业中树立标杆,激励更多从业者追求进步。因此,厦门可以适当筹划举办地方性、区域性甚至国家级的养老服务技能大赛,激发从业人员学习和提升技能的积极性,鼓励他们在工作中创新服务方式。同时,持续选送人员参加相关国赛省赛,展示养老护理人员队伍的业务技能和精神风貌。通过比赛评比,选拔优秀的人才并进行表彰和奖励。

3.多方联动,加大人才引进

机构养老服务高质量发展需要加大高水平专业人才引进,而要实现人才引进的多样化和广泛化,必须多方联动,形成合力。一是政府政策引领。如何把优秀人才引进来、使用好、保留住,一直是厦门养老服务工作的重要着力点。面对日益激烈的人才竞争,应强化从业人员综合激励,研究制定养老服务从业人员申请政府保障性住房、子女就读公办学校和实施从业年限奖励等方面的专项激励政策,在职业发展、增收渠道和精神激励上综合配套,吸引养老服务人才来厦门就业。搭建供需精准对接平台,助力相关人才顺利入职养老服务机构。充分利用区位优势,持续出台促进两岸养老服务从业人员交流政策。二是养老机构加大投入。作为人才需求直接相关方,养老机构必须发挥人才吸引的主动性。在重点考虑机构内部发展方向和发展规模的基础上,制订人员需求计划与人才吸引计划,明确合理的人员总量、人员结构和人员标准,加大人力资源投入,建立人才选聘制度,在全社会范围内广纳贤才。三是社会共同支持。在社会层面弘扬爱人才、尊重人才的氛围。社会各界通过实际行动支持养老服务人才的引进与留用,形成全社会共建的良好局面,如民间资本、国有经济、慈善基金、信贷资金等支持养老服务领域的教育、培训和人才引进。

4.综合施策,强化人才保障

促进养老机构人才"留下来、再提升",必须综合施策,帮助解决养老从业人员职业发展、工资福利、子女就学、住房问题等后顾之忧。一是健全薪酬福利体系。行业调查表明,提高待遇是养老服务人才呼声最高的诉求。[①] 应建立收入与职业资格级别相匹配的薪酬制度和动态机制,建立包括底薪、绩效考核、养老人才的保险和假日、生日津贴的综合薪酬体系。对长期从事养老服务工作的养老服务人员加大激励力度,按工作年限逐年提高年度绩效奖励水平;针对表现优秀的员工给予额外奖励,激发工作积极性。二是畅通职业发展通道。政府和养老机构应当为养老服务人员提供明确的职业晋升路径,拓展职业发展空间,增强人才的职业归属感和发展动力,并通过设立职业认证、职称评定等方式,提升其职业地位和社会认可度。三是完善社会保障。养老机构应为员工提供健全的社保、医保等社会保障,落实劳动权益保护,降低职业病发生率,提升其工作安全感。四是加强心理关怀。老年人属于高风险人群,机构员工在服务过程中会面临诸多突发状况,心理压力大,且负面情绪多数无法释放。针对养老服务从业人员工作压力大、流动性高等问题,应建立完善的心理支持系统和员工关怀机制,确保其身心健康。

(四)促进机构建设与提升服务能力

1.多措并举,拓宽养老机构服务结合路径

厦门打造智能化、便捷化、高品质的居家和社区养老服务网络,离不开养老机构的深度嵌入。而养老机构嵌入路径的拓展,首先需要其丰富服务功能。借鉴"模块化"的服务设计理念,根据实际需求进行动态调整,将养老服务项目分解为不同模块,如健康护理、康复训练、短期照料等,形成标准化、可选择的服务包。进而,以科技赋能服务配送,结合智慧养老平台实现灵活预订与上门服务,深度运用物联网、云计算、人工智能等高新技术,将养老服务机构的专业服务延伸到老年人家中床边,让老年人足不出户即可获得专业化的机构养老服务。其次需要增强养老服务的协同衔接与资源整合。一是制定协同衔接服务标准,针对不同类型的养老服务制定相应的服务规范和流程指引,确保机构、社区和居家养老服务之间在衔接过程中信息透明、职责明确、流程顺畅。二是完善"一刻钟养老服务圈"的落地实施,进一步细化服务布局和网点分布,重点扶持养老资源薄弱区域,合理布局服务设施,以增加养老机构的资源投射支点。

改善养老机构医养结合服务规模效率与纯技术效率,有助于增进养老机构医养结合的整体效能。就规模效率而言,养老机构应综合考量地理位置与政策导向,科学定位目标群体,提供精准服务,合理地计算入住容量,以改善服

---

① 中国老龄科学研究中心.养老服务人才状况调查报告(2024年5月8日)[EB/OL].(2024-05-08)[2024-10-15].https://www.hrssit.cn/info/3244.html.

务质量与服务内容为重点,而非片面追求规模效应、集聚效应;就纯技术效率而言,养老机构与医疗机构建立稳定合作关系,收住失能、半失能老人为主的养老机构重点加强康复辅助器具,完善流动老年人异地医保报销制度等,这些在管理与技术等方面的改进,都对整体效率有着显著正向影响。[①] 从上海的发展经验来看,成立"医养结合"养老联合办公室,对"医养结合"养老进行统筹管理与指导,探索建立适合"医养结合"型养老机构的医疗风险分担机制,是适用性较高的举措。[②] 同样,厦门养老机构的医养结合也需要统筹性的组织领导、建立纠纷处理与风险分担机制来加持。

2. 全面升级,提高养老机构服务质量

养老机构软硬件的完善程度高低直接影响了养老服务质量的好坏。必须通过对软硬件的全面升级,来助推养老机构提高服务质量。第一,硬件升级,完善设施设备。人性化的舒适颐养环境要求通过硬件设施合理配置来体现人文精神的柔性情感,体现关注老人的实际体验、尊重老人的切身感受等要素,激发休养老人的生活乐趣和积极性。[③] 因此,养老机构应以营造"家"的温馨氛围为出发点,以国家强制标准和行业标准为底线,以适老化为核心原则,为老年人规划布局机构空间,配备满足不同类型老年人多层次需求的休闲娱乐、康复保健、医疗护理等设备。首先是空间布局的适老化。新建、改建和扩建的养老机构要按照科学化设计标准来装修机构环境、设置空间动线,从老年便利性和舒适性的角度对房间朝向、各种功能房间进行设计和分配。其次是服务设备的适老化。从小如防滑扶手、床头呼叫按钮等日用设备,到生活照料和康复服务的各种大件设备,都要根据老年人的行动特点和内心需求来配置,让服务设备成为老年人的"助力器"。针对养老机构的硬件升级,政府部门应当在现有的政策空间内加大支持力度,尤其是要帮助环境差、设施简陋、安全隐患高的养老机构制订"一院一策"的整改方案,促进其加快优化养老基础条件。

第二,软件升级,规范内部管理。养老机构管理体制机制直接决定了机构自我管理的规范性和有效性,而对其加以完善,需要从标准化建设和管理现代化建设着手。作为以科学、技术和实践经验的综合为基础,标准是行业共同遵守的准则和依据。实践经验表明,养老机构的标准化建设,除了政府部门要从养老服务质量、服务资质、服务规范、服务设施、服务安全卫生、服务环境监测、

---

① 朱丽丽,郝晓宁,郑研辉,等.北京市养老机构医养结合服务效率评价研究[J].中国全科医学,2024,27(34):4336-4340,4352.

② 黄钢.上海市养老机构评价报告[M].北京:社会科学文献出版社,2019:395-398.

③ 赵汉明.全人照顾视角下机构养老服务概论[M].北京:中国社会出版社,2019:188.

服务产品等方面进行细化量化,建立以国家标准和行业标准为主体、地方标准为补充的标准化管理体系,还需要养老机构在兼顾服务可及性、灵活性、个性化的同时,积极营造质量体系建设氛围,主动开展标准化实践,多方引进人才,逐步实现机构内部标准化建设全覆盖,"让标准成为习惯,让习惯符合标准"的目标落地生根。而管理现代化建设,就是以社会责任意识、服务性、人本关怀、标准化、智能化、文化性、可操作化、稳定性等为管理原则,在"人"的管理上提升机构队伍管理的专业化水平,在"物"的管理上打造紧跟社会发展的现代化"软实力"和"硬环境",在"财"的管理上增强财务工作的规范化和信息化水平。[1] 厦门养老机构只有实现多层次的软件升级,才能更好地保障服务对象权益、提升管理水平和服务质量,从而增强在养老服务市场中的竞争力。

(五)加大宣传与观念引导

1.全角度宣传机构养老

提升公众对养老服务的认识、改善机构养老服务的社会形象,需要宣传受众、方法和内容的全面覆盖,为机构养老的持续发展获取社会舆论和政策支持。一是宣传受众要全面。首先,以对养老家庭的宣传为重心。作为养老机构的直接服务对象,老年人群体是宣传的核心受众,应针对不同老年人设计差异化宣传策略;而老人的近亲属则往往是养老决策的关键影响者,因此需充分考虑到这一群体的顾虑与需求,向其展示机构养老的安全性、专业性以及服务的优势,消除其担忧。其次,宣传要覆盖不同层级的党政部门和人员,促进他们把握机构养老的现状和需求,从而制定更具针对性的政策支持或执行方案。再次,面向潜在的投资者和相关产业的企业,通过宣传政策支持、市场前景以及社会效益等,吸引社会资本进入养老产业,促进多元化和规模化发展。最后,向作为养老服务"输出端"的养老行业从业者加大宣传,吸引更多高素质的专业人才投身养老服务行业,为机构养老服务质量的提升注入新鲜血液。二是宣传方法要全面。根据不同受众群体采用不同方法,构筑多样化和立体化的宣传。第一,全媒体宣传。采用多种媒体表现手段、不同媒介形态进行传播,以实现不同代际的多种终端信息获取。第二,虚实交叉宣传。在线上宣传的基础上,通过社区活动、讲座、口碑宣传、养老院开放日等线下形式增强实际感知的信任度。三是宣传内容要全面。宣传内容必须覆盖机构养老服务的各个方面,使受众对机构养老有全面、深入的了解。突出机构养老的专业性、标准化和便捷性,展示养老机构的安全、舒适和品质,强调政府补贴、养老服务优惠政策等背书性举措,以消除人们对养老机构和养老服务从业人员的偏见。

---

[1] 周国明,贾让成.机构养老的宁波模式[M].杭州:浙江大学出版社,2016.

2.推动树立新型养老观念

契合未来养老服务格局的发展转向,需要推动全社会养老观念的转变。传统"孝"文化规定着中国家庭亲子之间的行为模式,营造了老人在家中安享晚年、儿女"善事父母"的文化期待,机构养老难免遭受本能的文化抵触,招致外界的污名与偏见。因此,引导老人、老人子女乃至全社会树立新型养老观念,逐步在心理上接受和认同机构养老,从而为机构养老构筑社会文化"合法性"。构筑合法性关键在于对传统文化中"孝"和"家"这两个核心概念的重新诠释与扩展。首先,赋予"孝"新的文化内涵。传统"孝"的观念往往与"居家养老"紧密联系,即子女在家照顾年迈的父母被认为是孝顺的核心表现。然而,随着现代社会的发展和家庭结构的变化,单靠家庭养老越来越难以满足老年人日益复杂的养老需求。赋予孝道新的文化内涵,就是要明确孝不仅仅是个人或家庭的责任,更是社会责任的一部分,要引导公众认识到,选择机构养老并不等于不孝,而是履行家庭责任一种更理性、更专业的方式,是孝的现代化方式,将机构养老与孝道结合起来,强调子女通过选择高质量的养老服务来表达对父母的关怀与责任。其次,拓展"家"的文化边界。随着家庭结构的小型化和老龄化社会的到来,养老问题不仅是家庭内部的事务,社会、社区和专业机构的支持日益重要。拓展"家"的文化边界,就是将养老机构的社会文化地位上升成为"大家庭"的一部分,把养老机构视为"家庭"的延伸,打破"家—院"的二元对立。由此,让"家"不再局限于特定的物理空间,而被视为由养老机构、家庭成员和社会共同构成的一个全方位的支持系统。

参考文献

[1]郭晋晖.1.6亿老年人独立居住[N].第一财经日报,2024-04-10(A06).
[2]何无痕.城市养老指数发布 厦门居全国第一[N].厦门日报,2016-12-11(A01).
[3]周国明,贾让成.机构养老的宁波模式[M].杭州:浙江大学出版社,2016.
[4]厦门经济特区年鉴编辑委员会.厦门经济特区年鉴 1986[M].北京:中国统计出版社,1986.
[5]李方芳.今后怎样养老? 医养结合看"厦门模式"[N].海峡导报,2020-11-18(14).
[6]任洁.机构养老服务效率研究——以厦门市为例[J].人口与经济,2016(2):58-68.
[7]伍小兰.中国长期照护体系的发展与思考[J].老龄科学研究,2017,5(5):3-14.
[8]陈挺.如何打造"没有围墙的养老院"? [N].福建日报,2022-04-22(008).
[9]刘娜.厦门市非营利性民办养老服务机构人才供给研究[D].厦门:华侨大学,2018.
[10]治理效果好不好? 6家养老机构——"体检"[N].厦门日报,2023-11-30(A12).
[11]钱玲玲.厦门发布养老服务人才奖励补助办法[N].海峡导报,2022-01-01(20).
[12]厦门民政.完成整改! 市民政局开展养老服务领域"点题整治"跟踪问效[EB/OL].(2023-12-01)[2024-10-10].https://www.sohu.com/a/740673993_121106994.

[13]李敏,宋冲,颜丽霞.养老机构长期照护服务现状及服务质量综合评价指标研究[M].沈阳:东北大学出版社,2021.

[14]陶思敏,孙思露,吴仕英,等.医养结合机构服务质量评价指标体系的构建[J].卫生软科学,2023,37(11):38-43.

[15]吴玉韶,等.中国养老机构发展研究报告[M].北京:华龄出版社,2015.

[16]陈磊.强化人才培养 高质量守护夕阳红[N].海峡导报,2022-01-19(04).

[17]中国老龄科学研究中心.养老服务人才状况调查报告(2024年5月8日)[EB/OL].(2024-05-08)[2024-10-15].https://www.hrssit.cn/info/3244.html

[18]朱丽丽,郝晓宁,郑研辉,等.北京市养老机构医养结合服务效率评价研究[J].中国全科医学,2024,27(34):4336-4340,4352.

[19]黄钢.上海市养老机构评价报告[M].北京:社会科学文献出版社,2019.

[20]赵汉明.全人照顾视角下机构养老服务概论[M].北京:中国社会出版社,2019.

课题负责人、统稿:朱仁显

执　　　　笔:罗嵩安